高等学校行政管理专业系列教材

总主编　王骚

中国古代行政制度

赵　沛　主编

南开大学出版社

天　津

图书在版编目(CIP)数据

中国古代行政制度 / 赵沛主编. —天津：南开大学出版社，2008.8

（高等学校行政管理专业系列教材）

ISBN 978-7-310-02981-5

Ⅰ.中… Ⅱ.赵… Ⅲ.行政管理—政治制度—中国—古代—高等学校—教材 Ⅳ.D691

中国版本图书馆 CIP 数据核字(2008)第 114495 号

南开大学出版社出版发行

出版人:肖占鹏

地址:天津市南开区卫津路 94 号 邮政编码:300071

营销部电话:(022)23508339 23500755

营销部传真:(022)23508542 邮购部电话:(022)23502200

*

河北昌黎太阳红彩色印刷有限责任公司印刷

全国各地新华书店经销

*

2008 年 8 月第 1 版 2008 年 8 月第 1 次印刷

787×960 毫米 16 开本 19 印张 2 插页 335 千字

定价:32.00 元

如遇图书印装质量问题,请与本社营销部联系调换,电话:(022)23507125

编委会成员名单

总 序

在现代社会中，行政管理学，或称公共行政（Public Administration），既是一个新兴的社会管理领域，也是一门发展速度非常快的学科。为什么？一个最主要的原因就是现代人类社会需要民主、高效的行政管理。一般说来，人类社会可以分成私人与公共两大领域。就公共领域而言，多元价值的集合使得其行政管理行为更为复杂。行政管理学，或称公共行政（Public Administration）正是探索这一领域客观规律的实践性学科。其目的就是保障社会公共领域的公平、秩序、效率和发展。不论是教师、学生或各级行政管理人员，在步入行政管理领域时首先应该明确地认识这一基本概念的含义。

一

从历史发展来看，公共行政学的产生可以追溯到19世纪末期。1887年伍德罗·威尔逊发表《行政学研究》一文，由此揭开了西方国家行政管理研究的序幕。根据伍德罗·威尔逊观点，在现代人类社会发展过程中，政治的职能是如何保障在多元价值条件下公平地制定公共政策，而如何有效地执行公共政策和保障政策目标的实现则是行政的职能。因此，政治学应该以公共政策为研究中心，分析各种法律、政令的产生、发展和变化。但是，社会政治关系包含着复杂的价值认识，无法进行科学性的研究，而作为研究政策执行的公共行政学则可以不受价值判断的影响，根据科学的方法客观地决定如何高效率地执行公共政策。随着现代社会的发展，公共行政不断地得到新学者们的释义更新和补充，公共行政领域中所包含行政决策因素的这一特征越来越明显，这也就使得伍德罗·威尔逊所阐释的公共行政概念的内涵和外延不断产生一些变化。

从19世纪末至现在，行政管理学的发展大体可以划分为三个阶段。19世纪末至20世纪60年代是行政管理学发展的早期阶段，即传统的行政管理学。这个阶段主要强调充分体现在自然科学中的理性和技术对于行政管理的作用。20世纪70年代至80年代是行政管理学的发展时期。在这一时期，行政管理学获得了突破性发展。这个阶段的行政管理学研究被称为新公共行政学。乔治·弗雷德里克森1971年发表的《论新公共行政学》一文是新公共行政学的重要文献。这短短的20年之所以能够作为行政管理学的一个发展阶段，是因为学者们开始强调公平、正义等价值对于行政管理的作用，改变了过去只注重强调理性和技术而忽视社会价值的研究取向。20世纪80年代末以来，在"小政府，大社会"，"有限政府"等观念的主导下，社会非政府组织越来越多地担负起公共事务管理的职责，由此也就兴起了所谓的新公共管理运动。随着西方国家新公共管理运动的兴起，行政管理学又从新公共行政学逐步发展到公共管理学（Public Management）。公共管理学既保留了新公共行政学强调理性和价值的特征，同时又在方法和内容上进行了大量扩展，采用经济学的理论和方法对行政管理问题进行研究，并且将研究对象由原来的政府部门（Governmental Sector）扩大到非政府组织或第三部门甚至是具有公共性的私人部门(Public Sector)。

传统行政管理学、新公共行政学、公共管理学分别体现出西方国家行政管理学的不同研究途径和范式。不同的研究范式是根据政治、经济、社会环境的变迁而产生的，它们体现了行政管理学研究的进步，同时也推动着西方国家行政管理实践的发展。

从中国历史发展的角度来看，在古代中国封建社会的皇权专制体制下，行政仍是政府管理的重要内容和手段，其中也不乏当今我们可以借鉴的政治文化精华。在中国古代社会的政府管理过程中，郡县行政区划分、税赋、兵役、刑罚、科举、教育、商贸、外交等诸多领域都体现着当时社会背景下的政府管理思想和管理体系，也为当今行政管理学的研究提供了广阔的天地。在19世纪末西方行政管理学诞生之初，我国学者也给予了密切关注。1896年梁启超在《论译书》中就提出"我国公卿要学习行政学"的倡议，并开始翻译有关西方行政管理学的著作。1935年张金鉴撰写出版了《行政学之理论与实际》一书，被认为是我国的第一部行政管理学专著。同时，各高等院校开设行政管理专业和课程，政府成立行政管理学会，并出版和发行一批行政管理学著作和刊物。然而，由于历史原因，20世纪40年代至70年代我国的行政管理学研究基本上处于停滞阶段。

中共十一届三中全会的召开，改革开放和中心任务的转变，既为中国行政管理学的恢复和发展提供了良好的政治条件和社会条件，同时也迫切需要加强行政管理学研究来适应新的社会条件，推动我国政府体制改革和公共管理领域的发展。自改革开放以来，现代中国在经济获得世人瞩目高速发展的同时，也显现出诸多社会公共领域管理的落后与不适应。解决这一问题的首要一点就是规范、系统地研究探索，教育培养新型行政管理人才服务于现代社会。由此，20 世纪 80 年代以来，行政管理学在我国高校得以快速恢复。可以这样说，行政管理学在我国既是一门具有一定历史传统的学科，又是一门正处于蓬勃发展的新兴学科。但是，在现代中国的社会条件下，综合考虑中国古代行政管理传统和现代西方行政管理理念，一个重要问题摆在我们面前，就是如何构建适应中国实践情况的行政管理学体系才能适应社会需求。这也是编写这一套教材丛书的基本出发点。

二

从社会现实需求出发，行政管理学的突出特征是实践性和应用性，即行政管理学研究必须来源于行政管理实践，并为推动行政管理的实践发展服务。自改革开放以来，我国行政管理学的发展明显体现出实践性和应用性特征，这一特征体现为政府体制改革和职能转变与行政管理学发展是一个相互促进、相辅相成的过程。20 世纪 80 年代以来，针对计划经济体制下政府管理存在的问题，我国政府相继进行政府职能转变、行政管理体制、人事制度、公共政策决策、财政制度、行政管理民主化和法制化等诸多方面的改革。行政管理学者对这些问题进行了深入研究，并提出了一系列对策建议，为推动政府体制改革、职能转变和提高政府行政管理水平发挥了重要的作用。相应地，行政管理学本身也得到了快速的发展，行政管理学建制已日趋完善。从现实情况看来，行政管理学日益受到各级政府的支持与社会的普遍关注。国家和各省市都基本上建立了各个级别的行政管理学会；行政管理的有关著作和刊物日渐增多，行政管理学术活动也日趋活跃；设置行政管理专业的高等院校数目日益增多，本科生、研究生的招生规模快速扩大。同时，行政管理专业人才也日益得到社会认可，党政部门、事业单位、大型国有企业甚至是私人企业对行政管理专业人才有着相当大的需求，各级行政管理人员的专业进修教育与实践活动也正在蓬勃开展。2004 年国家人事部人才信息中心发布的人才需求信息显示，在第二季度北京市招聘数量排前十位的专业中行政管理列为第二位；在其他省市，行政管理的人才需求也基本在前十名之列。

行政管理实践在推动行政管理学发展的同时，也对行政管理学发展提出了更高的要求。社会主义市场经济体制的建立和完善要求进一步转变政府职能，加快行政管理体制改革的步伐。21 世纪以来，我国行政管理领域存在着以下亟待解决的重大问题：如何界定和转变政府职能、理顺政府与社会的关系；如何优化政府的内部结构、提高效能，形成权责一致、分工合理、决策科学、执行顺畅、监督有力的行政管理体制；如何健全政府职责，完善公共服务体系，广泛推行电子政务，强化社会管理和公共服务；如何推进政企分开、政资分开、政事分开、政府与市场中介组织分开，规范行政行为，加强行政执法部门建设，减少和规范行政审批，减少政府对微观经济运行的干预；如何加大机构整合力度，探索实行职能有机统一的大部门行政管理体制，健全政府部门间协调配合机制；如何推进事业单位的改革；如何科学准确地衡量政府及非政府公共部门的工作绩效等等。这些问题既需要行政管理研究者进行深入分析和探索，又对行政管理专业的人才培养提出了新要求。尽快地解决这些复杂的问题，是中国行政管理走上有序、高效，达到社会各界满意的关键环节。未来一段时间内行政管理专业人才培养目标应该重点考虑以下几点：培养能够从事多种实际行政管理工作的应用型人才，他们能胜任一般层次的行政管理实际工作，同时又具备胜任高层级行政管理工作的潜能潜力；他们不仅应能适应政府机关的行政管理工作需要，同时还能对党务机关、国家权力机关以及各种人民团体、社区、企业事业单位的行政管理性工作具有适应能力；他们既要具备良好的政治、道德素养和心理素质，又掌握行政管理的基本理论和专业技能，能够适应我国行政管理改革的变化和发展的需要。

随着行政管理专业的快速发展，行政管理专业教学也遇到诸多问题和困难，其中最突出的是专业教材建设问题。专业教材是专业发展中专业基本课程体系的反映和载体，专业教材的健全与否和质量高低对专业发展和专业人才培养具有非常重要的意义。现代中国高等教育体系中，自行政管理学恢复以来，行政管理教材建设已经取得了较大进展。1987 年深圳大学编写了全国第一套行政管理系列教材，1998 年、2002 年和 2003 年厦门大学、东北财经大学、南开大学等高校也都相继编写了行政管理专业教材。然而，行政管理教材建设中仍然存在着一定问题。首先，现有教材的系统性不够强，一些教材丛书多则 10 余本，少则 4 本，没有将行政管理及其相关内容广泛囊括进来，多数教材丛书主要涉及公共行政和公共政策等主题，对其他相关主题缺少关注。其次，目前的教材多数供研究生、MPA 学员使用，缺乏专门针对行政管理本科教学的基础性教材。再次，目前的教材丛书的内容和体例较为混乱，缺乏统一体例，难以适应高校本科基础性教育的需要。在现实中，行政管理专业基本教材建设欠完善，对行政管理专业的进一步发展和人才培养在一定程度上起到了制约的负面作用。现实中有一些行政管理本科生不断在提出这样一个问题：在大学行政管理专业我究竟学到了什么？我学成以后究竟去干什么？当然解答这一问题，对教师说来也是一个非常复杂的工作。这一问题中包含着对行政管理专业教育目的、社会实践领域和教育内容体系的询问。通过教材与教师的指导向学生阐释这一问题是一个重要的教育环节。这就要求教材一定要明确体现出本专业的教育目的、社会实践对象和教育内容体系。因此，组织专家、学者编写高水平的适用教材具有重要的实践意义和理论意义。

三

本套“高等学校行政管理专业系列教材”正是为了推动高校行政管理专业教材建设，为培养应用型的适应新时期行政管理改革与发展的行政管理人才而编写出版，是我们为中国高校行政管理专业教材建设贡献的一份微薄力量。

经过诸多专家学者的努力工作，本系列教材推出 23 本，可分为以下 4 类：

1. 基础核心课程教材，包括：《行政管理学》、《公共政策》、《组织学》、《行政法学》、《政府经济学》、《行政伦理学》、《领导科学》、《当代中国地方政府》、《当代中国政府与过程》。这一类教材是行政管理专业知识的基础与核心。

2. 方法论与实践方法课程教材，包括：《公共政策分析的理论与方法》、《社会调查与研究方法》、《公共组织绩效评估——模型与方法》、《统计学》、《应用文写作》。这一类教材是行政管理专业的学生掌握基础核心课程内容，将理论知识运用到实践领域的手段和桥梁。

3. 思想与制度课程教材，包括：《中国行政管理思想史》、《西方行政管理思想史》、《中国古代行政制度》、《西方行政制度》。这一类教材从社会历史发展的角度，展示管理思想与行政制度方面的知识，启发学生智慧，使学生的知识结构更加完善，历史经验与他国经验更加丰富，为实践活动打下雄厚的基础。

4. 实践性管理课程教材，包括：《工商行政管理》、《市政管理》、《中国公务员制度》、《公共部门人力资源管理》、《公共关系学》。这一类教材展示一部分不同的行政管理社会实践对象，为学生步入社会实践领域打好基础。当然这一部分内容只是冰山一角，远远没有展示出行政管理实践对象的全部。例如，公共财政、教育管理、公共消防、公共交通、公共卫生与医院管理、突发事件与危机管理、电子政务等等，诸多领域公共管理知识与技能的教育，为教师和研究人员留下了广阔的教学空间和研究命题。

概括说来，本系列教材体现出以下特点：

第一，教材的系统性进一步增强。现实中政府行政管理事务具有复杂性，涉及多个领域和多种学科，需要行政管理人员尽可能地掌握更多的行政管理知识和技能。因此，与其他专业的教材相比，行政管理教材的种类更多。同时，行政管理的理论知识和技能必须符合行政管理实践的发展才能具有实用性，这就要求教材建设必须与时俱进。因此，本系列教材除了包括《行政管理学》、《公共政策》、《组织学》等核心课程教材外，还根据行政管理实践发展的新要求编写了相应的教材。根据公共部门绩效评估的日益重要性，编写了《公共部门绩效评估》；根据当前行政管理人员公文写作能力不够强的现状，编写了《应用文写作》；根据政府公共关系的处理日趋受到重视，编写了《公共关系学》。

第二，教材形式比较丰富。因为学生对专业知识的理解处于启蒙阶段，因此，本科教学是一件十分艰难且不易取得明显效果的事情，要获得良好的教学效果，就必须要吸引学生的注意力，引起学生的兴趣。本系列教材不仅介绍行政管理的理论知识和技能，还引入了一定量的背景资料、案例。这不仅有助于扩充学生的知识面，而且还能够引起学生的兴趣，提高教学效果。

第三，教材创新性较强。行政管理的理论创新主要体现于学者发表的专著和文章中，但专著和文章不能等同于教材，因为专著和文章主要论述作者自己的观点，逻辑推理较强，且通常是一家之见，而教材则强调对基本和通用理论知识的介绍。然而，教材也不能够与专著和文章的观点脱节，它必须吸收专著和文章中的观点以体现行政管理的最新研究成果。本系列教材就是在广泛吸收国内外最新相关文献和观点的基础上写成的，体现出较强的前沿性和创新性。

第四，教材适合本科教学要求。为了满足本科教学的特点和要求，每本教材都有本章重点和课后练习题。本章重点引导学生从整体上把握本章的内容，课后练习题供学生思考之用，有助于加强对章节内容的理解和把握。

本系列教材主要适用于行政管理专业本科教学，也可适用于公共管理硕士（MPA）专业学位教育的教学，还可以作为相关专业社会办学和培训的教材与参考书，同时也可作为公务员扩充行政管理知识与技能的阅读书目。

本系列教材的编写以南开大学周恩来政府管理学院牵头，邀请了天津师范大学、广东外语外贸大学、山东大学威海分校、西北师范大学、南昌大学、中共天津市委党校等兄弟院校参加。南开大学周恩来政府管理学院参与编写的人员与书目有：王骚、蒋建荣，《应用文写作》；金东日，《组织学》；郭大水，《社会调查与研究方法》；李瑛，《公共组织绩效评估——模型与方法》与《统计学》；蔡声霞，《政府经济学》。天津师范大学政治与行政学院参与编写的人员与书目有：吴春华，《行政管理学》与《中国公务员制度》；赵冬，《公共政策》；仲崇盛，《公共部门人力资源管理》。广东外语外贸大学政治与公共管理学院参与编写的人员与书目有：王达梅，《公共政策分析的理论与方法》。山东大学威海分校法学院参与编写的人员与书目有：葛荃，《中国行政管理思想史》；张铭，《西方行政管理思想史》；赵沛，《中国古代行政制度》；古莉亚，《西方行政制度》；

马春霞，《工商行政管理》；范广垠，《市政管理》。西北师范大学政法学院参与编写的人员与书目有：张文礼，《当代中国地方政府》；周红，《行政伦理学》；孙健，《领导科学》；杜睿哲、齐建辉、张芸，《行政法学》。南昌大学公共管理学院参与编写的人员与书目有：吴光芸，《公共关系学》。中共天津市委党校参与编写的人员与书目有：沈莘，《当代中国政府与过程》。

编写教材是一件很累人的事情，对于各兄弟院校参编教师所付出的辛勤汗水以及给予真诚合作，我们表示诚挚的敬意和感谢。任何事物都不可能至善至美，教材编写也一样。对于不完善乃至错误之处，敬请专家学者和广大读者给予批评指正。

高等学校行政管理专业系列教材编委会

执笔：王骚

2008 年 3 月

目 录

绪 论

一、中国古代行政制度的研究范畴

“行政”一词，在中国古代文献中是经常出现的，《孟子·梁惠王上》:“为民父母，行政，不免于率兽而食人，恶在其为民父母也。”孟子所说的行政，即主持、推行政治之意。《史记·殷本纪》:“帝太甲既立，三年，不明，暴虐，不遵汤（商汤）法，乱德，于是伊尹放于桐宫。三年，伊尹摄行政当国，以朝诸侯。”《周本纪》:“召公、周公二相行政，号曰‘共和’。”这里所说的“行政”都是执掌政权管理国家事务的意思。在中国古代，行政与治理、行政与国家政治是合一的。

（一）行政的概念

西方学者对行政概念的界定，以威尔逊（W.Wilson）的定义最早，也最具有代表性，他认为:“行政是一切国家所共有的相似性很强的工作，是行动中的政府，是政府在执行和操作方面最显眼的部分，政治是政府在重大而且普遍性事项方面的国家活动，而行政是政府在个别、细致而且带技术性事项方面的国家活动，是合法的、明细而且系统的执行活动。”[①]西方学者对“行政”概念的界定，是随着资产阶级三权分立学说以及政治实践的不断深入而展开的，从三权分立的角度来解释行政，认为“行政”是指与立法、司法并立的三权之一。行政、立法、司法，三权分立又互相制衡。事实上，在现代西方政治实践中，管理国家的权力越来越明显地集中在行政机关。政府权力越来越明显地凌驾于司法和立法权力之上。比如，在英国，内阁不但是最高的行政机构，也是国家最高的立法动议机构，18、19世纪的议会至上原则，随着行政权力的加强实际

① [美] 伍德罗·威尔逊著:《行政学研究》，载美国《政治科学季刊》1887年6月第2期，转引自张立荣著《中外行政制度比较》，商务印书馆，2002年。

上已经被抛弃了。20世纪以来的英国是内阁至上，是内阁控制议会。因为议会的绝大多数立法动议都是由内阁提出的，而作为立法机关的议会，对内阁的立法动议，只能表示“是”或“否”，而“否”的表示则意味着对政府的不信任，其结果或是政府辞职，或是解散议会，这当然是议员们并不情愿看到的结局。再比如，美国联邦政府中常设的一些专门委员会，既有委托的立法权，又有司法性质的裁决权，总统还具有司法性质的豁免权。所以，单单从三权分立的角度解释行政，并不能全面、客观地反映现代政治生活的实际，更不用说古代政治。

西方学者关于行政概念界定的另一种代表性理论是古德诺（Frank.J.Goodnow）的“政治”与“行政”两分法：“在所有的政府体制中都存在着两种主要的或基本的政府的功能，即国家意志的表达功能和国家意志的执行功能。”这两种功能分别称作“政治”和“行政”。①其实，将“行政”定义为“国家意志的执行”显然是片面的，正如现代政府的行政力量无不积极参与政治决策，无不尽可能充分的体现统治阶级的意志那样，行政也必然包含了对国家意志的表达，执行也不可能不体现政治。

张立荣总结了我国学者对“行政”概念所下的界定，认为：问题的分歧主要集中在管理主体的确定和管理范围的划分上，即行政活动的实施者究竟是谁，行政活动的边界在哪里，立法机关、司法机关、企事业单位以及社会团体、党群组织的管理活动是否能纳入行政的范畴之中。②并在此基础上指出了国内学者关于行政概念的三种理论：狭义政府管理观、广义政府管理观、广义行政管理观。

狭义政府管理观是指将行政看作仅仅是政府及其组成部门对国家政务和事务所进行的管理活动，管理的主体是国家行政机关，而不是国家立法机关和司法机关，更不是个别人或社会组织——“即将行政限于政府的行政活动”③；广义政府管理观认为，行政是国家机关的管理活动，国家机关以外的企业、事业单位的管理活动属于经济、经营管理活动的范围，不应把它们列入行政的范畴，国家机关的管理活动既指行政机关的活动，又包括立法机关和司法机关的管理活动；广义行政管理观则认为，我国的行政管理既包括立法机关、司法机关、行政机关的管理活动，又包括事业单位的管理活动，甚至国家政治体系中的党的机关、群众团体以及国有企业单位的管理活动也应该属于行政的范畴。

---

① F.古德诺著：《政治与行政》，华夏出版社，1987年。

② 张立荣著：《中外行政制度比较》，商务印书馆，2002年。

③ 王沪宁、竺乾威主编：《行政学导论》，上海三联书店，1988年。

我们认为，从行政学的视角看，“行政”是一个动态的概念，又是一个具体的历史概念。不同的国家、不同的政治文化传统和不同的政治体制之下，“行政”的内涵也有相当大的差异。这种差异显然并不是出于政治家的价值偏好或制度设计，更主要是该国家在历史发展中所形成的社会政治生活所决定的，也就是说，“行政”的内涵决定于一个国家的政治社会模式。

我国现行的行政管理职能就具有特殊性，除了国家行政机关，其他的国家机关的一些管理也带有很强的行政活动色彩。而中国古代专制政治体制之下，在“朕即国家”、“君权神授”的理念支配下，国家的立法、行政、司法权力全部掌握在王权或皇权手中。王（皇帝）掌握着最高行政权、立法权和司法权。从机构设置的角度看，缺乏真正独立于行政体制之外的立法和司法机构；从职能角度看，立法和司法职能被行政职能所兼容；从执行的角度看，立法和司法活动被涵盖在政府行政活动之内。中国古代的政府（尤其是中央政府）是集行政决策、行政监督和行政执行于一体的，行政决策在很大程度上取代了国家的立法职能。从这个意义上讲，“中国古代社会有一个极为重要的特点，即‘行政权力支配社会’”[①]，立法、司法活动都是为行政权力支配社会提供条件的，甚至也可以说是行政的手段，“因此，古代中国是行政国家，国家的统治活动基本上属于行政的范畴”[②]。

总之，在中国古代社会，立法与司法从属于行政，是行政的重要组成部分。

（二）中国古代行政制度的基本范畴

制度，是一个社会为人们所规定的共同的和根本的行为准则的总和，是对社会形态本质内容及其表现形式的内在的、一般的规定。从狭义的概念讲，行政制度就是政府制度，是以一定的行政思想和价值观念作为理论基础的，由国家的宪法和法律所规定的有关国家行政机关的产生、职能、权限、组织结构、领导体制、运行机制和活动规程等一系列的准则体系以及政府体制内各权力主体的关系形态[③]。但是，在行政支配社会的古代中国，立法与司法从属于行政，是行政的重要组成部分，行政制度除了狭义的行政制度的含义之外，还应该包括立法和司法制度。

“行政”是一个动态的、历史的概念，行政制度也是动态的和发展的。按照资产阶级三权分立的理论学说和政治实践，立法权和司法权独立于行政权力，

① 刘泽华著：《中国传统政治思想反思》，三联书店，1987年。

② 郭宝平著：《中国传统行政制度通论》，中国广播电视出版社，2000年。

③ 张立荣著：《中外行政制度比较》，商务印书馆，2002年。

那么，现代意义上狭义的行政制度，一般不包括立法和司法制度的内容，它特指有关国家行政机关（政府）的组成、体制、权限、活动方式等方面的一系列规范和惯例。但是，尽管司法权和立法权与行政权力是分立的，立法权力与司法权力的执行机关也分别拥有自己的行政机构，司法行政机构和立法行政机构也是国家行政机构的重要组成部分，是政府的职能部门之一。它们分别负责司法行政管理工作和立法的行政组织工作。比如，在我国，人大常委会组织讨论、通过、发布各种行政法令就是立法行政的责任，人民法院受理、审理行政案件就是司法行政的责任；司法行政制度和立法行政制度是司法和立法行政机构的组成、体制、权限以及运行机制等内容的法律规范，同样是国家行政制度的重要内容之一，此其一。其二，具体到中国古代行政制度，由于中国古代社会行政权力支配社会，传统的政府集行政、立法、司法活动于一体，这表明中国古代社会政治与行政一体，"政治体制就是行政体制，政治制度亦即行政制度，所有的立法、司法活动，都是行政的组成部分"，因此，中国的行政制度也是集立法制度、司法制度、行政制度三位一体。

基于以上分析，我们认为，中国行政制度的基本范畴应包括以下内容：

第一，行政组织与职能。包括中央和地方的行政体制，各级行政机构的设置及其职能；中央政府与地方政府的权力划分等等。

第二，行政决策制度。主要指中央与地方政府的决策机制，包括决策主体、决策程序和方法。还应包括决策过程中的顾问与幕僚制度、封驳制度、谏议制度等内容。

第三，行政执行机制。指中央与地方各级行政执行机构的体制，行政执行的原则、程序和方法。

第四，行政人事制度。行政人事制度是行政管理制度的重要组成部分，是特指政府对其工作人员的管理活动，是建立行政组织并保证其正常运行的基础。人事行政的内容主要体现为政府的人事管理机构通过相应的人事行政制度，对政府人事问题所作的规划、决策、组织、指挥、协调、控制等管理活动。包括职官设置、选拔任用、人事考核、人事监察、薪俸制度、休假制度、退休制度等。

第五，行政监察制度。中央和地方行政监察机构的设置、职能，监察立法，监察机构的运行机制，监察官员的选拔与考核等。

第六，司法行政制度。司法行政制度包括行政立法制度和司法制度两个主要部分。行政立法是国家行政，亦即国家组织管理活动的基础，国家的组织管理活动如果没有行政立法的支持和调整，将不可能发挥国家行政的职能作用。行政立法制度，包括国家的立法机构、立法程序和立法审查等制度，是国家行政制度的重要内容。行政司法制度指一个国家的司法组织机构和与之相配套的司法审判程序。是司法机关及其他的司法性组织的性质、任务、组织体系、组织与活动的原则以及工作制度等方面规范的总称。

第七，财务行政制度。财务行政是指国家各级政府的财务行政部门、为了履行政府职能，根据国家有关法规和政策以及经济发展规律，对国家各种资金的收支的管理与监督的行政行为。包括国家财政机构的设置、管理职能、国家的财政收支等内容。

二、中国古代行政制度的历史分期

行政制度是动态发展的，中国古代行政制度的发展，伴随着国家形态的进程，经历了夏、商、周封建贵族体制时期、春秋战国的贵族政体向中央集权政体的转型时期和秦朝建立并延续二千余年的中央集权的帝制时期三个大的历史分期。秦以后二千年中国帝制社会，虽然以皇帝制度为核心的国家行政体制没有根本的变化，但从（中央）行政主体以及行政运行的角度看，又可以划分为秦汉时期的三公体制和中朝体制、魏晋到隋唐时期的三省体制、两宋时期二府三司体制、金元时期的一省体制、明清时期的内阁体制等五个重要时期。

封建贵族体制。封建贵族体制是以分封制度为基础、宗法制度为核心的贵族政体。所谓分封制度，是国王除了自己直接控制的领地外，将其他王国的领土和臣民分封给子弟、功臣，形成了诸侯和卿大夫等各级贵族，贵族有自己的“国”和“家”，在自己的“国”和“家”中，具有独立的政权；国王和列国的国君，在政治上均受到宗亲贵族的制约。

春秋战国的转型时期。春秋时期，王室衰微，诸侯崛起，列国争霸，出现孔子所说的“礼坏乐崩”的政治局面。所谓“礼坏乐崩”就是周王借以维系天下共主地位的礼仪制度遭受了破坏，周王朝的天下共主地位遭到极大的挑战。各诸侯国为了争夺土地和人口，展开连绵不绝的战争。各诸侯国内部出现国君大权旁落，由几家贵族当政的局面，如鲁国的三桓、晋国的六卿等。在王室、诸侯、卿大夫之间的激烈斗争中，宗法制度进一步遭到破坏，以血缘关系为基础的世卿制度也逐渐瓦解，到战国时期，各诸侯国陆续进行了打破分封制度和封建世系制度的政治改革，建立起郡县制和以能授官的官僚制度，逐渐摆脱了血缘组织的残余，向中央集权的专制体制和领土国家转变。

秦汉时期的三公体制和中朝体制。秦统一六国，结束了长期以来的封建体制之下诸侯分立的局面，建立起统一的专制主义中央集权政治体制。为适应大一统的统治需要，建立起一套庞大的官僚统治机构，从中央到地方的郡、县、乡各级政府组织，组成了完整的以皇帝为中心的国家行政结构。汉承秦制，在中央行政体制方面实行三公九卿体制。“三公”即丞相、太尉、御史大夫，直接对皇帝负责，丞相是朝廷最高的行政长官。到汉武帝时期，推行中朝体制，利用身边的近臣和心腹之臣加中朝官职，使之掌控机要，分割丞相之事权，使皇权开始向政府权力渗透，初步加强了皇权。此后，丞相不再是“助理万机”的行政首领，而逐渐变成了皇帝的助手。其决策职能已被皇权取而代之。汉初，地方行政则实行郡国并行体制，即受皇帝分封的同姓诸侯王国和隶属中央的郡、县并存的体制。汉武帝后期，通过一系列的“削藩”举措，王国的政治实体地位受到严重削弱，已经失去了作为独立的政治实体的意义。汉帝国的地方行政制度逐步实现单一的郡、县制。此后二千余年，虽经过分封制度的几次恢复，但郡县制度始终是中国帝制时代地方行政制度的主流。

魏晋到隋唐时期的三省体制。魏晋南北朝时期，政治的多变促成了行政体制变革，职官设置处于从“三公九卿制”向“三省六部制”过渡时期。曹魏时期，削弱了尚书台的权力，设置中书省，起草发布政令，中书省成为中央政务机构，尚书台负责执行。曹魏实行“九品中正制”，确立了世家大族的统治地位。晋代，门阀士族统治加强，将侍中改为门下省，成为国家机构的重要部门，一直延续到南北朝。隋统一中国后，改“三省六曹”为“五省六曹”，五省为尚书、门下、内史（中书）、秘书、内侍，六曹为吏曹、礼曹、兵曹、都官、度支、工曹，六曹均属尚书省，分别掌丞相下辖事务。唐朝的三省六部体制已十分完备，并恢复了三省的传统名称：内史省仍称中书省，内史令仍称中书令；门下省的纳言仍称侍中，各部门职官分工细密，职守分明。中书省制定政策，草拟诏敕；门下省审核复奏；尚书省颁发执行。尚书省下辖吏、户、礼、兵、刑、工六部。部的长官为尚书，副长官为侍郎。每部下辖四司，司长官为郎中，副长官为员外郎。六部为行政执行机构。

两宋时期二府三司体制。宋朝中央行政体制，设中书和枢密院为二府，分掌政、军大权。中书是中书门下政事堂的简称，是中枢部门的首脑官署和正副宰相集体处理政事的最高行政机构，其办公地点设在宫内，称政事堂。设“同中书门下平章事”为正宰相，“参知政事”为副宰相，员额为五人左右，“两相三参”或“三参两相”。枢密院长官为正副枢密院使，地位等同于“参知政事”，他们和参知政事、门下侍郎、中书侍郎等统称“执政官”，宰相和执政则合称为“宰执”，是宋朝行政体制真正握有最高行政权的军政长官，中书、门下、尚书三省则形同虚设，尚书省所辖六部也是虚设官署。在六部之外另设盐铁、度支、户部三司，以三司使和三司副使为正副长官，总管全国财政，权力地位仅次于二府，号称"计省"，三司的长官被称为"计相"。王安石变法失败后，三司的职权归还给户、工二部。总之，宋朝的中央行政体制以二府、三司分掌全国政、军、财大权，三者鼎足而立，而最终由皇帝辖制。

金元时期的一省体制。金代的中央中枢机构采用一省六部体制，废中书、门下二省，只保留尚书省，设尚书令为全国最高行政长官，尚书省下设院、台、府、司、寺、监、局、署、所等。元朝建国之初，废除了过去的部落首领会议制，参照宋、金旧制，建立起完整的官僚机构。中枢权力汇集于中书省、枢密院和御史台,元朝的中央行政中枢为中书省，最高长官为中书令，由太子充任，为虚设之职，其下有右、左丞相各一人，其下又有平章政事四人，掌机要，为丞相之副。中书省下设吏、户、礼、兵、刑、工六部，分掌政务。

明清时期的内阁体制。明初中央行政体制沿袭元制，丞相权力极大。朱元璋在洪武十五年撤销中书省，亲自接管六部，废除了实行一千多年的丞相制度。由皇帝直接管理行政事务，成为明清两代行政体制的重要特点。废除丞相制度的同时，朱元璋又仿宋制设立华盖殿、武英殿、文华殿、文渊阁、东阁诸殿阁大学士，作为皇帝的秘书班子，协助其处理公文章奏。内阁并不是一个正式的最高行政机构，亦"不置官署"，六部也非其下属部门，带有皇帝私人顾问性质。明朝仁宗、宣宗以后，内阁的职权逐步得到提升，阁权逐渐重于六部。其权力主要体现在"票拟"上，即对各处上呈的奏章提出处理意见，根据皇帝旨意草拟诏令，经皇帝批准后交六部办理。经过清初的几次反复，至清康熙九年，清廷设定了内阁制的基本框架，乾隆十三年遂以三殿三阁（保和殿、文华殿、武英殿，文渊阁、东阁、体仁阁）为定制。内阁大学士官居正一品，地位在各部尚书之上。从机构设置来看，内阁是清廷的最高行政机关，但清朝政治制度的特点就是皇权至上，因此内阁只是执掌票拟，并不参与重大政务的决策，而是由皇帝亲自掌控的军机处分割、牵制内阁的行政大权。

三、中国古代行政制度的基本特征

（一）集权化特征

中国古代行政体制从制度设计到行政运行都以集权、专制为最高原则。从行政立法的角度看，中国古代的行政体制从制度设计到行政运作只规定如何保障和维护君主权力的实现，却从未规定皇帝的权力应该如何取得、如何行使。

从夏朝起，便形成了以王为至高权威的贵族专政的政治制度。至商朝，这种政治制度进—步确立，商王是国家的主宰者。作为国家重要活动的祭祀与征伐，被看作是“王事”，表明了王即国家，两位一体。商朝的一切行政活动部是以王权为中心进行的。因此，商王自称“予一人”，以示其特有的权力与地位。

周期建立以后，周王的权力地位得到了法律的确认，不仅由王“受民受疆土”，建立国家统治的行政网络。而且“礼乐征伐自天子出”，凡属国家大事都由王命决定。特别是宗法制度的确立使得王权和族权紧密结合，从而更加强了王权。

秦王朝统一中国，实行郡县制、官僚制的大一统的专制主义的中央集权政治制度。其基本的政治形态是“君设其本，臣操其末；君治其要，臣行其详；君操其柄，臣事其常”①。君主总是力图把官僚体系变成实现自己意志的工具，不断强化和神化自己的直接权力。

（二）尊君与重道的矛盾

皇权和官僚体系的沟通衔接，是中国古代行政体制的核心难题。一方面，皇权稳定的控制力不可能脱离官僚体系来实现，官僚体系实际上也有赖于皇权的的扶植和保障，二者相互依存。另一方面，在这种相互依存的关系之中，并不意味着它们之间没有冲突和矛盾。这就是是“尊君”与“重道”的矛盾。

所谓“尊君”与“重道”是中央专制主义集权政治体系始终无法回避又没有能力解决的矛盾。一面是至少在理论上可以达到无限的皇权，一面是既要做官，又要“为帝王师”的士大夫。秦汉以后二千年，政府行政所依据的标准，除了法律文书，还有更为重要的圣贤言论。专制体制需要无条件的“尊君”，而作为官僚的士大夫们不仅要担负管理社会的职责，而且还要实现对社会的教化功能，要使社会生活建立在正统的道德伦理的要求之上，此即所谓“重道”。这又要求他们所秉持的“道德伦理”要被“独尊”，要完成“道德”对于帝王权力的超越，以实现对一个社会实施完整的思想、伦理统治的蓝图。然而，既被“独尊”，亦须被打上了鲜明的官方标签。也就是说，这种被独尊的关系要得以延续，则势必使之成为符合官方要求的学说。这其实与先圣们“从道不从君”的根本精神已然背道而驰了。按说，“为帝王师”，“师”必须处于帝王的势力之外，具

① 《申子·大体篇》，见《群书治要》。

备独立性，才能实现辅佐帝王、治国平天下之道。但是从一开始，“师”就已经被笼罩在帝王的阴影之下。到了清朝，“尊君”已经完全压倒了“重道”，方濬师《蕉轩随录》卷五《尹侍郎》一则，记乾隆查抄尹嘉铨书，见有“为帝者师”之句，斥责道：“竟俨然以师傅自居。无论君臣大义不应如此妄语……昔韩愈尚言‘自度若世无孔子，不应在弟子之列’，尹嘉铨将以朕为何如主耶？”则此处帝王之心，已经昭然若揭。君臣大义，虽帝师亦不能外。

（三）重国家而轻社会

在中国古代，以血缘和地缘关系为基础的家族组织，一直是社会结构中的重要组成部分，但在不同的政治体制之下它所扮演的政治角色则是完全不同的。

夏、商、周（西周）封建体制是族权与政权合一的国家结构[①]，即宗族城邦结构。宗族组织在很大程度上与国家组织重合，封建国家的统治基础就是宗族组织，这就是“宗君合一”。族权与政权合一性最主要体现就在于“宗族世官制”。根据“以官为氏”的原则，占据国家行政体制的各级行政长官，由大大小小的各级宗族世系，以所担任的“官”为宗族的族号、姓氏，是很通常的做法。对个人而言，宗族是为官的前提；对宗族而言，为官又可以促进宗族的发展，为官可以“胙之土而命之氏”，立以为族。故要“守其官职、保族宜家”，反之，则“弃官则族无所庇”。与族权与政权合一的行政体制相适应，国、野之分构成这一时期社会结构的最基本特征。所谓“国野之分”并不是一个空间划分国民的概念，是指统治宗族与被统治宗族的阶级分野。国人是享有参与国政、占有宗族土地、有权当兵和有接受教育等权利的统治宗族成员，野人属于被主要来源于在宗族战争中被征服的统治宗族的成员。所谓国野之分，既是社会结构概念，又是政治结构概念。

春秋战国时期，随着兼并战争与领土意识的强化、国野体系的瓦解、宗族城邦式的国家结构发生本质变化，郡县制度、乡里组织制度和户籍制度逐渐普遍化，君主专制体制最终确立。国家建立了系统的官僚制度体系，宗族统治时期世族世官的专制格局被完全打破。此后，国家和社会的关系，是中央集权对地方编户齐民的绝对统治。尽管地方宗族势力始终存在和发展，但是，秦汉以后宗族组织与政治体制完全脱钩，尊卑、嫡庶的分别依然是构成宗族的要件，但宗族内部已经没有了大宗、小宗的政治含义。宗族势力逐步向民间发展，成为社会的基础。同时，尽管国家也必须利用地方宗族的力量来实现对地方的统

① 田昌五、臧知非著：《周秦社会结构研究》，西北大学出版社，1996年。

治，但毕竟地方化的宗族组织也已经成为国家的统治对象。

总之，中国古代是一个典型的农业社会，社会政治构成呈现出突出的两极化特点：一极是掌握着专制权力的国家，另一极是以血缘和地缘关系为基础的宗族组织。而战国以后的中国社会，宗族组织始终是国家控制地方社会的重要依靠力量，国家对于宗族组织实施既依赖又打击的政策。两极之外，以社会分工和契约关系为基础的社会组织的发展却异常薄弱。正如吉尔伯特·罗兹曼在《中国的现代化》一书中所说，中国的国家（政府）“具有强大的力量去影响那些直接涉及到生产和分配的各种组织，政府可以重新分配财产权力，决定赋税的数量和规则，调整市场和货币投放，维持并开发诸如灌溉体系和运河之类的经济基础设施，为赈济和垦荒等各式各样的目的提供补贴资助，协助新技术的推广使用，并履行许多的服务职能”①。这些内容，有的是政府职能的体现，如维持并开发经济基础设施，组织赈济和垦荒并提供补贴资助，协助新技术的推广使用等。但政府直接干预经济组织、重新分配财产权力、单方面决定赋税的数量和规则等权力则丝毫没有受到社会力量的监控和制约，社会力量在上述领域完全失去对国家强制的抵御能力。重国家而轻社会是中国行政制度的重要特征之一。

（四）失衡与平衡间的振荡

中央集权体制之下，皇帝是帝国的拥有者，是国家唯一的主人。历朝历代，皇帝操控一切的理想恐怕从来就没有动摇过。显然，对于专制君主而言，与国家行政的高效、平稳运转相比，保障皇权的绝对中心地位可能是更为重要的。然而，如此庞大的集权帝国，皇帝自身的能力再高，品行再优，仅凭其个人，也不可能保证帝国行政的正常运转。而通常的情况下，为了不使大权旁落到官僚机构之手，皇帝不可能完全倚重正式的官僚机构，他们只能在正式的官僚体制之外，利用身边的近侍和秘书组织一个新班子，称之为“内朝”，以此取代正常的政府行政机构，借以获得皇权对国家行政的直接掌控。这势必出现国家原有的行政机构的权力失衡。当君主倚重的“内朝”逐步固定为新的行政体制并渐渐演变成制度化、合法化的行政机构而成为新“外朝”，行政体制因此而出现新的平衡。此后，君主又会建立新的“内朝”，以寻求对行政体制的新的独断，平衡被再次打破而造成新的失衡。这种一再由内而外、由近侍而演变为正式的行政机构，其后又由新的近侍取而代之的体制演变，被称之为“外官化”，即中

① 吉尔伯特·罗兹曼著：《中国的现代化》，江苏人民出版社，1988年，第142页。

央行政决策体制从内朝向外朝的转移。中国古代行政体制就是像这样不断在内外朝，即皇权与官僚体制的拉锯式的循环争斗中，在失衡与平衡间来回的振荡。明清以后，取消了宰相制度，代之以内阁制度，皇帝既是国家元首，又要充当政府首脑，这种振荡才以君主权力的最终胜利而告结束，君主集权也达到无以复加的极端程度。

（五）中国古代行政官僚体制的权力制衡

如何确保皇权的独占性、不可分割性，同时又能使国家机器得以正常并且尽可能高效地运转，是传统社会建构行政体制的基本思路。纵观历代王朝的权力划分方式，贯穿始终的一条主线就是集权于上，分权于下。亦即在最高权力独占的前提下，建立起分权制衡的辅政体制。[①]中国古代行政权力的运行机制以君主权力独占基础上的分权辅政为基本特征。为确保最高权力的独占性和不可分割性，皇帝必须处理好辅政的官僚体制本身的一大问题，即官僚体制内部的权力制衡。这是君主保证对国家权力全面掌控并使行政正常运转的先决条件。因为辅政的官僚体制内部的权力制衡是君权独占的前提，这首先是一个制度设计的问题。所谓制度设计是指在制度上设计出一套既保障君权不受侵蚀，又可以由君主灵活驾驭的行政体制，如汉初的由丞相、太尉、御史大夫分掌行政、军事、监察的三公体制，三大官署分权辅政，相互制约，以利皇帝驾驭。即便如此，作为总领百官的丞相体制已然是君权的最大威胁，于是在汉武帝时期，便有了“中朝”体制来分割相权，东汉的尚书台体制是其进一步的发展，至隋唐，形成了“中书取旨、门下复奏、尚书施行”[②]的三省辅政制。同时由与三省平行、直属皇帝的御史台行使监察权，与三省交互制约。中唐以后，翰林学士院作为皇帝的秘书班子，“选用益重，而礼遇益隆”[③]，中书门下职权，转归翰林学士院所有，中书门下及尚书省，虽仍保留，但仅为荣誉性而已。此后，又在内廷设立枢密使，“指挥公事”，以分割、侵夺翰林学士院之权。宋代总结了汉唐辅政体制的利弊得失，以完善分权机制。遂设中书省与枢密院对掌文武二柄，但另设三司掌财政，三衙掌军政，以制约中书省与枢密院，仍以御史台掌监察。从而形成绝对集权于上、分权于下的专制集权体制。明朝初年，朱元璋废除了一千多年的丞相制度，将吏、户、礼、兵、刑、工六部升格为直属皇帝的政务机构，使行政事务一分为六，各部互不相属，分别向皇帝负责。又把

① 郭宝平著：《中国传统行政体制演化规律初探》，《广东行政学院学报》1995 年第 1 期。

② 《文献通考·职官考》。

③ 《文献通考·职官考》。

军政机关大都督府一分为五，互不统辖，又分别与兵部相牵制。改御史台为都察院，纠弹百官，提督诸道，并在六部内专设监察各部业务的六科给事中，直接听命于皇帝，不受都察院控制。这种高度分权、交互制约的辅政体制保证了最高权力的绝对集中。同时，朱元璋又草创内阁机构，用以与上述各行政机构的分权制衡。成祖朱棣以后，皇帝直接领导六部的行政体制解体，内阁制成为明朝中央行政体制的主体。内阁在其初期只是皇帝的秘书班子的性质，内阁成员（大学士）品级较低，大概为五品官，不置属官，不得统领六部，六部奏事也不必经过内阁。明永乐以后内阁参与决策已成定制，行政事务主要由内阁承担。于是皇帝又重用宠信的太监，用以牵制内阁，终于酿成明朝后期惨烈的宦官之祸。清朝基本继承了明朝的内阁制度，但又设军机处以侵夺内阁之权，实行双轨辅政机制。

总之，君主集权于上、行政体制分权于下的权力制衡体制，或是实行集体宰相制度，或是在正式行政体制之外另设机构，以达到分权的目的。不论用何种方式，君主完全侵夺大臣的行政权力似乎是不可能的，因为君主本人不可能独立完成行政首脑的职责，必须委政于人，或是委政多人、或是委政近侍，这些人无论在法律上是不是法定的宰辅之职，都是事实上的首相。他们终究要行使行政权力，有相对集中的事权，以处理行政管理的复杂事务。所以，无论是什么样的权力制衡体制，终究还存在着集中事权的一面。

思考题

一、名词解释

1. 行政
2. 行政体制
3. 行政决策
4. 三公体制
5. 三省体制
6. 一省体制
7. 内阁体制

二、简答题

1. 简述行政、立法、司法分离的三权分立学说。
2. 如何理解春秋战国时期是中国古代行政制度的转型时期？
3. 简述中国古代行政制度的基本特征。

第一章　中国古代行政组织与行政职能

本章重点

1. 中国古代政治体制与中国古代行政体制的区别与联系，皇权政治与官僚行政的相互关系特别是皇权与相权的对立统一关系。

2. 中国古代行政体制的发展线索，中央行政职能部门的内部分工与制约关系，中央集权与地方分权的相互关系。

行政组织与行政职能分别是行政体制的静态与动态表现。中国古代行政体制是历史上最为发达的行政体制之一，它起源于先秦，形成于秦汉，重整于魏晋，发展于隋唐，成熟于两宋，逆变于金元，强化于明清，经历了较为漫长的曲折发展过程。

第一节　先秦时期

中国古代官僚政治制度源远流长，古代贵族政治中其实已经孕育衍生出官僚政治，即官僚行政的若干因素。但一般而言，官僚行政是由封建贵族政治向帝国皇权政治转化的产物，是皇权政治赖以运行的基本行政体制。

一、公共行政的起源

“三皇五帝”是中国历史中的传说时代，“三皇五帝”的传说大概反映华夏族先民即将进入或刚刚踏入政治文明进程的种种情形。传说中的“三皇”即燧人氏、有巢氏、神农氏，我们不必细究是否实有其人，仅从名称看，就可以想见人类历史曾经经历过的一个时代，由于某些“英雄人物”自发地发挥或承担了某种“职能”，而被历史永远地记述或追述下来，至于他们的真实姓名，就无关紧要了。总之，是“有圣人作，钻燧取火，以化腥臊”[①]；“有圣人作，构木为巢，以避群害”；“至于神农，人民众多，禽兽不足，于是神农因天之时，分地之利，制耒耜，教民耕种，神之化之，使民宜之，故谓之神农氏”[②]。传说中的“五帝”即黄帝、颛顼、帝喾、帝尧、帝舜（采《史记》说），大概进入部落联盟或酋邦制阶段，以黄帝为代表的五帝时期已经是迥异于三皇时期，“神农之世，男耕而食，妇织而衣，刑政不用而治，甲兵不起而王。神农既殁，以强胜弱，以众暴寡，故黄帝作为君臣上下之义、父子兄弟之礼、夫妇妃匹之合，内行刀锯，外用甲兵”[③]。酋邦制是处于国家形成前夕的某种制度和体制，其典型特征是它有一个“联系经济、社会和宗教等各种活动的一个中心的存在”。“在若干较大的复杂的酋邦里，这种中心里可能不但有长驻的酋长，而且有多多少少的行政助理（通常来自酋长的近亲）、服役人员，甚至职业性的手工匠”[④]。传说黄帝已经设官分职，“官名皆以云命为云师。置左右大监，监于万国”[⑤]。尧、舜、禹的“禅让”传说大致反映部落联盟或酋邦制首领由联盟部落首领或酋邦酋长公推产生的情形。尧、舜、禹时代应该是部落联盟或酋邦制发展比较成熟的阶段，这时候以公职为特征的管理机构的雏形已经产生，据传说，这时有主管农业的“稷”，主管手工业的“共公”，主管林、牧、渔、猎的“虞”，主管教化的“司徒”，主管刑狱的“士”，主管祭祀的“秩宗”，主管承上宣下的“纳言”，以及分管十二州的“州牧”，合计有 22 名主官。尧时让舜管理“百官”，“百官时序”。[⑥]而“禹别九州，随山浚川，任土作贡”，俨然已经划分若干区域，对地方展开行政管理了。

二、宗族制和世官制

“五帝官天下，三王家天下。家以传子，官以传贤”。夏、商、周三代结束禅让制，标志中国历史正式进入国家政治文明时代。当然，刚刚建立的夏代国家还带有深厚的氏族部落色彩，“太史公曰：禹为姒姓，其后分封，用国为姓，故有夏后氏、有扈氏、有男氏、斟寻氏、彤城氏、褒氏、费氏、杞氏、缯氏、辛氏、冥氏、斟戈氏”[⑦]。各个部族方国与夏王朝既存在着血缘上的宗法关系，

---

①《韩非子·五蠹》。

②《白虎通议》卷一。

③《商君书》。

④ 张光直著：《中国青铜时代》，三联书店，1982 年，第 92 页。

⑤《史记·五帝本纪》。

⑥《史记·五帝本纪》。

⑦《史记·夏本纪》。

又存在着政治上的分封关系和经济上的贡纳关系。对于这样一种组织关系的维护，是夏王及“六卿”的职能，也是后世中央集权的滥觞。《史记》载：“有扈氏不服，启伐之，大战于甘。将战，作《甘誓》。乃召六卿申之。启曰：‘嗟！六事之人，予誓告女：有扈氏威侮五行，怠弃三正，天用剿绝其命。今予维共行天之罚。左不攻于左，右不攻于右，女不共命。御非其马之政，女不共命。用命，赏于祖；不用命，僇于社，予则帑僇女。’遂灭有扈氏。天下咸朝。”《左传》记少康“能布其德，而兆其谋，以收夏众，抚其官职”。殷商王朝同样是依靠宗族关系对广大族众实施管理和统治。《左传》追述周初大分封时，还提到分鲁公以“殷民六族”、分康叔以“殷民七族”。商代的职官有“内外服”之分，在朝廷和商王直接统治的区域里担任官吏的，称为“内服”；在商王直接统治区域以外的地方诸侯、伯、甸等以及地方官吏，称为“外服”。“服”的基本含义是“服事天子”。作为中央王朝职官的“内服”主要有宰、卿事、多尹、御事、事、巫、卜、臣等。“外服”列国（邦伯）负责拱卫王朝中央政府，已具有后世地方行政机构的性质。周代是宗族社会的鼎盛时期，无论是周王室还是诸侯国，无一例外地都存在着发达的宗族体系，宗族网络纵横交织。广而言之，天下所有的同姓贵族同属一个宗族，奉周王为大宗主（族长），故王室有“宗周”之称；各诸侯国的同姓贵族构成该国的大宗族，尊国君为大宗主，因而有“国宗”之称；卿大夫的宗族中有嫡系和旁系，其下属还有宗族或家族。周代的社会结构是以宗族为核心的，其政权组织亦表现为宗族形态，宗族体系与政权组织合而为一，族权与政权不可分。

西周中央政权有卿事寮和太史寮两大官署，卿事寮长官是太师，是军事和政治上的首长；太史寮长官是太史，掌管礼制和秘书工作，是文职和神职官员领袖。“师”、“史”等重要官职都是世袭的。这就是所谓世官制。《礼记·礼运》：故天子有田以处其子孙，诸侯有国以处其子孙，大夫有采以处其子孙，是谓制度。西周的行政体制具有深厚的贵族政治色彩，并且是一种分权的体制。无论是王廷之上还是列国之中，世卿世禄的贵族都拥有巨大的传统权力，周王远没有力量把意志充分贯彻列国、各个采邑，遑论各地井田村社中的农民了。

周代王廷及各诸侯国的官员体制，已经颇具规模了。《周礼》反映了古人对“分官设职”的精心安排。中国在古代历史早期就已经孕育着深厚的官僚制因素，引起了中外许多学者的关注，还有人将之归结为治水活动等等。①

① 参看魏特夫著《东方专制主义》，中国社会科学出版社，1991 年中译本。

三、客卿制和郡县制的出现

中国古代官僚行政具有早熟性。夏、商、周三代已经具备官僚行政的早期发展模式。官僚制度起源于家臣制度和养士制度。官者，管也。“同官为寮”，“寮”、僚相通，指同署办事的官吏。春秋战国时期，伴随着封建制和世卿世禄制度的衰落，出现了客卿制、郡县制。

封建贵族政治是基于宗法血缘关系的，通过层层分封，权力分散在各级贵族当中，并且世袭享有这种特权。因此，战国时代李悝和吴起变法，都企图削弱贵族的世袭特权。秦国的军功爵，其目的更是要取消世卿世禄制度。强调军功而淡化世袭身份，是后来一些民族由贵族制向官僚制转化时常用的一种手段。[①]战国变法进而使传统式统治过渡到法制化统治，根据才能功绩而任免的领俸官吏取代世袭的贵族。

春秋时楚、晋、秦已经有“县”[②]，居民组织也被纳入了轨、里、连、乡或比、闾、族、党、州、乡一类编制。战国时代郡县乡里制的迅速推广，使君主的专制权力得以直达每一编户。

第二节 秦汉时期

秦汉是官僚行政全面展开的时期，官僚行政的各个要素都发展到了相当的高度。有人认为，秦汉帝国的官僚行政水平，远远超过了同期的罗马帝国，并已和近代的超级国家具有了可比性。[③]

一、中央行政体制

（一）皇帝制度：最高行政权力的确立

皇权的确立。嬴政自以为“德高三皇，功过五帝”，采三皇五帝之名而成“皇帝”之号。君主自称“受命于天”，利用“君权天授说”自我神化。立法、司法、军权、财权等大权，都掌握在皇帝手里。秦始皇事必躬亲，“天下之事无大小皆

---

① 参考吴宗国主编《中国古代官僚政治制度研究》，北京大学出版社，2004 年，第 1 页。

② 参看杨宽著《战国史》第 6 章第 3 节“县和郡的产生”，上海人民出版社，1998 年,第 227 页。

③ H. G. Greel: *The Beginning of Bureaucracy in China : The Origin of the Hsien*, Journal of Asian Studies, XXXⅡ, 1964.

决于上，上至以衡石量书，日夜有呈，不中呈不得休息”。[①]

君位之继承是嫡长子继承制。立子以嫡不以长，立嫡以长不以贤。

皇帝是编户齐民的最大役使者和剥削者。他拥有雄伟的宫殿、巨大的陵寝和繁多的祠庙。始皇帝为了修建骊山墓、阿房宫等，不惜动员150万以上的劳动力，“男子力耕不足粮饷，女子纺绩不足衣服，竭天下之资财以奉其政”。[②]西汉窦太后为中山王刘焉修陵，“凡征发动摇六州十八郡”。[③]史称“汉天子即位一年而为陵，天下供赋三分之一，一供宗庙，一充山陵”。[④]

（二）三公九卿制：中央政府体制的确立

庞大的官吏队伍，是皇帝“家天下”的屏障、治天下的臂膀。秦与汉初的中央行政架构，以丞相、御史大夫和诸卿为主干。

秦汉建立了丞相制度。“相”的本意是辅助，在战国后期，“相”逐渐变成了百官之长，尊之则称“相国”。出土器物多称“相邦”，史称“相国”者盖避汉高帝刘邦名讳而改。如置二相则有左右之分，但秦尊左而汉尊右，如汉文帝以周勃为右丞相，位次第一；陈平为左丞相，位次第二。

秦汉的三公，起先是丞相、太尉和御史大夫。丞相掌佐天子，一人之下，万人之上，助理万机；御史大夫为丞相副贰，掌管图籍法令，又有考课、监察和弹劾百官之权，为监察之官。御史大夫和太尉位在“上卿”，实际不在“公”位。汉武帝以后太尉改称大司马并被用作加官，当其加于大将军之上，如“大司马大将军”之时，才算是最高军职。至西汉后期哀帝时，以大司马卫将军董贤为大司马，丞相孔光为大司徒，御史大夫彭宣为大司空，正式建立了三公制。大司马、大司徒、大司空称三公，如杜佑所谓：“皆宰相也。”[⑤]丞相一人独尊的地位被三人平起平坐的地位取代了。三公地位尊贵，参议朝政，监察百官。东汉三公仍然拥有宰相资格，太尉、司徒与司空，一掌军政，一掌民政，一掌土木工程，但日常行政的重心逐渐向尚书台转移。

丞相府中的高级官属，有长史二人协助丞相；武帝又置司直，掌“举不法”。其下吏员“正曰掾，副曰属”，他们分曹办事，有东曹、西曹、奏曹、集曹、议曹、侍曹等设置。诸曹分工细密，东汉司徒府分曹或至十四五曹。

丞相之下，诸卿分工承担各种具体事务。后人有“九卿”之说，其实秦汉

---

① 《史记》卷六《秦始皇本纪》。

② 《汉书》卷二十四《食货志》。

③ 《后汉书》卷四十二《中山王刘焉传》。

④ 《晋书》卷六十《索綝传》。

⑤ 《通典》卷十九《职官一》。

王朝并没有明确的"九"员规定，诸卿也不止九位。诸卿包括"掌宗庙礼仪"的奉常，"掌宫殿掖门户"的郎中令，"掌宫门卫屯兵"的卫尉，"掌舆马"的太仆，"掌刑辟"的廷尉，"掌诸归义蛮夷"的典客，"掌亲属"即皇亲国戚的宗正，掌管"谷货"的治粟内史，"掌山海池泽之税"的少府，"掌徼循京师"的中尉。以上是十卿。此外，还有掌太子监护教导的太子太傅、少傅，"掌治宫室"的将作、少府，"掌皇后、太子家"的詹事，掌皇后事务的将行，"掌蛮夷降者"的典属国，"掌上林苑"的财政官员水衡都尉，"掌京师城门屯兵"的城门校尉等诸官。

各卿的官署都显示了清晰的科层结构。例如奉常属官有太乐、太祝、太宰、太史、太卜、太医六令丞；治粟内史属官有太仓、均输、平准、都内、籍田五令丞，斡官、铁市两长丞。钱穆认为："论其性质，均近于为王室之家务官，乃皇帝之私臣"，政府"有几处亦只是一个家庭规模之扩大"。[①]比如，太仆为皇帝掌管车马，宗正所掌为皇族姻戚之名簿，少府是宫廷总管。

二、地方行政体制的确立

（一）郡县制

秦汉时期，地方实行的管理体制主要有郡县制和编户体制。

刘邦建汉后，对以朝廷制御天下颇感力不从心，不得不借重分封之法，用郡国并行之制。刘邦所分封者既有异姓王，也有同姓王。汉初全国约 54 个郡，属王国者达 39 个郡，直属中央的不过 15 个郡而已。王国与中央所属人口之比，约为 10∶5.29；[②]齐、楚、吴三国尤其辽阔，号称"分天下半"。[③]王国可以自行任命御史大夫以下官员，自征租赋，自铸货币，自行纪年，甚至"自为法令，拟于天子"，处于半独立状态，时人描述是"一胫之大几如腰，一指之大几如股"。[④]这时形式上是统一帝国，实际在相当程度上是各自为政的。

不过，大一统毕竟是时代趋势。经过对关东的征发徭役、用兵平乱、发布法令、派遣官吏等活动，以及日益频繁的民间经济文化交往，都在无形中强化着关西朝廷与关东藩国的联系。文、景着手削藩，平定了七国之乱，此后诸侯、诸王"衣食租税而已"，封土而不临民。王朝通过一系列法令，如推恩令、左官律、附益法等，来解析和压抑藩国。分封只构成对宗室与功臣的优遇，但已不

---

① 钱穆著：《国史大纲》，商务印书馆，1996 年，第 165 页。

② 参看柳春藩著《秦汉封国食邑赐爵制》，辽宁人民出版社，1984 年，第 42 页。

③ 《史记》卷一〇六《吴王濞列传》。

④ 《汉书》卷四十八《贾谊传》。

构成割据分权因素，封国下降为郡县制的附庸了。

西汉平帝时郡国约 103 个，东汉顺帝时郡国约 105 个，其中郡占 79 个。京师所在之郡，以内史为长官，后来改称京兆尹。京兆合冯翊、扶风郡而并称“三辅”。东汉的京师长官，称河南尹。郡府的属官有郡丞，是郡守的助手，必要时可以代理太守视事；有都尉，佐太守掌兵；边郡则有长史掌兵马。属吏则有功曹史、五官掾、督邮、主簿，及分曹办事的诸曹掾史等。郡府“诸曹略如公府曹”[①]，在政务上可以与中央的公府诸曹彼此对口，同类相从。

郡守：秦汉的郡守掌管着一郡的财政、司法、监察、军事大权，还有自辟僚属权力和察举权力，比后世地方官的权力大得多。汉宣帝以为“太守，吏民之本也”，“庶民所以安其田里而亡叹息愁恨之心者，政平讼理也。与我共此者，其唯良二千石乎！”“故二千石有治理效，辄以玺书勉励，增秩赐金，或爵之关内侯，公卿缺则选诸所表以次用之”。[②]

刺史：除了不定期的派员巡视之外，对地方行政的日常监察，是通过刺史完成的。秦代已设有郡监，亦即监御史，掌监郡县。武帝时分天下为司隶（洛阳，相当于一州）和豫、冀、兖、徐、青、荆、扬、益、凉、朔方、并、幽、交州等十三州部，各置刺史，秩六百石。刺史职责是以六条问事，其一针对强宗豪右，其五针对郡守二千石，监察其是否不奉诏书、不恤疑狱、选署不平、子弟恃怙荣势、违比下公等。藩国也是刺史的重点防禁对象。王鸣盛指出：“历考诸传中，凡居此官者，大率皆以督察藩国为事。”[③]顾炎武对刺史制度颇有赞语：“夫秩卑而命之尊，官小而权之重，此小大相制、内外相维之意也。”[④]汉武帝又设置了司隶校尉，负责京师治安，后来其管辖范围包括京师和三辅、三河、弘农七郡，俨然一州长官。

西汉后期，刺史在地方上逐渐有了固定治所和下属，并由于可以岁举秀才、尤异而增加了选举之权。刺史属官有治中、别驾、诸部从事及主簿、功曹等。到东汉中期之后，朝廷往往派刺史去统兵镇压各地起事者。不过刺史既然涉身军政，则其向高级地方行政长官演变就势不可免了。汉灵帝时，一批要州长官由刺史改为州牧，增其秩为二千石。郡县两级制开始向州郡县三级制过渡，刺史或州牧日益成为郡守国相的上司了。

商鞅在变法时把全境分为 41 个县。汉以万户为准，以上为令，秩千石至六

---

① 《续汉书》卷二十八《百官五》志。

② 《汉书》卷八十九《循吏传序》。

③ 王鸣盛著：《十七史商榷》，卷十四“汉刺史察藩国”条，上海书店出版社，2005 年。

④ 顾炎武著：《日知录》卷九“部刺史”，花山文艺出版社，1990 年，第 407 页。

百石；以下为长，秩五百至三百石。其官属有县丞、尉、功曹、主簿及诸曹。西汉的县级行政单位约1587个，东汉约1180个。由于一县大率方圆百里，所以能治一县者号称“百里之才”。

（二）编户制

中央任命的官员至县而止，县以下有乡、亭、里等，其官员称乡官。西汉平帝时全国有乡6622个，平均每县辖4个乡有余。乡官有三老主教化，有啬夫主行政，还有乡佐、游徼等。乡以下有里，有里正、里典。旧说“十里一亭，十亭一乡”，但尹湾汉简反映其说有误。[①]“亭”是行旅所宿处，又用作驿站和乡官的治所，设有亭长。里以下的编户被纳入什伍之中。秦代民众年至十七就要“傅籍”，但年龄有时是以身高而定的；[②]汉代傅籍则在20或23岁，当局已有能力详知每一编户的实际年龄了。提供“名数”的户籍之上，记载着爵位、房屋、妻子、奴婢、畜产等等。每年八月，地方官都要案比户口，编制户籍，所谓“八月算民”。通过户籍和连坐、告奸等法，千万小农被帝国政府纳入紧密控制之下，由此成为赋役的可靠来源。

此外，如果把郡县乡里系统看成“条条”的话，那么西汉时还存在着呈现为“块块”的系统。王朝在产盐之处设置盐官，西汉的盐官遍及28个郡国，共35处；产铁之处则设有铁官，西汉铁官遍及40个郡国，共48处。这也是当时盐铁官营的需要。与之相似，有国营手工作坊处设有工官、服官，有水池及渔利之处设有水官。在西汉它们都属于中央派出机构。盐官、铁官属于大司农，工官或属少府，水官或属水衡都尉。但他们的管理考课都由郡负责，其编制也在郡吏之内。汉武帝行均输、平准之法，在各地设置均输官，辗转发卖各地贡物以期营利，直属于大司农；王莽时期，设五均司市师于长安及洛阳、邯郸、临淄、宛、成都，管理市场、买卖货物、平抑物价。

在少数民族地区，秦汉朝廷实行“一国两制”。“有蛮夷曰道”，“道”是县级单位。秦廷对少数民族地区设“典属国”以管理之，在秦简称“属邦”。汉廷对业已顺服的少数民族地区置属国都尉，而对那些叛服无常的部族，更多是以都护、骑都尉、校尉、中郎将等官持节领护之，例如匈奴中郎将、西域都护、戊己校尉、护乌桓校尉、护羌校尉、蛮夷骑都尉等。[③]

---

① 参看卜宪群著《西汉东海郡吏员设置考述》，《中国史研究》1998年第1期。

② 参看池田温著《中国古代籍账研究》，中华书局，1984年，第52－53页。

③ 本节内容主要参考了阎步克著《帝国开端时期的官僚政治制度——秦汉》，载吴宗国主编《中国古代官僚政治研究》，北京大学出版社，2004年。

第三节　魏晋时期

魏晋南北朝时期是中国古代行政体制的一个重整时期，虽然这一时期的皇权受到了权臣和门阀的冲击，但皇权政治仍然以某种变态的形式顽强地维系着，集权和专制的行政体制不绝如缕。并且魏晋南北朝宰相机构和秘书、咨询机构的发展和完善，为隋唐三省官制的出现准备了条件。

一、中央行政体制

东汉“虽置三公，事归台阁”，皇帝直辖的尚书台，已能够参与决策和综理国政了。魏晋以后，政治行政体制由三公九卿制向三省六部演变，但还没有形成隋唐时期那种完备的三省六部体制。尽管中书、门下两省的权力有了很大发展，但两省长官不是宰相，两省仍为秘书咨询机构，设于禁中，称为“内省”。除北周以外，南北各朝的宰相制度大体是：名义上尚未摆脱宰相之称的三公机构，仍设于宫城之外；真正的宰相机构是尚书省。尚书台由旧日的“文属”少府，进而正式独立称“省”，真正成为宰相机构，有权独立地颁布文书，指挥政务。昔日千石之尚书令，如今与九卿同列三品，而且位次在昔日中二千石的九卿之前，尚书令、仆射及六曹尚书合称“八曹”。重大事务往往付“八座”集议，集议之处称为“都坐”；所议与“驳议”一同上报，以供皇帝择取。诸尚书与诸曹郎，约在宋齐间形成了分领关系。梁代尚书郎分化出了郎与侍郎两个等级，尚书令仆也提高到十六、十五班（相当正二品、从二品），陈代尚书令更高居一品。尚书诸曹制度得以取代三公九卿制。

尚书省分为上省和下省，上省即是宰相议事的朝堂。虽在宫城之内，但与禁中仍保持一定的距离，称为“外朝”；而中书、门下两省设于禁中的建制也基本未有改变。[①]尚书省所统六尚书之下曹司一级的建制，与隋唐时期六部二十四司的制度相比，还比较混乱，尚书省诸曹与寺监在行政体制中的地位和作用还没有从制度上加以明确界定。

尚书诸曹制度取代三公九卿制，原因有二：一是君主专制集权的促成，二是行政合理化需要的推动。较之官居一品、地位崇高的三公，三品的尚书令仆更易于为君主所操纵；列曹尚书不是令、仆的掾属，同居三品，实乃同僚；尚

① 祝总斌著：《两汉魏晋南北朝宰相制度研究》，中国社会科学出版社，1990年，第383—384页。

书列曹制内部结构合理、外部关系清晰，大大优于九卿的分工。所以晋代就有人建议把九卿合于尚书。

隋唐的尚书省六部二十四司的制度，以及以中书草诏、门下审议而尚书执行为特征的三省制度，分工明确而制衡严密，这个为后人盛赞的政治成就，是由汉代较为粗糙的丞相九卿制或三公九卿制，经魏晋南北朝缓慢发展而来的。

二、地方机构的变化

魏晋南北朝时期各王朝的地方机构，一方面沿袭前朝某些地方政权的组织形式，一方面根据新形势又对地方机构进行了一些改革。这一时期地方机构主要变化有：

（一）州郡县三级体制的确立

秦汉地方机构基本上是郡县两级制。只是在西汉出现了郡国并行的双轨制，汉武帝时期，为了加强中央集权，又出现了13个监察区。监察区不是一级地方政权，其长官刺史只是中央派出的监察官。东汉基本如此，只是到黄巾起义之后（184年），这种监察区逐步变为郡以上的一级政权。这种转变到了三国时就固定下来，定名曰州，直至隋建国前大抵如此。州是地方最高一级。

魏国实得汉十三州的九州，后来把九州之地分为十三州。州置刺史，或州牧（第五品），掌治州事。属官有治中从事、别驾从事、功曹从事、簿曹从事、兵曹从事、郡国从事、文学从事、武猛从事、督邮、主簿、帐下督、门亭长、书佐、计吏等。此外还有大中正一人，掌品评人物。州下置郡，郡置太守，第五品。太守若领兵，则加“将军”名号。郡丞，第八品。边郡丞称长史，兼郡中正。都尉一人，第五品，掌军事。大郡置都尉二人。司马一人，第八品。都尉属掾史有：功曹掾、五官掾、上计掾、门下掾、文学掾、文学祭酒、督邮、主簿、主记、门下书佐、纲纪、循行。郡下置县，大县置令，第六品。丞一人，第八品。尉二人，第九品。次等县也置令，第七品。由县丞、尉各一人，皆第九品。小县置长，第八品，也有丞、尉各一人，第八品。县有掾史，与郡制略同。又有校官掾、师友祭酒、决疑祭酒。县之下置乡，乡置秩、三老，第八品。小乡置啬夫，第七品。

吴国实得汉十三州中的扬、荆、交三州。后将三州分为五州。州之属官，见于文献记载，仅有部郡从事、师友从事，其他与魏大致相同。蜀国仅得汉十三州的益州。后改置梁、益两州。州刺史的属官有治中从事，别驾从事，功曹从事，议曹从事，劝学从事，典学从事，部郡从事，督军从事，前、后、左、右部司马，主簿，书佐等。郡置太守，其属官可考者有功曹掾、史、五官掾、师友祭酒督军从事、门下书佐、主簿等。郡下置县，县下置乡，制略同魏制。

（二）魏晋南北朝时期地方政府机构设置

值得注意的是，三国至南北朝诸朝的州数逐渐增多。据史载，两汉有州十三；三国魏有州十三，蜀有州一，吴有州五，共为十九；西晋有州十九；南北朝南朝以梁有州最多，凡一百三十，北朝后魏有州一百一十，北齐有州九十七，北周有州二百一十一。州数为什么逐渐增多呢？原因如下：（1）割裂：这时全国处于分裂割据状态，同一时代的一个州现在被两个国家所分割，过去的一个州，现在成了两个州。（2）侨置：西晋灭亡，东晋过江，江北诸州人民随之南迁，为安抚南下民心和光复旧州，朝廷大建侨州。（3）新置：这是这一时期州数大增的最主要原因。其结果是在总面积大略相等情况下，州的数目增多了，面积缩小了。到南北朝末期，就全国范围来说，一个州平均有二郡，每个郡仅有二三个县。这样一个州总共才五六个县。因而，三级制的意义逐渐丧失了。

（三）西晋封国制度重现

曹魏时期，其行政建制基本上沿用了汉武帝以来的制度。虽封有王、侯，都是虚爵，即所谓“寄地空，名而无其实”。[①]王、侯在国内无政治、军事权力。司马炎代魏，认为魏之灭亡，是由于无宗室以为藩辅之故，所以改变了曹魏的制度，重拾古代的分封制，恢复了封王、封爵之制。

《晋书·职官志》云：“以为古者建侯，所以藩卫王室。今吴寇未殄，方岳任大，而诸王为帅，都督封国，既各不臣，其统内于事重非宜。……其平源汝南琅邪扶风齐为大国，梁赵乐安燕安平义阳为次国，其余为小国。”又云：“非皇子不得为王，而诸王之支庶皆皇家之近属至亲，亦各以土推恩受封。其大国次国始封王之支子为公，承封王之支子为侯，继承封王之支子为伯，小国五千户已上始封王之支子为子，不满五千户始封王之支子及始封公侯之支子皆为男，非此皆不得封。”可见晋时分封十分注意受封者是否“皇家之近属至亲”，并且明确指出“非皇子不得为王”。同时对受封者的封地、封户和置军都有明确的规定。

司马炎时期，所封户数几乎占全国户数的半数，他以为这样就可以使西晋的统治得以巩固，并使统治阶级内部关系得到调节。但是他们都是宗室贵族，位尊权大。尤其是受封王、公、侯、伯、子、男徒享封土权力增大，拥有众多的士卒，又得自置官吏，实是一方的土皇帝。这样的制度实是一种倒退，严重地削弱了中央集权制度，这是西晋时期的政治和社会不稳定的一个重要因素。

---

① 《三国志·魏书·武文世王公传》注引《袁子》。

（四）北魏时期的基层组织——坞壁

西晋末年至五胡十六国时期，中原地区未南逃的世家大族将宗族、部曲武装起来，修筑坞壁，缮制甲兵，割据一方，借以保护自己的既有利益。这些人便当上坞主、壁帅，或者叫垒主、堡帅。堡、垒和坞、壁一样，都是武装割据性质的据点，简称为坞壁。

这些坞壁在经济上是自给自足的，它们已发展成为军事、政治、经济三位一体的独立小王国。这是西晋末年北方混战，割据政权更迭频繁，基层行政机构瘫痪瓦解的条件下，坞壁主利用长期以来形成的宗法关系和地方观念而建立的独立的地方基层组织。因此，凡是在北方建立政权的统治者，几乎没有例外地在任用坞壁主做当地的郡守和县令，给他们合法的统治地位，以巩固自己的统治。

（五）宗主督护制

北魏进入中原后，在处理和中原坞壁主的关系方面，拓跋嗣实行强制迁徙的政策，结果中原各地纷纷起兵，反对北迁。后来采纳了汉族士大夫崔宏的建议，大赦坞壁主，并把他们封为宗主，用以督护所属民众，是为宗主督护制。

北魏统治者就是利用宗主督护制这种形式取得了中原世族大族的支持，加强了对中原的统治。

（六）三长制

486 年，北魏孝文帝采纳了李冲的建议，强化了县以下的地方组织，确立三长制度，“初立党、里、邻三长，定民户籍”。“五家立一邻长，五邻立一里长，五里立一党长，长取乡人强谨者。”[①]三长制是代替宗主督护制的基层政治制度。北魏前期采用宗主督护制只是迫不得已的权宜之计，一旦政权巩固，必然要以符合中央集权要求的新的制度来代替它。废除宗主督护制和实行三长制，是对东汉以来世家大地主的一次沉重打击。

第四节　隋唐时期

隋唐政治行政体制始终处于不断调整之中。隋和唐初的制度，是在总结前代制度的基础上，适应新的时代特点而形成的三省制；而唐代从高宗武则天以后，政治行政体制不断发生着深刻的变革，以玄宗开元十一年（723 年）中书

① 《魏书·食货志》。

令张说奏改政事堂为中书门下为标志，中书门下制取代了三省制。而中书门下体制在唐代中后期的不断变化调整，又为宋以后政治行政体制的运作奠定了基本的框架和运行模式。

一、中央行政体制

（一）三省制

1. 三省制的由来

秦汉时期，国家事务由丞相（或三公）与九卿对口掌管，自东汉以来，尚书机构的发展使得它在与三公之职权发生冲突的同时，又逐渐与九卿在事务上发生冲突。随着国家政务的扩充，尚书省直接参与行政的范围扩大，在许多方面对三公府僚的职权产生冲击，三公的职权和机构都在萎缩，而九卿却沿置不废，两套行政系统在职权上多有重复，造成了行政体制的混乱。其中最明显的是掌管财政事务的度支尚书和九卿之一的大司农之间，职权的分配和行政关系非常混乱。鉴于此种状况，魏晋以来就不断有人提出进行改革，方案有三种：

第一种是废尚书之职权而还诸九卿，如西晋初年裴秀提出“尚书三十六曹统事，准例不明，宜使诸卿任职”。第二种意见是将九卿系统并省到尚书省。西晋初年，荀勖上表提出，“私谓九寺可并于尚书”。东晋时，桓温也指出，“今事归内台”，九卿形同虚设，“职无所掌者皆并”。第三种意见是西晋初年刘颂的建议理顺尚书诸曹与九卿之间的关系，以尚书取代过去丞相或三公对九卿的领导。①

隋初改定官制之时，在制度上完成了六部和寺监在职能上的分工和配合，最终形成了我们在唐代看得很清楚的那种尚书六部和九卿分掌政务和事务，二者在人事上互不统属，而在政务上则互相承接的体制。尚书六部二十四司据令或上承君相之制命，制为政令，下于寺监，促其施行，而为之节制；寺监则上承尚书六部之政令，亲事执行，复以成果申于六部，二者性质不同而有下承上行之关系，共同构成一个完整的行政体系。②这种制度形成的基础正是北周的六官制。北周时列曹尚书与诸卿都纳入六官系统，为尚书六部和诸寺卿的明确分职以及确立对应的统属关系奠定了基础。

三省制作为一种在建制上沟通内外、在职能上互相配合互相制衡的政治行

---

① 本节内容主要参考了刘后滨著《从三省体制到中书门下体制——隋唐五代》，载吴宗国主编《中国古代官僚政治制度研究》，北京大学出版社，2004年，第137页。

② 严耕望著：《论唐代尚书省之职权与地位》，收入严耕望《唐史研究丛稿》，香港新亚研究所，1969年，第39－63页。

政体制最终形成于隋唐之际，事实上也仅仅存在于隋及唐初。这种体制形成的一个重要前提，是中书、门下两省在宫禁中的位置及其在政权体系中的地位和性质的变化。

南北朝时期的三省尚未组成一个平等制衡的整体。尽管南朝门下省审署尚书省奏案的职权已经落实到公文程式之上，即尚书省上奏皇帝的各种文案都要经过门下省平省署位；北朝门下省也具有平省尚书奏事之职权，且诏书都要经过门下省审署下达，但南北朝的门下省都还不是宰相机构，其长官侍中也不是宰相。门下省仍处于禁中，具有皇帝秘书咨询机构的性质，而且门下省的属官中还有一些为皇帝的生活起居服务的。南朝的中书省至梁、陈时有了很大的发展，中书舍人掌制诰制度化。不过，尽管在某些时期有的中书舍人由于得到近旁的恩宠而被委任政事、从而参掌机密，但从制度上来说，中书省还只是处于禁中的具体办事机构，一般情况下中书舍人草拟诏诰只是根据皇帝的意图单纯的起草，这被认为是一种吏事，而不包括谋划决策。总之，两省官员始终没有摆脱皇帝侍从的身份，没有成为外朝政府之职。要完成这个转变，必须有一个前提，即两省在建制上走出宫禁。北齐和梁、陈都还没有完成这一步。

但是，不可否认，中书、门下两省在南北朝时期出现的这些变化，都在朝着隋唐时期两省长官成为宰相，两省其他官员在不同环节上参与决策，两省成为沟通内外的重要机构那样一种制度发展。

作为隋唐决策机构的中书、门下两省官员也具有内外朝官的双重身份，在唐代称两省“供奉官”，又在法律上规定，“中书、门下省五品以上，依令应侍从者”为“侍臣”。从汉魏以来内外朝分立的角度看，两省的这种建制，在中国古代皇权官僚国家体制的演变中是一个重大转变，标示着国家体制由以皇帝为中心向以皇帝处于最高位置的朝廷为中心转化。

2. 隋唐之际三省制的确立

隋初的政权结构中，一般认为制度上的三省长官已经是宰相。开皇初，三省长官俱全，内史令和纳言都被视为宰相，而处于宰相核心地位的还是尚书左右仆射。所谓“朝之众务，总归于台阁”，“尚书省事无不总”。

在隋唐之际宰相制度的变革中，一个明显的趋势是宰相的人数增加，形成一种互相配合、互相制衡的集体权力，对皇权的制约有所加强。三省成为一个互相配合、互相制衡的整体，三省长官共为宰相的局面，是在从大业到贞观年间的不断演进中逐渐形成的。

如果说尚书仆射担任宰相是魏晋南北朝以来宰相制度的继续，中书、门下两省长官中书令（内史）和侍中（纳言）成为宰相则是隋唐宰相制度的一个新发展。

隋朝建国之初，李德林为内史令，虞庆则任内史监兼吏部尚书，尚书左仆射高熲兼纳言，太子少保苏威兼纳言、吏部尚书，此四人都是宰相，且大都身兼三省中的数个职位。高熲是宰相，李德林也是参与平章军国重事，内史令也被认为是宰相。虞庆则担任内史监的时间不长，很快升为尚书右仆射，内史监之职因此而废，从虞庆则的实际地位来看，内史监是宰相当不成问题。苏威担任纳言期间，“渐见亲重，与高熲参掌朝政”。[①]说明纳言也是宰相。

政事堂的设立既与中书省的地位有关，又标志着集体宰相制度的形成。政事堂制起源于隋朝，定型于唐贞观初年。以三省长官及他官在门下省议事之所议事，共参朝政，并由侍中执政事笔得名。《大唐新语》卷十谓：“旧制，宰相偿于门下省议事，谓之政事堂。故长孙无忌、魏徵、房玄龄等以他官兼政事者，皆云知门下省事。”政事堂之制的形成与三省制的完善密切相关。有学者认为，唐贞观之时，“三省事权分立，往往发生流弊，尤以中书门下两省，或论难往来，各呈意气。太宗深察其弊，乃令三省长官合署办公，是谓政事堂，此实宰相制度之一进步也”。[②]

门下、中书两省由禁中走向了外廷，同时保留了内省。内省、外省之分，实际是一种沟通内外的建制。此外，隋唐时期外官直宿禁省的制度，也同样起到了一种沟通内外的作用。《隋书·百官制》下载开皇之制云，尚书省三十六侍郎，“分司曹务，直宿禁省，如汉之制”。隋唐之际君相关系的一个重要特点就是君相在国家政治生活中走向一体化。

门下、中书两省由禁中走向了外廷，是三省制确立的前提和重要标志之一。两省由秘书机构变成了政府机构，虽然还保留内省，但并不说明将国家事务皇帝家事化，而是反映了国家政权由以皇帝一人为中心到以整个朝廷为中心的转变。如果说，秦汉的丞相更多地表现为皇帝的助手；那么，隋唐时期的知政事官则更多地表现为政府的负责人。在这种体制下，政权中心是政府而不是皇帝个人，皇帝实际上成为政府的最高负责人。从中国皇权官僚体制的这个转变来理解隋唐时期中书、门下所保留的内省地位，与其说是皇帝把国家决策机构留在了禁内，还不如说是国家决策机构把皇帝拉出了后宫。皇帝、宰相和三省机关构成了一个有机整体，在处理国家政务的过程中处于不同环节发挥作用，形成了一种分层决策机制。

---

① 《隋书》卷四十一《苏威传》。

② 严耕望著：《唐代文化约论》，《唐代研究论集》第一辑，台北新文丰出版公司，1992年。

三省在中国政务裁决和执行中互相配合、互相制衡的关系是在隋唐之际逐渐形成的。三省的具体职责，如中书省负责起草诏令、门下省负责审核诏令的下达和尚书省奏事文书的上传，至晚在南北朝即已制度化，但由于中书、门下尚在禁中，尚未完成向国家政权机关的转化，三省之间也就没有形成真正的分权。一直到隋初，尚书省仍然是“事无不总”的最高权力机关。开皇官品令规定，尚书令为正二品，尚书左右仆射为从二品，纳言、内史令为正三品。炀帝时门下省的地位有所提高，但依然没有在制度上落实三省之间的平等关系。自唐初开始尚书令缺而不置，到贞观末年仆射一职长期空缺，高宗即位之初开始以仆射同中书门下三品，正是三省之间实现平等制衡关系的一个动态过程，也是三省制真正实施的时期。也就是说，三省制不是一个静态的制度，而是存在于隋唐之际至开元前期的一个不断调整的动态过程。在这个过程中，三省的职官设置和具体职掌不断完善，分工制衡的关系日渐明确。

三省之间的分工，不是中书决策，门下监督，尚书执行，而是在国家政务裁决和执行不同环节上的分工。三省都是从不同角度参与最高决策的中央行政机构。

三省制下的政务裁决首先分别体现在尚书省、门下省、中书省和政事堂，最高的决策裁决是由皇帝作出的。也就是说，唐代中央实行分层决策，以皇帝为核心的体现为诏令的是最高决策，其次是以宰相会议（如政事堂）为中心的决策，再次是各级官僚机构的决策。唐代政治体制中，决策和行政并不截然分开，行政部门也具有不同程度的裁决权。三省作为一个整体在政治体制中的作用，更多地体现为行政而非决策。三省沟通内外的建制，具有打通决策与行政两个环节的意义。

三省制下，行政运作的主体是尚书省六部二十四司，尤以二十四司（即曹司）为依托。六部在尚书行政体制中并不是一个政务运作的实体，六部首长尚书、侍郎一般与头司（如吏部之吏部司、户部之户部司）一起负责各部核心政务。其他大量的政务都由各司郎官独立完成，由各司郎官主判。尚书省行政体制运作的主要内容，包括两个方面：一方面，尚书省上承制敕，制为政令，以尚书“符”的形式向下颁布实施。另一方面，尚书省下领州府寺监之政务，据令式制为奏抄，向上申奏。

尚书都省是尚书省的首脑机关，是政务文书上下的收发枢纽和勾检总署。[1]不仅下行文书中的制敕（不包括“别制”）都要经过尚书省都省下发，所谓“凡

① 参见王永兴著《唐勾检制度研究》，上海古籍出版社，1991年。

制敕施行，京师诸司有符、移、关、牒下诸州者，必由于都省以遣之”，上行文书中的奏抄和露布也要经过尚书都省的签署，见于各种奏抄和露布式。作为尚书省长官的左右仆射，在上下行文书中签署官封姓名，不仅是一个例行公事的手续，也是其尚书省首长的地位的体现。尚书都省对诸司文案进行勾检稽失，是尚书都省的重要职掌之一，这不只是文书上下程式上的手续，而且体现了尚书都省对政务运行和百官执行政令的监督。在唐代尚书省的构成中，可以分成省和六部。由于尚书令在唐代并不设置，左右仆射实际成为尚书省的长官。左右仆射与六部尚书又一起构成一个会决庶务的会议性质的组织，称为“八座”。

（二）使职体系的发展

使职体系的出现典型地体现了行政职能对行政组织形成、构成和发展的影响。

使职指的是以皇帝的名义从原有行政机构中临时派遣一些大臣去处理各种特别事务，而不是通过原有的行政机构本身。使职产生的原因是政治军事形势的变化导致新问题、新事务的出现。制度本身具有一定的趋于稳定性，随着官僚制度的发展完善，官僚体系的机构和职掌也越来越明确和固定，而国家机器所面对的事务却总是不断变化的，所以临时性的使职派遣就成为许多王朝都采取的措施。

唐代自高宗、武则天以后大量出现使职差遣，在不断派遣使职的过程中，又逐渐衍生出一种新的行政机制，临时派遣的使职演化为固定的职务，逐渐形成一个与原有尚书六部行政体系不同的、按照新的机制处理政务的体系。唐以后各朝代，尽管行政体制经历着不断的调整，但在唐代使职差遣制度发展过程中形成的行政机制却一直发挥着作用。

《唐律疏议》对于皇帝遣使有明确的界定：“‘若别制下问’，谓不缘曹司，特奉制敕，遣使就问。注云‘无罪名谓之问’，谓问百姓疾苦，丰俭水旱之类。案者，谓风闻官人有罪，未有告言之状，而奉制案问。推者，谓事发，遣推已有告言之者。”这里规定了使职差遣的最初职掌就是问、案、推，也是使职在原有体制之外发展的法律依据。

使职系统的发展首先对地方行政体制形成冲击。使职的派遣是在地方无法履行应尽职责的情况下普遍起来的。如果地方能够很好地履行自己的责任，皇帝派遣的使职也只是到地方进行简单的慰问或进行官员犯罪的调查取证而已。例如处理逃户问题，本应是地方政府应尽的职责，《唐律》规定了从脱籍者到里正到州县官对于户口逃亡应负的责任。但唐高宗、武则天以来，土地兼并呈日益加剧之势，于是农民逃亡、户口流散、籍账隐没和赋役不均成为唐朝政府面临的一个严重问题，中央想通过对地方官的督察来改变这种情况。而地方从自身实际利益出发，对检括逃户并不积极，有的甚至不按中央的要求处理逃户问题。二者的矛盾，促使遣使按察地方的做法经常化，但逃户问题并没有解决。于是，在武则天末年，又出现了专门的括逃使。唐玄宗时期宇文融充使括户，是对原有行政体制具有较大影响的一件事情。

开元九年（721 年），监察御史宇文融提出"请急察色役伪滥并逃户及籍田"，得到玄宗支持，宇文融被任命为劝农使主持括户。括户分三个阶段进行：第一阶段排比审核地方上报的相关资料；第二阶段根据掌握的土地户口基本情况，派遣劝农判官到各地实行括户，"括得客户凡八十余万，田亦如是"；第三阶段进行善后处理，巩固括户成果。为实施此次括户，宇文融先后奏用的判官达二十多人，其本人的本职也由监察御史升为侍御史、御史中丞。使职对地方州县的行政体制形成了冲击。地方逃户和隐占田地等问题，本来是属于州县管辖的。当然，这种变化对尚书六部统领地方州府的体制也形成了冲击。宇文融括户是财经部门使职化的一个标志。以上只是使职体系发展的一个方面或表现。其他的使职主要是出现在六部九寺中一些部门，由于其所掌事务的增加及其重要性的提高，从而形成原有职能的使职化。即在原来由尚书六部和寺监所掌具体政务的处理中，逐渐形成了一种按照使职机制运作的新的政务处理机制。

（三）中书门下体制的建立

由于中央使职行政体系在发展过程中逐渐取得对地方政务的领导权，中枢体制中三省制受到冲击，向决策行政合一的中书门下体制过渡。

使职"不缘曹司，特奉制敕"，并直接"入奏天阙"，形成了不同于尚书六部向上汇报政务的机制。使职最初是以个人身份参与政务处理的，他们是"特奉制敕"的近臣。而近臣向皇帝汇报工作，是以状的文书形态进行的，而不走律令制规定的以尚书行政机构为文书主体的奏抄渠道。

随着"特奉制敕"的使职的常设化及其行政职能的扩展，产生了一个归属问题。使职系统是旧有体制所不能包容的，它作为一个行政系统，不能接受尚书省的领导。但它必须要有一个上级机关来进行统领，纳入中央行政体制之内。

开元十一年，宇文融括户工作大规模展开，为了削弱宇文融的权势，将这些政务直接纳入宰相的管辖之下，中书令张说奏改政事堂为中书门下。政事堂改为中书门下，不仅仅是名号上的改变，而是中枢体制的重大转变。这一转变实际也是政事堂完成实体化的一个结果。

高宗以后，随着使职所掌政务的扩大，使职所上状数量和内容的增加，以及皇帝上朝议事的减少，中书舍人侍奉进奏的职掌也在发生着悄悄的变化。中书舍人从侍奉进奏，逐渐发展为参议表章，逐渐获得裁决政务的职权，从而中书省的地位也在发生着悄悄的改变。神龙三年（707年）二月敕："诸色理诉兼抑论内状，出付中书。应制敕处分者，留为商量；自余并封本状，牒送所司处分。"也就是说，上奏皇帝的议表状等文书，要出付中书省处理。如果需要皇帝下制敕处分者，则要留在中书省商量；不需要制敕处分的，则由中书省"牒送所司处分"。中书省商量的具体做法有所谓"中书舍人六员，每一人商量事，诸舍人同押连署状进说"。但是，这种由一舍人主判，其余舍人仅仅签名画押的制度，容易造成"抑使雷同，情有不尽"的弊病，玄宗时中书令姚崇提出改革办法："其大事执见不同者，望请便作商量状，连本状同进。若状语交互，恐烦圣思，臣既是官长，望于两状后略言二理优劣，奏听进止，则人各尽能，官无留事。"[①] 结果使得中书令的政务裁决权在中书舍人参议表章的基础上得到极大的加强。于是，在"六押"的基础上，形成了"五花判事"的制度。"凡中书有军国重事，则中书舍人执见，杂署其名，谓之五花判事。"《唐六典》将这种制度概括为："凡有章表，皆商量可否，则与侍郎及令连署而进。"即中书舍人对大事执见不同者，便作商量状，杂署其名，不再区分主判和同押。

政事堂权力的加强逐渐改变原有的权力结构。六部首长等政务官知政事者本来皆午前决朝政，"午后归本司决事"，开元以后就不回本司办公了。《新唐书·选举志》载："初，诸司官兼知政事者，至日午后乃还本司视事。……开元以来，宰相位望渐崇，虽尚书知政事，亦于中书决本司司以自便。"在改政事堂为中书门下以前，政事堂已经掌政务，宰相集中在政事堂处理政务，而不是此前主要由三省按程序分工承担。政事堂实体化的重要标志是政事堂印的设置。中枢体制悄然发生了改变。以中书令为首的政事堂逐渐改变了过去作为宰相议事之所的性质，成为宰相处理政务的机关。中书省成为政务运作的中心，中书令也因此成了掌理庶政的行政首脑。

《新唐书·百官志》记载了中书门下体制的结构："开元中，张说为相，又改政事堂号中书门下，列五房于其后：一曰吏房，二曰枢机房，一曰礼房，四曰户房，五曰刑房，分曹以主众务焉。"

相对于由三省互相配合、互相牵制并共同构成宰相职权的三省制来说，中书门下体制的基本特征就是宰相有了裁决政务的常设机构，中书门下成为最高决策兼行政机关，超然于三省之上，使职和使职化的六部寺监成为政务执行的主体，涉及国家政务的公文书形成了新的上传下达程式。尚书都省成为纯粹勾

---

① 《唐会要》卷五十五《省号》下"中书舍人"条。

检文案、收发文书的机关，中书、门下两省的内部结构和职权也发生了变化，逐渐演变成与宰相分离的、具体负责起草和审查诏令的机关。

（四）唐代中后期中书门下体制的建立与完善

安史之乱被认为将唐代历史划分为前后两期的转折点，其对于政治行政体制的变革也产生了重大影响。从中国古代政治行政体制演进的整体角度看，安史之乱及其后直至德宗建中（780－783年）年间的战争环境，在由唐制向宋制的过渡中，有着不可忽略的意义。战争的特殊需要、战争环境凸显了军事问题和财政问题，导致了军政、财政等使职系统的进一步发展和尚书六部在行政事务中地位的进一步下降。与此对应的是兵权、财权等进一步向皇帝和宰相集中。这是宋代最高行政权一分为三，即由中书门下、枢密院、三司分掌民政、兵政和财政的制度的滥觞。

开元、天宝时期，尚书省已经完全退出决策系统，尚书省的长官未经特别授权（加同平章事）便不是宰相。“其国政枢密皆委中书（中书门下），八座之官（尚书省官员）但受其成事而已。”安史之乱以后，使职系统主导了行政运作，尚书省许多部司不再处理实际政务，以至逐渐闲废，而使职跨越尚书六部直接上承君相。中书门下不断获得行政权仍然是这种体制完善的方向。

开元、天宝时期，六部尚书尤其是吏部、兵部尚书和重要的财政使职已经多由宰相兼领，而诸司官知政事者，“不复视本司事”，这被认为是尚书省诸司官因参政而废本职，表明八座之民成了用以酬勋的虚衔，尚书省因此职权坠落。而安史之乱以后，由财政使职和吏部、兵部尚书入相或宰相兼领财计及兼任吏部、兵部尚书的情况越来越普遍。这种情况在当时人看来，被认为是宰相之任等同于有司。即诸司官知政事者在不归本司视事的同时，等于把本司之事带到了宰相府署中书门下进行处理。在这种情况下，中书门下的主要职能即在于掌管选官、贡举、财政、军政等具体政务，形成了中书门下指挥使职、部司、寺监和州县的行政体系。到贞元时期，全国政务汇总于中书门下作为行政枢纽的地位逐渐巩固下来，并且形成了宰相判事的具体规程和专门文书。

贞元、元和时期，使职逐渐融合于中央机构，使职行政体系的运作走上正轨，各个因事而设的使职逐渐有了完备的机构和严密的组织系统，发展成为固定的使司，使职行政体系臻于完善。中央主要政务部门，包括尚书机构及寺监机构中尚保留原有职掌的部局署和日渐完备的使司，以及地方政府，在政务上都直接对中书门下宰相机构负责。经过唐末五代的发展，这套体制为以使职差遣制为核心宋朝制度的建立奠定了基础。

使职体系的确立，首先表现在使职本身的体系化及使职内部机构的严密和完善。财政系统、军事系统、司法系统、选官系统、礼仪系统等几个主要行政系统的使职，都有了完善的组织体系和更加明确的职权范围，使职与尚书六部和卿监的关系也更加趋于明确，有些使职还有从中央直贯地方的职能。

财政三司是最主要的使职行政系统。贞元、元和年间，逐渐形成了度支使、户部使、盐铁转运使三司。按照钱谷来源的不同，三司之间有明确的职权划分：度支使掌管两税正税、酒税及西部盐池、盐井等收入，盐铁转运使掌管江淮赋税的转运、东南盐铁及天下山泽之利如矿冶、竹木茶漆等，户部使负责除此之外散在各地的阙官俸料、职田钱及除陌钱等。度支使在一些重要的地区设有分支机构，称为度支巡院。盐铁转运使在各地也有众多的场、监、巡院官，并在扬州和江陵分别设立留后院，由盐铁转运副使主持。三司职权屡有调整。调整的结果是财政三司对赋税的分割由钱谷来源的类别划分完全转变为按地域划分。度支、盐铁和户部由各自为政的三使转变成为具有共同职能、分工协作的，向中书门下负责的财务行政体系。

财政使职往上直达中门门下，往下则直贯地方州县，户部官职成为财政三司官员寄托品级俸禄的职衔，一些重要的财政使职多由宰相兼领。财事事务逐渐从一般的政务中独立出来，自成系统，直属宰相。这些都为财政使职成为中央的最高行政机关之一创造了条件。唐后期，三司合并成为一种趋势。唐亡前夕，曾以朱全忠"盐铁、度支、户部三司都制置使"。后梁建国后，以建昌宫使统一掌管国家财政，后唐则代之以租庸使，统辖盐铁、度支、户部三司。后唐明宗时，废租庸院，以宰相一人专判三司。长兴元年（930 年），以许州节度使张延明行工部尚书充三司使，三司使作为一个专门的掌管财政的最高使职从此确立下来。

枢密使是在安史之乱后逐渐衍生出的一个机构，衍生起源是一个特殊角色——宦官。唐玄宗信任宦官高力士，"每四方进奏文表，必先呈力士，然后进御，小事便决之"，并在一些方面承担着沟通君相的角色。安史之乱爆发后，"深谋密诏，议不及中书"，皇帝在内廷的决策机制逐渐形成，宰相在机密决策中的权力大为削弱，君相之间的沟通问题显得更加重要。因此，宦官负责机密文书出纳传递的职掌被继承下来，并且得到了进一步的发展。从代宗时期开始，宦官的这种职权被称为"掌枢密"。永泰二年（766 年），用宦官重秀掌枢密，史言"始以中人掌枢密用事"。在安史之乱之后的政治体制转换中，宦官适时的填补进来，充当了皇帝与宰相联络的中介。这就为元和、长庆年间枢密使制度的确立打下了基础。穆宗长庆年间·（821—824 年），正式设置枢密使。枢密使在最高决策的过程中沟通皇帝和宰相，"承受表奏于内中进呈，若人主有所处分，则宣付中书门下施行而已”，在中枢体制中具有重要地位。枢密使的权力相对于中书门下宰相机构来说，是体制外的，但它可以利用上的缺环，与宰相施政机构中书门下的堂后官相结合，影响宰相的决策，甚至对宰相颁发诏令进行干预。

五代至北宋，枢密院逐渐取得了与宰相平等的权力。但这已经不是唐代制度中由宦官担任的枢密使，而是经过五代的发展而形成的新中枢体制下的枢密使。其间的联系与区别，宋人沈括说：“晚唐，枢密使自禁中受旨，出付中书，即谓之宣。中书承受，录之于籍，谓之宣底。今史馆尚史梁《宣底》二卷，如今之《圣语簿》也。梁朝初置崇政院，专行密命。至后唐庄宗，复枢密使，使郭崇韬、安重诲为之，始分领政事，不关由中书，直行下者谓之宣，如中书之敕。小事则发头子，拟堂帖也。”也就是说，到五代后唐以后，枢密使才分领政事，成为与宰相平等的“执政”之官。

对于由皇权政治需要逐步衍生出枢密使这一行政组织的过程性特征，当时的人包括枢密使也有某种认识。

大和七年（833 年）六月，文宗不顾宰相李宗闵的反对，在没有宰相“进拟”任命名单的情况下，直接由枢密使崔潭峻向宰相宣出任命郑覃为御史大夫的制书。为此，李宗闵对崔潭峻表达不满，说：“事一切宣出，安用中书！”崔潭峻回答：“八年天子，听其自行事亦可矣！”显然，李宗闵在此并非指责枢密使夺宰相之权，而是说皇帝不任用宰相。而作为枢密使的崔潭峻，也认为直接宣命是皇帝“自行事”，而枢密使是不起什么作用的。

显然，唐后期的中枢体制仍然是以中书门下为主体，由宦官担任的枢密使不过是作为中书门下与皇帝两个权力点之间的补充或沟通环节而已。

二、地方政府机构

隋唐时期地方政府政体基本实行州县两级制，只是在隋初十余年实行短期州郡县三级制。值得注意的是此时在中国疆域史上有两件重大创设：一是道，二是府。道起初与西汉的十三州一样，作为中央政府的监察区，中唐以后才正式成为一级地方行政区划。

（一）隋朝地方政府行政区划

隋朝在地方制度上的一项重大改革，就是减少地方政府机构的层次，加强中央对地方的控制。

隋初的地方政府机构仍然实行魏晋南北朝以来的州郡县三级制。据《隋书·地理志》载，杨坚即位时，有州 201 个，郡 508 个，县 1124 个。州、郡、县均分为上上至下下九等，一般都有两套职官。一套由吏部直接任命的官员，在州为刺史、长史、司马、录事参军事、功曹、户曹参军等，在郡为太守、承、尉，在县为令、长等。一套由地方行政长官直接辟置，在州为典签、州都、郡正、主簿、西曹书佐、祭酒从事、部郡从事、仓督、市令等，在郡为光曹、光初主簿、县正、功曹、主簿、西曹、金、户、兵、法、士诸曹等，在县为县令、长的僚佐等官。

州、郡、县如此之多，官吏设置如此之乱，出现了“民少官多，十羊九牧”的现象。因此，杨希上表，请求“存要去闲，并小为大”。①隋文帝采纳了杨希的表奏，于583年将州郡县三级制改为州县二级制（炀帝时改州为郡），合并了一些州、县。开皇三年后有197个州，837个县，从而减少了地方行政机构的层次，也削减了地方官吏的人数和职权。至开皇末年，全国有299个州，1348个县。地方行政机构即是州设刺史、县设县令。县下五家为保、五保为闾、四闾为族，分置保长、闾正、族正，对人民进行严密控制。

隋炀帝大业三年（607 年）又改州为郡，地方行政机构变为郡县二级制。郡设太守，罢长史、司马，置赞务（后为丞）为次官。后来，诸郡各加置通守一人，位次太守，居赞务之上。

隋朝对地方政权的机构改革，不仅调整了中央和地方的关系，加强了中央对地方的控制，有助于清除地方封建割据的局面，同时加强了地方机构的统治效能，改变了“民少官多，十羊九牧”的现象。至此，君主时代的中央集权制度进入了一个新的发展阶段。

（二）盛唐地方政府的等级结构

盛唐地方政府行政建制基本上是州县两级。但唐朝后期又出现了道，于是由州县二级制变为道州县三级制。与州的地位相当的还有府。府、州是编制不同、称谓各异的同一层级的地方政府。这也是盛唐地方政府建制的一大特色。

内陆府是州级行政建制的第一等级。唐代这种不称州而称府的现象，考其原因要么基于政治目的，要么出于军事需要，要么是经济命脉，但就其多数而言，与其所处的地理位置和历史地位有着密切关系。而之所以称府为州级建制的第一等级，是因为府的最高长官品级高于普通州，而且府地地险资美。唐代称为内陆府的有三都府：京兆府、河南府、太原府。三都府要么是都城所在地，要么是历代的故都，要么是皇室的发迹之地，它们与普通府、州有着明显的不同。三都府有牧且有尹，而三都府之外府，无牧只有尹，尹为之最高长官，其品级低于三都府最高长官两级。

---

① 《隋书·杨尚传》。

边疆府是州级行政建制的第二等级，时称都护府。其主要职能在于管理周边少数民族事务。唐朝管理边疆事务，从体制上讲，实行双轨制，即以都督府统领边要州镇之军务，以都护府管理归附少数民族之政务。从太宗至武后时期，唐朝在周边共设 8 个都护府。到玄宗开元、天宝年间，只剩下 6 个，它们是安西、北庭、单于、安北、安东、安南。其中“单于、安西、安北为大都护府，安南、安东、北庭为上都护府”[①]。唐代都护府有大上之分，其依据有三：一是都护府的最高长官品级不同。大都护为从二品，而上都护为正三品。前者由亲王遥领，而后者为中央任命官吏充任之。二是府编不同。三是管辖领地不同。边疆府的建立，有助于中央对周边地区的管辖，对各民族之间的经济、文化交流，对统一的多民族国家进一步团结壮大，都起到一定的积极作用。

普通州是州级行政建制的第三等级。它们处于三都府之外，都护府之内，是重要的一级地方政府。据统计，唐朝全国有 90%以上的疆域为普通州所管辖。

普通州有上、中、下三等级。其划分标准有的依据户口多寡，有的依据地理位置距京都远近。纵观《新唐书·地理志》，我们得出这样一个结论：以京都为中心，在要冲之地划为辅、雄、望、紧，其中辅州距离京都最近，紧州距离京都最远。其余诸州以户口多寡分为上、中、下等级。以天宝年间为例，当时全国有上州 109 个、中州 29 个、下州 189 个，连同四辅、六雄、十望、十紧，总计 357 个州。诸州最高长官品级依次为辅、雄、望、紧、上、中、下七等。

唐朝的县亦分等级，其分等的标准是应时而变的。整个变化过程经历三个阶段。

第一个阶段唐高祖时期。此时县等仅以户口多寡为标准，分为四等。武德令云：以五千户以上为上县，二千户以上为中县，一千户以上为中下县，一千户以下为下县。

第二个阶段唐玄宗时期。以户口为主，同时综合考虑地资美恶等因素，初将县分为四等。据《唐会要·量户口定州县等第条》云：“以六千户以上为上县，三千户以上为中县，不满三千户为中下县，其赤、畿、望、紧县不限户数，并为上县。去京五百里，并缘边州县，户五千已上亦为上县，二千已上为中县，一千已上为中下县。”

第三个阶段唐中后期。以政治地位及户口多少、地资美恶为差，县分七等。《通典·职官十五》云：“大唐县有赤、畿、望、紧、上、中、下七等之差。”赤县即京县。《通典·职官十五》云：“京都所治为赤县，京之旁邑为畿县。”故京、

① 《大唐六典》卷三。

畿之分，实则以政治地位为标准。上中下诸县则“以户口多寡为差”。而紧望之县因地处要地，其地位略高于上县。总之，整个唐朝县等由高至低，依次为赤、畿、望、紧、上、中、中下、下。

搞清州县等级意义十分重大，它直接关系到州县属官的品位、编制。州县等级高者则官吏编制就大，反之则小；同是州县，因其等级有别，其同级官吏品位亦有高低之分。

唐代地方管理机构中，出现了道一级。唐朝前中期，道主要是作为监察区而存在的；安史之乱以后，道逐渐演变为州县之上的一级地方行政组织，于是唐末地方行政层级由二级转变为三级。

唐玄宗开元年间，全国有15道，每道置采访使1人，作为监察官。其特点是本身无治所，无自己的一套官僚机构，手中实权不大，仅受皇帝之托，到地方进行监督、巡视，定期向中央奏报。唐后期，道基本上是以方镇的形式出现的，其长官是节度使。《唐会要》卷七十八云：“贺拔廷延嗣除凉州都督充河西节度使，此始有节度使之号。”可见节度使本是为了防御外来侵略设于沿边各地的一种军事长官。安史之乱以后，节度使由边疆而蔓延到内地了。“中原刺史亦循其例，受节度使之号。”[①]当时节度使之大者连州十数，小者犹兼三、四。他们或父死子握其兵，或自择将吏。于是节度使就由过去的军事长官转变为兼管政务的军政长官，从而在节度使辖区以内，形成了节度使统州、州统县的三级地方行政制度。

道的长官是节度使、观察使，其官署称为使府、幕府，属僚有文职官员节度副使、行军司马、判官、掌书记、巡官、推官、参谋等，武职官员有都知兵马使、都押衙、都虞侯、都教练使、都指挥使等。

第五节　两宋时期

在中国古代，帝王专制与官僚行政始终是一对矛盾，二者存在对立统一的关系，但从总体上来说，官僚行政从属并服务于帝王专制。如果进一步追溯，官僚行政的产生就是伴随、依从专制王权或皇权的出现而出现的。但另一方面，官僚行政也具有自主性的政治目标，有强调公共服务和自我扩张的趋向。随着历史的发展，这种自主性趋向会在适度范围内逐渐强化，与专制皇权形成一定

① 《旧唐书》卷四十四。

程度的对立。宋代政治就是这方面的典型例子。士大夫集团成为社会上主导性的政治力量，对皇权形成约束和限制，甚至达到了由皇帝喊出“与士大夫治天下”的程度。当然宋代帝王的政治理性水平也同时达到了前所未有的历史高度。宋仁宗曾经对臣僚表示：“措置天下事，正不欲专从朕出。若从朕出，皆是则可，有一不然，难以遽改。不若付之公议，令宰相行之。行之而天下不以为便，则台谏公言其失，改之则易。”如此看，两宋时期无疑是中国古代行政体制发展到最为成熟的历史时期。

一、中央行政体制

（一）二府、三司与宋代的宰执群体

宋朝的中枢决策系统，是以皇帝为中心，由宰执、侍从、台谏共同构成的；而中枢政权机构的设置，在宋神宗“元丰改制”之前与其后有着明显的差异。

马端临《文献通考》卷四十七《官制总序》中说到北宋前期的中枢机构设置：“中门、门下并列于外，又别置中书于禁中，是谓政事堂，与枢密院对掌大政。天下财赋、内廷诸司、中外管库，悉隶三司。”

中书门下简称中书，是正副宰相集体处理政事的最高行政机构。其办公处设在禁中，亦称政事堂。宋代一般以同中书门下平章事为宰相，太祖乾德年间设立参知政事作为副宰相，既是宰相之辅佐，又起牵制相权之作用。枢密院总理全国军务，是国家的最高军政机构。长官称作枢密使或知枢密院事，副长官是枢密副使或同知枢密院事。参知政事与枢密使副合称“执政”（宰执）。中书门下、枢密院与三司分理民政、军政、财政，原则上各自行使独立职权。

就枢密院而言，自唐末朱温改以亲吏担任枢密使起，就开始了该机构走出内廷的过程。后梁的“知崇政院事”，在皇帝身边参与谋议、负责皇帝与朝廷间的内外沟通而不直接指挥朝政，仍然具有“内职”性质；但它不再由“内臣”宦官担当，而是由皇帝亲信文吏或武臣担任——衔接这一转变两端的是其“亲随”实质。当时的知崇政院事敬翔，即自视为“朱氏老奴”。这一职任具有过渡性质，尚未完成向外廷中枢机构首脑的转化。其后又经历了一百年左右，枢密院才成为比较严格意义上负责军政的外廷机构。

就枢密使制度而言，北宋初年呈现出多向错综状况。一方面，其亲近内属性质仍然在相当长的时期内起着作用，与帝王关系的密迩，使其事实上居于“备肘腋之变”的核心位置。另一方面，北宋初期的最高统治者继承五代后期的趋势，制止了枢密权力的持续扩张，有效地将其控制在与中书门下“对举大政”的合理范围之内。

宋代“枢密院与中书对持文武二柄”之权力格局的确立，就其与唐代前期制度设施的比较而言，展现出来的是对于宰相军政权力的分割；而从晚唐以后的实际政治局面、从五代至宋初中枢机构演变过程的角度加以考察，实际上又是限制枢密使完全侵夺宰相事权的结果。北宋初期所谓“相权之分割”主要是削枢密之权，以实中书之任。换言之，旨在重建中书宰相制度。

中书与枢密院依其在宫城中的位置，称为东、西二府。二府之间有分工配合，也有牵制掣肘。元丰改制时，有些臣僚建议废除枢密院，仿唐制将军事事务归属于兵部。宋神宗对此却不以为然，他说：“祖宗不以兵柄归有司，故专命官统之，互相维制，何可废也？”这番话反映出赵宋帝王对于政权制衡问题的重视。

三司由盐铁、度支、户部组成，总领国计及四方贡赋，是北宋前期最高的财政机构。财政为国家命脉所系，在盛唐以降使职系统发展的基础上，三司固定为常设理财机构，其职权、其治事效率皆远非过去之尚书户部可比。宋真宗时宰相王旦曾经说：“今之三司即尚书省”，并且称之为“圣朝不易之制”。三司“于天下财计无所不统”，在当时财政集权中居于核心与主导的位置。宋代三司使位亚执政，号称“计相”，直接向皇帝负责，而不再如五代时由宰相兼判且受枢密使控制；二府虽不直接调度财政事务，但须共议财政大计。三司与二府之间的关系是：“计财之任虽三司之职，日生烦务、常程计度、簿书期会，则在有司；至于议有系于郡国之体、事有关于安危之机，其根本在于中书、枢密院，非有司可得而预也。”①

北宋前期的中枢机构继承了晚唐、五代以来的趋势，有两个较为鲜明的特点：一是国家决策群体的扩充以及制衡关系的确立，一是职能分工的明确以及国家政务重点的突出。此时中枢部门的分立，主要以其处理的政务区分所决定，而不取决于或出令、或审覆、或执行的程序环节分工；在管辖权限之内，决策、执行一体化。行政机构内部的封驳职能，改由专设机构银台司行使，同时，亦赋予掌制敕命的官员（知制诰）以封还词头之权。以“事任”为中心、依事系任的设官分职方式，在“丛脞芜杂、无系统”的表象背后，突出了国家政务的几方面核心内容，事实上保证了不同门类之内事权的相对集中，从而提高了行政效率。

北宋前期，中书门下、枢密院与三司尽管形成了“中书主民，枢密主兵，三司主财，各不相知”的局面，但事实上并非互相隔绝。事干国体的军国大计，

① 《续资治通鉴长编》卷二〇九“治平四年闰三月丙午”条。

皆须宰执共同讨论，真宗即有“中书总文武大政”之说；涉及国计民生之财政方针的制定实施，宰相亦皆预知。仁宗初年，面对临朝称制的刘太后，当朝宰相吕夷简堂堂正正地说：“臣待罪宰相，事无内外，无不当预。”庆历年间用兵西夏，宰相吕夷简兼判枢密院事，而章得象则兼枢密使。熙宁变法之初，王安石在三司之外，另设主持制定有关政府财政经济新法的机构“制置三司条例司”，通过法规条例的订立与推行，将三司的财政活动置于其直接调控之下。

（二）元丰官制改革

北宋前期“以事系任”的中枢机构设置，在赵宋统治安定之后，一直因其“名不正，言不顺”而受到官僚士大夫们的批评。三省六部空余躯壳而架构尚存；自使职系统发展而来的实权机构、组织设施不确定，官员没有正当名分，影响政务活动的进展和治事积极性的发挥。两套机构的磨合已有时日，职任重叠交叉造成的问题日益突出。在这种背景下，引出了元丰官制改革。宋神宗元丰五年（1082年），在“以实正名”的口号下，系统地改革了中枢行政设置。

改革大体依照当时对唐代前期官制的理解，赋予中书、门下、尚书三省以各自的职权。“中书省揆而议之，门下省审而覆之，尚书省承而行之。”事实上改革是从议事运作程序上分割了原属中书门下的权力。此后，具有了实际职能的三省与仍掌军政的枢密院“谓之朝廷”，成为“天子所与谋大政、出大令之地”。

新制规定，凡尚书省六曹事，先由本曹检具条例商议决定，再关报省内有关曹司；无异议者，即赴尚书都省讨论，重要者集议，议定上中书省。有关边防、禁军等事，上枢密院。中书省、枢密院分别议论处置方案，面奏或进状得旨，即录送门下省；门下省审读详校，有异议则封驳缴奏，大带入状论列，小事缴状内改正，无舛误则录送尚书省施行。在文件运转过程中，层层设置收发稽文簿，尚书都省有《送中书省文字簿》，中书省诸房有《尚书省送本省取旨簿》，门下省录《事目》留底，牵涉官司则有《付受历》。

新官制以尚书左仆射兼门下侍郎、尚书右仆射兼中书侍郎为宰相，以门下侍郎、中书侍郎、尚书左丞、尚书右丞为副宰相，共同处理政事。这种安排，把宰相与三省职权紧密地联系在一起。两位宰相依政务处理的程序分工，掌出令、审覆，决策过程中出现了不同的角度与立场，使得决策权力的运用更为慎重；而宰相、执政共掌行政实施权，又使其有莅临政务与协调处置的充足机会。元丰改制之后，尚书省成为政务运行的重心所在，宰执议事即在尚书都堂进行。

元丰官制以《唐六典》记载的唐代前期官制体系作为参照，但改革之后的制度并非唐制的翻版，而有着自己明显的特点。取代中书门下作为国家最高决策、行政机构的三省，改制后仍与枢密院“对举文武大政”，一仍旧贯地维持着赵宋祖宗设法立制之“深意”。相对而言，改制中成效比较明显的，是对于六部职能的恢复与调整。新的曹司设置，突破了以往整齐划一而失之于机械僵化的六部二十四司建制。过去，部门职能过分凸显，难以由某司涵盖者，通常采用另设使职化专司负责的方式予以解决；此次却一概纳入六部系统，根据职责事任的繁剧程度增加（或减少）曹司设置，从而拓宽了六部制度的伸缩余地，将原来职能接近却互不归属的体制折中合并为一体。

例如，改制之前，宋朝官员的管理任免事项并不由吏部负责，而是分属于不同主选机构；调整后，负责不同级别文武官员选任的机构改称吏部尚书左右选，归入吏部。吏部总为七司，人事管理方面的法规亦因之依事类定为《吏部七司条法》。更为关键的调整在户部。元丰改制前，户部几乎无所执掌，改制后则负责全国财计事务。新户部分设左右曹，以左曹掌户口、赋税兼理民政，右曹掌与新法相关的各类事务。与旧户部相比，新户部的职权大为增加；而与三司相比，则新户部所能掌管的财政权力减少了许多。以往三司所掌事务，有相当部分分隶他司；属归属于三司的财政监察勾稽权，改制后除由户部点检驱磨钱谷文账外，则以刑部属下的比部司为最高审计机构。新的理财体制纠正了以往三司财权过分集中的弊端，将财政管理与审计合一的内部审计体制改变为财审分离的外部审计体制。凡此种种，就权力制衡而言，有其合理之处；但是，也带来了新体制下国家财计统筹管理不力的问题。改制后的吏、户二部，事任繁忙，被人称作“吏封勋考，笔头不倒；户度金仓，日夜穷忙”。然而，与吏部同居前行的兵部，却由于军政归枢密院，武职选任归吏部，本身只掌兵卫、仪仗、武举、厢军等次要事务，最终落得辖司合并。

元丰改制是宋代国家行政体制的一次重大变革。除在官僚人事管理制度的改革（“以阶易官”）方面取得了较为稳定的成功之外，在官僚机构设置方面只能说取得了部分的成功。改制后的中枢机构，在运转中也出现了一些突出的问题。

中书门下被析为三省后，三省分为三班奏事，政事的拟议审定迂回曲折，客观上降低了行政效率，未能达到预期的目的。加以神宗以来高层政治权力之争的复杂背景，中书省负责取旨出令因而“独重”的情形受到宰执们特别的关注。元丰八年（1085 年）宋哲宗即位后，宰臣司马光、吕公著等人再三提议调整三省关系，“一如旧日中书门故事”，以使“政事归一”；同时，尚书省诸多事类区分性质、轻重，或商量，或取旨，或专决，以做减少转递层次，力求实现“上下相承，各有职分，行遣简径，事务办集”的施政原则。此后，三省逐渐恢复同班奏事，共同取旨施行。

北宋后期，新旧两党政争激烈，国家政策反复频繁，在“更化”或“绍述”的旗帜之下，官僚制度亦屡经变更。但是，总的来讲，三省共同取旨、共预决策的规制保持不变，成为不同政治派别的宰执们共同维护的施政方式。

北宋二府并立，军政、民政对举的做法，在贯彻权力制衡原则的同时，也带来了议论不一、号令参差的问题。经过反复调整，统御三省的宰相正式获得了与枢密院长官共商军政大事的权力。

靖康军兴之后，机速事务大增。南宋建炎三年（1129 年），应宰相吕颐浩等建议，“合三省为一，如祖宗之故”；尚书左、右仆射以“同中书门下平章事”入衔，成为南宋朝廷的宰相。就中枢核心机构的变化而言，自北宋前期之制，经元丰改制、元祐变更至建炎调整，曲折反复之后，重新实现了决策、行政事权的一体化。[①]

二、地方政府机构

（一）州县二级建制

宋代地方政府机构基本上是州县二级建制；同时，全国划分为若干路分，作为朝廷派出机构的辖区。

州府军监为直隶中央的同级行政机构，长官由中央派遣京朝官担任，称作“知某州（府军监）军州事”，简称“知州”（或“知府”等），另设通判与其共掌州政。一州的赋税、钱谷、狱讼之事及兵民之政，皆由知州总理，通判亦参与裁决，共同签署文件、督促施行。

各县长官亦由中央直接委派。京朝官出任，则曰“知县”；由资格相对低浅的幕职州县官担任，即曰“县令”。知县、县令职任繁重，“催税劝率，民讼刑禁，凡朝廷所行之政多在焉”。[②]县内设有县丞、主簿、县尉及其他佐职吏人。

宋代的路级机构主要有安抚使司、转运使司、提点刑狱使司与提举常平司，亦即“帅、漕、宪、仓”四司。这些机构，是逐渐设置齐备的。安抚使本系因事而设，具体名衔常不相同。真宗时期，有派出“观省风俗”者，又有主持边地军政者。[③]其后，各地区在遭遇水旱灾害或意外动乱期间，朝廷往往派员前往“体量安抚”；陕西、河东、河北、京东西、湖南、两广等或沿边、或民族矛盾

① 参见邓小南著《“祖宗之法”与官僚政治制度——宋》，载吴宗国主编《中国古代官僚政治制度研究》，北京大学出版社，2004 年。

②《宋会要辑稿·职官》四十八之三十二。

③《事物纪原》卷六《节钺帅漕部》“安抚”条。

社会矛盾较激烈地区则陆续正式设置安抚使（或称经略安抚使）。[①]安抚使司首长逐渐固定由本路内重要州府的长官担任，有权过问一路之军政事务；南宋时，诸路普遍设置安抚使司。

转运司经度财赋，刺举官吏，职任颇繁；提刑司掌刑狱，兼管保甲、军器、河渠等诸多事务；提举常平官员是随着熙宁新法的推行而由朝廷普遍差派的，负责常平仓、农田水利、差役及茶盐等事。漕、宪、仓司置属员掌诸案，机构内部以管理目标、对象的不同而有职能划分，开始向管理部门专业化方向发展[②]；他们既有专门事任，又有监察职能，合称“监司”，在一路之内权任颇重。

路内诸司职任有交叉而各不统属，互异互补、互申互察。这种做法，在成功地防范长官专权、着意建设监察网络的同时，也造成了运行机制滞缓等严重问题。南宋孝宗以后，不少士大夫批评这一体制，建议将路级机构并省为一元。

在不同的阶段中，宋廷还应时势需求，在各路或于数路之上设置过一些特殊的机构，例如发运使司、制置使司等。

宋代“随事立目”，允许诸路转运使、安抚使以及典领要藩大郡的重臣自辟部分僚属。这批人尽管为数不多，却是地方长官施政时倚仗的谋士班底与核心力量；他们也由于施展才干机会较多，容易受到保荐得以升迁，而成为士子们羡慕的对象。[③]

汉唐以来，地方监察区划的设立，成为中央政府对于地方实行集权的重要方式。宋代的路，既是地理概念又是层级概念。诸路辖区相对稳定，拥有权责固定而具弹性的常设机关，作为具有信息搜集职能与一定临事决断权力的朝廷派出机构，很容易干预乃至直接介入地方行政事务，事实上带有自地方监察区划向行政区划过渡的性质。到北宋中期，路分提点刑狱、转运副使、转运使等职任已经被纳入正式资序体系，成为国家官员职务晋升时固定的层次级别，具有了相对确定的员额，显然不再属于朝廷派出视事的临时性职任。[④]

（二）地方统属节制关系及地方权力

在宋代，诸县事务，令、丞不能裁定者，申报于州，由诸州长官“总而治之”；“又不能决，则禀于所隶监司及申省部”。也就是说，诸县统属于州；诸州在一定程度上受本路监司的节制，同时亦得以专达于朝廷；中央的诏敕批状，

① 参见李昌宪著《宋代安抚使考》前言“宋代安抚使制度”，齐鲁书社，1997年。

② 参见《宋史》卷一六七《职官志七》；李立著《北宋转运使若干问题研究》，北京大学历史系硕士论文，1996年。

③ 参见邓小南著《宋代辟举初探》，《中日宋史研讨会论文选编》，河北大学出版社，1991年。

④《文潞公文集》卷二十九《秦除改旧制》，参见邓小南著《宋代文官选任制度诸层面》第4章。

直下诸路、诸州，政令通常由路级机构监督诸州执行。从地方行政统属关系来看，路级处于承上启下的重要位置。[①]

地方上的钱谷征收、刑狱鞫讯等实际事务，多由县与州两级处理。经县与州未能得到恰当解决或案情复杂、牵涉地方官员者，则由路分监司审覆。重大案件或经由地方而未能处置允当者，中央往往直接干预。

作为诸路监司，其施政方式主要是定期巡历视察，所发现州县治理中存在的问题，不仅要"条陈上阙"，还应根据实际情势过问处理。对于需要具体调查、牵制精力的事情，可以从部内州县临时选派官员办理。除此之外，监司经常通过移文下达行政指令，督促下属执行公务。

宋廷充分吸取前代历史教训，力图将地方兵权、财权、人事权一概收归中央。但实际上，在广阔的疆域之内，在国家事务运转的实践中，由于技术手段的限制，集权只能建立在地方一定程度分权的基础之上。以宋代的地方财政权为例，原则上由中央直接控制，周转移易，调其有余而补其不足。国家财政管理体制视全国为一整体，以中央的派出机构转运司、地方州郡为财赋分配管理的支度系统，可以满足中央需求，同时保证地方州郡之间的均济调拨。然而，宋代税收制度的更革落后于财政开支增长的速度，国家财政来源长期紧张，这对于各级政府之间的财赋分配关系产生了深刻的影响。其主要后果之一，即竭尽全力保证中央持续增长的财政需求，地方上供钱物不容亏欠；同时将州郡"岁计"相对固定，用度差额主要不靠区域间的通融措置解决，而由地方财政取足于本辖区内的赋税收入。[②]

这样，就制度规定而言，"举四海之大，而一毫之用必会与三司"[③]；事实上却是以一地之资，供一地之费。随着政府的权力责任向地方转移，地方必然会以体制外的非规范行为，去扩大自己实际的财政自主权；因而出现了"诸路之财，平时往往巧为伏匿，不敢实言，以备缓急"的情形。[④]而地方之自主行为只要不超越一定的限度，朝廷亦会予以容忍。

据此，宋朝所实行的中央集权，并非表现在事无巨细一决于中央，而是反映于在权力分配方面中央所占居的决定性地位，反映于"自下而奉上"原则的

① 《宋会要辑稿·职官》四十七之十二；《司马光奏议》卷四十《乞合两省为一札子》，山西人民出版社，1986年；参见李志安主编《唐宋元明清中央与地方关系研究》第3章，南开大学出版社，1996年。

② 包伟民著：《从宋代的财政实践看中国传统中央集权体制的特征》，《徐规教授从事教学研究工作五十周年纪念文集》，杭州大学出版社，1995年。

③ 《栾城集》卷二十一《上皇帝书》。

④ 《宋会要辑稿·职官》五十二之二。

实施。而地方在一定自主范围内的措置，事实上缓解了朝廷所面临的矛盾，从根本上有益于中央集权的稳定。

第六节　金元时期

由北方民族建立的金、元王朝，在中国古代政治行政体制的演进当中是一个比较特殊的阶段。金灭北宋，入主中原，很快模仿汉制形成一套较为规范的政治行政制度。它的渊源兼采唐宋制度，但并不完全沿着唐、宋的趋势继续发展，而是在采纳唐宋制度因子的基础上加以简化，总的精神是“职有定位，员有常数”，与唐后期到北宋使职差遣盛行、机构重叠繁复的趋势并不相同。与元丰改制后的宋代制度相比，金制也明显更为简明。这种简明适应初入中原的北族统治者的需要，但也表现出制度不够细密、成熟的缺点。随后兴起的元朝基本照搬了金朝的制度框架，同时又糅合进了大量的草原旧制，显得比较复杂、混乱，被后人讥为“最无制度”。[①]明太祖开国之初，创制立法，奠定了明清近六百年国家制度的基本规模。而他“创制立法”的基础实际上是元朝制度，换句话说，明清制度是通过对元制的整理、改革形成的，它并非直接由唐宋制度发展而来，而是更多地受到金元制度的影响。从这个角度，就可以看出金元制度在中国历史上的重要性。这里有必要提一下辽朝的情况。辽朝与金、元同为北方民族所建立，时代相接，也常与后者并称，但就制度体系而言实有较大差距。辽朝虽占有大片汉族聚居的农业区，但统治重心总体来看仍在草原，其国家体制明显地带有二元性。就中国古代政治行政体制的发展线索来看，与其他王朝的继承性不够明显，因此，这里不作单独的讨论。[②]

金王朝的建立者出自辽朝时活动于按出虎水（今黑龙江阿什河）一带的生女真完颜部。其建国历程，大体经历了由部落到地区联盟、再到各部大联盟、最后转变为国家这样几个阶段。太祖阿骨打采纳渤海人杨朴的建议，“定朝仪，建典章，上下尊卑粗定有序”。太宗吴乞买灭辽后，“始议礼制度，正官名，定服色”。至熙宗与海陵王在位时，金朝奠定了中央官制的基本格局。与金政权类似，蒙古国也是在部落联盟的基础上建立的。草原社会的行政事务比较简单，建国之初，国家机构非常简单。到忽必烈即位以后，大蒙古国演变为汉族模式

---

① 孟森著：《明清史讲义》上册，中华书局，1981年，第29页。

② 本节内容主要参考了张帆著《回归与创新——金元》，载吴宗国主编《中国古代官僚政治制度研究》，北京大学出版社，2004年。

的大一统中央集权王朝。金、元的统治，又一次把贵族政治的影响带入到官僚政治当中，同时，皇权政治也再次膨胀。

一、中央行政体制

（一）一省制

金、元中央官制实行一省制，它是由三省制简化而来的。三省并立的分权体制，就严格意义上说在唐朝后期已经破坏，逐渐向一省制转化。北宋前期，沿袭中晚唐以来的官、职、差遣分离趋势，独立于三省之外的中书门下（政事堂）成为宰相机构，三省有名无实。神宗元丰改制，一度重建唐朝前期的三省制度，充实三省的机构和编制，三省长官成为名实合一的宰相。不过这一“三省制”真正存在的时间很短，改制不久三省长官上分班奏事改为合班奏事，到南宋初年更定宰相名称，使“三省之政合乎一”，孝宗时又改相名，完全删去三省长官虚称。从唐朝后期到宋朝的历史可以看出，三省的简化、合并已成为制度发展的必然趋势。但在宋朝还没有形成严格意义上的一省制。

金朝正式确立一省制是在海陵王正隆元年（1156 年）。这一年，海陵王诏罢中书、门下省，仅保留尚书一省，设尚书令，颁行“正隆官制”，从此，“职有定位，员有常数，纪纲明，庶务举，是以终金之世守而不敢变焉”。蒙古国在忽必烈即位建立元朝后，中央官制基本照搬金朝体系，但新设立的宰相机构却定名为中书省，而不称尚书省。从唐、宋三省的概念来考虑，中书省是出令机构，并不直接统辖百官，处理政务，因此元朝制度在形式上具有自身的特点。就实质而言，元朝中书省的地位、性质、官职名称、权力运行方式，与金朝尚书省几乎完全相同。

在元朝个别时期，尚书省又曾经三度与中书省短暂并设，设立的直接目的是为了理财，性质似与分宰相财权的北宋三司相近，而实际上又几乎尽揽中书行政、人事大权，直接指挥六部，节制地方诸行省，权力要比三司大得多。在尚书省与中书省并设期间，前者已成为事实上的国家宰相机构，后者则“唯署制敕”，“仅同闲局，居其职者府焉食禄而已”。元朝也曾经几议设立门下省的方案。至元六到七年，当时正准备在中书省外另立尚书省，有人乘机提出同时设门下省，从而恢复前代的三省制度。以大臣高鸣为代表的意见认为：“方今天下大于古，而事益繁，取决一省犹曰有壅，况三省乎！且多置官者，求免失政也，但使贤俊萃于一堂，连署参决，自免失政，岂必别官异坐，而后无失政乎？故曰政贵得人，不贵多官，不如一省便。”其议遂辍。[①]

（二）宰相及其僚属

金元一省制在宰相设置方面，级别划分较为复杂。具体而言分为四级：左右丞相（各一员，金从一品，元前期升正一品），平章政事（金二员，元四员，均从一品），左右丞（各一员，正二品），参知政事（二员，从二品）。平章和参政实际上也有左、右之分，元朝平章超出二员时，则有为首（第一）、第二、第三等区别。金朝以左为尊，而元朝则因为蒙古习俗尚右，故右在左上。丞相和平章合称宰相，左右丞和参政合称执政，今天我们在广义上将其统称为宰相。与唐宋制度的差异，一是宰相名号杂用前代官名（丞相、丞）和差遣名（平章、参政），二是宋朝的“执政”概念中包括枢密院长官，金、元则无。三是人数较多，金朝宰执定制八人，号称“八府”，元前期亦沿其制，后又增加平章员额，总数达十人。但这仅是制度上的规定，实际上往往又超出其数。[②]

总之，金元一省的真正负责首长，在金主要为尚书左丞相（仅海陵王时期和世宗初年除外），在元则一直是中书右丞相。

宰相的职掌，一是辅助皇帝决策，二是监督百官执行政务。辅助决策的主要方式是省内议政，即宰相每天到省中共同议事，根据统治需要，拟定有关政策、措施、用人方案，报请皇帝批准。

议政的具体规定，见于元朝中书省初立时所制定的十条“省规”。由于金朝有关史料阙略，而元初制度基本上都是参照金朝旧制而定，所以这十条“省规”对理解金朝尚书省的议政制度应当也具有重要的参考价值。

具体内容：其一，“凡三日一奏事，军国急务不拘此限”。其二，“置勤政簿一扇，凡公议已定事，详见于簿。一读一译，不得增减。言得日标题于逐款之上，还省立检，圆覆定行”。其三，“圆议定时，首领官先拟定其事，自下而上，相次剖决，议定题押批判。若事关利害，情见不同者，各具奏禀”。其四，“圆议时，非定员不与，知本房者不在回避之限。若事涉机密者，已次请退”。其五，“同僚赴省，日出为期，停午乃起，旬一日暇，事遇急连不拘此限。有疾故者须令报知，庶免延待而已”。其六，“省府官并属官各家，不许受词讼公文”。其七，“如遇阙员，圆议公选，不得用门下人补充”。其八，“省府通译史，额定选充，余者不与”。其九，“奏事上前，宣读通译人各一员”。其十，“凡告事说事者，

① 《元史》卷一六〇《高鸣传》。

② 参阅张帆著《元史百官志宰相部分记事笺证》，载《原学》第五辑，中国广播电视出版社，1996 年。

听毕避其人，公议定然后回答”。[①]金元一省制中，四级宰相以下，还有一个宠大的宰相僚属集团。这个集团的主干部分是左、右司。左司“郎中一员，正五品，员外郎一员，正六品，掌本司奏事，总察吏、户、礼三部受事付事，兼带修起居注官，回避其间记述之事。每月朔朝，则先集是月秩满者为簿，名曰阙本，及行止簿、贴黄簿并官制同进呈，御览毕则受而藏之。每有除拜，凡尚书省所不敢拟注者，则一阙具二三人以听制授焉。都事二员，正七品，掌本司受事付事，检勾稽失，省署文牍，兼知省内宿值、检校架阁等事。右司所掌同”。右司“郎中一员，正五品，员外郎一员，正六品，掌本司奏事，总察兵、刑、工三部受事付事，兼带修注官，回避其间记述之事。都事二员，正七品”。

在基本职掌上，金朝左、右司分督六部文案，其中左司分督吏、户、礼三部之事，右司分督兵、刑、工三部之事。

金末在尚书省任职的刘肃描述金朝左、右司的具体工作情况：“六部应呈事务，左、右司官议定可否，粘方帖于部呈，上书送字，得都座准议，省杂批钧旨于后。其左右司元书送贴亦不揭去，用省印傅其上，盖上下互为之防，然后送部施行。”大致六部上呈事务，既先经左、右司审议，则将有关问题报告皇帝的任务，也就由后者完成。海陵王在位后期“废朝，常数月不出，有急奏召左、右司郎中省于卧内”。章宗时规定“左、右司官五日一转奏事”。[②]

（三）六部与寺监

六部与寺监共同构成了唐朝三省制下的中央行政职能机构。由于唐后期到北宋使职差遣盛行，六部寺监行政职能体系受到破坏，直至元丰改制才得以重新建立。金、元两朝也沿用了六部与寺监的中央行政职能体制，但具体制度有一些变化，其中六部变化较小，寺监之变化较大。

金、元六部较之唐、宋的主要变化，是废止了六部下面二十四司的划分，尚书、侍郎之下仅笼统设郎中、员外郎数名，其名称并无区别。金、元六部虽未分司，但却有“科”和“曹案”的划分，大致相当于唐、宋司的级别，有些科下面还有更低一级的分工层次。

就在国家行政体系中的地位而言，金、元六部相比唐、宋（元丰改制后）似有所下降。原因有二。首先，由于金、元宰相所分级别和总人数较多，他们在监督执行政务时往往超出简单的“监督”范畴而过渡到亲自参与执行政务，从而在很大程度上侵夺了六部的权力。总的说来，由于金、元宰相机构及其僚

---

① 参见张帆著《回归与创新——金元》，载吴宗国主编《中国古代官僚政治制度研究》，北京大学出版社，2004年。

②《金史》卷五、卷十一《章宗纪三》。

属集团的发达，六部权力受到一定的削弱，地位也有所下降。其次，左、右司地位上升和权力膨胀也相应削弱了六部的重要性。金、元左、右司的职掌首先是督察六部行政事务，但其督察之细、参与之多，事实上已在相当程度上分担了六部的有关工作。就史料所见，左司侵夺吏部人事权最明显，而右司侵夺刑部司法权最突出。

（四）一省制下的枢密院与御史台

金、元中央官制以一省制为核心，朝廷百官在原则上都要受都省宰相的领导和节制。但是，都省并非完全事无不统，它主要是作为全国最高行政机构发挥作用，军事、监察则相对独立于行政系统之外，最高军事机构枢密院和最高监察机构御史台地位之显赫仅次于都省。特别是在元朝，"中书总庶政，枢密领兵戎，而台谏司纠察"，省、院、台三大机构往往并称。

金朝枢密院长官为枢密使一员，"从一品，掌凡武备机密之事"。以下设枢密副使、签书枢密院事、同签枢密院事等官。需要指出，尚书省、枢密院尽管在原则上政、军分权，尚书省却可以对枢密院事务实施节制。所谓"金制，枢密院虽主兵，而节制在尚书省"。

元朝枢密院长官名义上为枢密使，但这一职务与中书令相同，只能由成年皇储兼任，实为虚衔。实际长官为知枢密院事（简称知院），以下还有同知枢密院事（同知）、枢密副使（副枢）、佥书枢密院事（佥院）、同佥书枢密院事（同佥）等官。儒臣许衡曾经上疏阐述省、院关系："枢密之设，特与中书对峙，号称二府，兵兴则宰相主之，事宁则枢密任事。盖宰相平章军国，兵事可知也，而兵之籍则不与；枢密兼总兵马，兵籍可掌也，而兵之符则不在。体统相维，无有偏失。"终元一代，省、院并立，有皇帝左、右手之称。省、院并立，号称"治民者不与兵事，治兵者不与民事"，枢密院上奏军务、举荐官属都不需要通过中书省，可以自行其事。但其地位仍不能与中书省平等。宰相干预枢密院事务的状况十分常见。元朝中后期，枢密院下属的卫军较多地由宰相兼领，对枢密院来说无异于釜底抽薪，如此以来，枢密院事实上根本无法起到分权的作用。

御史台作为最高监察机构，其建制在金、元两朝继续得到沿用，同时其地位更加提高。从唐后期到宋朝，御史台的长官御史大夫常阙而不除，仅由正四品（唐）、从三品（宋）的御史中丞主持台事。然而终金一代，除个别时期外，御史大夫一职都有人担任，在主持监察事务方面发挥着重要作用。

高桢任御史大夫，"久在台，弹劾无所避，每进对必以区别流品、进善退恶为言"。世宗时御史大夫李石奏事，"宰相下殿立，俟良久。既退，宰相或问石奏事何久，石正色曰：'正为天下奸污未尽诛耳。'闻者悚然"。

元朝御史台设置基本沿袭金制，但总体地位比金更高。首先，在品秩上，元朝御史台秩从一品，超出金朝及以前其他朝代。其次，从长官御史大夫的选授来看，元朝对居于“台端”的这一职务更加重视。金朝的御史大夫人选在资历、地位方面通常还不是很高，民族成分也不是很严格。皇帝称“御史大夫与宰执不相远”，将它当作进拜宰执的阶梯之一。但由御史大夫进拜宰执通常只能担任执政官——参知政事和左右丞，也有自参政等罢为御史大夫者。而元朝御史大夫“非国姓（按主要指蒙古人，亦间及色目人）不以授”，任职者多出自勋臣世家。御史大夫调任宰执一般都直接任平章政事甚至丞相，丞相、平章亦常改授御史大人，如首任御史大夫塔察儿即中书左丞相改任。这充分表明了御史大夫地位的上升。就连御史台的副长官御史中丞，在元朝也是“非勋旧德望，不轻授之”，与中书参政、左右丞互调的例子相当多见。金朝则“故事无自中丞拜执政者”，偶有即被作为“不次之恩”。第三，元朝比较严格地实行了台官自选制度。世祖中期御史中丞崔彧上言：“选用台察官若由中书，必有偏徇之弊，御史宜从本台选择”，诏准。此后台官自选成为元朝定制。台官自选之制对于提高御史台的地位、维护其监察权力，具有非常重要的作用。元世祖忽必烈曾说：“中书朕左手，枢密朕右手，御史台是朕医两手的。”这一论述是元朝的“立台之旨”。

总的说来，金、元在中央行政组织制度方面确立了一省制，其主要特点：一方面是行政、军事、监察三权分立，相互制衡，另一方面是省、院、台并立而又以省为核心，宰相的事权相对集中，行政系统仍然占居主导地位。

二、地方行政体制

（一）金朝的路制

金、元在地方行政制度方面最主要的变化是行省的出现。它最初是临时性的中央派出机构，后来过渡为常设的地方大行政区。我们知道，北宋地方行政分州（府、军、监）、县两级，州（府、军、监）之上有划分若干称为路的中央派出辖区，掌管财赋、监察等事务。路的建制在金、元一直存在，并成为新出现的行省的下属，其过渡为常设地方行政机构当然要比行省更早。因此，在叙述行省的出现和演变之前，有必要先讨论路的有关问题。

金朝有十九路，具体为：上京路、东京路、北京路、西京路、中都路、咸平路、南京路、河北东路、河北西路、大名府路、山东东路、山东西路、河东北路、河东南路、京兆府路、凤翔路、鄜延路、庆原路、临洮路。可以说就主体而言，金朝的路制继承了北宋制度。[①]但情况有所不同，提到金朝的路通常首先不是指这些机构，而是指总管府路，路的首要机构为兵马都总管府。《金史》卷二十四《地理志》上："建五京，置十四总管府，是为十九路。"严格说来，金朝的地方行政制度也是州县二级制，级别与州相同而实际地位稍高者为府。[②]府品秩为正三品，长官为府尹（或知府），下有同知、少尹等官，但地位不完全相同，京府和总管府最为重要。

金朝的路主要就是围绕着京府和总管府设立的。每个京府和总管府同时又是一路的治所，其长官府尹兼任本路长官兵马都总管，"总管府"之名亦得于此。京府、总管府合计共十九所，故亦有十九路。除此之外，还有地位相对次要的散府，但它不是一路的治所。总之，金朝路的建制与府有着密切的联系，其长官都总管同时也是本路首府的长官府尹（或知府）。这是金朝路制的基本特点。

学术界目前通常不将宋朝的路看做一级地方行政区，这种看法同样适用于金朝。金朝与宋朝一样，路级机构较多，除总管府外，还有转运司、提刑司、统军司等。它们不仅互不统属，其辖区亦不完全重叠。即使我们按照金人的观点将总管府路作为金朝路制的代表，它本身的确也算不上一级行政机构，而主要是一种军事、治安建置。路的长官兵马都总管并非专设，而只是其首府府尹的兼职。这与北宋设路首重在财赋的征收既有相似性，又形成了鲜明的对比。除总管府之外，金朝还有另外一些路级机构，如转运司、提刑司（按察司）、统军司（招讨司）、宣抚司等。下面作简要介绍。

1. 转运司。转运司主掌一路财赋，"掌税赋钱谷、仓库出纳、权衡度量之制"。转运司以转运使、同知、副使为正副长官，下分都勾、户籍、盐铁、支度、开拆诸案，设都勾判官、户籍判官、盐铁判官、支度判官、都孔目官等属官。[③]与宋朝相比，金朝转运司的职掌仅限于单纯的财政事务，与监察无涉，故宋人记述金朝官制时特地提到"外道置转运使而不刺举"，认为是一个奇怪现象。[④]但后来转运司的职掌有所扩大，除职掌财政事务外，也要对辖区的治安等方面事务负一定责任。海陵王贞元三年南京宫殿失火，留守冯长宁及都转运使左渊各杖一百除名。世宗大定十六年南京宫殿再度失火，仍然是"留守、转运两司官皆抵罪"。[⑤]

① 参见吴宗国主编《中国古代官僚政治制度研究》，北京大学出版社，2004年，第351页下注。

② 参见吴宗国主编《中国古代官僚政治制度研究》，北京大学出版社，2004年，第351页下注。

③《金史》卷五十七《百官志三》。

④《建炎以来系年要录》卷八十四"绍兴五年正月"条。

⑤《金史》卷八十二《郭安国传》、卷七《世宗纪中》。

2. 提刑司（按察司）。提刑司主管一路的刑狱、监察，兼掌劝农，其性质接近于宋朝的诸路提点刑狱。置使、副使、签事、判官等官。提刑司在金朝虽存在时间不长，但地位很重要。《金史》卷七十三《宗雄传附蒲带传》载章宗立提刑司诏曰："朕初即位，忧劳万民，每念刑狱未平、农桑未勉、吏或不循法度以隳吾治，朝廷遣使廉问，事难周悉。惟提刑劝农采访之官，自古有之。今分九路专设是职，尔其尽心，往懋乃事。"概括言之，该机构的职能主要包括三个方面：（1）审理刑狱。司法是提刑司职掌的重要内容，而且金朝最初设立提刑司的建议就是从这方面提出的。[①]提刑司要负责对本路州县已经审断并上报的刑事案件进行复审，核查疑狱，平反冤狱。（2）举刺官吏。首先是按劾，"察老病不任职及不堪亲民者，如得其实即改除他路，若他路提刑司复查得实，勿复注亲民之职"。其次是举荐，"采访可用之才，减资考而用之"，以破除"资格之滞"。同时还负责察访"草泽隐逸"。[②]（3）劝农及有关事务。即监督女真屯田军户猛安谋克，督促他们习农讲武，并调节其与汉族居民的关系，维持社会稳定，保证经济正常发展。

3. 统军司（招讨司）。金朝统军司和招讨司的设置，置使、副使、判官等官。它们分设于南北边境地区，并不像前三类路级机构那样涵盖金朝全境。与统军司单掌军事、不辖民户有别，招讨司在负责边防事务的同时，自己有直属的土地、人民。

统军司（招讨司）与路兵马都总管府同为军事性质的机构，但职掌侧重不同，前者对外而后者对内。正如三上次男所概括："金的军政机关分为缓急两种，即一般内地由总管府、节度使统辖，特别需要经常戒备的各边境地方则由统军司、招讨司统辖。"[③]《金史》卷五十七《百官志三》：统军司掌"督领军马、镇摄封陲、分营卫、视察奸"，招讨司掌"招怀降附、征讨携离"。统军司的防御对象为南宋。招讨司的任务则是镇抚羁縻草原诸部族。

4. 宣抚司（安抚司）。金朝后期在地方复设有宣抚（安抚）司。宣抚司虽亦分路设置，但与上文所述几类路级机构有明显区别。上文所述路级机构品秩皆为正三品，是被作为地方建制记述的。而宣抚司品秩从一品，列于省、院、台等中枢部门之后，显然被划为中央派出机构。

金朝宣抚司最初设于章宗泰和五年（1205年）。结合一些史料与《百官志》

① 《金史》卷四十五《刑志》：世宗大定"十七年，陈言者乞设提刑司，以纠诸路刑狱之失"。

② 《金史》卷五十四《选举志四·荐举》。

③ 三上次男著：《金代女真研究》，黑龙江人民出版社，1984年，第298页。

的记载，可知最初宣抚司的名称并不十分固定，时名宣抚，时名安抚。[①]与以前的路级机构相比较，宣抚司品级既高，权力也较重，军民之政无所不总，可以“从宜行事”、“从宜措画”。[②]但与此同时出现而地位更高的另一类中央派出机构——行省也在不断增设，致使宣抚司在当时战局中发挥的实际作用越来越小，其职务亦逐渐由一般地方官员兼任，地位日趋低下。

（二）路在元朝的变化

金朝路制比较复杂，路级机构名目繁多，不同系统路级机构的辖境并不完全相同，治所亦未必在一地。即使就其总管府路而言，它也仅仅是一种军事、治安建置，不具备在辖区内施政牧民的职能，因而不宜将其视作一级地方行政建置。上述路制在元初发生了重大变化。

首先，路正式过渡为一级地方行政机构。“其牧民者，则曰路，曰府，曰州，曰县”；“司养百姓曰牧民，盖牧者，能守养之义，路、府、诸州是也”。[③]路已与传统的“牧民”之官府、州、县并称，仅级别稍高而已。其次，唐宋以来两个彼此基本通用的概念路和道发生分化，在路定型为地方行政机构的同时，另一类辖区较大、带有监临或监察性质的机构则专门以道名之。

路向行政机构转化的一个重要原因是元朝路的设置大大增多，与此相对应其辖区却日趋缩小，已不具备昔日代表中央监临地方的地位，而降至与府、州大致同等的水平。这样它变成普通行政机构也就很自然了。在新的路制之下，总管府成为路级官署的正式名称，与在金朝仅为府之一等不同；总管成为路级行政长官，也与金朝时仅为总管府府尹之兼职有异。元朝路总管府设官多员，以达鲁花赤为监临官（主要由蒙古人担任），总管为长官，同知、治中、判官、推官等为佐贰官。有按户数将路分等，上路秩正三品，下路从三品。[④]

元朝建立初期，由于版图的逐步扩大，路级行政机构的数量剧增，元朝路的数量载于《元史·地理志》者共达一百八十五之多。但他们大都失去了代表中央监临地方的地位，演变为一般的地方行政机构，要接受级别更高的行省领导。路以下的统属关系也比较复杂。大部分领若干州（或府）兼领县，或其下并无州（府）一级建置而直接统县，亦有仅领州（府）及府州县均不领的情况。相对于唐、宋、金的地方行政制度来说，元制显得层次复杂、统属混乱。[⑤]当然，

---

① 《金史》卷五十七《百官志三》、卷十一《章宗纪三》。

② 《金史》卷一〇二《完颜弼传》、卷一〇九《陈规传》。

③ 《元史》卷八十五《百官志一》，徐元瑞《吏学指南》“官称”门。

④ 《元史》卷九十一《百官志七》。

⑤ 参见吴宗国主编《中国古代官僚政治制度研究》，北京大学出版社，2004年，第366页下注。

这也为明代“路”这一建置的消失，形成新的三级行政体制埋下了伏笔。

除总管府路转变为正式地方行政机构之外，金朝其他路级机构在元朝也有发展变化。其中首先为蒙古统治者所继承的是转运司。这是由元廷为改变起初竭泽而渔的剥削状况，对新征服的中原地区进行有计划的财政管理所决定的。元世祖忽必烈即位后，正式设立转运司。当时还在中央设立诸路都转运使一职，统领各路转运司。

宣抚司系统对元朝也有影响。忽必烈时期设有十路宣抚司，基本上涵盖了金朝原有的十九路之地，他们总领各自辖区内民政、财政、刑法等事务，权力较重，在强化中央对地方的控制方面起了很大作用。中统三年十二月，作为削夺汉地世侯权力的配合措施之一，元廷又设立了“十路宣慰司”，分掌地方民政。就名称、职掌和部分辖区的划分看，宣慰司和以前的宣抚司有着明显的继承关系。[①]但它并未像宣抚司那样普遍设置，而是与另一监临地方政务的机构——行中书省并存。后来，随着行省制度在全国范围内的定型，宣慰司又逐渐被削减，存者演变为行省的派出机构。

金朝的提刑（按察）司在元朝演变为地方监察机构——肃政廉访司（简称宪司、监司）。肃政廉访司初名提刑按察司，经过个别置废分合的变动，肃政廉访司最后定置为二十二道，共同构成全国性的监察网络。值得注意的是，元朝前期各道提刑按察司的设立大体上是与各路宣慰司相对应的。

统军司仅在元初有过设置。至元九到十年，随着伐宋战事的进展，诸统军司相继被废置，改立行枢密院。此后在伐宋战争中又设立过少量统军司[②]，但地位似不高（应当隶属于行枢密院），而且也渐不再见于史载。

（三）行省的出现与定型

行省的出现与定型是中国古代地方行政制度史上的一件大事。它出现于金朝后期，而定型则在元朝。在金初朝廷一时无力对中原实施直接统治的情况下，起源于隋唐时期的行台尚书省作为一个拥有相对独立行政权力的中央派出机构，在稳定局势、治理汉地方面起了重大作用。它也是金朝后期行省的直接渊源。

金朝后期的行省最早出现于章宗明昌五年（1194 年）。这是当时与蒙古军队作战的需要，故而行省得到大量的设置。但总体来看，金朝后期的行省是一种非正规的临时建置。蒙古灭金的同时，也从金朝学来了行省这一建置，但元

---

① 参见吴宗国主编《中国古代官僚政治制度研究》，北京大学出版社，2004 年，第 366 页下注。

② 参见吴宗国主编《中国古代官僚政治制度研究》，北京大学出版社，2004 年，第 370 页下注。

初其名号的使用相当混乱。

总体而言，元朝的行省是从北方推广到南方的，但它在南方以及西南边陲的四川、云南却体现出更强的生命力，首先得到了充分发展。这与这些地区远离元朝中央、中央难于直接控制不无关系。但在南方趋于成熟的行省管理体制终于反过来又对北方产生了影响。到至元二十八年（1291年）十二月，无论从职官设置上看，还是从辖区划分上看，元朝的行省制度都可以说已基本定型。一度设立比较广泛的宣慰司重被裁减，通常只设于离行省治所较远的地区，作为行省的派出机构发挥作用。

在至元二十三年"铨定省、院、台、部官"之时，行省正官定为平章政事、左右丞、参知政事、佥行省事四级。早期行省曾设丞相，此时废罢。行省宰执之下，设左右司为办事僚属机构。与中央中书省左、右司分设不同，行省左右司合为一体，通设郎中（从五品）、员外郎（从六品）、都事（从七品）各二员，下辖掾史、蒙古必阇赤、回回令史、通事、知印、宣使等吏属。此外，行省还设有一些附属机构，包括负责检查文书稽失的检校所（从七品）、负责检查财务账目的照磨所（正八品）、负责保管档案的架阁库（正八品）。行省下辖的职能部门，则主要有掌管审理刑狱的理问所（正四品）、掌管军务的都镇抚司（正四品）和掌管学校教育的儒学提举司（从五品）。

元朝行省制度的定型，标志着行省作为常设地方大行政区地位的确立。然而从另一方面看，即使在制度定型、行省已地方化之后，它也仍然具有中央派出机构或者说是中书省分支机构的性质。行省与中书省的关系是双重的：一方面，行省可以说是中书省的下属，要接受后者的节制和领导；另一方面，从统领路府州县的角度以及官名、品秩等侧面来看，二者又具有某种"平等"关系。换句话说，作为国家最高行政机构的中书省，将全国路府州县的大部分交给自己的分支机构——行中书省统领，但仍保留一小部分由自己直辖。在管理层次上，中书省统行省、行省统路府州县的三级关系并未完全普及于全国，而更全面地看毋宁说是中书省与行省共统路府州县的两级关系。从这个意义上说，行省始终具有中央派出机构的性质。

行省的管辖范围，具体而言，兴盛"掌国庶务，统郡县，镇边鄙……凡钱粮、兵甲、屯种、漕运，军国重事，无不领之"；"自人民、军旅、赋役、狱讼、缮修，政令之属，莫不总焉"。[1]就一地区范围而言，行省权力集中的程度，比中央中书省也略有过之（中书省至少在制度上不掌军权）。同样作为中央派出机

① 《元史》卷九十一《百官志七》，《道园学古录》卷五《送文子方之云南序》。

构，行省一出现时就被赋予了比较全面的权力，级别较高，机动性较大，且职在抚治而不仅是监察，这是它与前朝道、路之类存在的明显区别，也是它制度化以后权力较重的重要原因。

应当说行省产生之后与中央集权体制确有某种不协调之处，在当时尤其遭到了汉族朝臣的非议，但行省并未遭到撤废，相反却继续发展并趋于定型。这说明它的确适应元朝的统治需要。作为第一个由北方少数民族建立的全国统一王朝，加强中央集权固然重要，稳定地区统治的任务则更为迫切。任何扯皮、掣肘、推诿现象都可能造成严重的后果。在政权民族色彩、民族隔阂、民族压迫、民族歧视等长期存在的背景下，行省在稳定地方统治方面的特殊价值显然并未消失。另外元朝沿用大蒙古国以来的游牧分封制，大量宗室外戚被分封于漠北和东北地区，在中原又各自领有大小不等的投下分地。对于这些天潢贵胄及其狐假虎威的家臣，一般的地方官府难以治理，非设立位高权重的行省不足以压制。最后，元朝疆域辽阔，路府数量繁多，中央很难一一统属。设立数目有限的行省，代替中书省对其力所不及的地区进行管理，中央再从大局上对诸行省实施节制，提纲挈领，纲举目张，确实也是一种具有明显优点的统治模式。凡此种种，都导致过去主要出现于“创造之初”或“衰微之后”的行省，到元代演变为“承平之时”的正规典制，从而在中国古代地方行政制度史上产生了重要影响。

第七节　明清时期

明清制度是一个连续体。明太祖开国之初，创制立法，奠定了明清近六百年国家制度的基本规模。皇权膨胀是理解明代行政组织体制的一个出发点。围绕宰相制的废除和皇权的扩张、巩固，明代在制度上形成了许多特点。宰相制的废除打破了皇权与官僚体系的原有平衡。中央形成以内阁－六部为核心，互不统属、相互制约的决策行政体制，更便于皇帝对官僚集团的掌控；另一方面，虽然失去了宰相这一制衡皇权的重要机构，以廷议、廷推等制度为代表的官僚集团对皇权的集体制约机制却逐渐形成。地方制度方面，在元代确立的行省制度基础上进一步发展成熟，形成三司与督抚相互补充的制度。清承明制。然而，内阁票拟之权再遭分解，军机处从内阁制中分化出来，反而超越于内阁之上，再分中枢决策之权。省级机构由三司变成两司。督抚制度在明代基础上继续完善，成为一代定制。所有这些努力，都是旨在既要维持统治效率，又要防范尾大不掉。

一、中央行政体制

（一）明代的中央行政体制

1. 宰相制度的废除

君相之争是自宰相制度产生以来中国古代官僚政治中一个不可回避的矛盾因素。内朝官员不断外转成为外朝宰相，而后又不断为皇帝更亲信的侍从组织所取代，如此循环往复，就是这种矛盾存在的明证。如何摆脱这种轮回，也是一代开国之君朱元璋所日思夜想的问题。而胡惟庸案为明太祖废除宰相制度提供了一个契机和借口。洪武十三年（1380年），史称左丞相胡惟庸"庞遇日盛，独相数岁，生杀黜陟，或不奏径行，内外诸司上封事，必先取阅，害己者辄匿不以闻"。并欲图谋不轨，太祖因而杀之，从此严立规制，不设宰相。

2. 内阁制的票拟之制

宰相制度废除后，寻找一种新的辅政机制势在必行。历经太祖、成祖、仁宗、英宗几代探索，终于形成了一种新的中枢辅政机构——内阁制。内阁制的形成，经由翰林官、殿阁大学士等阁职逐步受到尊崇，获得票拟之权。这个机构"以其授餐大内，常侍天子殿阁之下"，名曰内阁。所谓票拟之制就是皇帝将章疏先发内阁草拟处理意见，如所拟当意，即可以朱笔就所拟议批于原疏发出。票拟制的实行，使内阁可以通过拟旨在很大程度上影响和左右皇帝的决策。从内阁与皇帝的关系来看，内阁是一个带有浓厚秘书近侍性质的机构。这可以视之为皇帝夺去宰相的一部分权力。

3. 六部地位的提升

明太祖废宰相和中书省后，把六部从宰相机构的曹属变成了直属皇帝领导的独立机构，提升了六部的地位，把部尚书的品级由正三品改为正二品，扩充了六部的权力。这可以视之为六部分宰相的一部分权力。所谓"中书之政，分于六部"。六部是明代国家最高行政机关。

地位提升，明代六部机构设置大为完备。吏、礼、兵、工四部，仍沿前代按工作性质各分为四司，而户部和刑部则按全国十三布政司范围分为十三个清吏司进行分区管理，反映了职权的扩展。内部分工吸收了金、元六部"科"和"曹案"的分工体系，于司下设科，形成部一司一科三级系统，机构设置更加完善。六部职权大为扩展。六部官奏事无须再通过宰相，连六部司官也可以直接向皇帝上疏。皇帝发布政令后，直接交由六部执行。在参与决策上，六部尤其是吏部，在廷推、廷议等活动中居于主导地位；皇帝如将事情下部议，则由该部直接向皇帝提出决策方案。在政务运行中，除重大事项需奏报皇帝批准外，日常事务可自行处理。

六部中以掌管文官用人权的吏部地位最高。吏部地位之尊，在朝臣中首屈一指。“吏部尚书，表率百僚，进退庶官，铨衡重地，其礼数殊异，无与并者。”享有“赞天子之治”的特殊地位。以至有人说，“今吏部之职，拟古之宰相。而其黜陟之柄，有宰相所不及者”。明代吏部用人权之广泛，在各代无出其右。对高级官员之选任，唐代五品以上由宰相提名，皇帝任命，称“制授”。宋代高级官吏由中书门下（政事堂）“堂除”。明代内阁大学士，吏、兵二部尚书等重要职位的人选，虽然存在特简和廷推（敕推）两种途径，但前者愈到后来愈受非议，被舆论认为是违制的行为。其余九卿等高级官员，则例由廷推产生。在廷推中，“九卿共之，吏部主之”，吏部是当仁不让的主导者。

对九卿以下的中央和地方官，吏部通过部推和大选、急选等常规选法遴选。部推由明初之保举法发展而来，主要适用于小九卿、布按二司官及知府等，由吏部具名推荐，皇帝点用。大选、急选属常规铨选，吏部照章办事，皇帝一般不加干涉。

吏部分为文选、验封、稽勋、考功四司，每司下设若干科。各司中以文选、考功二司最重要。文选掌官员选任，考功负责官员黜陟之典，即考满、考察。考满是官员任满一个期限后对其进行考绩。考察是定期对所有官员进行审查。

与吏部负责文官选任相对，兵部负责武职选授。

（二）清代的中央行政体制

1. 内阁和军机处

内阁和军机处是清代直接辅佐皇帝治国理民的最重要的中枢机构或决策机构。它们是皇帝权力的组成部分，又不是皇权本身。在体制上，它们属于官僚体系。大体上说，乾隆以前，内阁起主要作用；乾隆以后，军机处则在辅佐皇权方面出内阁而代之。一般认为，清代内阁制度沿自明代。以大学士分兼殿阁，或者说大学士俱加殿阁，有“中和殿大学士”、“保和殿大学士”、“文华殿大学士”、“武英殿大学士”、“学渊阁大学士”和“东阁大学士”，被称之为四殿二阁之制。清代乾隆十三年（1748 年），省中和殿，增体仁阁，而以三殿三阁为定制。同时针对以前内阁大学士未有定员的情况，规定大学士满、汉各二员，协办大学士满、汉或一员，或二员，因人酌派。内阁“掌议天下之政”，内阁大学士因办理本章而“赞理机务”，因参与大礼而“表率百僚”，是以朝位班次俱列六部之上。然而，雍正年间设立军机处之后，内阁大学士“必充军机，始得预政事”，其地位每况愈下。内阁大学士辅佐机务的地位和作用，不再是因为其身为阁臣，而是因为其职兼部务。于是，内阁作为辅佐皇帝的机构，其地位与作用也渐渐为军机处所取代。

军机处本内阁之分局。赵翼《军机处述》云:“雍正年间，用兵西、北两路，以内阁在太和门外，儤直者多，虑漏泄事机，始设军需房于隆宗门内，选内阁中书之谨密者入直缮写。后名军机处。地近宫廷，便于宣召。”由此可见，从军机处设立的本意来看，军机处最初仅是中枢机构的一个值班制度。在乾隆中叶以前，军机处尚不是全面辅佐皇帝治国理民的机构。乾隆初年，军机处一度撤而复设，原因是西、北两路的“军务尚未全竣”。然而，从乾隆十九年用兵准噶尔部开始，到乾隆五十四年撤兵安南，其间军事不断，军国大计在皇帝的“万机”中压倒一切。军机处也就从参与军机而渐渐成为全面辅佐皇帝治国理民的中枢机构。

军机处设军机大臣，有“大臣”、“大臣上行走”和“大臣上学习行走”之别，由内阁大学士、六部尚书、侍郎特简。其属曰“章京”，满、汉各十六人，分为二班，每班满、汉各八人，额外汉章京无定员。

2. 清朝的六部及其职能

六部是中央主要的行政机构。清朝承明代旧制，设吏、户、礼、兵、刑、工六部，分别管理人事、财政、礼仪、军政、司法、工程。从清代制度看，六部之中，以吏、户、兵三部为重。因为此三部各以大学士一人领之，合满汉尚书、侍郎，有所谓“七堂”之名。但此三部之中，吏部虽位于六部之首，但设立军机处之后，重要官职的任免皆由军机处秉承皇帝的意旨直接发表，吏部的事务只限于稽考中级以下官员的资历，根据例案予以准驳。至于兵部，军政军令也因为军机处的“廷寄”制度而不能过问，实际上兵部已沦为收发军事命令与奏报的事务机构；常务工作，无非武职的任免，却由于重文轻武之价值观，而已经不为人所重视，与吏部不能相提并论。清朝六部中，最重要的是户部，这不仅是与其他部相比而言，而且因为它是当时唯一的财政机构，这一点与唐宋时代有很大的不同。相比之下，刑部是政务较为繁重的政务机构，而且是一个专业性较强的部门。因此，以政务论，户、刑二部是六部之中最重要的机构。这可以从六部的内部设置可以看出，吏、礼、兵、工四部所属皆四司，独户、刑两部十四司（刑部后增至十八司）掌分省之事；更重要的是，地方政务例分钱谷与刑名两大部分，这两大部分虽然包含吏、户、礼、兵、刑、工，但实质是财政和司法，因此从中央到地方或地方到中央的行政运作看，户部和刑部是最重要的政务机构。

六部设官分职，较为划一，例设尚书，左、右侍郎，俱满、汉各一人。这就是所谓“堂官”。相对于尚书，侍郎有“副贰”之称，但与今天正职之下分管某项政务的副职不同，它“与尚书皆为敌体，题奏之草，有一不画，例不得上，奖贯罚过，皆所与同”。所以它属于一种集体领导、集体负责的体制。当然，这是就正、副之间而言的。在满、汉官之间，由于满官的特殊地位，其权力往往在汉官之上，赏罚之间自也不同。尚书、侍郎之下，则分司而理事，各司设郎中、员外郎、主事、笔帖式等官，通称“司员”。所谓六部堂司官，即指上述官员。

3. 理藩院

理藩院是专门管理内外蒙古、青海、西藏、新疆及西南地区土司等少数民族事务的机构。其建置与部基本相同。内设尚书，左、右侍郎各一人，只是惟以满州人为官（间亦有蒙古人为之），汉人不与。另外，又设额外侍郎一人，以蒙古人为之。《大清会典》记载：理藩院“掌外藩之政令，制其爵禄，定其朝会，正其刑罚。尚书、侍郎率其属以定议，大事上之，小事则行，以布国之威德”。理藩院下设六司。

与中央废中书省和宰相相一致，明代在地方对省级制度进行了改造。明代将沿袭元代的行中书省一分为三，以弱化地方权力。在实际政务运作中，三司体制事权不一、遇事牵制的弊病逐渐暴露，于是又从中央派出巡抚、总督加以统率和协调。在省以下，明代在继承元代经验的基础上，发展出了沟通省级机构与府州县的桥梁机构——道，初步解决了行省制度省区过大、下辖单位过于分散的问题，为后代甚至近代以来的地方行政管理开创了一条新路。

二、地方行政体制

（一）明代的地方行政体制

1. 三司六道

所谓“三司六道”，指的是明代废行中书省后的省级行政组织及其派出机构。“三司”为承宣布政使司、提刑按察使司、都指挥使司，分掌一省之行政，监察、司法，军事。“六道”是布政司属官左右参政、左右参议和按察司属官副使、佥事，分掌分别属于布政司和按察司的派出机构分守道、分巡道。三司与守巡道之制为明代所开创。

明洪武九年，太祖废行中书省，改设承宣布政使司，与明初设立的提刑按察使司、都指挥使司构成三足鼎立之局。三司是一种新的省级体制，三权分立，分别直接向中央负责，彼此相互制衡，难以形成合力，地方不致坐大。

省与府之间有道一级机构的设置。分守道为布政司派出机构，以布政司官左右参政、左右参议掌之；分巡道为按察司派出机构，以按察司官副使、佥事掌之。此外布按两司下还有名目繁多的各种专务道，如粮储道、兵备道、提学道、驿传道、清军道等等。

明代分巡道之设先于分守道。每省分守道与分巡道之数量大体相当，其辖区或重叠，或交错，它们分属两个系统，共同负责对省内各府州县事务的管理与监察，相互补充、相互制约，可说是明代地方政治中的一种双重体制。

专务道的形成过程比较缓慢。明初天下大定后，庶务繁多，对省级行政机构的粗放分工提出了挑战。加以遇有突发事件，出现新的矛盾和问题，需派人专理，而原有之监司官不敷使用。因此明初以后便不断添置参政、参议、副使、佥事等官，指派他们专门管理某一项事务，如粮储、兵备、盐法、学政等，专务道便产生了。但它与分守道和分巡道不同，不按所辖地域来划分，而以所担负的具体事务来划分。

明代的道制有着双重意义。首先，守巡道作为地域道，最初以监察职能为主。明中后期，守巡两道监察职能逐渐削弱，所担负的行政职能却不断增多，最终向省与府之间的一级行政实体转化。这种转化完成在清代。道对加强省与府州县的联系起到了重要作用。其次，专务道是省制发展的全新内容。兵备、驿传、清军、粮储、水利、屯田、提学等道，每种道承担省内某一专门事务，是一种省级职能部门。这种程度较高的地方行政机构专业化分工，是前代所没有的，具有开拓的意义，体现着中国古代地方行政体制发展的一个新高度。①

2. 巡抚与总督

三司体制使省一级行政、司法、军事三个系统各自独立，难以形成与中央抗衡的力量。但同时地方的稳定是以牺牲行政效率为代价的。地方上缺乏一个强有力的权威，系统之间难以协调，容易造成互相推诿，拖延不决。为解决这一问题，逐渐形成了总督、巡抚制度。

巡抚的职责主要是巡视地方、抚安军民、考察官吏、提督军务。“凡徭役、里甲、钱粮、驿传、仓廪、城池、堡隘、兵马、军饷，及审编大户粮长、民壮快手等项，地方之事，俱听巡抚处置。”②巡抚在沟通中央与地方、加强地方行政效能方面起到了积极作用，因此巡抚的制度化进程较快，制度化程度也较高。一方面辖区趋于稳定，一方面逐渐收揽三司事权，其作为总领一省的地方行政首脑的角色渐具雏形。

总督的形成晚于巡抚，与巡抚制存在一定联系。所谓“巡抚……所辖多事

① 参见何朝晖著《分化与重组——明》，载吴宗国主编《中国古代官僚政治制度研究》，北京大学出版社，2004年。

② 《万历会典》卷二一一《抚按通例》。

重者加总督”。[①]总督又有“总理”、“总制”等名目。总督之地位高于巡抚，事权更重。与巡抚普遍参与地方各项行政事务不同，总督职能的专指性较强，或专管某一方面事务，或具有浓厚的军事色彩。其辖区不限于省，根据所任职掌的需要，或专注于一两个战略要地，或跨越数省。

总督可分为专务总督和地方总督两类。专务总督有总督税粮、总督漕运、总督河道等名目，以所辖事务为主，辅以提督军务。地方总督则军事色彩强烈，一般设于军事要冲、边地或发生动乱之处，以利于调动各方力量协同行动。

巡抚设置之初有每年回京议事之例，中期以后渐渐停止。整体来说，巡抚的地方化程度要比总督大得多，一则其辖区较为固定，且与原有省级行政区划基本吻合；其次巡抚已广泛参与地方各项行政事务的管理。总督由于专门化色彩较浓，辖区和设置都缺乏稳定性，许多是旋置旋废，职能的发展也不够全面，因而其向地方官转化还需要更长的过程。整体而言，明代的督抚还属于中央差遣官，他们无固定品秩，“奉命莅事，故无一定之品”。督抚在清代终于完成地方官化，没有摆脱监察官外化为行政官员的历史轮回。

（二）清代的地方行政体制

1. 行政分级

清代国家在地方政治上，主要就是为了实现三大任务：一是维持社会治安，二是向社会征收赋税，三是从社会选拔官僚人才。清代的地方行政管理系统主要就是承担上述三方面的任务。

清代地方行政与前代一样，实行分级而治的制度。《大清会典》记载：“总督、巡抚分其治于布政司、按察司，于分守、分巡道。司道分其治于府，于直隶州。府分其治于厅、州、县；直隶厅、直隶州复分其治于县。而治其吏、户、礼、兵、刑、工之事。佐贰而下皆任其弹压。”[②]这就是说，地方的最高行政当局是总督和巡抚，其次是布政司和按察司以及分守、分巡道，再下面是府、直隶厅和直隶州，基层政权是散厅、散州和县。

清代地方行政体制是对明朝制度的继承与发展。省一级的行政机构是布政使司和按察使司。这两个机构的设置沿自明代。但清代与明代不同的是，省级机构由三司变成两司，只保留布、按二司，裁革了都指挥使司。但这并不意味着地方政治中不具备军政的内容。清代在各省置八旗兵和绿营兵等驻守军队，这两支军队分别由驻防将军、副都统、协领、佐领、防御、骁骑校和提督、总

① 《续文献通考》卷五十四《职官考·御史台》。

② 光绪《大清会典》卷四《吏部》。

兵、副将、参将、游击、都司、守备、千总、把总两个各自独立的系统的将领分级统领，而总领于驻直省的督抚。其职责相当于明代的卫所兵。清代将自明代以来由朝廷派出、责在监察地方行政或特殊军事任务的督抚，置为地方行政的常设官员。在一定意义上，清代督抚制度是明代都司制度的一种变相存在。

清代初年，各省布政使司设左、右布政使各一人，这是沿袭明制。康熙六年（1667 年）定制：各省只设布政使一人；其属有经历、理问、都事、照磨、库大使、仓大使等，额员一般是每职一人。经历掌出纳文书，理问掌勘核刑名，都事掌受发文移，照磨掌照刷卷宗，库大使掌司库藏之出入，仓大使掌检稽仓庾。按察使司设按察使一人。其属有经历、知事、照磨、司狱等。经历、照磨的职掌与布政使司属同，知事掌勘察刑名，司狱掌管理狱囚。

清代由布、按二司掌理一省之民政（与军政相对而言）。具体地说，布政使司掌一省之政，司钱谷之出纳。朝廷有德泽禁令，承流宣布，以达于有司；阖省僚属，以时颁其禄俸，满秩廉其称职、不称职，报督抚以达于吏部；十年会户版，均税役，登民数、田数，以达于户部。凡有大兴革及诸政务，会议，经画定，报于督抚而行之。按察使司则掌全省刑名、按劾之事。振扬风纪，澄清吏治，大者与藩司会议，以听于部院；理合省之驿传；三年大比，为监试官；大计，为考察官；秋审，为主稿官。[①]由此可见，两司在职掌上的分合是很明确的。以分者言，布政使司为理财衙门，按察使司为司法衙门，即所谓一省之钱谷和刑名之总汇。以合者言，省内凡有大兴革及重大事件的处理，必须两司会议。但布、按二司也体现出一主一分的色彩，即布政使司掌一省之政，可以无所不管；按察使司偏重于一省政务中的刑事犯罪。在官品上，布政使为从二品，按察使为正三品，也在布政使之下。总之，清代布政使在品位上高于按察使，在职掌上比按察使更全面，在行政上处于主导地位。

清代沿明之制，以府为地方行政的二级分区；同时也以直隶州作为一种变通。大抵在原来府中分出若干州县作为一个独立的分区，实行以州领县，直隶于省的制度。府与直隶州都直隶于省，也都有属县，它们是介于省与县之间的中间层级。清代定制：每府设知府一人，其佐贰官有同知、通判。其中同知分掌督粮、捕盗、海防、江防、清军、理事、抚苗、水利诸务，通判分掌粮运、督捕、水利、理事诸务，以佐知府之治。直隶州每州设知州一人，掌直隶州一州之政令，佐贰官有州同、州判。其职同府之同、通，额因事繁简而设，无定员。其属有吏目、巡检、驿丞和税课使等。吏目掌禁戢奸宄，防护狱囚，典司

① 纪昀著：《历代官职表》卷五十二《司道》。

簿籍，巡检、驿丞等各因所属分地而掌其职。[①]

县和散州是基本的行政分区。清代散州与直隶州制是不同的，但二者机构设置与属吏基本相同。县设知县一人，掌一县之政令；以县丞、主簿为佐贰官，分掌粮马、征税、户籍、巡捕之事。其属：典史，掌监察狱囚，如无丞、簿，则兼领之；巡检与驿丞，职与州同。

综上所述，清代地方政权的官僚可分为下四个层次：（1）正印官，即省为布、按二使，府为知府，州县为知州和知县。（2）佐贰官，布政使司为参政、参议，按察使司为副使、佥事，府为同知、通判，直隶州和散州为州同、州判，县为县丞、主簿。（3）首领官，布政使司为经历、理问、都事、照磨，按察使司为经历、知事、照磨，府为经历、知事、照磨，州为吏目，县为典史。（4）杂职，布政使司的库大使、仓大使，按察使司和府的司狱，州、县的巡检、驿丞等在清代称之为“杂职”。这四大层级构成了清代地方行政系统官僚体系的内在结构。

2. 督抚制度

“总督、巡抚分其治于布政司，于按察司”，二者不仅是地方行政的最高长官，也是地方行政的最高层级。从根本上说，督抚之制的确立是国家加强对社会的政治控制的产物。

清代督抚是介于中央和省之间的一种行政分层和行政分区。督抚之官，肇置于明代。本为钦差之官，因事而设，其后逐渐固定，成为凌驾于都、布、按三司之上的一级行政。清承明制，延续了这种设置，并加以整理，成为一代定制。大抵到乾隆三十年（1765年）形成“八督十五抚”之制。督抚管辖区域，总督之设除直隶和四川二省为一省一督、两江为三省一督之外，其他皆为二省一督。巡抚之设原则为一省一抚。督抚之间的关系存在三种类型：一是总督兼巡抚，即只设总督，不设巡抚；二是只设巡抚，不设总督；三是总督与巡抚分开。前两种类型不存在分权、分治的问题，第三种类型中，则有一个分权、分治的问题。但巡抚“例受总督节度”，“军政民事皆听总督主裁”[②]，所谓督抚分其治于司道，实际上是总督分其治于巡抚，巡抚再分其治于司道。总督“掌综治军民，统辖文武，考核官吏，修饬封疆”[③]，显然，总督掌有军、民两政的大权。

督抚虽然已成为地方常设职官，但他们也有“兼衔”的性质，即督抚在治

① 纪昀著：《历代官职表》卷五十三《知府直隶州知州等官》。

②《清史稿》卷五十六《职官三》。

③ 纪昀著：《历代职官表》卷五十《总督巡抚》。

理地方政务的同时，他们还有朝廷特派大员的头衔。清代督府未设本衙门的属官，也无佐贰官，其既为朝臣又系地方官的双重属性，正是作为封疆大吏的特征。清代这种在原有行政系统中增加更高的行政层级，侧重于政府内部的行政控制，这种做法在当时是有其积极意义的。

3.“道”的体制与运作

《清朝通典》“各道”条记载：“……分守、分巡及粮储、盐法各道，或兼兵备，或兼河务，或兼水利，或兼学政，或兼茶马、屯田，或以粮、盐兼分巡之事，皆掌佐藩臬、核官吏、课农桑、兴贤能、历风俗、简军实、固封守，以倡所属而廉察其政治。”[①]这是对清一代道制的概括。分守、分巡二道为治民之官，属地方行政系统；而其他诸道系治事之官，属理事衙门系统。

清代承袭明制，在各省设布政司左右参政、左右参议，曰守道；设按察司副使、佥事，曰巡道。由于布、按二司的职责一为钱粮、一为刑名，作为藩、臬佐属的分守、分巡，其职责也相应分为一掌钱粮、一掌刑名。其所管辖的范围也都是“统辖全省”。

清代守、巡意义上的道是介于司与府（直隶州）之间的一个行政层级，是为了协调府州县之间的冲突而产生的，是一种特殊的行政制度，在当时具有积极意义。

4. 特别行政管理

清末建省之前，有一些特别行政区。

其一，顺天府，其治所在京师。清代顺天府虽隶属于直隶，且属县较多，但是顺天府因为近在京畿，而处于特殊地位。其特殊性体现在如下：顺天府的职官与其他府的职官相比，设置有异，品级较尊；顺天府因为近在京畿而具有特殊的职掌；与部院具有直接的行政运作联系；朝廷对顺天府派有钦差大臣一人，监管府尹事务，称为“兼尹”。此外，在满汉兼用的清代，唯顺天府的府尹、府丞、治中、通判等官皆由汉人为之。这些“特权”是其他地方的府衙所不具备的。

其二，东北地区。清朝入关以后，一直把东北地区视为龙兴重地，而严禁其他各民族尤其汉人入内，关东地区也就成了满清贵族占有的私产。在这个地区，清朝实行了特殊的行政管理。其特别之处可概括为一府三将军制。一府为奉天府，三将军即盛京驻防将军、吉林驻防将军和黑龙江驻防将军。奉天府治

① 《清朝通典》卷三十四《职官十二》。

在盛京。因为清朝以盛京为留都，奉天府的职官设置与顺天府基本相同，但东北地区主要的行政管理制度是三将军制度。在正式建省之前，东北地区实行的是以驻防将军、副都统、总管、协领、城守尉、防守尉等一系列的军、民两政混合在一起管理的制度。简单地说，清代在东北地区主要实行的是军事管理，这是其特别之处。

其三，少数民族地区。清代设少数民族地区有五：内蒙古地区；外蒙古地区；新疆地区，设伊犁将军；青海地区，设八旗驻防大臣；西藏地区，以驻藏大臣统领前、后藏，以达赖驻拉萨、班禅驻日喀则，并设有各“边营”地。此外，在云南、贵州、广西、四川、湖南等省的少数民族聚居地区，另划定府、州、县，以土官治之。清代在这些地区的行政特点，主要在于根据各民族本身的治理方式而加以管理。这一管理方式对维护统一的多民族国家的稳定具有积极意义。[①]

思考题

一、名词解释

1. 宗族制
2. 世官制
3. 客卿制
4. 郡县制
5. 编户制
6. 郡国并行
7. 宗主督户制
8. 三长制
9. 政事堂
10. 二府三司
11. 财政三司
12. 票拟之制

二、简答题

1. 中国古代政治体制与行政体制的内涵有哪些联系与区别？

---

① 参见郭润涛著《帝国终结时期的官僚政治体制与动作系统——清》，载吴宗国主编《中国古代官僚政治制度研究》，北京大学出版社，2004 年。

2. 中国古代行政早熟性的原因有哪些？
3. 中国古代行政体制的发展趋势是什么？
4. 皇权与相权在各个历史时期经历了什么样的变化？
5. 中国古代行政体制分工与制约的特点。

第二章 中国古代行政决策与行政执行制度

本章重点

1. 中国古代行政决策与行政执行制度的基本特征。
2. 秦汉时期的行政决策与行政执行制度。
3. 唐朝的中枢行政决策与行政执行制度。
4. 宋代的行政决策与行政执行制度。
5. 金元两代的行政决策与行政执行制度。
6. 明清时期的行政决策与行政执行制度。

所谓行政决策是指“行政机关为履行行政职能所作的行为设计和抉择过程”[①]，它与人们日常生活中所作决策的区别在于决策主体、决策对象和决策性质上的差异。行政决策的主体特指国家行政机关；其决策的对象是国家行政机关行政职能之内的事务，相对私人决策而言，一般都是关乎国计民生或地方大局的重大公共事务；也正因为它是国家行政机关所作的行政职能之内的设计和决定，所以它具有权威性和强制力。这三个方面的特征都是行政决策区别于私人决策和一般团体决策的标志。现代学者依据不同的标准将行政决策分为不同的类别：如依据行政主体地位的不同分为国家决策（中央决策）和地方决策，依据行政决策涉及问题的规模和影响程度分为战略决策、战役决策和战术决策，依据决策目标性质分为程序化决策和非程序化决策，依据决策目标要求分为最优决策和满意决策，等等。[②] 各种分类方式之间并无好坏优劣之分，而在于着眼点和侧重点的不同。本章主要采用国家决策和地方决策的分类方式。

与行政决策密切相关的行政环节就是行政执行。它有广义和狭义之分，广

① 夏书章主编：《行政管理学》，中山大学出版社，2003 年 8 月，第 198 页。

② 夏书章主编：《行政管理学》，中山大学出版社，2003 年 8 月，第 199－200 页。

义的行政执行是指“为实现已作出或最后批准的行政决策而进行的全部活动”，狭义的行政执行则指“为实现某种行政决策所做的具体工作”。[①] 据此，笔者将狭义的行政执行界定为：具体实施行政决策的活动和过程。本书主要依据的就是这种狭义的行政执行。不过，现代管理学认为，整个管理过程就是一个决策与执行交叉混合的过程，二者在操作中的界限并不是很明显的。公共行政的对象是纷繁复杂的社会公共事务，这一特征尤为明显。

可以说，自从人类社会产生公共权力以来，就有了公共权力的运行即公共行政，也就有了行政决策和行政执行。中国公共行政的历史至少可追溯到传说中的三皇五帝时代。相应地，行政决策和行政执行的历史亦是如此。此后，经历了漫长的历史演变，产生了丰富多彩的行政决策和行政执行形式。虽然各种形式之间存在着因社会历史环境而产生的差异，但因袭传承的痕迹也是特别明显的。通过运用现代行政学及其他相关理论，对中国古代行政决策与行政执行进行探讨就会发现，中国古代行政决策与行政执行制度（史学界一般通用“政务体制”一词来概括）具有以下整体特征：

第一，君主是最高的决策机关，拥有最高决策权。从现有史料来看，自从传说时期的三皇五帝开始，酋邦首领就拥有超越诸酋邦及酋长之上的权力。自秦嬴政建立皇帝制度以来，虽有权臣当朝宦官专政之事例，但此类现象既非常态亦非制度，故总体而言，君主专断决策权，帝国一切事务“皆决于上”才是制度的本质特征。在中枢政务会议上，群臣有机会参与决策，但群臣只能提出建议或方案，最终的决策权掌握在君主手里。奈何军国事务繁琐庞杂，姑且不论昏暗愚昧荒淫无道之君，即使如秦皇汉武唐宗宋祖洪武康雍这等才能卓著、勤于政事的君王尚且不能长久，而况泛泛之辈。“史载明太祖洪武十七年（1384年）九月十四至二十一日，内外诸司奏札达1660件，3391事”[②]，实在让人难以承受。朱元璋深有体会，曾说：“人主以一身统御天下，不可无辅臣。”[③] 故此，辅政决策咨询顾问官员参与决策，乃是必然之事。那么，哪些官员具有这样的资格呢？

在汉武大帝确立中朝官制度以前，并未形成定制。所谓朝就是指朝会，是皇帝上朝听政议事，百官觐见皇帝。依据举行朝会的地点分为内朝、中朝和外朝。所谓内朝就是指在省禁内举行的朝会，而中朝则是指在皇宫之内、省禁之外的朝会，外朝就是指在皇宫之外举行的朝会。汉代以后，一般都把内朝和中

① 夏书章主编：《行政管理学》，中山大学出版社，2003年8月，第214页。

② 吴宗国主编：《中国古代官僚政治制度研究》，北京大学出版社，2004年11月，第390页。

③ 《太祖实录》卷一三三“戊申”。

朝合称为内朝。为了更为直观，现以西汉为例，内（中）外朝结构如下图所示：

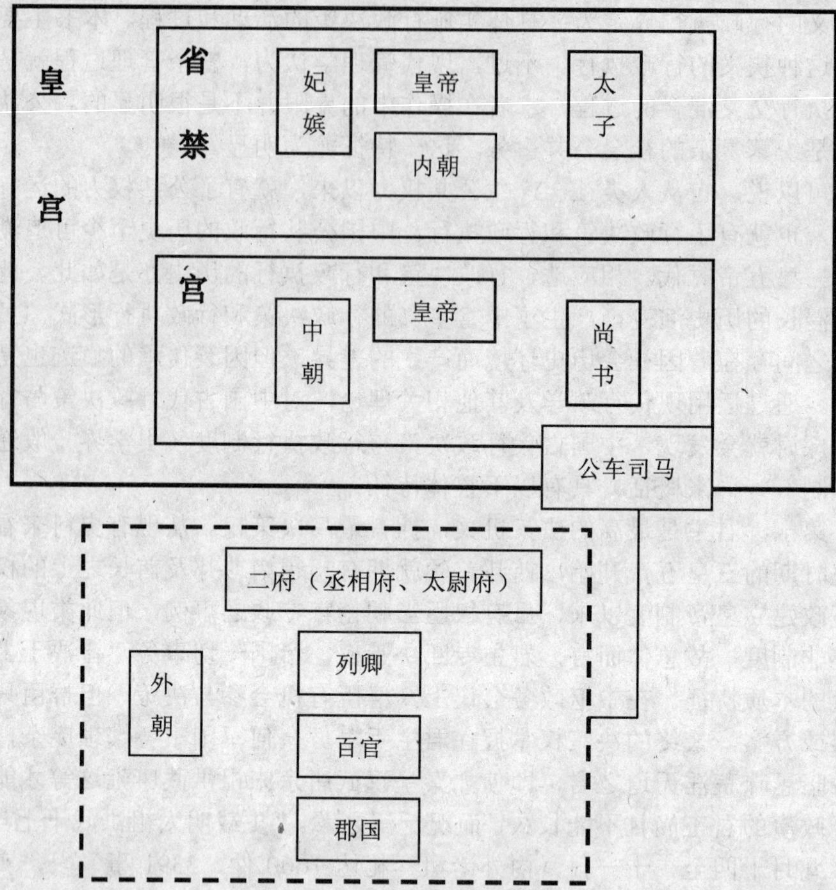

图 2-1　西汉内外朝示意图

自中外朝官制度确立以后，“内朝掌决策，外朝掌行政”遂成定制，此后各朝基本都沿用这一规则，直至明清。从行政学的角度来看，决策权乃是行政的核心权力，谁掌握了决策权，就意味着谁掌握了权力运作的脉搏，即使是部分分享了决策权，也是极其重要的。也就是说，在中国古代不管法定地位尊卑如何，只要能进入内朝，参与中枢决策，其权力就是不可小觑的。如此，就可以理解自古以来，宦官专权、外戚干政、妃嫔乱政的根源所在了。内外朝分掌决策与行政的制度是中国古代政务体制的第二个特征。

第三个特征是辅政人员的权力界限也朝着参与决策的权力与行政执行权两分的趋势发展。传说时期，酋长既是中枢决策的重要参与者，同时也是中枢政务与地方政务的主要监督、执行人员。秦汉时期，丞相大司马等辅政人员也是参与决策与负责监督、执行双肩挑。这种体制下，容易产生权臣独断朝纲乃至篡位登基之事。在魏晋南北朝时期逐渐形成了辅政官员与行政执行的部分分离，至隋唐时期以省部体制（三省六部体制或中书门下体制）确定下来。再至明清，内阁和军机处的设置，最终将行政执行权完全与中枢辅政人员脱离，完成了进一步的君主集权。由此，中国历史上的中枢辅政机构基本可以总结为三种典型形式即直线型、直线参谋型和参谋型①：

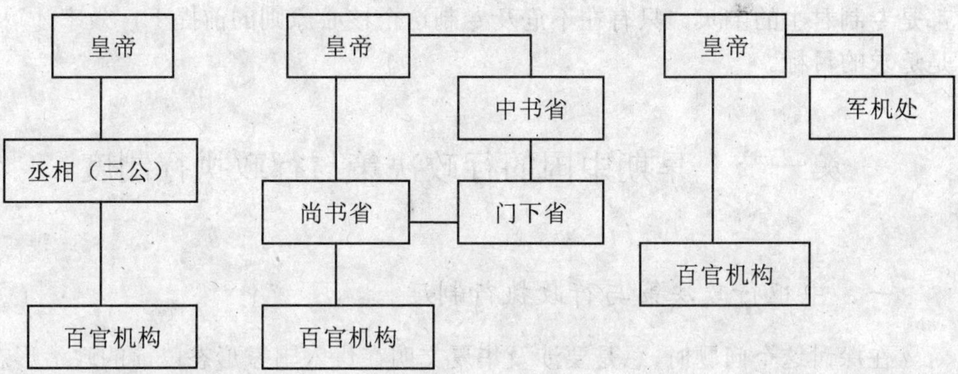

A. 直线型（秦汉时期）　B. 直线参谋型（隋唐时期）　C. 参谋型（清朝）

图 2-2　中国古代中枢辅政机构类型图

第四个特征是行政职能分工日益明细化。以制度设计较为完善的唐宋为例，对于家天下的帝国政府而言，其职能基本可以分为：军事、行政、监察、财政、宫廷事务五大方面。以此为参照，早期帝国在宏观职能分工上不明确。所谓宏观职能是区别于具体事务而言，宏观职能不分并非指没有具体职能的执行能力，而是指没有把某种基本职能提升到较高的宏观层次。夏商周时期，中枢政务宏观职能上只有王家服务官、政务官和宗教事务官的区分。春秋时期，以军事统领行政财政监察等事务也是常例。秦汉时期，行政与军事相互独立，但监察、财政依然在行政管辖之内。唐朝，监察职能开始独立。宋朝三司的设

① 袁刚著：《中国古代政府机构设置沿革》，黑龙江人民出版社，2003 年 1 月，第 670 页。本图与该书中的图表有一些差异，原因在于直线参谋型体制下，三省中只有尚书省与行政执行机关有直接的事务关系，其余两省皆无，分而示之更为恰当；在参谋型体制下，军机处与百官机构并无直接的事务关系。

置，标志着财政开始独立。至此，帝国政府的五大宏观职能基本形成，尽管行政与军事的地位相对重要一些，而且通常体现出行政统辖其他职能的特征，但对于君主专制政体来说，已经很难得了。与此相应的是，部门内部层级的不断增多，具体职能也因此不断细化。

总而言之，从行政决策与行政执行的角度来看，中国古代制度的核心特征是朝着君主集权的大方向发展。一切不利于君主集权专制的因素都在历史长河中不断被淘汰出局，剩下的即使不是完全有利于君主专制，至少也不是特别碍事。现代行政学所确定的追求效率的目标，在中国古代帝国体制下，始终服务于君主专制。如果一种行政决策与执行制度非常高效，但只要不利于专制，立即就被淘汰；反之，一种制度，只要有利于君主专制，不论其高效还是低效，都是专制君主的宝贝，只有在不危及专制这个核心原则的前提下，效率才可能是追求的目标。

第一节　早期中国的行政决策与行政执行制度

一、中枢行政决策与行政执行制度

在探讨这个问题时，总是要涉及华夏文明在进入国家形态以前的政治形态。总体而言，史学界目前比较认可酋邦制。该观点认为："酋邦可以说是人类社会发展的一个阶段，它由典型部落社会演变而来；酋邦社会的主要特征在于，它是一种分层的社会，拥有以个人性质的权力为顶点的宝塔型中央集权权力结构，它具有专制政治的特征。（与酋邦制平行的是部落联盟，由部落联盟演化而来的具有原始平等与原始民主的城邦制国家。——本书作者注）国家起源的酋邦模式的主要特征在于，酋邦向国家转变之后，从它专制特征的权力结构中，发展出来了人类最早的专制主义政治形式。在酋邦起源与酋邦向国家的转变过程中，征服与吞并活动起着至为关键的作用，这是造成酋邦与通过酋邦模式形成国家的社会不平等与权力结构专制化的最为主要的因素。"[①] 由此，早期中国中枢行政决策与行政执行制度也必然是在酋邦制的框架内进行的。《史记·五帝本纪》中记载了这样一段对话：

① 易建平著：《部落联盟与酋邦——民主·专制·国家：起源问题比较研究》，社会科学文献出版社，2004年11月，第135页。

尧曾问身边重臣："谁可以治理国事？"

放齐说："嗣子（尧的儿子）丹朱通达明理。"

尧说："唉！他口不道忠信之言，心不则德义之经，还喜欢与人争辩，不行。"

讙兜说："共工（水官之名，具体何人，无从考证）遍行政务，政绩卓著，可以考虑。"

尧说："共工巧言善辩，用心邪僻，貌似恭敬，心怀漫天谎言，不行。"……此事无果而终。

尧曾问四方诸侯首领："四位酋长，滚滚洪水漫天而来，浩浩荡荡地包围了群山，淹没了丘陵，老百姓忧心忡忡，有谁可以派去治理洪水呢？"

四位酋长都说："鲧（大禹的父亲）可以。"

尧说："鲧这个人生性暴戾，违背教命，残害善类，不行。"

四人都说："没别人了，先用用看吧，不行再说！"

尧于是接受了他们的建议，任命鲧去治水，但九年下来，毫无成效。

尧曾对四方诸侯首领说："四位酋长，我在位七十年，你们都能执行命令，你们当中选一个人出来顺天承运继承我的帝位吧！"

四人都说："我们都鄙陋无德，如果荣登大宝，那就是对帝位的玷污。"

尧说："那么你们尽力推荐，无论是显贵的亲戚，或者是隐匿深山之人都行。"

四人都向尧推荐一个名叫虞舜的未婚平民。

尧说："我也听说过，到底怎样？"

四人都说："他是个盲人的儿子。父亲心不向善，母亲言不及义，弟弟倨傲无礼，他却能够和睦孝顺，把一个家治理得雍雍穆穆，没出什么差错。"①

对于史书的记载，今人可以从不同的角度作出不同的阐释，即所谓见仁见智。从行政决策的角度来看，本资料包含以下要素：尧是当时的酋邦首领，即决策主体；参与决策的人有酋邦首领身边的重臣和各部酋长。就决策的效果而言，各部酋长的意见更有分量，更容易受到采纳。即使他们的意见与酋邦首领的意见不合，也是如此。这表明，各部酋长在中枢行政权力方面占有极其重要

① 《史记·五帝本纪第一》，中华书局，1959年，第20－22页。译文参照了原文注释及台湾60位教授合译、由中国友谊出版公司出版的《白话史记》，1994年5月。

的地位。这个特征与酋邦制的政治结构也是完全吻合的。决策程序主要是在一个由酋邦首领及其身边重臣或各部酋长组成的中枢政务会议上进行的。在会议上，首先是酋邦首领提出问题，其次是参与者提供咨询，提出建议，最后由酋邦首领作出最终的决策。

在行政执行方面，一般有两种情况。一种是由兼任中枢政务要职的各部酋长直接负责，然后由其属从着手操作；另一种是由酋邦首领任命的官员负责实施，如大禹治水。

与后代相比，这一时期的主要特征是：决策与执行划分不明，中枢行政决策和执行与地方行政决策和执行混为一体。

到了夏商周时期，各种证据表明中国已经从酋邦制演进为国家政治形态。至此，王的地位已经完全凌驾于各地方诸侯之上，在中枢行政组织中也达到了相当的集权程度。[①] 这个特征在称谓（后、帝、王、余一人、天之元子、天子等）、宫殿规模以及日常生活的诸多方面都有具体的反映。通常只有王室贵族才能担任各种行政的、宗教的或军事的要职，职位一般而言都是父子相承或兄弟相承的世袭制。与传说时期的中枢政务体制相比较，中枢官员的专职化与数量上的增加是一个明显的趋势，出现了夏后的六卿、商代的内服官、西周的卿士寮与太史寮等。这些中枢官员在中枢决策中起着越来越重要的作用。

在中枢决策过程中，决议的场所主要是君王定期会见各方诸侯及群臣的朝会或其他的中枢政务会议，王室贵族是主要的参与者，他们提供各种建议和意见，不过最终的决策通常由王作出。在特殊的时期（如王年幼无知或昏庸无道），则由掌握实权的贵族代表王作出。这一时期的中枢决策体制中值得注意的是占卜技术的运用。尽管占卜技术在今天的现代人看来可能是无稽之谈，但它们在夏商周时期重要军国大事及其决策过程却占据着极为重要的环节。合法性对于行政决策和行政执行来说至关重要，取得合法性的决策往往在执行过程中都较为顺利。由此看来，为了使自己的决策披上合法性的外衣，为了使自己的决策及决策的执行过程尽可能地顺利，就需要采取一种技术或策略。占卜在夏商周时期就是极其便利和极佳的备选答案。一方面，巫筮之术，在当时尤为盛行。另一方面，对当时的人们也极具说服力，因为在当时的人看来占卜是领会天地鬼神祖宗先人之意愿的特殊技能，任何通过占卜而作出的决策都会受到天地鬼神祖宗先人的护佑。但如果违背天地鬼神祖宗先人的意志，就会受到惩罚。

① 当然关于集权的具体程度学术界有不同的观点。请参看易建平著《部落联盟与酋邦——民主·专制·国家：起源问题比较研究》，社会科学文献出版社，2004 年 11 月，第 500—518 页。

因此，占卜技术的使用，就是当时的政治及行政活动的合法性证明，它确立了政治及行政决策的权威性。从夏朝早期直至西周时期，太祝和司卜等宗教祭祀事务官员就是掌握这种特殊技能的人，更为关键的是他们都是中枢政务决策的重要成员。

在中枢行政执行中，中枢官员如夏后的六卿、商代的内服官、西周的卿士寮和太史寮及其属官是主要的具体操作者。

总之，借着君主的集权力量，夏商周时期的中枢行政体制得到了很大的发展，官、职、权、责的划分日趋明显。内服官与外服官的划分，使中枢政务系统与地方政务系统有了一定的区分。这些都促进了行政管理的规范化和行政效率的提高。

二、地方行政决策与行政执行制度的原型

在探讨中国古代地方行政制度史的时候，一个最基本的问题就是中国古代地方行政是从什么时候开始的？其最初的形态是什么？

传说的三皇五帝时期的政治组织形式是酋邦制。酋邦首领（即三皇五帝）对于酋邦公共事务（通常是军事和酋邦首领继承人问题）的处理拥有较大的权限，但对于各部落内部事务，通常由各部落自行处理。与国家形态下的地方政府相比，这一时期的各部落享有较大的自治权，对于内部公共事务，几乎不受酋邦或酋邦首领的干扰。这种酋邦、酋邦首领与各部落、各部落首领之间的关系与现代意义上的行政相去甚远。

自夏朝开始，中国的政治组织形式进入国家形态。但由于史料缺乏，对于夏朝统治区域内的行政组织形式还不得而知。在代夏而立的殷商时代，分封制盛行。王朝的控制范围内，有商王分封的王族成员、功臣、圣王（三皇五帝）后裔、先朝王族后裔等管辖的封国，还有委派官员管辖的一般区域。“商王的臣僚往往是族团的君长，他们通常是率领着自己的族众为商王服务的。”[①] 再者，封国和委托管理区域都实行世袭制，俸禄则实行采邑制。这些制度共同培育并强化了具有较高独立性的地方政治势力。据学者考证卜辞及史书上记载的商代的侯、甸、男、牧、田、卫等都是商王委派到地方执行某种任务的职官名称。因为都要承担一定的军事功能，故多握有兵权。在世官制之下，随着世代积累演变地方政治势力。“由于侯从职官发展成为诸侯的过程完成得比较早，其地位

① 裘锡圭著：《古代文史研究新探》，江苏古籍出版社，1992年6月，第351页。

也比较重要，所以古人用‘诸侯’这个词来概括侯、甸、男、卫等人。”[①] 这些封国与委托管理地区自主权很大，王朝一般不干涉其内部事务。此外，在王朝的周边还有一些部落或邦国。双方关系主要取决于双方的实力对比。商王朝强大，部落或邦国弱小，则受到商王朝干预的可能性就大；反之，则小，甚至反客为主。周朝就曾经是殷商的邦国，但却取而代之。邦国的独立性由此可见一斑，一般情况下其内部事务自然不可能受到中原王朝的干预。这些关系都很难说是现代意义上的行政关系。秦汉以后，历朝历代都在边疆地区设立管理少数民族或周边邦国的政治组织。这些组织主要的目的在于军事和外交，与行政相关不大。从现代行政学的角度来看，这些被管理的部落、邦国基本实行自治，中原王朝很少甚至根本就不向它们发布政令。正如一般行政学的研究很少把当代中国农村与城市社区的行政纳入国家行政的研究体系一样。总之，对于行政学的研究而言，这些现象的价值不大，因此本章不探讨民族自治地区和县级以下的相关现象。

周朝基本沿用分封制，只是在分封的人员上，更侧重于王族成员。春秋时代的许多诸侯都是周天子分封的，如鲁、齐、燕、郑、宋、晋、蔡等。周天子分封诸侯，诸侯分封卿大夫，如此层层分封，各级贵族都有食邑。诸侯国也都仿照朝廷设立官职，处理内部政务的自主性也较大。但具体的行政管理过程，还有待进一步的研究。

第二节　先秦时期的行政决策与行政执行制度

一、中枢行政决策与行政执行制度

先秦时期，不仅是人们相互争城夺地的时代，也是各种制度规则之间相互竞争的时代。分封制、县郡制、世卿世禄制和雇用官僚制等制度规则或应运而生或走向末路。这些时代特征在政治与行政制度中产生了深远的影响。总体而言，春秋战国时期是一个极为重要的过渡时期，政治与行政制度上既有此前时代的遗留，也有新的创设。就遗留而言，贵族辅政依然普遍；就创设而言，由文武兼治到文武分职即是一例。

① 裘锡圭著：《古代文史研究新探》，江苏古籍出版社，1992年6月，第343－363页。

（一）从公族大夫辅政到宰相辅政

先秦时期，在行政上是公族大夫执政的时期。所谓公族大夫一般指王族中国君的父辈、国君同辈及子孙辈的贵族。如鲁桓公有四个儿子，继承国君的叫姬同，史称庄公。另外三个儿子分别是庆父、叔牙和季友，史称“三桓”。其中，季友和庆父，先后执掌国政。宋襄公的左师（即宰相）是他的庶兄。郑国执政者多是郑穆公的后裔，如子丰、子罕、子驷、子国、子耳、子孔、子产等。尽管也有例外，如管仲、百里奚、文种和范蠡等就非公族大夫。但一般而言，先秦时期，承继前代惯例，都是由公族出任辅国重臣。不过，非公族大夫辅政者的出现，表明随着生存竞争的激烈，对于辅政者辅政能力的要求越来越苛刻。仅从公族大夫中选拔辅政者的做法至少有两个缺陷：一是候选人的数量及范围有限；二是公族大夫出身者一般都锦衣玉食纵情声色，少有优秀者，不堪辅国重任。这两个方面结合在一起降低了找到优秀辅政者的几率。以上原因促成了战国后期宰相制的出现。宰相人选较为宽泛，凡有能之士皆可担任。宰相制以秦国最为典型。据学者统计，自秦国立相不久的秦惠王（公元前 328 年）开始到秦国灭亡的秦二世（公元前 207 年）为止，120 年间，总计 23 人，其中明确是秦国人的仅 1 人。可见，公族大夫辅政制度在激烈的生存环境中受到了猛烈的冲击。

（二）从文武兼治到文武分职

由于战争的残酷性和紧迫性，要求尽可能多地集中人力、物力和财力进行角逐，所以主要的行政主导官员通常都是单一的，而且多为文武兼治。在称谓上春秋时期也不统一：有执政（郑国）、相（齐、鲁）、元帅（魏）、令尹（楚）等。到了战国，除楚国依然称令尹外，其他六国都称相。文武兼治的单一行政主导官员体制导致权臣篡权的现象在春秋战国时代乃是司空见惯的事。到了战国后期，逐渐形成了文武分治的现象，最为重要的是世卿世禄制被打破，并逐渐衰落。在中枢决策上，文武高官都可以参与朝廷决策。这两个方面的重要变化都成为后世因循的模式。决策过程主要是在君王亲自主持的各种朝廷会议上进行的。

可以说，这一时期是中国历史上少有的行政效率极高的时代。原因在于巨大的生存竞争压力使得提高决策与执行效率成为生存的有力后盾。在中枢政务体制上，单一的行政主导官员（如执政、相、令尹等）使行政的职、权、责都明确化，有利于提高行政效率。这是秦汉时期宰相开府制度的源头。但由此产生的问题是没有形成有效的对单一的行政主导官员的权力制衡机制，虽然行政效率提高了，但权臣乱政甚至篡位登基的现象也极为普遍。这一症结直到隋唐时期才得到了初步的解决，明清时期才得到有效根治。

二、地方行政决策与行政执行制度的起源

春秋前期，楚庄王率先设县。秦晋等国也先后效仿。楚国的县，其长官县公或县尹多由贵族担任，并且是世袭的。晋国的县，“长官称守或大夫，职务不能世袭”。春秋末期，晋国在地广人稀的边地设郡，地位比县低。“一些诸侯大国中的卿大夫也在自己的领邑内设县置官进行管理。”[①] 战国时期，郡县的设置已经很普遍了。齐国的五都建制，虽然名称不同，其实质是一样的。郡或都的地位在县之上。郡的长官称郡守或太守，有固定的办公地点，在诸侯的命令和监督下，在佐官的辅助下处理军政要务，尤以军务为主。县的长官称县令，主要的辅助官员是县丞。县令在县丞的辅助下，处理行政事务。至此，以地域为核心标准、以行政区为系统依托、以官僚制为人事依托的地方政府产生了。正如周振鹤所说：“（中国古代）行政区划，是与中央集权制的国家相联系的。只有国君将自己所直接掌握的领土进行分层次的区划，采用集权统治的方式，派遣定期撤换的官员，这样的区划才属行政区划的范畴。”[②] 中国古代地方行政由此开始。

第三节　秦汉时期的行政决策与行政执行制度

秦始皇灭六国，实现海内一统并建立了皇帝制度，由此确立了皇帝集军事、行政、司法、立法等大权于一身，皇帝拥有最高的决策权，开创了两千多年的帝制。在帝制之下，整个政治行政系统体现了新的特征。

一、中枢行政决策与行政执行制度

从现有资料来看，秦汉时期的中枢政务系统主要包括中枢决策系统、中枢政务信息系统和中枢政务执行系统。就中枢决策系统而言，皇帝拥有国家行政的最高决策权，他可以通过各种中枢政务会议、群臣奏章或臣工的当面奏请等多种形式获得决策信息。秦汉时期的中枢政务会议基本可以分为两大类：

一是由皇帝亲自主持的会议，主要是廷议和朝议。廷议和朝议都是皇帝亲

---

① 袁刚著：《中国古代政府机构设置沿革》，黑龙江人民出版社，2003年1月，第38页。

② 周振鹤著：《中国历代行政区划的变迁》，商务印书馆，1998年11月，第13页。

自召集公卿百官讨论国家政务，决定方针政策的群臣会议。两者的主要区别在于，廷议是因情况而定的临时会议，朝议则是定期举行的例行会议。汉武帝时期，为了摆脱有汉以来丞相对于中枢决策的过度干预甚至是主宰，因此建立了中朝官制度。由此，中朝官逐渐取代外朝官成为中枢决策的主要参与者，因为会议是在皇宫之内举行的，所以有学者称之为中朝议。[①] 以此区别于另一种重要的中枢政务会议，即在皇宫之外举行的外朝议。正如在本章前言部分所述，中外朝（内外朝）会议是依开会地点进行区分，参与人员通常以居住在皇宫以内的皇帝亲信如大将军、大司马、尚书官员为主，这些官员通常被称之为中朝官。其实，除中朝官外，许多居住在皇宫之外的官员，如果获得皇帝的准许，也是能够参与中朝会议，同样也是中枢决策的重要组成部分。

二是皇帝下诏命令丞相、御史等朝廷官员单独主持或联合举行的政务会议，史书通常称之为府议。秦汉时期，丞相、御史、太傅、太尉、大将军等都曾开府治事，简单说就是在自己的府邸设置官员，开府办公。在他们的府邸奉命召开政务会议统称为府议。不过，丞相、御史等只有在皇帝命令或准许的情况下才能举行此类群臣会议。有时，皇帝也会亲临会议。会后，主要负责人把会议的结论通过书面或口头的形式汇报皇帝，以供抉择。

此外，汉代还有一种专题会议，通常是针对某重大国家政策所进行的。这种会议的特征是：参加者比较广泛，并不仅限于政府官员；时间较长，数月或更久；皇帝有时参与，有时不参与。这类会议比较著名的有：汉昭帝时期的盐铁会议（公元前 81 年）、汉宣帝时期的石渠阁会议（公元前 51 年）、汉章帝时期的白虎观会议（公元前 79 年）等。

信息系统是政府政务系统的重要组成部分。它主要负责政务信息的上传下达，它是行政决策与执行系统的主要信息来源渠道，是行政决策的必备条件，因此被看成是行政决策的重要组成部分。在信息化的今天，信息系统在行政系统中的作用日益重要。由于史料缺乏，春秋战国及更早的有关政务信息的历史不得而知。秦和西汉初年，御史府是中枢政务信息中心，负责政务信息的上传下达。武帝时期，尚书台也成为中枢信息系统之一，并日益重要，昭、宣以后，正式成为中枢信息中心。信息来源主要有：各级官员的上书或当面奏请（包括郡县官员、特别行政区即汉初封国的官员和中枢官员）、皇后嫔妃太监优伶等的意愿表达和民间上书。前二者，目前论述较多，这里需要对民间上书作一探讨。

① 刘太祥著：《秦汉中央行政决策体制研究》，《史学月刊》1999 年第 6 期。

南朝颜之推说："上书陈事，起自战国，逮于两汉，风流弥广。"[①] 不过古籍记载有更早的一些事例，《淮南子·主术训》说："尧置敢谏之鼓，舜立诽谤之木"，如此，民间有不平可直达于上，不至于壅塞。纵而言之，重视民间信息应该是自古即有，但形成制度化的运作应该是从汉代开始。有汉一代，民间上书言事蔚然成风。东方朔、主父偃、徐乐、朱买臣等汉代名臣都是通过民间上书而得以提拔从政。就内容而言，汉代民间上书主要有：议论时政、求官和鸣冤。[②] 这些都为中枢决策提供了丰富的信息。

尽管从权力结构来看，最高决策者拥有最终决策权，但在整个过程中，或多或少都会有他人意见的输入。中国古代的顾问咨询机构就是这种制度安排的表现。在早期中国历史中，决策咨询的现象肯定存在，但作为固定的政府机构设置顾问咨询人员、分配职责，自秦汉才有记载。秦汉时设置的顾问咨询官员主要有：博士、光禄大夫、太中大夫、中散大夫、谏议大夫、议郎、侍中等。[③] 他们专职参议朝政，大都是学识渊博的学者或是有丰富从政经验的元老重臣。其实，对于帝王来说，朝廷百官乃至一切臣民都是可以成为他的咨询人员，所谓"溥天之下，莫非王土；率土之滨，莫非王臣"。只要他愿意，可以随时随地让任何人提供咨询。

结合现代行政学中关于行政决策过程的基本剖析，问题发现、问题定义、方案拟定、方案评估和方案确定，是秦汉时期中枢决策的主要步骤。

问题发现：一般由地方、中枢各部门或大臣提出问题，通过奏章或当面奏请上报皇帝；也可能是皇帝根据各种信息发现问题。

问题定义：其一是问题的确定，皇帝自己或通过中枢政务会议确定问题；有的问题虽然提出，但并没有得到中枢政务系统的确定，从而也就不可能进入下一步的决策程序。其二是情报的搜集，通过正式的或非正式信息渠道，不同主体向中枢决策系统传输着各种信息。

方案拟定：有三种可能，一是问题的提出者或确定者提出自己的方案，二是皇帝或亲自拟定解决方案或命令他人提出解决方案，三是通过各种中枢政务会议商讨后提出解决方案。

方案评估：中枢政务会议对拟定的方案进行分析和讨论。

方案确定：皇帝作出最后的方案选择。

秦汉时期，中枢政务的执行程序是：决策作出后，由中枢秘书处（丞相、

① 《诸子集成·颜氏家训·省事第十二》，中华书局，1954 年。

② 赵光怀著：《民间上书与汉代政治》，《求索》2005 年第 11 期。

③ 刘太祥著：《秦汉中央行政决策体制研究》，《史学月刊》1999 年第 6 期。

御史大夫或尚书台）拟制诏书，经皇帝审阅满意后，以皇帝诏令的形式通过公车司马下达相府，通过相府分发诸卿，有时也直接下达诸卿，诸卿奉命执行。在这一过程中，丞相等政府要员如果对决策有异议，可通过谏诤、封驳等形式表达意见。丞相和御史是执行过程当中的主要负责人。从史书记载的材料来看，丞相的责任更重大一些，有时是执行过程当中的失误，有时根本就是决策的失误，但丞相往往因此而丢官失爵，甚至赔上身家性命。

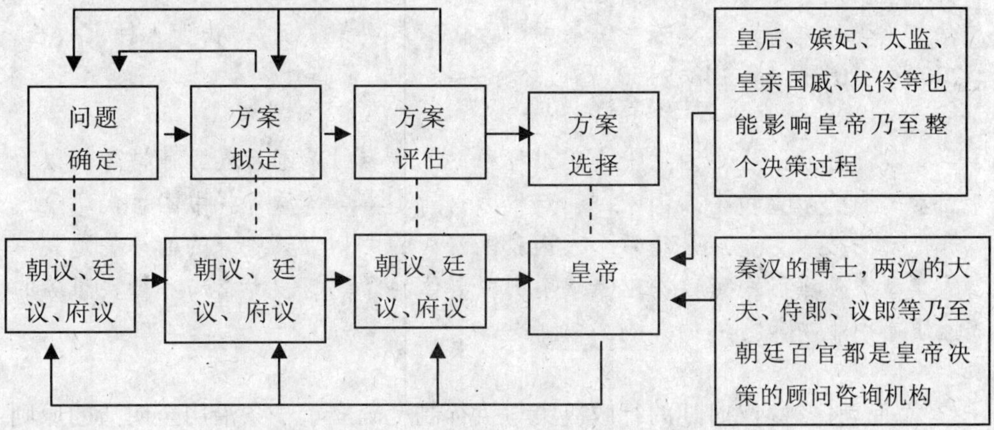

图 2-3　秦汉时期的中枢行政决策示意图

西汉盐铁会议

西汉昭帝始元六年（公元前 81 年）二月，西汉中央政府召开了一次会议，会上由三辅、太常所举荐的贤良、文学（两者都是汉代设置的从地方选拔人才的科目）共 60 余人与官方的御史大夫、丞相等人就汉武帝时期某些内外政策的利弊得失展开了激烈辩论。因为问题集中于盐、铁、酒的官营专卖上，故此次会议被称为盐铁会议。在盐铁会议上，一方是御史大夫桑弘羊所率领的丞相和御史们，另一方是文学贤良。文学贤良的幕后操纵者是大司马大将军霍光。因此，盐铁会议的主角是桑弘羊和霍光。桑弘羊和霍光都是汉武帝时的重臣，而桑弘羊尤得汉武帝的宠信。桑弘羊是汉武帝政策的主要策划者和制定者。桑弘羊负责大司农事务达 26 年之久，汉朝关于盐铁、酒榷、均输、铸币、屯田等重要措施，都是在这一时期进行的。

公元前 87 年，汉武帝死，昭帝立，桑弘羊等受遗诏辅政。后来霍光逐渐执掌了朝政，与桑弘羊的矛盾凸显出来。由于桑弘羊推行盐铁官营等经济政策，损害了地方豪强势力的利益。代表这些势力的郡国贤良、文学 60 余人，利用应征劝策的机会，竭力攻击盐铁官营等经济政策。在会议中，桑弘羊据理抗争，使得文学贤良常常无言以对。

盐铁会议的召开，使得霍光与桑弘羊的矛盾白炽化了。桑弘羊被迫铤而走险，于盐铁会后谋反，而霍光则乘机消除了对手。之后，霍光专权，西汉政府也就取消了盐铁官营制度。

（资料来源：孟艾芳主编《中国古代著名决策案例》，山西人民出版社，2002 年 10 月，第 148－150 页。）

案例分析：在中国古代决策过程中，参与者的范围及人数通常受到以下因素的影响：皇帝个人因素、朝廷权力格局、事务性质等。中国古代决策人员变动的核心力量就是皇帝个人因素，汉代的中朝官、唐末的翰林等是其中的典型。从案例中可以看出，本案例主要体现了朝廷权力格局和待决事务的性质对中枢决策方式的影响。

总而言之，秦汉时期的行政决策与执行制度确立了一条沿用至明清的原则：内朝掌决策，外朝掌行政。尽管还存在许多缺憾，但后世各朝各代几乎都是在这一原则的基础上逐步发展的。这一时期的单一宰相制，虽然在决策的合理性和行政效率上可圈可点，但更容易走上权相专断朝廷的局面。后世的集体宰相制就是欲图克服这一点而产生的。

二、地方行政决策与行政执行制度

秦始皇一统海内，全国实行郡县制（边疆及少数民族地区的县改称道）。郡、县（道）长官及高级佐官均由朝廷任命。具体的行政管理过程是：朝廷向郡守（或称太守）或越过郡守直接向县令（长）发布政令，郡守接到朝廷指令，召集相关人员商议具体事务，议罢由郡守作出决策，之后或直接交由诸曹执行，或下达县令。如有疑问，则由郡守向朝廷反映。县令接到郡守或朝廷政令后，召集县丞及相关人员商议，之后由县令作出决策，并命令诸曹执行或向下传达。如有疑问，由县令（长）向上反映。

汉朝的地方行政可以分为三个阶段：第一阶段是汉初至武帝，第二阶段是武帝至东汉末年，第三阶段是东汉末年。

在第一阶段，国家行政体制也是随着历史的发展而不断发生变化。西汉初年，高祖平天下，在裁撤异姓王之后，采取分封子弟亲戚为诸侯王国的做法。同时还分封萧何、张良等100多位功臣为列侯，建立侯国。这样在中央之下就形成了三种行政区划。帝国的高层行政区是诸侯王国和直属于中央的郡，县级行政区有县、侯国（邑）和道，在诸侯王国之下设有统县行政区——郡。王国和侯国都享有较高的自治权，可以自主任命官吏，可以自主收税纳租。在这种体制之下，汉初的54个郡中，诸侯王国管辖39个，直属中央的仅15个。诸侯王国加上功臣侯国和公主后妃食邑，中央控制的人口在汉初总人口当中仅占四分之一。后经文帝削藩之策、景帝平乱之举，中央不仅缩小诸侯王国和侯国的数量，还收权缩地。

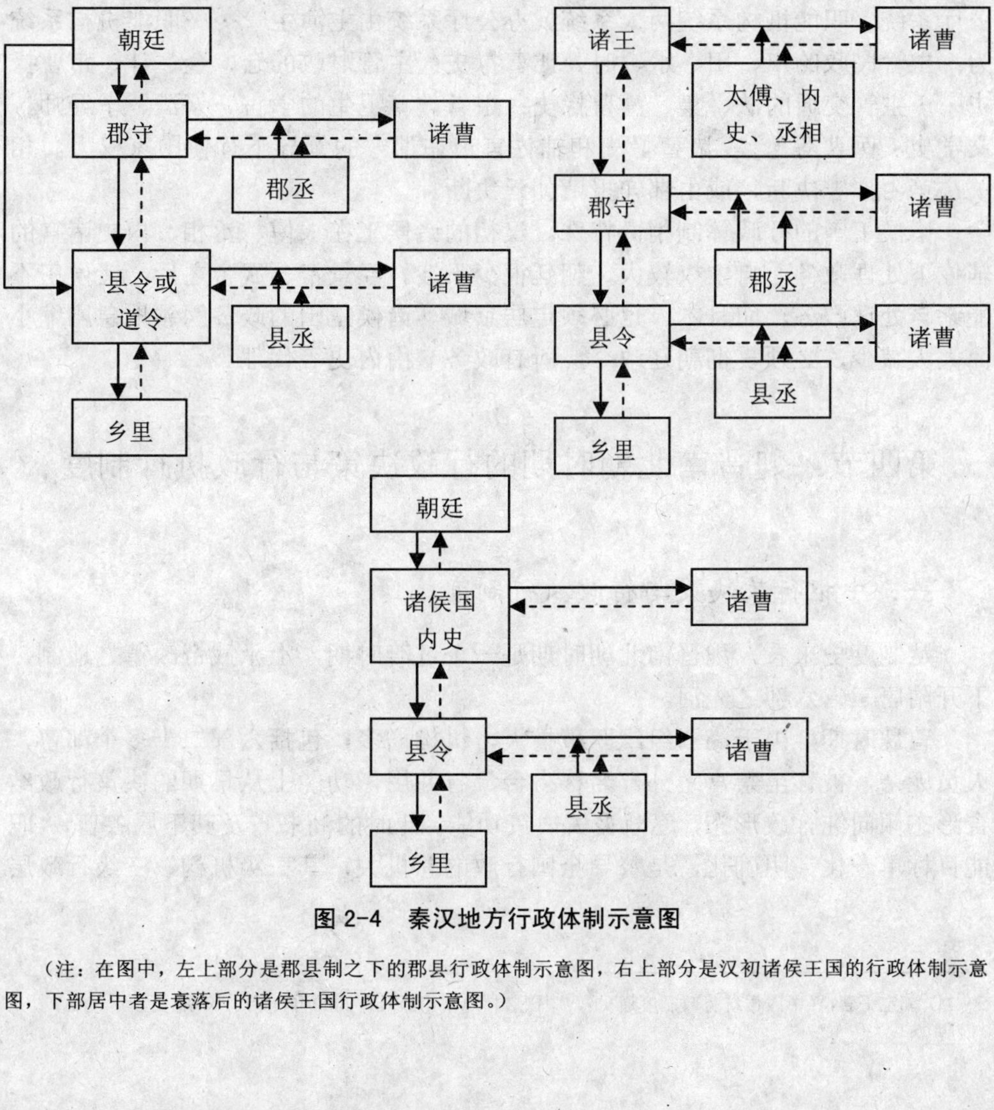

图 2-4 秦汉地方行政体制示意图

（注：在图中，左上部分是郡县制之下的郡县行政体制示意图，右上部分是汉初诸侯王国的行政体制示意图，下部居中者是衰落后的诸侯王国行政体制示意图。）

在第二阶段，在推恩令与平乱之后，诸侯王国的领地急剧缩小，不再辖郡，仅辖三四县，甚至不辖县。王国的各级官员都由中央任命，国王不再处理政务。至汉平帝元始二年（2 年）全国有诸侯王国 20 个，郡 83 个。王国共辖县 123 个，在当时的 1587 个县当中，仅占 7.8%。诸侯王国对于帝国的威胁已经解除。

在第三阶段，由监察区演变而来的州成为高层行政区，地方行政体制变为州统郡、郡统县的三级行政区结构。由于第三阶段与后朝地方行政制度极为密切，所以放在下一部分详述。

在第一和第二阶段，直属于中央的郡及其下辖诸县的行政与秦朝无异，只是郡县下属的行政分工较之秦朝更加明确一些。据学者考证“汉之郡府分为办公厅系统、职能机构系统两大系统。办公厅系统由主簿主管……职能机构系统为：主管民政的户、田、水、时、比曹掾史；主管财政的仓、金、计、市曹掾史……主管交通的法、集、漕曹掾史；主管教育卫生的学官、祭酒、孝经师、文学史、医曹等”①。诸曹掾史和辅佐官员在郡守的领导下行使国家权力。相关决策由郡守决断，或由郡守报请朝廷决断。

诸侯王国的行政体制稍微特殊。汉初的诸侯王在太傅、丞相、内史诸官的辅佐下处理政务，自主权较大，朝廷很少干涉。经景帝、武帝之后，诸侯王不能亲自处理政务，而且本人也必须定居京城。诸侯王国的政务因领地急剧缩小而大大减少，必须贯彻朝廷政令，所有政务交由内史等代理。

第四节　魏晋南北朝时期的行政决策与行政执行制度

一、中枢行政决策与行政执行制度

从制度史来看，魏晋南北朝时期是一个过渡时期，上承武帝改革之遗制，下开隋唐三省六部之先河。

曹魏时期，由于尚书组织职事扩大，机构增多，包括六部二十多个郎曹，人员庞杂，被移至禁宫之外，名称上台、省并用，功能上从早期的决策行政结合形态倾向纯行政形态，逐渐丧失决策功能。此时的尚书省及其下属各曹，“职能目标单一化、明确化，是督导全国行政的总机关，其三级机构、三级行政层

① 郭宝平著：《中国传统行政制度通史》，中国广播电视出版社，2000 年 1 月，第 85 页。

次的确立，是尚书组织机构的重要发展时期”[①]。中枢决策的许多重大功能被新出现的更接近皇帝的中书、门下两省承担。到两晋时期，中书起草制令、门下审议应对驳奏、尚书奉命实施的三省并立体制初步形成。值得注意的是这种分工并非平面分工，而是立体分工。平面分工的部门之间可同时进行，但立体分工的部门则不行，而是处于程序上的前后相继的不同阶段。只有中书起草制令完成后，门下方可审议驳奏，门下审议通过后，尚书方可执行。三省各管一段，互相制约。南北朝时期，政治与行政制度多承袭魏晋旧制。

魏晋南北朝时期，中枢决策程序主要在皇帝或权臣主持的中枢政务会议上进行。各省长官（侍中、散骑常侍、八部大夫等）经常参与中枢决策。各种顾问咨询机构与两汉也没有太大差异。

魏晋南北朝时期，中枢行政执行程序主要是皇帝诏书下达后，由公车令送达尚书省或诸寺监，由尚书省分发六部诸曹。在中枢执行机关中，除了尚书省下属的六部诸曹外，还有诸寺监台负责一些较为特殊而具体的事务，如光禄寺、太常寺、鸿胪寺、大农监、国子监、殿中监、谒者台、都水台等。其间，文书传达工作主要由宫中宦官承担。

需要指出的是，在权臣独断朝纲的时代，相府地位很高，不仅许多中枢政务会议在相府举行并作出决议，而且诏令的颁发也必须通过相府向下传达。不过这些权相要么在阴谋中失败，要么登上皇帝宝座。失败者自不必言，成功者深谙其中奥妙，总是有意削弱相府权力。久而久之，开府宰相制已是前朝旧例，到隋朝文帝时期，彻底终结。同时，由于权相独霸朝廷并非制度设置，故在描述中枢行政决策与执行过程中不予考虑。

总体而言，魏晋南北朝时期中枢行政决策与执行的分工更加专门化，职能更加明确，部门之间设置了有效的分工制衡，为后世奠定了良好的基础。这一时期，社会动荡，权臣乱政乃至登基称帝，单一宰相制在君主专制政体中的弊端暴露无遗，这就促成了使单一宰相制向此后的集体宰相制的转变。为了君主专制，在效率上相对集体宰相制较高的单一宰相制走向了穷途末路。

二、地方行政决策与行政执行制度

汉武帝为了监察地方百官，设置了十三部州。汉灵帝时，把一批重要部州的刺史改为州牧，增其秩为二千石。此举加快了州由监察区向行政区转化的进程。黄巾起义后，为了镇压起义军，朝廷准许州牧典兵。由此，州牧成为“内

① 袁刚著：《中国古代政府机构设置沿革》，黑龙江人民出版社，2003年1月，第167页。

亲民事，外领兵马”的地方军政长官，州也随即演变为高层行政区。由此汉初以来的二级行政体制变为州郡县三级行政体制。

州的长官称州牧（或刺史），其下有三名主要行政助理。一是别驾，主管人事及各职能部门；二是治中，统领州府机关诸曹文书；三是主簿，统领各文秘机构，政令的宣传送达。三大辅政官员之间的行政职能分工，较之秦朝郡守之下的辅政官员之间的分工，有所细化，但依然有进一步改进的地方。别驾职责太重，而后两者又有相互冲突的地方。

州牧的主要职责从其名称就可以看出是代天子行牧民之令。州牧是主管一方军政大权的封疆大吏，其权力大小也是随着形势的变化而变化。东汉末年，群雄并起之时，朝廷衰弱，无力掌控政局。各州牧不仅在管辖州郡内权势熏天，同时还伺机吞并周边州郡，成为坐拥数州的地方诸侯。

魏晋南北朝在多数时期内沿用东汉末年的州郡制。州郡内部的行政体制也没有发生实质性的变化。为了在战争中虚张声势或为了笼络南北士族而多置州郡官或为安抚流民而设置侨郡侨县等措施，致使南北朝时期州郡数目剧增。公元546年（梁武帝时），南北各朝相加，共有州220个、郡999个、县1590个，平均每州4.5个郡，每郡不到2个县。历史最低水平是公元580年，统一北方的北周公领有211个州、508个郡、1124个县。平均每州2.4个郡，每郡2.2个县。[①] 时人说：“百十之邑，便立州名，三户之民，空张郡目”，所言非虚。因为州郡数目激增，而管辖领地是有限的，故只能缩小州郡管辖范围，或重叠设置。魏晋南北朝时期，二者都被采用，所以一州一郡之地，或有数州数郡之官在重叠管辖。这样造成了管理混乱、管理成本较高等问题。

州郡制之外，有一个特例即西晋时期的宗亲王国。晋武帝司马炎在先祖长辈的基础上登基称帝，为安抚长辈，大肆分封宗亲王，并欲图以此来拱卫司马氏政权。司马炎共分封27个宗亲王国。不过与汉初诸侯王国相比，西晋的宗亲国王权限稍小。封地不过一郡，王国高官均由朝廷任命，宗亲国王不得亲自处理政务，王国收入的三分之二必须上缴朝廷。问题出在司马炎任命宗亲王担任州的掌管，宗亲王由此既有封地，又有管辖地，还有兵权、行政权、财政权在手。为制约宗亲王，司马炎扩大了诸皇子封国的领地和权限。最后，在诸皇子之间、诸皇子与宗亲王之间、诸皇子和宗亲王与皇帝之间的激烈冲突中，西晋灭亡。

在州郡制之下的具体决策过程中，州牧、郡守、县令都是本辖区的最高行

---

① 周振鹤著：《中国历代行政区划的变迁》，商务印书馆，1998年，第40—41页。

政长官，对相关事务可以做出决策。如果无法做出，则逐级上报，由上级主管部门裁决。别驾、治中、郡丞等佐官，不仅要辅助长官决策，同时还依据职权划分负责相关行政事务。

第五节　隋唐时期的行政决策与行政执行制度

一、中枢行政决策与行政执行制度

隋唐时期的中枢政务体制可以分为两个阶段，即中唐以前和中晚唐。中唐以前，奉行以三省六部为核心的中枢政务体制；目前，关于中晚唐时期的中枢政务体制还存在争议，但一般称之为中书门下体制。

（一）三省六部制[①]

尽管在具体名称和一些细节上，隋朝与中唐以前有些微出入，但总体而言，可以用三省六部来概括这一时期的中枢行政体制。

隋朝的三省是：内史省（隋炀帝时改为内书省）、门下省和尚书省。内史省的主要职责是起草诏书，门下省负责顾问应对与诏书的审阅和出纳，尚书省是全国行政管理的中枢。此外还有两省，与内史门下尚书三省合称五省。一是秘书省，掌图书库藏整理，官员的担任者多是博学多闻之士，属于顾问咨询机构；二是内侍省（隋炀帝时改为殿内省），主管内廷侍奉、宫廷服务，虽名列五省，但从功能来看并非政务机构。在具体事务上，隋朝沿用魏晋以来隶属于尚书省的六曹，外加九寺五监三台（隋文帝时是十一寺二台）。尽管在管辖范围上与三省之下的六曹有冲突重叠之处，但它们负责更为具体琐碎的日常事务。如果按照现在的理论，六曹诸司是政务机关，负责管理，而九寺五监则是事务机关，负责具体操作实施。

有唐一代，政府机构名称、官名屡屡更改，又每每复旧，虽名号有变，但所司并无根本差异。本书依《大唐六典》的记载，唐朝有六省，分别是：中书省、门下省、尚书省、秘书省、殿中省和内侍省。后三省的职责与魏晋相似，此处不再赘述。

中书省：负责起草诏书和批劄奏章，“中书三级政务官以皇帝的名义批劄百

① 本部分主要参考袁刚著《中国古代政府机构设置沿革》，黑龙江人民出版社，2003 年 1 月，第 203－444 页。

司奏钞章表，书草诏令制敕”，其性质是代皇帝立言，制定初步政策。该工作程序的第一步是，中书舍人对各类文书进行披览。这种做法也叫“五花判事”制度。“五花判事”之后，由中书令把各舍人的意见集中，根据自己的判断，择优批阅，并附评语，最后交由皇帝裁决。之后，中书省根据皇帝裁决起草诏令。这一制度颇有现代科学决策中的“头脑风暴法”之韵味，其科学性、合理性自不待言。

门下省：其职责是审阅诏令，上传下达。具体而言，中书起草的诏令到了门下以后，必须经三级政务官审阅，有时还得向皇帝复奏，由皇帝裁决。如果门下官员认为中书起草的诏令有违失，可驳正并封还中书省重新拟定。有唐一代，门下封驳诏书的事例史不绝书。经门下审阅的中书诏书，要在门下省存档，由门下书吏重抄一份，诏书抄好后，由侍中画押。如果是由皇帝批准同意的，必须在上面标明此诏乃是经过皇帝批准的。此后，所有审阅者都要签名。这样，中书诏令就变成了门下诏令。在下达尚书省执行之前，还必须盖上皇帝的印玺，并由侍中、侍郎亲自监封，最后下达尚书省。

尚书省：是国家行政管理总枢。具体工作程序是：中书诏令到达尚书省，必须先经都省长官审阅，若发现有问题，可拒不执行，甚至封还诏书。不过拒不执行或封还诏书的情况极少。长官审阅后，分发各部、司详定，各部、司根据具体情况，进行论证、审定，并向上（三省及皇帝）反馈信息。尚书省内部也有各种政务会议，最高级别的是都堂会议，又称“八座会议”（因参加者是左、右仆射、六部尚书，共计八人，故称八座会议）；其次是各部、司的内部会议即部司会议。作为全国行政总枢的尚书省六部二十四司并非事必躬亲，而是将门下诏令制成政令，盖上部司印章，由都省发遣，交中央九寺五监或地方各级政府具体执行。如此看来，中枢政务的具体执行部门是六部的二十四司和九寺五监。这些部门负责具体事务，并接受六部指导。

关于这个过程，朱熹曾有一精简总结，他说：“唐制，每事先经中书省，中书做定将上，得旨，在下中书，中书以付门下，或有未当，则门下缴驳，又还中书，中书又将上，得旨，再下中书，中书又付门下。事若可行，门下又下尚书省。尚书但主书撰，奉行而已。”[1]

综上所述，隋朝及唐代中期以前的三省六部政务系统及其运作，如下图所示。

---

① 《朱子语类》卷一二八。

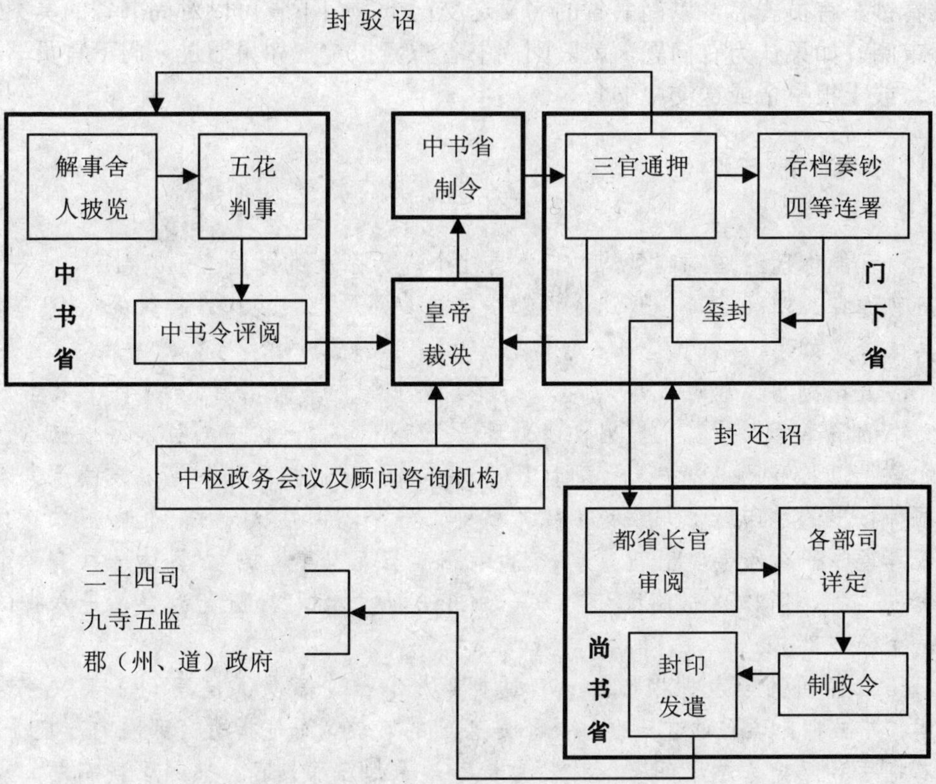

图 2-5　隋唐时期以三省六部为核心的中枢政务运作示意图

中晚唐以前的中枢政务会议有：皇帝亲自主持的御前决策会议、群相政事堂集议和都堂、部司会议。关于都堂、部司会议及其职责功能，上面已经论及。御前决策会议主要有每天例行朝会和初一十五的朔望朝，这两种会议由皇帝亲自主持，讨论内容也很宽泛，参与人员往往依商议内容的重要性、机密性而定。就决策的重要性而言，群相政事堂集议的作用更大一些，政事堂设在门下省，并非一个机构，而仅仅是一个议政场所，开会即来，会终即散，参与者主要是中书省长官中书令、门下省长官侍中和尚书省长官左右仆射，所以又称四辅政会议。集议的结论上报皇帝，以供决策参考。政事堂集议通常在御前会议和中书省草诏之前，这样的话可以通过三省长官的协商与沟通，减少不必要的环节，提高决策效率。

在政务信息的反馈上，以三省六部为核心的政务体制形成了逐级上报的制度。首先是具体部门逐级向上申报，到达尚书省以后，汇总各方政务信息，形成奏钞，官员署名，以尚书省的名义送交门下。门下省可以对尚书省的奏案进行审阅。如果认为有问题，就驳回尚书省重新拟定。如果通过，门下官员署名后，或上报皇帝或送交中书省。

专用名词

可能你已经注意到了，本部分有几个较为陌生的词语：五花判事、六押、三官通押、四等连署。这几个词都是来自史籍原典，现代人接触的很少，其具体含义如下。

五花判事：唐朝制度规定，凡政务文书到中书省以后，“先由中书舍人之中的解事舍人批览，提出初步处理意见后，其余五位中书舍人再根据自己的意见，各抒已见，提出‘商量状’，并‘同押’（按手印）签名。由于舍人画押按出的手印好似一朵花，除本状外，五个‘商量状’手印恰似五朵花，于是得了一个雅号‘五花判事’，也有叫‘五花刺事’的”。因为一共有六个舍人画押，所以这一制度还有另一种叫法即“六押”。五花判事，是六押的一个组成部分。

三官通押与六押相似，三官通押就是有三个官员共同审阅了某政务文案，并画押。只不过这三个官员不是普通的官员，而是指所有部门的一把手、二把手和三把手。唐朝一般称之为长官、通判官和判官。按照唐朝制度的规定，从中央到地方，各部门各机关，一切文案，除极少数的关成文件外，都需要部门的一把手、二把手和三把手共同审阅，并在审阅后的文件上签名画押。因此称之为三官通押。

四等连署与三官通押紧密相连，每个部门除了上面所说的三个主要官员外，还配备吏员一名，唐朝叫主典。因权限不同，依职权划分等级，长官、通判官、判官和主典共四等官吏，故称之为四等官。《唐律》甚至规定，没有按四等官设置的是犯罪行为。由此可知，所谓四等连署就是在政务文书处理过程中，四个等级的官员（即长官、通判官、判官和主典）都必须在处理过的文案上签名，以备审查追究责任之用。

（资料来源：袁刚著《中国古代政府机构设置沿革》，黑龙江人民出版社，2003 年 1 月，第 266—267 页。）

（二）中书门下体制

中晚唐时期的中枢政务体制，根据吴宗国、刘后滨等人的研究，比较适当的叫法应该是“中书门下体制”。相对于由三省相互配合、相互牵制并共同构成宰相职权的三省六部制来说，中书门下体制的基本特征就是宰相有了裁决政务的常设机构。中书门下成为宰相们集体办公的场所，是最高行政机关，超然于三省之上。在这种体制下，中书门下直接指挥诸使、诸州、诸军执行皇帝的命令。尚书省成为纯粹勾检文案、收发文书的机关。中书、门下两省逐渐演变成为与宰相分离的、具体负责起草和审查诏令的机关，使职和使职化的六部九寺五监成为政务执行主体。

就中枢政务而言，朝廷百官对于重要事务可以直接面奏，但绝大部分日常政务都是通过奏状上报的。随着皇帝荒政不朝，几乎全部政务都是进状而奏。《唐会要》卷二十五“百官奏事”条载开元十八年四月二十一日敕：“五品以上要官，若缘兵马要事，须当面陈奏听。其余事务，并令进状。”即是一证。因此，奏状的审批者就是中枢决策权力的实际掌握者。在中书门下体制下，各种奏状的处理程式是先直接上奏皇帝，然后由皇帝出付中书门下，诸宰相进行商量处分，即对奏状进行检勘并提出初步处理意见后，再复奏，皇帝同意后，以敕旨的形式进行批复，颁下施行。由此可知，在中晚唐时期的中书门下体制下，皇帝与宰相共同行使中枢决策的最高权力。由于奏状的处理，同时就是一个奏状传送的过程，尤其是以皇帝为中心的传递，对于中枢决策产生了不可忽视的影响。由于中晚唐时期的政务主要通过政务文书的方式处理，所以，政务文书的运作方式及过程就是中枢政务的运作方式及过程。中晚唐时期的枢密使就是以其在政务文书传递功能为基点，不断扩张其权力控制范围的。

在决策过程中，宰相的辅政功能自然是制度内的首要因素。中书门下体制的宰相有三种辅政方式。第一种是接到皇帝诏令辅佐皇帝决策，并监督百官执行；第二种是宰相在形成政务处理意见后以“中书门下奏”的形式就有关政务主动向皇帝提出奏请；第三种是宰相对百官上报政务进行直接裁决。[①] 除了上面所说的宰相、枢密使以外，左右神策军中尉、宣徽使及顾问咨询机构等都发挥着不同程度的作用。神策军中尉掌禁军，手握兵权，因此左右神策军中尉（两人）与枢密使（两人）成为内朝宦官首领，合称“四贵”。宣徽使是内廷诸司使的总管家，其地位仅次于“四贵”。[②] 翰林院不仅作为皇帝的顾问咨询机构，唐宪宗时期，一度成为掌诏令、草诏书的重要内廷机构，人称“内相”，由此成为辅助皇帝决策的重要政治力量。以上诸要素对于中晚唐时期中枢行政决策的影

① 刘后滨著：《唐代中书门下体制研究——公文形态、政务运行与制度变迁》，齐鲁书社，2004 年 6 月，第 263 页。

② 袁刚著：《中国古代政府机构设置沿革》，黑龙江人民出版社，2003 年 1 月，第 440 页。

响大小各异，因时而异，但却共同左右着李唐王朝的命运。中晚唐时期的主要中枢政务会议叫做延英殿议事，参与者主要是宰相、诸司长官和常参官，其运作规则同其他中枢会议一样，群臣画策，皇帝决断。

在具体的行政执行中，中晚唐时期的最大特色是差遣使职。从行政学的角度来看，差遣使具有如下特征：其一，通过灵活的差遣设置弥补了固定凝化的政府官僚机构所不能应付的变化；其二，通过分工细化、专业化的差遣，提高了具体事务当中的操作效率；其三，通过中枢直接控制的差遣使，摆脱中枢及地方各政治势力的干扰，提高了整个系统的行政效率。同时，也不能忽视其负面影响。许多差遣使与已有的政府机构设置功能重叠，造成正式机构形同虚设，人浮于事；有的差遣使倚仗中枢行政力量，过度干预地方行政，甚至违法乱纪，巧取豪夺。越是晚唐，差遣使制度的负面影响越大。

综合中晚唐时期的各种行政要素，可以用下图简示中书门下体制的政务运作过程：

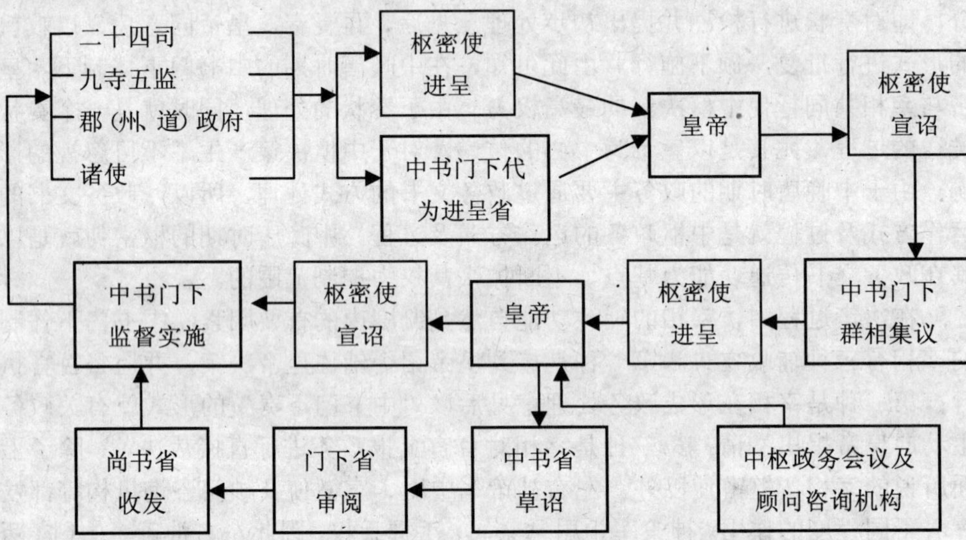

图 2-6　中书门下体制的政务运作示意图

总之，在中书门下体制中，中书门下是皇帝旨意的执行机关，三省成为中书门下之下的皇命签发机关，而宰相的主要功能就是监督实施，六部及二十四司、九寺五监和诸使则成为中枢政务的具体实施者。这种政务体制与三省六部体制有着明显的区别。这也足以说明中晚唐时期的政务体制有着其独特的结构与功能，称之为中书门下体制更为恰当一些。

二、地方行政决策与行政执行制度

魏晋以来，一方面地方行政体制混乱不堪，地方行政也因此而效能低下；另一方面有人借助地方势力形成割据政权。隋朝虽是短命王朝，但两代君主在整顿行政体制方面作了巨大的努力。有鉴于魏晋以来州郡数目剧增，州郡坐大，中央控制无力，隋文帝罢天下郡，调整全国行政区划，变三级行政区为两级行政区，地方行政体制以州县制为主。隋炀帝继承其父改革成果，将高层行政区名改为郡，同时降低其行政长官郡守的行政级别，由此来加强中央对地方的控制。地方行政体制变为以郡县制为主。调整后，州（郡）县比例适宜，一州（郡）管辖七八个县，倒也合适。但为了防止地方坐大，没有缩小州（郡）辖区，因此，州郡数目一直在190个左右。中央要直接控制190多个高层行政区，根本不可能。可见，地方行政体制的调整必将继续进行。

隋朝，州的长官称刺史，其佐官有长史和司马等；郡的长官称郡守，其佐官有通守和郡丞。刺史和郡守都拥有本辖区事务的决策权，佐官在辅助决策的同时，还负责相关行政事务。县级行政自秦汉以来基本没有变化。具体决策与执行程序与秦汉没有实质性的区别。

隋朝文炀二帝尽力缩减高层行政区数目，但随着隋朝覆灭，地方行政区又堕入分裂剧增的怪圈。唐高祖和太宗大力裁撤州数，但到太宗贞观十三年（639年），全国依然还有358个州，下辖1551个县。由此可见隋末行政区划混乱的程度了。

中晚唐以前，行政区划以州县制为主。但一些特殊地区如首都、陪都、李氏根据地、皇帝驻跸之地所在的州改名为府，前后共设六府。州和府都是高层行政区，府的地位略高。此外，在边关重地还设都督府，兼管军事民政。

州的长官称刺史，佐官有别驾、长史、司马等。在刺史缺员或为亲王遥领时，上述三佐官可代理州务。此外还有具体分管政、财等事务的官员，统称为判司。府的长官称牧，由亲王遥领，实际处理政务的是府尹，其下设佐官少尹、诸曹参军事主官各曹事务。都督府的长官称都督，一般以亲王遥领，具体事务或由都督府长史处理，或由所在州的刺史代理。

州、府之下设县，其长官为县令，佐官为县丞，主管具体事务者有主簿、录事。其具体行政过程自汉以来几无变化。

各级行政长官负责本辖区大小行政事务，在决策范围之内或决断或上报，并监督下属官员具体实施。各级佐官主要职责辅助长官决策，监督属官实施。各级主管事务的官员不仅要根据上级对口部门安排本曹事务，还要根据本级行政长官的意志实施行政，还要辅助长官指导下级对口部门的政务。

第六节 五代时期的行政决策与行政执行制度

一、中枢行政决策与行政执行制度

五代诸多政权并立，军事成为国家核心政务，必然要求政府统一军政、行政和财政的管理，减少行政层次，协调各级政府各部门的关系，提高行政效率，这才是生存之道。枢密院的设置正好符合这种要求。

五代的枢密使，多由皇帝亲信担任，深受重任，不仅辅佐皇帝决策，而且还专断决策的执行权，权兼内外朝，故时人多称之为“执政”。这同时也意味着，枢密使权重位尊，对于皇权是巨大的威胁。限制和规范枢密使权力又成了一大政治与行政难题。这一状况，并非仅就某一权臣某一时期而言，而是贯穿整个五代时期；不仅仅是某一方面的权力太重，而是囊括了政权的各个方面，这势必削弱皇权。正如学者所说：“尝考五代之际，政治上之大患有二：曰腹心之患，即禁兵；曰肢体之患，即藩镇。”① 据学者统计，后唐、后晋、后汉和后周四朝期间，“担任枢密使的共计23人，除去入宋和不知所终的4人，剩下19人，因和皇权发生冲突，被杀、被贬而死的达9人之多，几占百分之五十，可见斗争之激烈”②。

中枢政务体制中，枢密院、三司使院和翰林院并称为“内职”，政府实权基本操纵在这些内职手中。翰林院负责起草皇帝诏书，诏书经皇帝审阅后，由枢密使监督实施或交由宰相付诸实施。

十国官制，大略多仍唐旧，其枢密院与枢密使之制同当时中原诸朝的制度颇为相似，比之唐朝权力有所扩大。诸国枢密使也与五代一样，由士人或武臣担任，但相对五代其权力则始终受皇权的制约和规范，没有普遍出现朝纲独断甚至篡位称帝的现象。

二、地方行政决策与行政执行制度

唐初，中央直接控制的高层行政区数目太多。为了有效监督地方官员，太

---

① 聂崇岐著：《论宋太祖收兵权》，《宋史丛考》，中华书局，1979年。

② 杜文玉著：《五代十国制度研究》，人民出版社，2006年1月，第127页。

宗时将全国划为十道。当时还曾考虑全国分为二十四都督区，但没有认真贯彻。直到玄宗时才正式付诸实施，分全国为十五道，设官授职，但官员没有固定驻地，在巡视各州府县的过程中办公。因为监察官对于各州府县官员的升降废用起着极为重要的作用，故地方官员在具体行政中往往与道官互通消息。道官也借此机会干预地方政务。如同汉末州官一样，作为监察官员的道官有逐渐向地方行政长官发展的趋向。安史之乱爆发后，朝廷任命手握兵权、驻守边防的节度使为道的长官。这一措施使节度使成为手握军事、行政、人事、财政等大权的地方长官。唐末藩镇割据由此开始。藩镇割据时期，尽管节度使下辖的多数州、县已经有朝廷任命的刺史、县令等行政长官，但实权却大多操控于节度使属下的幕职之手。这些幕职官员多以知州、知县的名义行使军政大权。唐末节度使多世袭或由将士拥戴，所辖领地的财赋不上缴国库，政务也基本自理，不受朝廷干涉，俨然一个诸侯。

五代十国局面的形成不过是唐代藩镇割据的继续。唐末，西南和南方的一些节度使摇身一变成为一国之主。北方五代君主也多以节度使起家夺天下。各国忙于征战，顾不上制度上的整顿，多用唐旧。

第七节　两宋时期的行政决策与行政执行制度

一、中枢行政决策与行政执行制度

两宋时期的中枢行政决策与执行制度可以分为两个阶段：第一个阶段是北宋前期，实行的是中晚唐以来的中书门下体制；第二个阶段自宋神宗元丰年间至南宋，实行的是省部制，包括北宋中后期的三省六部制和南宋的两省六部制。

（一）北宋前期的中书门下体制

北宋前期的中枢政务系统有两套：一是沿用隋唐五代以来的三省六部九寺五监，但都是虚职，只设官授禄而不管事；另一套则是由中书门下及其下属的诸使构成，这是政务运行的主要载体。中枢行政决策的主要成员是皇帝、正副宰相和顾问咨询人员。北宋实行集体宰相制，一般正副宰相共计三至五人。宰相们集体办公的地方就是中书门下，也叫政事堂，是全国行政总枢。中书门下直接指挥诸使和地方政府处理政务。由此可知，中书门下不仅参与决策，而且还负责行政执行并对之进行监督。更为特殊的是中书门下设在皇宫之内，如果按照汉武帝以来“内朝掌决策，外朝掌行政”的定制，它是不能直接指挥行政的。但北宋的中书门下就是决策与执行两手抓，可见其权力极大。如此就不难理解北宋宰相辅政班子曾多次对皇帝的决策犯颜直谏，并且曾让光宗退位，扶持宁宗登基。

北宋实行军事、行政、财政相互分离，原则上彼此不得过问，以实现相互牵制的制度，但军事、财政对于行政的影响从来都是至关重要的。掌管军事的枢相和掌管财政的计相可以不直接过问或干预行政，但是可以通过皇帝来影响决策。更何况在很多情况下，有关军国大计必须要经过诸相（包括三相和诸多副宰相）共议。

就中枢决策而言，国家大政方针，皇帝通常与辅政官员或近臣亲信私下商议决定，有时也在朝会上商议决定。重大事务也可以命令宰相召集百官于尚书省集议，宰相负责将集议结果上报皇帝，以供决策。一般事务由宰相提出初步处理意见，以札子进呈皇帝，如批复同意，则付诸实施。原则上皇帝的行政诏令必须经由中书门下，以“敕牒”方式颁布施行。直接自皇宫内发出的皇帝诏令，通常被认为是违章乱纪、不合祖制的行为，常常受到臣僚的批评与抵制。

决策封驳职能由专设的银台司行使。此外，翰林院负责起草诏令、批劄文书的学士和宰相属下的“知制诰”者被统称为“两制”官员，是皇帝的秘书班子，他们不仅具有草诏制令、批阅奏章、顾问咨询的职能，同时还有可以对皇帝诏令进行封驳的职权。

政务信息的传递，以送达皇帝方式分为两种，一是面奏，二是通过政务文书。就面奏而言，主要有群臣朝会面奏，特派专使的出巡或复命面奏，官员任职、复职或退休面奏，地方机密要事面奏等。传达政务信息的各类政务文书除了皇帝诏令外，还有地方官员的到任报告、年节贺表、政务汇报、离任报告；特派专使的考察文书、见闻汇报以及各种奏章文书等。面奏的程序较为简单，故不赘述。政务文书的传递是一种更为普遍的信息传递方式。向上汇报的政务文书传递的主要程序是：地方各类政务文书经过各种地方手续汇聚到皇宫城墙内侧的都进奏院，再经银台司抄录，最后由通进司进呈皇帝御览。反过来，经通进司、经银台司、再经都进奏院分发诸路州军监司，就是中枢政务信息向地方传达的过程。

（二）元丰以后的省部制

如前所述，因为存在两套班子，致使行政效率低下，政府开支庞大。自宋真宗以来就不断有朝臣提议改革，出现了范仲淹的庆历新政、王安石的变法。元丰年间，神宗下令以《大唐六典》为蓝本，设官授职。改制后，实行三省（中书省、门下省、尚书省）和一院（枢密院）制。中书省、门下省设在皇宫之内，参与中枢行政决策。以尚书省六部统领中枢政务，撤销各种虚职，诸差遣使并入省台寺监。三省长官合计四人，共同辅政，三省各司其职：中书草诏、门下审阅、尚书奉行。起初，三省向皇帝分班奏事，如此容易造成三省之间政务不同，降低效率，后改为三省共同听旨、共议政务的运作方式。

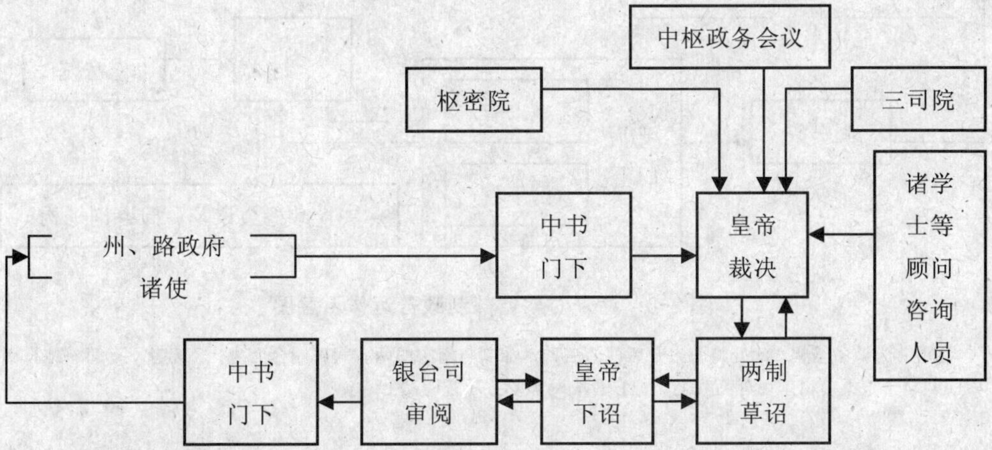

图 2-7 中书门下体制政务运作示意图

新体制规定，凡尚书省六部事，先由本部商议，再报省内有关部司；无异议者，即付尚书省讨论，重要事务需集议，议定上中书省。中书省议定后或面奏或进状，皇帝裁决后，送门下省。门下省审议详校，有异议则封驳上奏；得旨无异议则付尚书省施行。

在政务信息的传递上，各类政务文书经进奏院汇总，由门下省上报皇帝，皇帝诏令则通过门下省分发各地方政府及诸部司。

南宋王朝在元丰改制的三省一院制基础上，将中书、门下两省合二为一，由此形成两省一院的中枢政治制度。九寺五监或撤销或并入其他机构，其余设置基本沿用。政务运作与元丰体制并无太大差异。

总之，两宋时期的中枢行政决策与执行制度，适时应变，作了不少调整。首先是一改隋唐以来的旧制，将军事与财政从行政中分离，使宏观职能划分更为明确；其次是积极改革，裁撤机构，提高行政效率。但总体而言，两宋政府都是行政效率低下的政府。

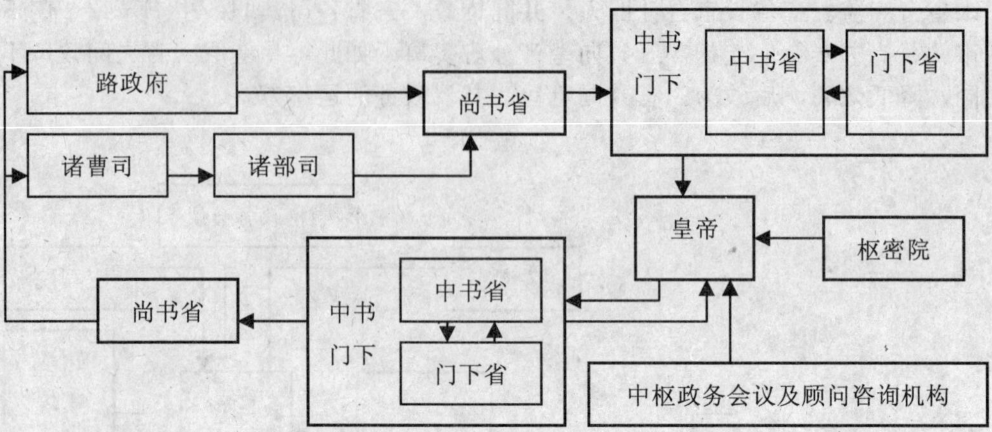

图 2-8　两宋时期省部制政务运作示意图

（注：为节省篇幅，此处将北宋中后期的三省六部制与南宋的两省六部制合而为一，读者不可简单地按图索骥，自当根据前文阐述分而视之，把它看成两幅政务示意图。）

二、地方行政决策与行政执行制度

历代王朝的历史表明，在中国这样一个幅员辽阔的国家，高层行政区过多，中央控制无力；高层政区过少，又会造成尾大不掉、割据分裂之患。赵宋王朝在解决这一难题时作了开创性的尝试。在行政区划上，实行虚三级制，即在沿用州县制的基础上，设置了高层行政区：路。路的行政机构主要有三个系统，安抚使司、转运使司和提举常平司，依次简称帅司、漕司和仓司。三司各有所职，互不统属，甚至同一路的三个机构管辖范围也不同，办公地点也不在同一城都。三司各使下都设有副使、判官等下属，而且副使、判官均可直接向上反映情况。由此可以看出，宋代的高层行政区与历代高层行政区有明显的区别。路不是一个完整的行政区，没有统一的行政首长，甚至不存在统一的行政地域范围，只有按事权划分的各个行政系统。分权之彻底、制衡之严密，历代所未尝见。中国历史上的割据之患在宋代首次得到了有效的解决。这一制度，为后代所沿用。

路下有府和州，府是州的特殊形式。首都、陪都及与皇帝相关的纪念地所在的州等都升格为府。其长官一般称权知府事，简称知府。京师、陪都府的长官称府尹。在官员任用上以使职官员即差遣官为主，地方各级政府实权都操纵在由朝廷派任的使职官员手中。尽管各州、县都设有刺史、县令，但多是名誉之衔，并无实权。地方行政实权掌握在由朝廷委派的知州、知府、知县手中。知州、知府和知县都是差遣使，任期一满或朝廷有人事变动，随即走人。由此造成机构设置与职权行使脱节，刺史、县令等本官不掌本官职内事，而以差遣官掌实际事务。此外，各州府还委派通判，职权在知州或知府之下，但州府公事必有通判的副署才能生效。最为重要的是各州府保留有直接向中央奏事的权力，这样就可以有效牵制帅漕仓诸司的权力。

总之，有宋一代，通过行政区划和差遣使制度有效地解决了君主制度下地方割据的千古难题。但矫枉过正，导致地方无权，多头领导，行政效率极其低下。最终导致御敌无力，灭亡于异族之手。有学者总结说："专制政治生态下，不可能处理好中央与地方的关系。"① 看来不跳出中央集权这个泥潭，就跳不出内乱与外乱二者交替往复的怪圈。

第八节　金元时期的行政决策与行政执行制度

一、金元时期的中枢行政决策与行政执行制度

辽、金、西夏和蒙元帝国的政治与行政制度，既仿照中原汉族文化，又保留了本民族的许多特色，学者统称之为"因俗而治"的政治与行政体制。有关辽朝和西夏王朝行政决策与行政执行制度的出土资料极其有限，还有待进一步研究，故在此不论。

金朝的中枢行政决策与行政执行制度，可以分为两个阶段。第一个阶段，沿用具有女真民族特色的勃极烈会议体制；第二个阶段，金朝参照唐宋旧例建立省部制中枢政务系统。

勃极烈会议体制是由女真贵族参与的中枢议事会。最初是由女真各部酋长参与，随着完颜族的强大，会议的参与者几乎都由完颜贵族包揽。在早期的勃极烈会议上，诸酋长拥有相当的权力，甚至可以否决联盟首领的决策。完颜阿骨打登基称帝后，尽管与会者也拥有一定的制约权力，但通常都是群臣谋议，皇帝决断，已经具有君主专制的意味了。

金太宗天会年间开始仿照唐宋官制，废除勃极烈会议体制，建立省部制。

① 郭宝平著：《中国传统行政制度通论》，中国广播电视出版社，2000 年 1 月，第 99 页。

最初虽然建有中书省、门下省和尚书省，但实际上门下、中书两省有名无实，不仅其长官由尚书省长官兼任，而且下属官员史书中也少有记载。至海陵王正隆年间，正式撤销中书、门下两省，保留尚书省。由此，金朝中枢政务体制实行的是一省六部制。金朝辅政的宰执人员有定制，一般是八人，号称“八府”，遇事则皇帝召集诸相集议。此外，中枢政务会议还有皇帝亲自主持的百官集议和皇帝命令宰相负责召开的尚书省内议政会议。尚书省下属六部则是中枢政务的主要执行者，其政务运行机制与北宋时期的中书门下体制相差无几。

蒙元帝国的中枢政务体制可以分为两个阶段，其一是大蒙古帝国时期，其二是元朝。

大蒙古帝国时期（1206－1259年）的中枢政务体制带有很浓烈的民族特色。可汗、札鲁忽赤（汉译大断事官）和高级阇赤（近侍中掌文书者，汉人比附为中书省）组成中枢决策机构。当然除了这些组织机构外，早期的中枢政务会议也承担着辅助皇帝决策的功能，主要是忽里台（又译“大朝会”）。忽里台是大蒙古国时期的最高中枢决策议事会。参加者有后妃、宗王、亲戚、大臣、将帅、百执事及四方朝附者。由于它具有原始民主的特征，通常与会者都有平等地发表意见的机会，决策过程具有一定的公平性。忽必烈即位后，虽保留了忽里台，但已不再是中枢决策的重要部分了。

公元1260年，忽必烈在汉地登基称帝后，在中枢设立中书省。尚书省和门下省都是屡设屡撤，最终还是没有保留下来。因此，元朝中枢政务实际上是一省制。不过虽然名为中书省，其实质是加强版的尚书省，享有的职权远远超过了唐宋时期的中枢政务部门，集财政权、政务出令、文书封驳、监督执行于一体。其长官是中书令，常以成年皇储担任，但不常设，终元一朝，仅有四个皇储担任此职，其实际长官是中书右丞相。此外，担任辅政官员的宰相通常在五至九人左右，加上中书右丞相，最多时可达十人，中书右丞相职权最大，称首相。诸相的主要职能，一是辅佐皇帝决策，二是监督百官执行政务。就辅助皇帝决策而言，主要方式是中书省议政，即诸相每天到中书省共同议政。议政风格秉承百官集议的特色，诸相可各抒己见，一般最后由首相拍板定夺。诸相根据政务情况或皇帝旨意，拟定政策方案。如果是小事则由首相起草文书，诸相签署（不署名不能生效），然后颁下执行。如果是大事，则须入宫报请皇帝批准，“一般是每三日入宫面奏一次（军国急务除外）”[①]。皇帝批阅下诏，诸相认为不妥，可以封驳复奏。朝廷的一切政务文书都必须由中书省签发，否则无效。

① 吴宗国主编：《中国古代官僚政治制度研究》，北京大学出版社，2004年11月，第316－317页。

由此可见，元朝丞相，尤其是首相，权力极大，如此则不难理解元朝的权相专政现象。

除上述诸相中书省议政外，元朝的中枢政务会议还有以下几种：御前决策会议、廷议、百官集议和诸司房（诸部）的内部政务执行议事会。前三种会议都是与中枢决策密切相关的政务会议，最后一种则与行政执行直接关联。

御前决策：元代御前决策，大体有两种方式，一是中书省、枢密院、御史台及怯薛有关人员共同进奏议政，协助皇帝决策，这就是廷议；一种是皇帝听取少数怯薛人员反映情况后作出决策。[①] 有元一代，没有皇帝定期上朝听政的朝会制度，只有不定期或临时召见百官商讨政务的廷议。廷议作为皇帝亲自主持的会议，其议定的结果具有最终决定性，除非皇帝有所变更，他人不得更改。

百官集议是指遇有重大军国政务，皇帝命令相关官员进行集体商议，一般情况下都是由丞相奉命召集并主持会议，商议结果上奏皇帝，供其决策。其程序主要是皇帝下诏、群臣议事和上奏。议事的主题和基调多由皇帝决定，其信息来源主要有群臣的当面奏请或奏章、近侍宠臣的意见和臣民的上书陈言等。作为制度化的决策会议，参加者相对固定，主要由宰相、中书省官员、枢密院官员、翰林院儒臣和集贤院儒臣等。从武宗朝开始，中枢决策多由尚书、中书决断，百官集议很少举行，议题也非重大机要之事。

在中枢决策上，另外一个重要的因素是作为皇帝近侍的怯薛。元朝怯薛是蒙古旧俗，不是正式职官，也不是宦官，但作为皇帝亲信具有内朝官的性质，因此通常都能参与御前决策，甚至还能越过中书省颁发玺书圣旨，弹劾朝臣。元朝中后期，怯薛乱政之事比比皆是。

在具体政务的执行上，中书省下属的诸司部房科是主要的承担者。此外，不隶属于中书省的诸寺监也承担着部分具体行政职能。但由于元朝实行宰相多员，内部分级严格，很多地位稍低的宰相逐渐陷入具体事务之中，甚至侵夺诸司部职责。这也是元朝中枢政务的一大特征。

元朝还设置了翰林国史院、蒙古翰林院和集贤院等顾问咨询机构，其中前两院还负责起草皇帝诏令。基本程序是翰林国史院草诏，皇帝审阅后，送蒙古翰林院译写，然后将蒙汉诸文诏书送中书省。

综上所述，元朝中枢政务体制，如下图所示：

---

① 李治安著：《元代政治制度研究》，人民出版社，2003年9月，第44页。

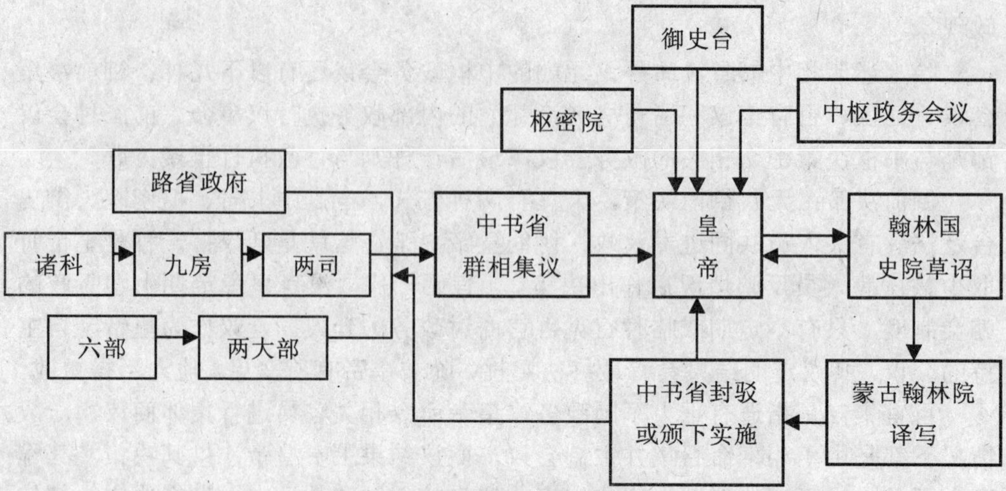

图 2-9 元朝的中枢政务运作示意图

二、元朝的地方行政决策与行政执行制度

蒙元帝国疆土空前广阔，民族众多，文化传统差异也较大，又因统一战争时间近八十年之久。这些特征在行政体制上则反映为行政区划的多元，有行省、路、府、县，行省、路、州、县，行省、路、府、州、县，行省、直隶府、州、县，行省、直隶州、县等数种形式。但就普遍性和长久性而言，主要是以行省、路、府（州、直隶州）、县四级行政区结构为主。

元朝的高层行政区是行省，全称是“行中书省”。中书省是蒙元帝国的最高中枢行政部门，“行中书省”可理解为行动中的中书省或在地方行使中书省权力的机关。原因是蒙元建国之初，军事行动频繁，为了巩固统治，就把中枢政务机构中书省临时派遣到地方去行使职权。这种做法在魏晋南北朝和金朝都是有先例的，称作“行台”或“行省”。但只有元朝的行省演变为地方的高层行政区。行省长官一般都由蒙古亲王或贵戚担任兼任，其下属官按照朝廷中书省的建制设丞相、平章政事、左丞相、右丞相和参知政事。因为蒙古亲王一般不亲临，由蒙古亲王担任的丞相也不常设，所以行省政务多由两位平章政事领头，左右丞相和参知政事共同参与。决策实行圆桌会议，共议共决，所有参议者都必须署名，然后上报朝廷或向下颁布实施。

路设总管府，达鲁花赤、总管，是为长官；有同知、治中、判官、推官，还有统领六曹、职掌案牍的经历、知事、照磨等。府有达鲁花赤、知府或府尹，下设同知、判官、推事及知事等。州有达鲁花赤、州尹或知州，下设州判、知事等。由蒙古人担任的达鲁花赤是监临官，有监督路州诸官的权力，因此在路州行政过程中，诸官也多征求达鲁花赤的意见，甚至是直接采纳其主张。如此可见，元朝的地方行政多采用集体决策制，主要官员共同决策，共同承担责任。此外，元代行省以下，根据情况分别设儒学提举司，掌管地方教育；置转运提举司，掌财政。它们是统属于行省的单独行政体系，地方政府无权干涉。

省以下各级官员只能层层上报，不得越级，制度十分苛严。

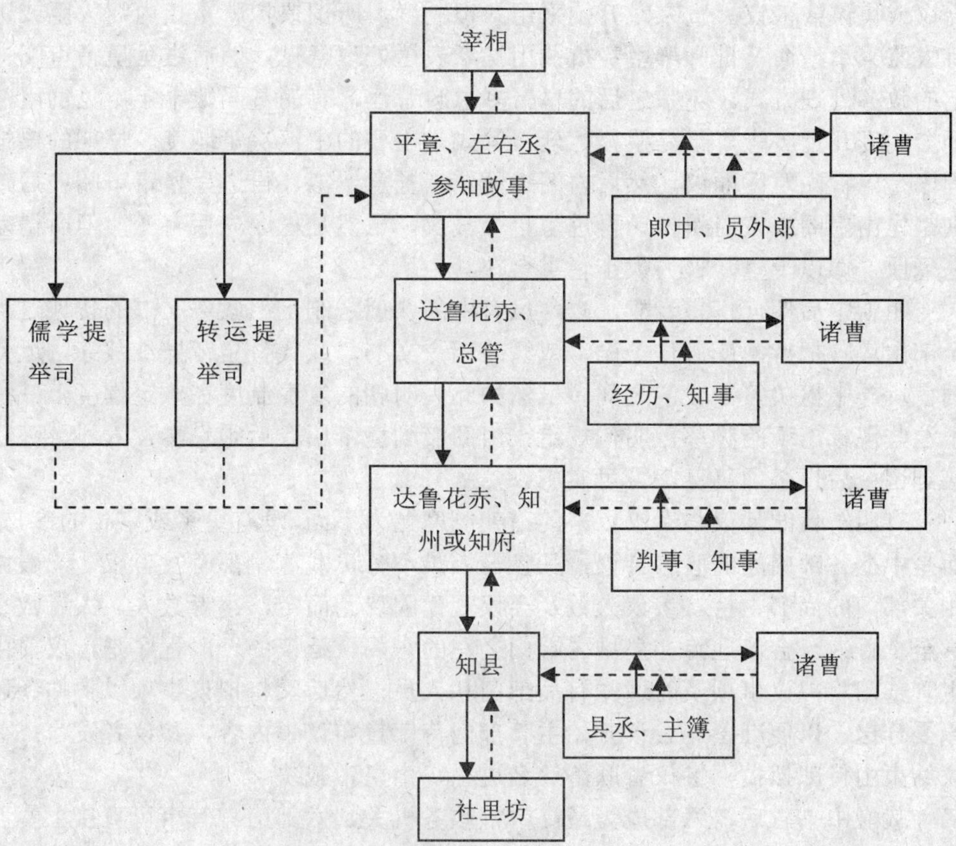

图 2-10　元朝的地方行政决策与行政执行示意图

第九节 明清时期的行政决策与行政执行制度

一、明清时期的中枢行政决策与行政执行制度

（一）明朝的中枢行政决策与行政执行制度

明初曾设立中书省统御六部，总理政务，但不久即裁撤。太祖废相后，每事必亲自裁决。成祖时，一切奏章都亲自审阅批劄，不假人手，有事或诏群臣商议或集议或密议。宣宗时开始采用票拟制度。所谓票拟就是指内阁大臣或进侍太监秉承皇命，批阅群臣奏折并用贴纸表达处理意见，然后进呈皇帝审阅裁定的政务处理方式。宪宗之后的皇帝多怠政荒淫，有的甚至数十年不见群臣，朝会制度几近废止。于是票拟、廷议等成为主要的中枢决策制度。早期的票拟程序是：首先君臣面议，然后内阁退而依据圣意票拟，再进呈皇帝审阅；后期则是先由内阁或太监票拟，再进呈皇帝裁决。虽然是程序先后有变，但所谓差之毫厘，谬以千里，权力大小轻重全在其中。

明朝中后期，宦官专权乱政，虽有内阁票拟之制，但政务文书的传递过程全部由宦官把持，或谬传圣谕，或篡改诏令文书，或代替皇帝披红裁夺，近侍阉宦玩弄中枢决策于股掌之间。虽然如此，明朝的复奏制度在一定程度上减少了这些现象出现的频率。明代规定：内阁接到皇帝诏令后须复奏；六科、部院接到诏令后也必须复奏，方可实施。

有明一代的廷议与秦汉以来的诸朝制度尤为不同，没有皇帝或宰相的参与，而是中枢各部门间的联席会议，凡参与人员不分贵贱尊卑都有发言权。一般由相关部门的尚书主持。参议人数及会议规模因议题而定，小者数人，大者数十甚至上百人。会议地点在皇城内端门之左的东阁。廷议的一般程序是，议前由主管部门将拟议事项及时通知有关部门和人员，然后又将拟议事项以揭帖备述原委分送，以便准备。会议开始主管部门侍郎宣布议事内容，参议者发言。会议结束由侍郎拟稿，参议者联署签名进呈，由皇帝裁决。[①]

裁撤中书省后，六部成为最高中枢政务机关，六部诸官有事可直接上奏而无须通过宰相。皇帝发布政令后，直接交由六部执行，宰相无权管制。在具体政务运作过程中，除重大事务须奏请皇帝裁决外，日常事务可自主定夺。

① 吴宗国主编：《中国古代官僚政治制度研究》，北京大学出版社，2004 年 11 月，第 397 页。

政务文书在皇帝与内阁诸臣之间可能来回反复，甚至没了下文。皇帝对于不满意的票拟或议题可以置之不理，由此使得政务不能进行。阁臣也可以拒绝票拟，封还文书。这两种现象在明朝都有事例。此外，由于执行权直接由中枢各部负责，皇帝诏令的封驳权也就由六科给事中承担。凡内外所上奏章及皇帝诏令，经内阁票拟、起草，皇帝或太监批红后，即付六科审阅抄发。大事须复奏，以确认无误，小事则直接签发执行部门实施。如果发现有问题，可以封还。

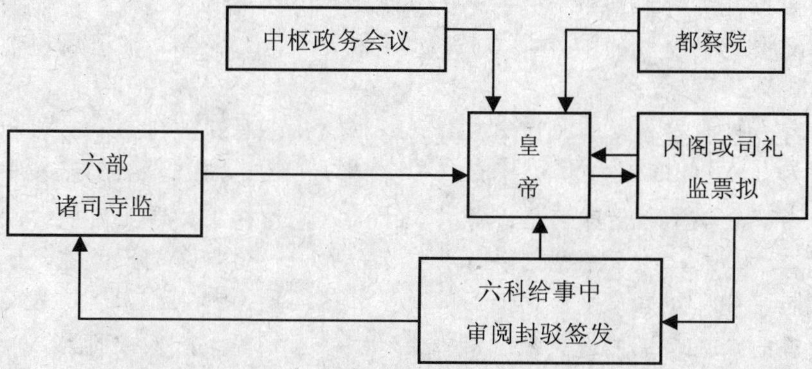

图 2-11　明朝的中枢政务示意图

关于议大礼的争执

公元 1521 年，明武宗去世，由世宗朱厚熜继承帝位。世宗之父朱祐杬，生前封兴献王，是孝宗的弟弟，武宗的叔叔。朱厚熜即帝位后，围绕其父母的名号问题，与部分朝臣发生了一场历时数年的所谓“议大礼”的争执。朝臣中的绝大多数主张维持皇位传统，让朱厚熜认孝宗为父，以“兄终弟及”的习惯接替武宗。朱厚熜则认为遗诏只是说让他入朝做皇帝，并没有要叫他做孝宗的儿子，他的生身父母应享受全部帝父帝母的待遇。因为“议大礼”观点不一致，朱厚熜和朝臣们各执己见，关系弄得非常紧张。

七月，正当双方僵持不下之际，张璁以观政进士的身份，上疏给朱厚熜。他引经据典地发了一大通议论，表示坚决反对部分朝臣“夺此父子之亲，建彼父子之号”的意见，主张尊奉朱厚熜的父亲为皇帝，并按“母以子贵”的原则，同样尊奉蒋氏。朱厚熜接到他的奏章后，如获至宝，喜出望外地说：“有了张璁的这一通议论，我们父子便可以保全了。”立即批转给朝臣们阅读。但朝臣们并未因此而改变态度，张璁便又以《大礼或问》的形式写了一篇文章呈交给朱厚熜，驳斥朝臣们的观点。朝臣们被迫让步，合议的结果，同意尊奉孝宗朱祐樘为“皇考”，朱祐杬称“本生父兴献帝”，蒋氏为“兴国太后”。

嘉靖三年（1524年）正月，南京刑部主事桂萼又提出了应称朱祐樘为“皇伯考”，朱祐杬为“皇考”、“别立庙大内，正兴国太后之礼”的主张。朱厚熜便又动心了，下令命群臣重议，再次挑起了“议大礼”的纠纷。接着，张璁也上疏说，群臣的做法简直是在不知不觉之中将朱厚熜陷于“不孝”的境地。皇帝为万乘之尊，其“父子之亲”别人岂可“得而夺之”？说如果不予纠正，必被天下知礼的人“非笑无已”。朱厚熜立即下令，将桂萼和张璁召回京师。

五月，张璁回到京城，许多人气势汹汹，几乎要同他拼命。张璁和桂萼针锋相对，“列欺罔十三事，力折廷臣”。朝臣“伏阙哭争”，参加者有：九卿中的尚书金献民、侍郎何孟春等共二十三人，翰林中的学士丰熙、侍讲张璧等共二十二人，给事中的刘济等共二十一人……这样多的人，跪伏于左顺门，共同声称，如皇帝不采纳他们的意见，他们便不起来。朱厚熜大怒，派人把为首的人抓起来关进监狱；第二天，编修王相等十八人被打死，一大批人遭贬谪流放。蒋氏被称为“章圣皇太后”，朱祐杬称“皇考恭穆献皇帝”。九月，改称朱祐樘为“皇伯考”，妻子称“皇伯母”。

（资料来源：陈永汉编著《白话二十五史精编》（下），山西人民出版社，1992年12月，第326—327页。）

案例分析：整个中国古代行政决策的过程就是各种利益群体相互博弈的过程，博弈结果的决定性力量就是政治权力。总体而言，依靠君主专制的权力形态，皇帝的利益和意志无疑是得到了最多的维护，而不论这种利益或意志在当时的人们看来是合理的还是不合理的。君主专制的一般状态就是家天下，皇帝自己的家务事就是天下事，如此皇帝自己的家务事通常也是朝廷决策的重要内容。在本例中，皇帝父母的名号这样的问题在今天看来是小事情，但在君主时代却是国家大事，为了一个名号问题，十数人丧命，数十人受牵连。

（二）清朝的中枢行政决策与行政执行制度

努尔哈赤建立后金政权以后，中枢行政决策机制主要是由贝勒和大臣组成的议政会议。决策内容也较为广泛，军事、财政、行政无所不包，实际上是军政合一的战时临时政府。诸贝勒和大臣不仅是决策的参与者，同时通常是行政执行的负责人。这些都表明后金政权的中枢政务系统尚在草创阶段。清朝初年，中枢权力结构变更不迭，制度也因之也多有变革。但总体而言，皇族权贵或多人或单人主政是常态，所谓制度不过因时制宜而已。议政王大臣会议，雍乾时期备受冷落，最终在乾隆五十六年被取消，取而代之的是内阁和军机处。

自康熙朝，内阁在中枢决策中被制度化，起到了重要的作用。内阁和军机处是晚清改革以前清朝的中枢辅政机构。大体而言，乾隆以前，内阁为要；之后，军机处起主要作用。内阁和军机处的功能在于处理政务，票拟意见。

就中枢政务文书而言，中枢部院一般奏折，可直达内阁；在外督抚章奏，由通政司校阅舛误后呈送内阁。中枢部院或地方督抚以及朝廷百官的政务文书须经内阁或通政司进呈皇帝，但密折例外，可直进御前。

清代中枢部门的面奏称作内廷奏事，据史书记载："每日子正，部院各以笔帖式赍折至东华门外。少俟，门启，随奏事官入，至景运门内九卿房，以折匣及本衙门印片一纸，同交奏事官，奏事官登之于簿。少顷，乾清门启，奉之以入，至内奏事处，交奏事太监，以达御览，时不过丑正也。乾清门石栏上置白纱灯一，递事者以此灯为表缀，若灯移至阶上，则事下不久矣。少顷，奏事官徐捧折出，高呼'接事'，则群集以俟。奏事官呼某衙门，则某衙门入前，奏事官手付口传曰.'依仪'，曰'知道了'，曰'另有旨'，虽百十函，无一舛误，不需开匣视也。"①

二、明清时期的地方行政决策与行政执行制度

（一）明朝的地方行政决策与行政执行制度

朱明王朝在元朝行政体制的基础上取长补短，取消层级过多的五级制，地方行政区划主要是省、府（州）、县三级制。省是高层行政区，在职权划分上学习宋代。布政使是一省的行政长官，其下设左布政使、右布政使、左参政、右参政、左参议、右参议等官。与布政使并行的还有主管监察和司法的按察使、主管军政的都指挥使。三使各司其职，互不统属。凡遇重大政事，由布政使、按察使和都指挥使合议，然后上报朝廷部院，等候裁决。一般事务则由布政使及其佐官商议决策。但一省三司、互不统属的制度造成互相推诿、效率低下的现象。针对这一问题，永乐后，朝廷常派中枢要员以总督、巡抚之名，巡视地方，协调或监督地方大政。但因为是临时差遣，因事而设，事毕即撤，并没有

① 转引自吴宗国主编《中国古代官僚政治制度研究》，北京大学出版社，2004年11月，第460－461页。

划定辖区，终未成定制。不过这一做法为清朝所采用，并形成制度。

明朝行政体制的特殊之处在于道的设置。道是以专门事务分工为标准组建的行政组织，如分守道、粮储道、提学道、水利道等。这些与行政事务相关的道的长官是左右参政和左右参议。在布政使佐官的统属下，诸道以主管事务为核心直接统领各府、州、县相关事宜。这种以专务分工为基础的行政组织，不仅提高了相关政务的效率，同时也打通了高层行政区对于各层行政区的控制。对于君主而言，这是一种极具价值的制度设计。

省以下设府，长官为知府，下属有同知、通判等。下属机构有经历司、照磨司。与府同级的还有州，或统县或不统县。长官是知州，统县州官下属有同知、判官，不统县则无同知、判官。县的长官为知县，属官有县丞和主簿。府县的具体行政过程与前朝并无本质差异。

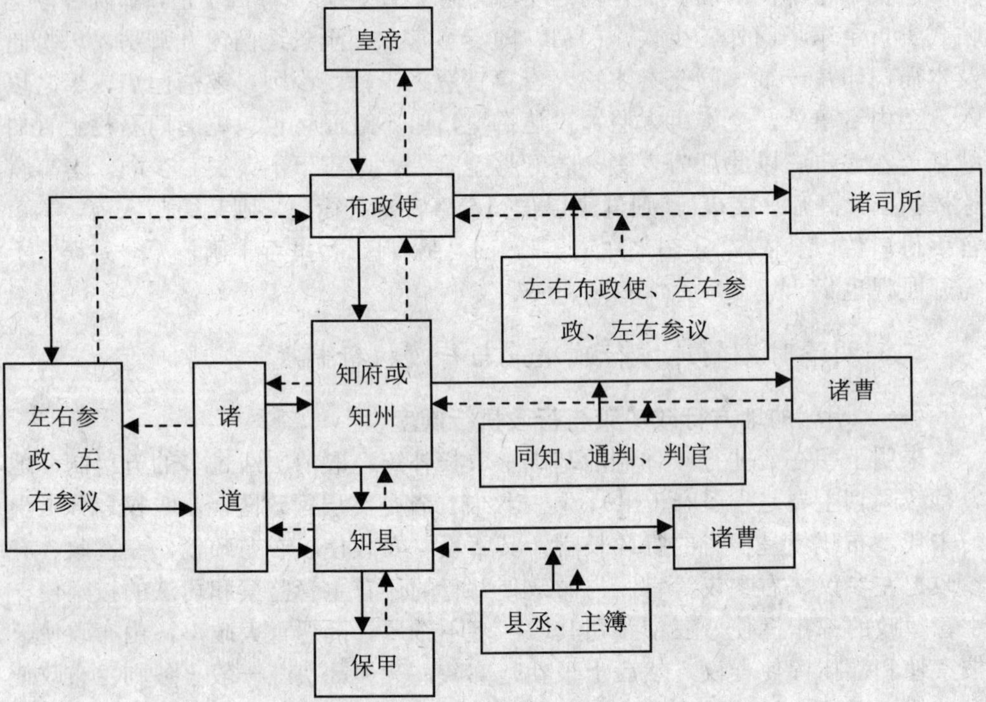

图 2-12 明朝地方政务运作示意图

（二）清朝的地方行政决策与行政执行制度

有清一代，在行政区划上基本沿用明朝的省、府（州）县三级制。各级地方行政要员有总督、巡抚、布政使、府尹、知州和知县等。但为了加强对地方的控制，在官员设置上增加了总督一职。总督管辖一省或数省，军事、行政、人事、监督、司法无所不管，是地方上最高的行政长官。巡抚仅管辖一省，执掌事务涉及军事、行政、人事、监察、司法等。总督和巡抚之间没有上下级关系，都直接对皇帝负责。与历朝高层行政区长官不同，清朝的总督和巡抚衙门不设职能机构，只有少数文案人员。督抚管辖的重大事务一般都必须报请皇帝裁决，督抚负责监督实施。

布政使主管一省行政和财政事务。一般事务可自行决策或向上反映，遇有重大事务必须与同级的、掌管监督考核事务的按察使共同商议，或决策或上书。布政使的行政方式与明朝一样，除了直接向府州行政长官发布政令外，还有以专业事务为特征的分守道。与明代不同，清代的道极为复杂，不仅有布政使佐官管辖的分守道，还有直隶于督抚的盐法道、督粮道、河道。

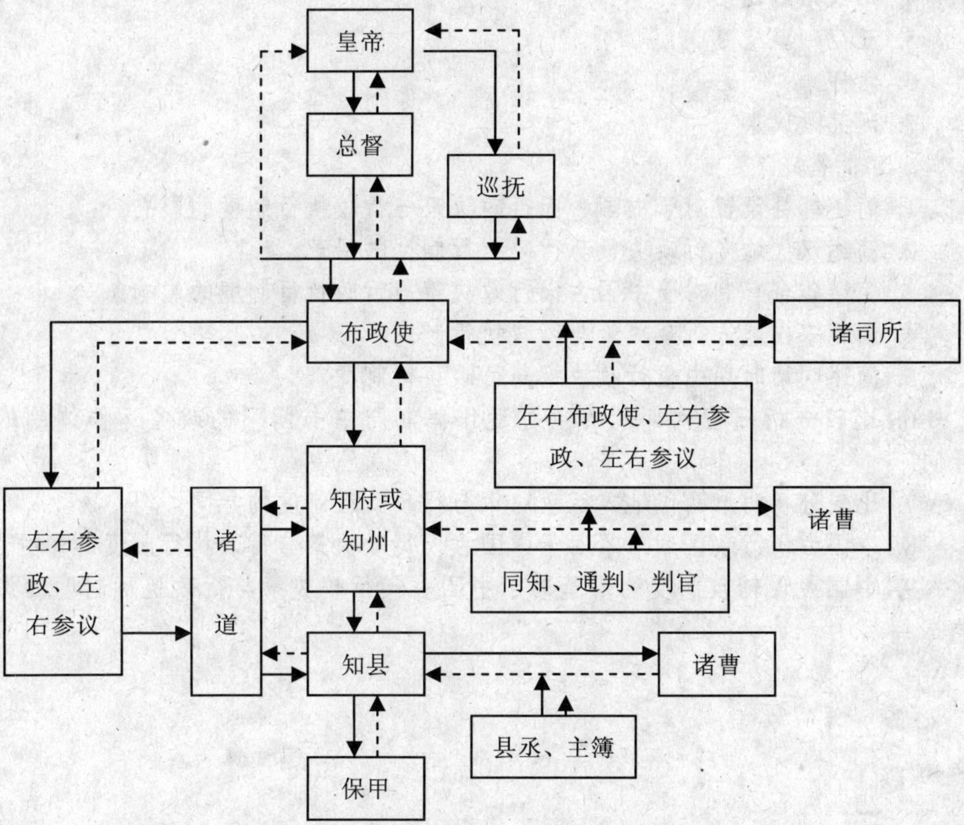

图 2-13 清朝地方政务运作示意图

省以下，设府、直隶厅或直隶州。府的长官是知府，佐官有同知和通判。直隶厅的长官是同知或通判，属官有经历、知事、照磨等。直隶州的长官称知州，下有州同、州判等。在府之下，设有散州或县。散州的长官官名与直隶州同，只是职秩稍低。县的长官称知县，其下有县丞、主簿等，或属于府，或属于直隶州。在具体行政过程上，与明朝无异。

思考题

一、名词解释

1. 廷议

2. 朝议

3. 府议

4. 封驳诏封还诏书

5. 五花判事

6. 六押

7. 延英殿议事

二、简答题

1. 简述郡县设置对于中国古代行政决策与行政执行制度的影响。

2. 简述汉代地方行政决策与行政执行制度的沿革。

3. 简述省台官制对于中国古代行政决策与行政执行制度的影响。

4. 简述宋代地方行政决策与行政执行制度。

5. 简述明清时期中枢行政决策与行政执行制度。

6. 比较分析三省六部制的政务运作体制与中书门下的政务运作体制的异同。

7. 比较分析明清两代地方行政决策与行政执行制度的异同。

8. 中国古代行政区划沿革对于中国古代行政决策与行政执行制度的影响。

9. 中国古代辅政制度的沿革对于中国古代行政决策与行政执行制度的影响。

第三章　中国古代人事行政制度

本章重点

1. 人事行政制度的含义和基本内容。
2. 我国官员遴选制度的历史沿革及评价。
3. 科举制度的特点与历史价值。
4. 我国官员考核制度的发展历程。
5. 我国古代薪俸和休假与致仕制度的形式、功能与作用。

人事，是指人们在社会生活中人与事、人与人之间的关系。对这种关系的组织、指挥、协调、控制，即为人事管理活动。这一管理活动有两个重要环节：一是用人，二是治事。两者的有机统一，即为“用人以治事”。[①]

人事行政制度是指为实现国家行政管理目标，国家人事管理机关依法对国家行政人员进行的选拔、任用、培训、考核等管理活动的总称。[②]其内容主要体现为政府的人事管理机关通过相应的人事法律、法规、制度和措施，对政府人事问题所作的规划、决策、组织、指挥、协调、控制等管理活动。人事行政的根本目标是实现政府行政管理过程中人与事的协调统一，是为了使政府中的人力资源得到充分利用，达到人尽其才，才尽其用，并在适才适用的基础上达到事竟其功。人事行政制度是提高行政管理质量和效率的关键因素，也是国家行政管理制度的重要组成部分，其基本内容包括官员遴选制度、官员任用制度、人事考核制度、奖惩制度、薪俸制度、休假制度、退休制度等。

为政重在择人，这是中国古代行政文化的重要观念之一。在我国，通过一定方式方法选拔人才的做法早在先秦时期就已经出现。纵观中国历史进程，随

① 张永桃主编：《行政管理学》，高等教育出版社，2003 年，第 152 页。

② 娄成武主编：《行政管理学》，东北大学出版社，2002 年，第 125 页。

着社会的变迁，产生过多种选拔官吏的途径和方法，主要的有世袭制、军功制、荐举制、任子制、纳赀（捐纳）制、恩荫制以及科举制等，其中影响最为深远的是世袭制、荐举制和科举制三种方式。[①]

官员考核是了解和评价行政人员政绩的基本手段，是实施人事奖惩、职务升降的重要依据，是人事行政制度的重要组成部分。

政府官员的薪俸、休假与退休制度，是实现政府行政人员正常开展各种政务活动的基本物质保障。纵观我国历史进程，每个朝代都有与时代相适应的薪俸、休假和退休（致仕）制度，这些制度对于我国古代政府的正常运作具有重要的保障作用。

本章结合我国人事行政的历史进程，对人事行政制度的主要组成部分加以介绍，由于不同朝代各种制度完善程度不一，因此各小节文字介绍各有侧重。

第一节　先秦时期的人事行政制度

先秦时期（公元前 21 世纪—公元前 221 年）是我国从原始社会到战国时代这一阶段，包括从原始的群居生活到氏族公社，之后进入阶级社会后，经历了夏、商、西周、春秋、战国等时期。先秦是中国历史上自原始社会进入文明社会的重要历史阶段，也是我国人事行政制度的萌芽期。

一、官员选任制度

夏、商、周三代，世袭制盛行。世袭制，也称为世卿世禄制，是我国先秦时期一种爵位和官职的传承制度。

原始社会末期，禅让制遭到破坏，随之出现了“大人世及以为礼”[②]的世袭制度。自天子和诸侯以下的官员都是世袭的，他们依据血缘关系被分封为官（卿），并且世代享有相应的地位和特权，即使是国王和诸侯也没有将他们免职的权力。[③]

世袭制具有十分鲜明的特点，即王权与族权的高度统一。在这种制度框架下，依照血缘亲疏来确定等级和尊卑，通过家族血缘关系确定各级官员的任命。凡是获得爵位和官职的，上至天子、封君，下至公卿、大夫、士，都能够世代

① 刘修明、夏禹龙：《中国古代文官体制的现代启示》，《齐鲁学刊》1999 年第 6 期，第 4 页。

②《礼记·礼运篇》。

③ 郭宝平著：《中国传统行政制度》，中国广播电视出版社，2000 年，第 218 页。

享有采邑和封地。这种以血缘关系为基石的世袭制度，是我国早期国家最主要的官员选用制度，这种由贵族直接控制的、封闭性的人事制度，带有强烈的家长制色彩和严格的门第观念。

伴随春秋战国的时代变革，世卿世禄制度逐步瓦解。诸侯国普遍面临国家间生存与发展的竞争，鉴于当时的历史条件，决定了各国必须选举贤才，任用贤能，反之，就会面临国家衰落，甚至被强国吃掉的危险。[①]一些励精图治、雄心勃勃的诸侯国君为了在争霸战争中战胜敌国，纷纷招贤察能。这一时期，各国选举贤才的事例不胜枚举，如魏文侯与其子武侯时期，任用李悝进行变法，实行“食有劳而禄有功”[②]的用人原则，搜罗了诸多人才，为治理国家出谋划策，进而实现了国家强盛和人民富裕；韩国的申不害，也推行了“见功而与赏，因能而授官”[③]的人才选拔制度。另外，燕国实行了“无功不当封”[④]的选官制度，赵国实行了军功爵赏的制度。

春秋战国时代各项选拔贤能制度的实施，对于世卿世禄制度无疑是一个沉重打击，为更多具有真才实学的人走上政治舞台开辟了道路。

另外，军功制也是这一时期具有鲜明特点的官员选任方式。军功制，即通过战争实践考验而选拔人才，是春秋战国时期因战功而入仕，按照作战功劳的大小赏给爵位和官职的制度。诸侯争霸，列国争雄，战争使得军人凭军功入仕而显得特别突出。以军功选拔官吏渐成制度，各国都注意从下层有实践经验的人中选拔人才，有军功者授爵或做官，做官有成绩的，再根据政绩擢升。凭军功和政绩擢升，成为各诸侯国大批中下级官吏的重要来源，其中优秀者还可以升为高官。战国时期，各国选官制度的改革，其根本目的在于废除世卿世禄制，按照因能授官、因功授禄的原则建立新的选官制度。军功制把功劳大小作为选拔官员的基本条件，盛行于魏、韩、楚、赵、燕、齐、秦等国，其中以秦最为发达。[⑤]

二、官员考核制度

我国对官吏进行考核的实践由来已久。考核，在我国古代也称为考课、考校或考功，是指在一定年限或期限内，对各级官吏政绩进行考查、核实，并依

① 张创新著：《中国政治制度史》，清华大学出版社，2005年，第227页。

②《说苑·政理》。

③《韩非子·外储说左上》。

④《战国策》卷三十《燕二》。

⑤ 齐秀生著：《先秦官吏选拔制度述略》，《东岳论丛》2005年第1期，第136－140页。

其不同表现，区别不同等级，予以赏罚升降。

据史书记载，早在原始社会末期，尧舜做部落联盟首领时，已经有了考核的做法。每三年考核一次部落首领的能力与业绩，每考核三次作为一个周期，根据这三次的考核结果对被考核者进行升降性的调整。[①]《尚书·舜典》有“三载考核”，《周礼·地官》有“岁终，则考其属官”的记载。

夏、商、周三代，国家因任设职，量能授官，对官吏进行考核。

据《尚书·立政》记载，夏有六年一巡守之说，主要用“三宅”之法考选官吏。商朝的职官就任以后，需要进行考绩，一般三年实行一次，主要从政务、管理、法纪三个方面着手，对在任官吏的从政能力、行政水平进行鉴定，并在考绩的过程中发现人才，破格录用。对在任官员的违法犯罪行为，商朝设立了刑狱官，制定官刑给予惩戒。

西周的考绩法主要有两种：

其一是大计法。由天官负责，主要负责的官员是冢宰和小宰，具体分工为冢宰管全局，小宰为辅助，每年的考核报告由小宰完成。考绩的内容和形式包括两个方面：一是六计，以廉能、廉政、廉法等六种方式作为考核官吏政绩的项目，审查他们是否能把政务做好，是否严格推行政令、执行法令，真正做到公正廉直；二是要会，所谓月计为要，岁计为会，三年为大计，在时间上确定了月计、岁计、大计三种考绩形式，使古代的行政考绩初具规模。

其二是大比法。即在大比之年，三年一次，考察六乡四邻的官吏，审核有关教育、政事、法纪、户籍六畜及所有兵器。大比由乡师负责，乡师在每年年终负责考核六乡的政绩，呈报上级，作为升迁赏罚的依据；到三年大比之际，乡师则负责考核长官们的教育政绩和报告的确定性，以此作为赏罚的根据。

虽然大计与大比的职能都是考绩，但考察对象不同，大计主要是对官员实行六计考核，大比则侧重考核六乡四邻，层次略低于大计。从考核内容看，大比主要负责调查人口，考察德行道义，选拔贤者和能者，一般不涉及土地和财政；大计不仅考核群吏，决定赏罚，而且负责考查诸如供田和其他收入等，其范畴和内容都较大比宽泛。

总之，先秦时期是我国官员考核制度的初创时期，虽然官员考核制度及体系不够完整，但毕竟已经具备雏形。[②]

---

① 岳海鹰、杨瑞梅著：《比较与借鉴：我国历代官吏考核制度》，《高校社科动态》2006 年第 1 期，第 35－41 页。

② 赵玉霞著：《中国古代管理考核制度述评》，《理论学习》2004 年第 6 期，第 62 页。

三、官员薪俸制度

薪俸，是政府给予官员的经济报酬，用以保证官员及其家人的正常生活，保障国家管理活动的顺利实现。我国历史上薪俸的形式主要有土地、实物、钱币等，在特定的历史时期内，还采用过免赋役、给力役、赐田土等形式作为补充。俸禄除作为对官吏担任的职务给以报酬之外，还表明接受俸禄之人已经被准予进入统治机构，成为公职人员，具有了作为统治阶层成员的资格。

我国俸禄制度始自商周。商周时期，国家按照诸侯贵族官爵的高低，划定大小不等的土地作为他们的食邑或领地，各级官吏以各自土地上的收入作为禄食，不由财政另行开支俸禄。这即历史上所说的“分田订禄”制度，是中国俸禄制度的起源。

春秋末年，世卿世禄制度逐渐瓦解，各诸侯国为争霸图强，纷纷选拔任用贤能之士，以雇佣方法据其职务高低，给予不等的实物报酬，如以粟作为俸禄，从而达到招贤强国的目的。战国时代，各国实行俸禄改革，废除世卿世禄制，按军功计酬，按等级分爵，按官品爵位取禄，并以租税收入用于分配。从此，官俸支出开始成为国家财政支出的重要项目。另外，官俸的形式也不再是土地的形式，而是改以实物作为支付的手段，由于当时的经济发展条件限制，粮食成为当时官俸的主要形式。

四、官员致仕制度

致仕，亦称“致事”、“致政”、“休致”、“请老”、“告老”和“乞骸骨”等。是古代人事行政制度的重要组成部分。

我国古代早期文献中，就有关于“致仕”的详细记载：“致其所掌之事于君而告老”，或曰“退而致仕”、“还禄位于君”[①]。

可见“致仕”就是辞官于朝，闲居于家，以颐养晚年之意，即为我们今天所说的年老官员“退休”。

商周春秋时期，随着奴隶制的崩溃，世卿世禄制的衰败，致仕制度也随着官吏任命制的出现而萌芽。《尚书》记载：“伊尹既复政厥辟，将告归。”此处的“将告归”可谓是管理致仕的最初形态。西周时，管理致仕已经成为事实并且有了一定的年龄标准。《礼记·曲礼》记载：“大夫七十而致事”，郑玄注释“致事”二字乃“致其所掌之事于君而告老”之意。但此时仍未能形成固定的制度，而

① 《礼记·曲礼上》。

是"君非使之也，臣自行之也"。到了春秋时期，群雄并起，王室衰微，各诸侯国为提高行政效率、谋取霸业，对告老致仕较为重视。

战国时起，建立了酬劳官吏的俸禄制度，然俸禄的计算单位各国不同，如卫国用"盆"，齐、魏用"钟"，秦、燕用"石"，楚国用"担"等。

致仕制度在人事行政制度中发挥着重要作用：

首先，致仕制度作为一种硬性规定促进了官僚队伍的正常、合理的代谢，使得庞大的官僚队伍能及时更新，保持组织的活力。任何组织都有自己的生命周期，官僚队伍作为联系君主和百姓的重要渠道，手中掌握了大量的政治权力，是很多有野心的人所觊觎的。如果没有硬性的致仕制度，没有人愿意放弃手中的权力，还政于君。不仅不利于组织的成长，也不利于君主权力的集中和加强。这是封建统治者所不能允许的。

第二，致仕制度有利于年轻的人才能及时被充任到行政管理的第一线，有利于管理事业的传承。保持组织活力最重要的就是要保持顺畅的新陈代谢渠道，只有向组织中源源不断地输入新鲜血液才能保持活力。而且，年轻的人才参与行政管理有利于各种政务的有效传承，提高行政效率。

第三，致仕制度使得退休下来的官员能够老有所养、老有所用，保证了他们的基本生活和社会地位，解除官员的后顾之忧，在职的官员可以安心处理各种政务，为封建政权服务。有了完善的致仕制度的保证，官员队伍的新陈代谢就可以更加顺利。

第二节　秦汉时期的人事行政制度

秦汉时期（公元前 221 年－公元 220 年）是中国中央集权封建专制国家初步建立并不断发展巩固的时期，为适应统一中央集权国家的发展，中国的政治制度获得了极大的发展与完善，人事行政制度也逐步建立和规范。

一、官员遴选制度

公元前 221 年，秦始皇统一中国，建立了我国历史上第一个专制主义中央集权国家。之后，秦朝确立法家思想为其治国主导思想，并在此基础上建立了吏师和博士制度，在全国范围内实行统一的封建官僚制度。官吏由皇帝任免。凡能辟地、胜乱和力农者。可以仕进为官。除皇帝择能任官外，官吏之间也可以荐举，但要负连带责任，“任人而所任不善者，各以其罪罪之”[①]。

但总的来看，由于二世即亡，秦朝尚未建立起一套与国家统治相适应的官员选拔制度，人才选拔方面带有较大的随意性和偶然性。[②]

两汉时期，人才选拔制度较前代更加规范，选拔方式也更加丰富细致，包括察举、征辟、任子、军功、纳赀等多种选拔方式，其中以察举、征辟为主。

1. 察举制度

察举，是通过对地方官员的考查、推荐，将一些符合朝廷要求的人推荐出来，以便朝廷直接任用，或者经过一定形式的考核后加以任用的一种人才选拔制度。

公元前 196 年，刘邦下求贤诏，命各郡国推举具有治国才能的“贤士大夫”，此举开汉代察举之先河。察举作为一项正式的官员选拔制度，是从汉文帝时期开始的。汉文帝在前元二年（公元前 178 年），下诏“举贤良方正能直言极谏者”[③]；十五年又下诏令“诸侯王、公卿、郡守举贤良能直言极谏者”[④]。汉武帝时期，察举制度发展成为一种比较完备的人才选拔制度：其一，它对于察举人才的标准有了明确规定，凡是儒家以外的各家均不得被察举，确立了以儒术取士的基本标准；其二，它确立了取士考核的主要内容，包括四个方面，即德行、学问、法令和谋略；其三，它将察举分为岁举和诏举两类，其中岁举为常科，每年都进行推举，科目主要是举孝廉、举秀才、贤良方正（文学）、太学博士弟子等；诏举是临时性的特科，常在灾异之后举行，是由皇帝下诏察举人才，诏举人数不限，由诏令临时规定，诏举科目很多，也不固定。

（1）察举孝廉：初始时分为“孝”与“廉”两科，后来合为一科。所谓“孝廉”，是孝子和廉吏的简称，于民则举“孝”，在吏则兴“廉”。察举孝廉在汉武帝时期形成一项制度，一般情况下每年皆进行察举。察举的对象，主要是地方六百石以下的官吏和通晓儒家经书的儒生，由郡国每年向中央推举。察举孝廉在各个地方有具体名额限制：凡是人口达到 20 万人以上的郡国每年察举一人，不足 20 万人口的郡国两年察举一人，不足 10 万人的郡国三年察举一人；考虑到由于地处边境地区的郡国人口较少，规定 10 万人以上的郡国就可以岁举一人。被举为孝廉的人，主要是录用在皇帝身边充当郎官，而后可以由郎升迁中央或地方官吏。举孝廉是常科的主要科目，也是入仕的正途。

---

①《史记·范雎列传》。

② 房列曙主编：《中国历史上的人才选拔制度》，人民出版社，2005 年 7 月，第 30 页。

③《汉书·文帝纪》。

④《汉书·文帝纪》。

（2）举贤良方正（文学）："贤良方正"始于汉文帝，汉文帝曾下诏云："举贤良方正直言极谏者，以匡朕之不逮。"[①]被举荐者对政治得失应直言极谏，如表现特别优秀，则授以官职。汉武帝时复诏举"贤良"或"贤良文学"，名称时有不同，性质并无太大区别。至唐宋时期，仍然沿用，设"贤良方正科"。清代薛福成《应诏陈言疏》云："诚法圣祖、高宗遗意，特举制科，则非常之士，闻风兴起。其设科之名，或称'博学鸿词'，或称'贤良方正'，或称'直言极谏'，应由部臣临时请旨定夺。"

（3）举试秀才：两汉时期，举试秀才与举贤良近似，初始并非每年都要察举。举秀才的对象多为现任官吏，重在一个人的才干或是节义。东汉时期，为避刘秀讳，将秀才改称为"茂才"。茂才由各个州推举，人数上要比孝廉少，一般察举后直接任用为官员，不再进行笔试。被举为茂才的人，大多充任地方县令，与孝廉相比任用为重。

（4）举试博士：博士，是指博学多能之士。汉承秦制，设置博士官。[②]汉武帝时期采纳了董仲舒的建议，罢黜百家，独尊儒术，并在长安设立太学。初时，太学中只设置五经博士，置博士弟子五十名。从汉武帝到新莽时期，太学中的科目及人数逐渐增加，开设讲解《易经》、《诗经》、《尚书》、《礼记》、《公羊传》、《穀梁传》、《左传》、《周官》、《尔雅》等课程。汉元帝时，博士弟子达到千人之多，汉成帝时增加到了三千人。王莽秉政后，为树立声望，笼络广大儒生，在长安城南兴建辟雍、明堂，博士弟子达到一万多人，太学规模空前扩大。

辟雍和明堂

"辟雍"亦作"璧雍"，本为西周天子为教育贵族子弟设立的大学。取四周有水，形如璧环为名。其学有五，南为成均，北为上庠，东为东序，西为瞽宗，中为辟雍。其中以辟雍为最尊，故统称之。在金文中已见记载。据后人考释，明堂与辟雍实为一事而异名。东汉以后，历代皆有辟雍。

汉代班固《白虎通·辟雍》载："辟者，璧也。象璧圆又以法天，于雍水侧，象教化流行也。"《五经通义》载："天子立辟雍者何？所以行礼乐，宣教化，教导天下之人，使为士君子，养三老，事五更，与诸侯行礼之处也。"东汉李尤《辟雍赋》载："辟雍岩岩，规矩圆方。阶序牖闼，双观四张。流

① 《史记·孝文本纪》。

② 房列曙主编：《中国历史上的人才选拔制度》，人民出版社，2005年7月，第46页。

水汤汤，造舟为梁。神圣班德，由斯以匡。”

（资料来源：参考王军花《“辟雍”考》，《寻根》2007 年第 3 期，第 59—61 页。）

无论是察举孝廉、秀才（茂才），还是贤良文学或是博士弟子，到中央以后大多需要经过考试方可正式录用。考试的方式主要分为对策（命题考试）和射策（抽签考试）两种。对策多用于考试举士，射策多用于考试博士弟子。凡属诏令推举之士，一般是由天子策试；郡国岁举之孝廉、秀才则由三公府负责组织考试。儒生考经学，官吏考举奏，通过考试后选出的优等生，报送给皇帝量才录用。

察举制度从西汉至东汉初期，为国家选拔了大批有用之才，曾发挥过重要作用。如西汉时期著名学者董仲舒，就是以贤良方正被察举的；曹操在汉末也曾被举为孝廉。然而，作为汉代人才选拔的主要方式，察举制度具有很大的人为性和被动性。处在国家鼎盛兴旺、吏治良好的情况下，通过各种名目的选拔，确实可为国家选拔到贤能之士；但在政治腐败、官员徇私舞弊猖獗的时期，通过察举制度选拔出的人才非但缺乏学识、才干，无能力担当其职，反而可能互相勾结，加重腐败，坑害百姓。由于这种制度太容易受人为因素影响，没有客观统一的标准，因此它难以保证所察举人才的质量。东汉中后期，由于地方豪强势力的发展，各地人物的品评臧否逐渐由豪强所垄断，乡举里选被他们把持。到东汉晚期，察举制度更加成为豪强或官吏安插私人的工具，失去了选拔人才的作用。“举秀才、不知书；察孝廉、父别居”[①]，就是当时情况的真实写照。

2. 征辟制度

征辟，是“征召”和“辟除”的统称，是汉武帝时开始推行的一种自上而下的人才选拔制度。“征”指“征召”，是皇帝特诏直接选任官吏；“辟”指“辟除”，是高级官吏选拔任用随员。被征辟的人大都是一些社会名士，或者志行高洁、博学多才，或者某一方面具有卓绝技艺，这些人一经征辟，无需考核即被授予官职。[②]

征召，是由皇帝出面征聘品学兼优的人入仕为官。受皇帝征召，在汉代时是最尊贵荣耀的仕途。征召对象一般是德高望重的宿儒、名士，重在“德举”。如汉武帝时，特地征召《诗经》方面的专家鲁申公，“遣使者安车蒲轮，束帛加

① 《抱朴子·审举》。

② 房列曙主编：《中国历史上的人才选拔制度》，人民出版社，2005 年 7 月，第 60 页。

璧，征鲁申公”[①]。征召制度的意义，不仅在于人才选拔，更重要的是其所昭示的礼敬人才的示范作用。皇帝通过征召这种人才选任形式，大张旗鼓地昭示天下，宣扬其对人才的重视。

辟除，是公府与州郡自选属吏幕员的一种制度，它又分为公府辟除和州郡辟除两种。公府指丞相府、太尉府和御史大夫府。所谓公府辟除，即先由公府试用所辟之人，然后由公府高第或公卿荐举出其中优秀者，出任中央官员或出使州郡地方官职。这种形式属于由掾属升迁的一种方式，进入仕途比较容易。州郡辟除，是指地方长官自行选拔幕僚属员，这种形式约始于西汉末年。汉武帝时，设十三部州作为地方监察区域，州刺史只能以六条察郡而不得干预行政。但至西汉末年，州刺史变成了地方政府的最高行政长官，并专门设置了庞大的办事机构。如此一来，就需要增加大量的行政属员，所以州郡辟除便随之发展起来。[②]

征辟制度的实行，有利于破格选用人才，使一些颇有才华的人士脱颖而出，成为治国栋梁，如汉赋名家司马相如就是通过征辟这条途径入仕途为官的。但另一方面，该制度也具有相当严重的弊病。征辟制度的最大问题，就是带有浓厚的个人好恶偏向，个人荐举在选官过程中发挥着举足轻重的作用，主观意志起决定作用。随着东汉中后期世家大族势力的发展，征辟的选举权被控制在少数大官僚手中。荐举很大程度上凭长官意志取人，被看中的人大都是阿谀奉承、听话、报私恩的平庸小人，成为官僚结党营私的工具。[③]征辟逐步蜕变成为贵族官僚引用亲故、招纳明党的工具，偏离了选拔贤才的基本目的。

3. 任子和纳赀

任子，是封建统治者给予官僚子弟的一种政治特权，这种制度在秦朝已经存在。《睡虎地秦墓竹简》中数处提到“葆子”，亦即任子，葆子犯罪后不同于其他罪犯，享有一定的特权。这种制度选举出的人才未必有真才实干，有的只是凭借父兄的政治地位取得官职俸禄，由于这种“特权”的存在，反而只会把吏治渐渐引向腐败面。西汉初年，随着功臣、高级官吏子弟的逐渐长大，从文帝起，任子就成了一种通制。据《汉书·哀帝纪》注引应劭曰：“任子令者，《汉仪注》吏二千石以上，视事满三年，得任同产若子一人为郎。”两汉时期，任子制日益发展，东汉时尤盛，无论保任者还是保任的对象都在不断扩大，皇帝唯其所好，诏令特除，任子制也就没有什么严格界限。

---

① 《汉书·武帝纪》。

② 卢明：《中国古代行政官吏选用规制特征论》，《辽宁大学学报》2007年第1期，第77—84页。

③ 刘修明、夏禹龙：《中国古代文官体制的现代启示》，《齐鲁学刊》1999年第6期，第4—11页。

纳赀，亦称捐纳，是一种用财物向朝廷购买官爵的入仕途径。秦代入粟拜爵，开纳赀取官的先河。[①]秦及汉初有卖爵的记载。始皇四年（公元前 243 年）"百姓内粟千石，拜爵一级"[②]，汉文帝时"令民入粟边，六百石爵上造，稍增至四千石为五大夫，万二千石为大庶长，各以多少级数为差"[③]。卖爵还不是卖官，但已经是纳赀卖官的先声。武帝时期，由于连年战争，财政困难，朝廷一方面大卖武功爵，一方面又采取入物补官的临时应急措施，即所谓纳赀授官。当时有以入谷补官者，有以入钱赏官者，有以入羊为郎者，有以入财补郎者等等。纳赀授官，从本质上来说与卖官没有区别。但西汉时期选官尚未过滥，武帝时虽有许多纳赀授官者，但并不为世人所重。

二、官员任用制度

两汉时期，选拔贤能之后，官员任用亦多有制度规定，主要包括守、假、平、领、兼、行、督及待诏等制度。[④]

1. 守："守"是试用官员。称职，就真除；不称职，则罢归原职，甚或免官。在试用时期，一般俸禄较低，例如朱云曾以六百石秩守御史大夫。

2. 假："假"乃摄行的意思。《汉书·曹参传》记载："汉二年，（参）拜为假左丞相，入屯兵关中。"此处指曹参摄行左丞相事。

3. 平："平"乃评判决定的意思。《魏书·唐和传》载："徵为内都大官，评决狱讼，不加捶楚，察疑获实者甚多，世以是称之。"《汉书·于定国传》曰"（定国）为光禄大夫……平尚书事"，同书《张敞传》说"敞为太中大夫……平尚书事"，都是典型事例。

4. 领："领"乃兼领之意。武帝以后，"领尚书事"实则为代理天子职务的别名。《前汉书·霍光传》记载："光以大将军领尚书事。"霍光实则代理天子处理政务。东汉以后，"领尚书事"发展成为录尚书事，而多以太傅、太尉为之。后世权臣多以此为窥窃神器之渐。同书《张安世传》记载："（安世）领尚书事……职典枢机，以谨慎周密自著。"

5. 兼："兼"是以本官而兼任其他官职的意思。《前汉书·王尊传》记载："（尊）守槐里，兼行美阳令事。"本来已有官职，再兼任其他官职。但有的兼官徒托虚名甚而足以破坏行政系统，此制在汉代并非常制。

---

① 郑海峰：《中国古代官制研究》，天津人民出版社，2007 年，第 85 页。

②《史记·秦始皇本纪》。

③《汉书·食货志》。

④ 杨鸿年、欧阳鑫主编：《中国政制史》，武汉大学出版社，2005 年，第 272 页。

6. 行:“行”乃权理的意思。常常因为缺少官员，命某人暂时摄理,《汉书·韩延年传》载:“延年为太常，行太行令事。”

7. 督:“督”是一种特殊的任官制，通行于东汉，由于军事的需要而任命，称作督。《通典·都督条》说:“后汉光武建武初，征伐四方，始权置督军御史，事竟罢。”可见，督是为军事所需的暂时任官，但后来竟发展成为魏晋南北朝的都督制度，对后世一直产生影响。

8. 待诏:“待诏”是等待诏命的意思，实际上是候补性质。如叔孙通待诏博士，东方朔待诏公车，皆为待用候补。此外，或待诏尚方署，或待诏金马门，或待诏殿中，或待诏黄门等，均为待用的性质。

三、官员考核制度

秦朝建立统一的郡县制后，国家对各级官吏主要从两个方面进行考核。

其一，是从自身思想进行考核，主要以“五善五失”为标准。“吏有五善”:“一曰忠信敬上，二曰清廉毋谤，三曰举事审当，四曰喜为善行，五曰恭敬多让。”“吏有五失”:“一曰夸以泄，二曰贵以大，三曰擅裚割，四曰犯上弗知害，五曰贱士而贵货贝。”[①]

其二，是从政绩要求进行考核，主要采用上计制度，上计的具体办法，由县上计于郡，再由郡上计于朝廷。上计的具体内容是治民、劝功、诀讼、检奸、劝民农桑、振救乏绝等，较之战国时期更为全面、丰富。秦代的人事考核制度仍以上计为主，对郡县的考核除通过上计制度外，有时还由中央直接派员考课。秦时，萧何“给事泗水卒史事，第一”[②]，即萧何为吏称职，考核成绩在同级官中最好，名列第一。《秦律》中明确规定，每年正月对官吏考核后，考核结果分为“最”与“殿”。对于成绩优秀的称为“最”者给以奖励，方式有：拜爵、迁官、赐金、赏物等；对于成绩差的称为“殿”者，施以惩罚，方式有削爵、降职、罚赀、罢官、处刑等。

秦朝二世即亡，文献记载比较完备的官员考核制度，还是在两汉时期。[③]

西汉考课，由丞相和御史大夫执掌，建立了一套自上而下的纵横两个方向的考核系统，上计制度进一步完善并形成为一项经常性制度。考课还分为常课和特课两种，根据考课结果对官员实行升降与赏罚，分为迁降、转、徙、出入

---

① 语出秦简《为吏之道》，转引自雷戈《为吏之道——后战国时代官僚意识的思想史分析》，《首都师范大学学报》2005年第1期，第17页。

②《史记·萧相国世家》。

③ 蒋亮平著：《中国古代人事考核运演轨迹与启示》，《党建研究》1999年第11期，第42页。

和迁补等。西汉把考核制度与奖惩制度结合起来，无疑是一个进步。

东汉时，以太尉、司徒、司空三公辅政，丞相之权一分为三，三公分掌军政、民政、官吏之考核。另一方面，从西汉后期发展起来的尚书台势尊权重，实际权力凌驾于百官之上。尚书台所属之三公曹尚书“掌天下岁尽集课州郡”[①]。此时人事考核理论则得到较大发展。如思想家王充在其《论衡》中、王符在其《潜夫论》中，对官吏的重要性及考核的原则、方法、重点等提出了独到见解，对以后各个朝代考核制度的建设，尤其对中国古代人事考核理论的完备具有重要影响。

秦和西汉的丞相考课制、秦汉郡国考课制、东汉三公考课制，构成了秦汉人事考核制度的主要框架，汉元帝时《考功课吏法》正式颁发，可视为中国古代官吏考核制度最终确立的标志。[②]

其一，改善了中央官员考核的领导体制。

汉初主持考核的机构是丞相、御史府，即“考绩功课，简在两府”[③]。二府的职责分工为：丞相府主管中央各机构和地方郡国守相政绩考核，丞相亲自主持上计“课其殿最，奏行赏罚”。设置专职官吏负责有关上计的经常性事务，如“计相”，张苍曾以列侯身份担任计相，协助丞相办理考核的具体事务。御史府负责被考核官员政绩的核实，防止浮夸虚报，舞弊作假，御史大夫“察计簿，疑非实者，按之，使真伪毋相乱”[④]。东汉时，以太尉、司徒、司空三公辅政，分掌百官考核：太尉“掌四方兵事功课，岁尽即奏其殿最而行赏罚”，司徒“掌人民事……凡四方民事功课，岁尽则奏其殿最而行赏罚”，司空“掌水土事……凡四方水土功课，岁尽则奏其殿最而行赏罚”[⑤]。

其二，建立了从中央到地方的完整考核体系。

汉代考核时间为每年一小考，三年一大考，具体方式为上级对下级逐级进行考核。起初是郡国守相考核下属各县令、长。“秋冬岁尽，各计县户口垦田、钱谷入出、盗贼多少，上其集簿。丞尉以下，岁诣其郡，课校其功。”[⑥]郡国完成对属县的考核后，汇总各县集簿的内容编造计簿，由上计吏送达中央接受考核。在各部门内部，各级机构长官对其掾属进行考核。中央公府掾属、诸卿掾

①《汉官仪》。

② 尹君著：《中国古代官吏考核制度的形成和确立》，《黔南民族师范学院学报》2004 年第 1 期，第 44 页。

③《汉书·薛宣传》。

④《汉书·宣帝纪》。

⑤《后汉书·百官志》。

⑥《续汉书·百官志》。

属、地方郡国曹吏及各县令长下辖的三老、啬夫等乡官，各依其职事由长官进行考核。这样经过层层考核，形成从中央到地方的考核体系。

其三，监察与考核相结合，加强了中央对地方的考察。

此种考核主要是通过刺史进行。西汉武帝时全国分为13个监察区，置13部刺史监察地方长官，州刺史对郡也有考核权。刺史巡行所部郡国，监察地方官的同时也对其进行考核。岁末回京，刺史向中央作出的汇报，也是进行考核的依据。蔡质《汉仪》载："诏书旧殿，刺史班宣，周行郡国，审察治政，黜陟能否，断理冤狱，以六条问事。非条所问，即不省。"监察官吏的六条内容，也即是考核官吏的内容，这些考核，由御史中丞负责进行。

其四，进一步具体了考核内容和等级的评定。

中央政府通过上计制度掌握全国情况，并据此作为考核地方官吏政绩的主要内容。每年统计并上报的数据中，户口是考核官吏政绩的主要内容之一，如黄霸为颖川太守，"户口岁增，治为天下第一"[①]。此外，治狱情况、戍卒情况、劝民农桑、选举贤才等亦是考核的主要内容。汉代上计的内容非常广泛，可以说地方上的事情几乎无所不包，因此中央对地方的考核内容也十分具体。考核结果评定等级为九等，考核第一者为"最"，最差者为"殿"，"萧育后为茂陵令，会课，育第六。而漆令郭舜殿，见责问，育为之请，扶风怒曰：'君课第六，裁自脱，何暇欲为左右言?'"[②]考核第六仅为中等保其职位。经过逐级考核，最后由丞相或尚书令评定成绩，排列殿最，同时拟出赏罚意见，汇总编册奏呈皇帝裁决，根据考核结果对官吏进行迁降赏罚，对绩优者的奖励措施有升官、赏赐、增秩等。对考核成绩差者的处罚有申诫、杖责、罚俸、降职、免官等。

其五，制定了与考核相关的律令法规。

汉代为严格考课制度，制定了《功令》、《上计律》等律令法规。元帝时，京房推行《考功课吏法》，具体规定官吏的职责和考核标准。《汉书·京房传》注引晋灼对该法的举例说明为："令丞尉治一县，崇教化亡犯法者辄迁。有盗贼满三日不觉者，则尉事也。令觉之，则自除，二尉负其罪，率相准如此法。"这种细致周密的考核规定，虽因权臣反对而失败，但《考功课吏法》是我国历史上第一个考核制度的章程，对后世影响很大，如魏明帝时刘劭作《都官考课法》七十二条："今刘劭所奏考功者，陈周、汉之云为，缀京房之本旨，可谓明考课之要矣。"晋杜预评价："魏氏考课，即京房之遗意。"后来历代王朝对此加以沿

①《汉书·黄霸传》。
②《汉书·萧望之传》。

袭和不断完善。[①]

四、官员薪俸制度

秦汉时期，中央集权的专制国家开始发展，建立了日趋完善的等级体制，各级官吏之间的俸禄差距开始拉大。

汉代中央、地方官吏都按品级由国家统一发给俸禄。官吏不仅享受俸禄，而且免除各种赋役。六百石以上的官吏，免除除军赋外全家人一切徭役。汉代的官俸以谷物计算，最高秩万石月俸350斛，约4900公斤，最低秩斗食月俸只有3.6斛，约50公斤，最高和最低级相差近百倍。由于经济的发展、国家赋税收入的变化和谷物运输的困难，从西汉中期开始就已经出现了采取以钱、谷物部分支付俸禄的办法，这种制度后来在东汉得到确立。[②]

在中国古代俸禄制度史上，汉代最先提出了增俸养廉的设想，并推行了相应的改革。汉宣帝是这一俸禄制度改革的倡导者和实践者。[③]

汉代增俸养廉改革的背景是：第一，俸禄等级差额大，下级官吏俸禄低。汉代按官吏等级发放俸禄，职高权重者多得，位卑言轻者少得。二千石（相当于郡守）至万石（相当于三公）是地方和中央的最高行政长官，他们控制中央及地方，为皇帝执掌兵、刑、钱、谷等事，俸禄最高。从月俸谷来看，二千石月俸谷120斛，为百石月俸谷16斛的7.5倍，月俸钱16000钱，为百石600钱的26倍。而万石月俸谷350斛，为百石的 22倍，月俸钱60000钱，为百石的100 倍。俸禄的差额大得惊人。第二，国家统治者已经认识到小吏因俸禄少而造成“侵渔百姓”的严重性。汉宣帝就坦言：小吏“俸禄薄，欲其毋侵渔百姓，难矣”[④]。第三，汉宣帝认为，“今小吏勤事”，应该施恩于低级小吏，使其更好地为自己的统治服务。第四，汉宣帝时已经有了适当增加俸禄的经济基础。经过昭、宣两代的经营，汉代已出现了“中兴”局面，“政教明，法令行，边境安，四夷清，单于款塞，天下殷富，百姓康乐”[⑤]，有了调整俸禄的经济实力。

汉宣帝神爵三年（公元前59年），大臣张尚文、萧望之上书皇帝，请求增加天下小吏俸禄，汉宣帝接纳建议，八月颁发诏书：“吏不廉则治道庸。今小吏

① 蒋亮平著：《中国古代人事考核运演轨迹与启示》，《党建研究》1999年第11期，第42页。

② 韦庆远著：《中国政治制度史》，中国人民大学出版社，1989年，第538页。

③ 王军著：《中国历史上俸禄制度研究及启示》，《经济研究参考》2003年第83期，第8－9页。

④《汉书·宣帝纪》。

⑤《风结通·正失篇》。

皆勤事，而俸禄薄，欲其毋侵渔百姓，难矣。其益吏百石以下奉十五。”[①]即在原来俸禄的基础上增加百分之五十。

总的说来，汉宣帝的增俸养廉政策达到了预期效果。一是对缩小高级官吏与低级官吏收人的巨大差额，提高占官吏人数百分之九十以上的低级官吏的积极性、行政效率，降低贪污贿赂的腐败程度，增强国家官吏的廉政意识，起到了一定的积极作用。汉宣帝在位时期是我国历史上吏治最好的时期之一，清正廉洁之官大量涌现，史称“汉世良吏，于是为盛”[②]。这一局面的形成，固然与宣帝本人重视吏治以及采取的一系列措施有关，最主要的措施还是增俸禄，即通过物质利益的刺激来实现的。二是增俸养廉之法为中国古代的吏治树立了一则成功的范例，多为后世所效法。如汉宏帝绥和二年（公元前7年）六月，又进行一次增俸，“益吏三百石以下奉”[③]。东汉光武帝时：“诏有司增百官俸，其千石以上，减于西京旧秩；六百石以下增于旧秩。”[④]

五、官员休假与致仕制度

我国的休假制度始于两千多年前的汉代。《汉律》规定：“吏五日得一休沐。”官吏每隔五天可以归家休息沐浴一次。除了这种定期的假期以外，汉代还出现了一些特殊节日的休假，比如每年的冬至夏至两天，官员都要休假，他们可以在假日内与家人团聚，相会亲朋好友，处理自己的事情。

我国古代严格意义上的官吏致仕，大体上与奴隶制瓦解、封建制兴起同步，是随着官僚制逐渐代替世卿世禄制而出现的。东汉著名史学家班固在《汉书·百官公卿表》中曾说：“自周衰，官失而百职乱，战国并争，各变异。秦兼天下，建皇帝之号，立百官之职。”战国是封建制度确立期，官制开始有了种种变化。统一的秦帝国建立后，又将七国各有变异的官制体系化，其特点为“不师古”。《汉旧仪》载：“秦始皇帝灭诸侯为郡县，不世官，守、相、令、长以他姓相代，去世卿大夫士。”“不师古”的关键在于“不世官”，皇帝任免的官僚，不可能父子相代，也应该没有终身职，它是有利于推行致仕制度的。[⑤]

秦汉时期是官吏致仕制度的形成阶段。在这一阶段中，全国一统，封建地主土地所有制确立，流官致仕制度取代了世卿世禄制度。《礼记·曲礼上》：“大

---

① 《汉书·宣帝纪》。

② 《汉书·循吏传》。

③ 《汉书·宏帝纪》。

④ 《汉书·光武帝纪》。

⑤ 沈星棣著：《中国古代官吏退休制度史》，江西教育出版社，1992年7月，第52页。

夫七十而致仕。"《公羊传·宣公元年》:"退而致仕。"何休注:"致仕,还禄位于君。"

第三节　魏晋南北朝时期的人事行政制度

魏晋南北朝(220—581年)是中国历史上政权更迭最频繁的时期之一,由于长期的封建割据和连绵不断的战争,各国行政制度的继承发展受到极大影响,人事行政制度在不同国家体现出不同特征,本节仅就几个有代表性的方面作简要介绍。

一、官员选任制度

魏晋南北朝时期,仕进之门,与两汉有许多相同之处,或公府辟召,或郡国察举,其中郡国察举仍是选官的重要途径。所不同的是,察举选官在很大程度上受门第高低的影响,为世族大家所把持,实际上成为九品中正制的附庸。[①]这一时期察举的科目,主要有孝廉、秀才、贤良和明经等。举秀才需试策,内容涉及政治、经济方面的国家大事;举孝廉要测试五经。魏晋南北朝时期的察举制度,既是两汉的沿袭,又具有隋唐科举制度中的进士、明经两科的初级形态。

虽然察举和征辟仍发挥作用,但魏晋南北朝时期,九品中正制为人们提供了新的入仕途径,成为官员遴选的主要方式和途径。

九品中正制,又称为"九品官人法",是魏晋南北朝时期创设的一种新的人才选拔制度。所谓九品,即把士人评品为三等九级,分别为上上、上中、上下;中上、中中、中下;下上、下中、下下。一般说来,品第高则授予高职、要职,品第低则授予低职。据《隋书·百官志》记载,萧梁至陈时期,只有获得上品二品的高门甲族才能由流内十八班中序官;三品至九品按不同品第授职不等,大致是三品至五品可充任县令(长),六品以下或为州县小吏。人才选拔主要由各级中正官主持,因此"中正"发挥着相当重要的作用。中正官一般由具有识别能力的贤达担任,州称作大中正,郡称作小中正。大中正通常由中央官员兼任,品第较高,小中正通常由本籍现任官员担任,负责对该地区出身的官吏、士人进行评选,对被评者的家世出身、言行、才干等给予评述,进而确定其品

---

① 房列曙主编:《中国历史上的人才选拔制度》,人民出版社,2005年7月,第91页。

级。中正官的设置，既保留了汉代乡间评议的传统，又改变了地方大族操纵选举的局面，重新把选拔人才的权力收归到中央政府。根据中正官所评定的品第，授予被评定人不同的官职。

在品第评定程序上，九品中正制有着严格的规定，要求层层申报、核实情况。小中正品第人才后要上报州大中正核审，大中正核审后报司徒，司徒核审后报尚书省，然后由吏部任命。品第评定后，也并非是固定不变，要视其操行和政绩的优劣进行升降，时间上一般为两年一次。

该制度在选官标准上虽过于重门阀家世，但对才能和品德也有具体要求。如西晋咸熙二年颁行的《诸郡中正六条举淹滞令》对官员的德行就有明确规定："一曰忠恪匪躬，二曰孝敬尽礼，三曰友于兄弟，四曰洁身劳谦，五曰信义可复，六曰学以为己。"然而魏晋以后，由于地方豪强势力的进一步扩张，人才选拔更加受其控制，作为最高统治者的皇帝也不得不向豪强世族让步，承认他们对人才选拔的垄断。中正官基本上均由当地豪门世族充任。在这种制度下，人物的品评完全是由中正官"爱憎决于心，情伪由于己"[①]凭主观决定的，必然造成"上品无寒门，下品无世族"的局面。

从西汉的察举、征辟到魏晋实行的九品中正制，都带有浓厚的个人意志，个人的荐举在选官过程中起着举足轻重的作用，成为两汉、魏晋南北朝时期选官制度的核心特点。

魏晋南北朝时期，豪门世族操纵官员的进退，任官特别讲究资历和年限。《通典·选举典》载，南朝宋"文帝元嘉中，限年三十而仕"。至于北朝情况，魏以武人众多，皆争入仕，乃创"停年格"，于入仕一途限制更严。[②]《通典·选举典》载："（孝明时）武人以不得官，发生暴动，于是乃命武官得依资入选。既而官员少而应调者多，选曹无以处之。及崔亮为吏部尚书，乃奏为格制。官不问贤愚，以停解日月为断。虽复官须此人，停日后者，终不得取。庸才下品，年月久者，得先擢用。时沉滞者、皆称其能。"年资浅者，虽贤不能为官；年资深者，虽不肖亦能得官。这种不讲才能，只讲年资的任官制度，限制了有用人才的发展。

二、官员考核制度

三国两晋南北朝时期的官员考核制度，既承袭汉代，又有其自身特点。随

---

①《全晋文》卷三十五。

② 杨鸿年、欧阳鑫主编：《中国政制史》，武汉大学出版社，2005 年，第 273 页。

着政治形势的变化和统治的需要，考核的对象逐步由地方官吏扩大到中央官吏，出现了专门负责考核的机构，如吏部考功司，表现出考核权力下移的趋势。①

三国时魏尚书有“考功”、“定课”二曹，晋设考功郎中，十六国、北朝时则有王猛等人将此制推行于少数民族政权。特别是这一时期考核的等次明确，而且有法可循，整个考核之事皆由尚书寺（省）总领。

较为典型的，第一是三国时期，其考核之制多袭前代，而考核的对象和方式有所变更，考核对象已从地方官吏扩至中央百官是毋庸置疑的，故有的学者认为，它是“现在所知的中国历史上第一部独立的考核法”②。三国魏明帝时，散骑常侍刘劭奉诏作《都官考课法》。他效仿京房的立法思想，所定的考课七十二条比较周密细致，但“会明帝崩，不施行”。

第二是晋武帝泰始四年（268 年），杜预受命以“去繁就简”为原则，作《五条课郡县法》，他总结京房和刘劭两次立法难以施行的教训，认为考课法令宜粗不宜细，主张简化考课手续，放手“委任达官，各考所统”，即由各机构长官考评属官的优劣，“每岁言优者一人为上第，劣者一人为下第”，六年进行总评，“优多劣少者叙用之，劣多优少者左迁之”。③杜预的考课法是以长官印象、长官意志替代考课条文，结果使西晋的考课流于形式。

第三是北朝时，北魏定《三等黜陟法》、北周有《六条课郡法》，其考核与奖惩制度是推而行之，且具有一定效果。《六条课郡法》的主要特点是从理论上对考核制度作了详尽阐述，被后人奉为南北朝时期考核理论的集大成。

总的来说，三国两晋南北朝实行中央、州、郡、县四级行政建制，上承秦汉，下启唐宋。大凡唐宋人事考核之制，均可从三国两晋南北朝中找到它的渊源。但三国两晋南北朝的人事考核制度因官制变化而更替，表现出一种波浪式变化的特征，即人事考核制度运演不正常，有时甚至长期废弛。

三、官员薪俸制度

魏晋南北朝时期俸禄制度，或者以石计算，或者就近给公田，比较混乱。

如北魏前期，整个政权的管理水平较低，所以也没有俸禄制度，文武百官的生活来源主要有五个方面：一是朝廷不定期的赏赐。赏赐物主要来自战争的掠夺品和狩猎物，既有金银器物、禽兽、马牛羊等，还有战时俘获的人口及俘虏，亦即所谓“生口”。二是贪污受贿。朝廷赏赐的对象主要是随君主出征的将

---

① 蒋亮平著：《中国古代人事考核运演轨迹与启示》，《党建研究》1999 年第 11 期，第 42 页。

② 艾永明著：《中国封建社会的考核制度及其借鉴》，《江苏社会科学》1994 年第 5 期。

③《晋书》卷三十四《杜预传》。

士及文武官员，三是截留国家租调以聚敛财富。太安四年（458 年）五月，文成帝专门就此颁发诏书，表示强烈不满：“牧守百里，不能宣扬恩意，求欲无厌，断截官物以入于己，使课调悬少。”①四是与大商人勾结牟取厚利。北魏前期，商业不够发达，但官僚经商风气却很盛。他们利用手中的职权与富商大贾相勾结，共同牟利，“大商富贾，要射时利，旬日之间，增赢十倍。上下通同，分以润屋”②。五是掠夺。北魏前期数代统治者虽屡下诏书，禁止贪官枉法，但因“官无禄力”，所以吏治腐败屡禁不止。吏治腐败造成了严重的后果，其一是社会阶级矛盾尖锐，起义不断，战火连绵；其二是贪官污吏损公肥私，造成国库空虚，社会无序，威胁到北魏政权的生存。

太和八年（484 年）六月，孝文帝开始整顿吏治，同时，把制定俸禄制度的问题提上了议事日程。颁行俸禄的主要内容是：（1）依官品定禄，将魏晋南朝的九品由 9 个等级变为正一品到从九品 18 个等级，以加大官员职位差别，并据以作为俸禄的等级。（2）俸禄按季度颁发，“俸制已立，宜时班行，其以十月为首，每季一请”。③（3）地方官“依户给俸”，地方官治下户口多，俸禄亦多，户口少，俸禄亦少。④（4）实行禄制后，每户增收帛三匹，谷二斛九斗，作为官吏俸禄的来源。⑤

北魏俸禄制度的建立，一是结束了北魏政权建立以来一百年内长期无俸禄制度的历史。二是整顿了吏治，俸禄制度颁布后，便对官吏大肆贪污的积弊进行了全面的整治，规定官吏于俸禄之外“赃满一匹者死”⑥。并派大批监察人员巡视全国，“纠守宰之不法，坐赃死者四十余人”。使得天下“食禄者”惴惴不安，贪污受贿风气大为好转。⑦三是保证了国家的财政收人，减轻了农民负担。四是保证了其他各项改革的顺利进行。⑧

四、官员休假与致仕制度

魏晋南北朝时期，由于政治极度动荡，官员的休假与致仕很难实施。正如《文选·晋纪中论》记载：“仕进以无耻苟得为才能，当官以照例署名为尽责。

①《魏书·官家纪》。

②《魏书·高宗纪》。

③《魏书·高祖纪下》。

④《魏书·高祖纪下》。

⑤ 王军著：《中国历史上俸禄制度研究及启示》，《经济研究参考》2003 年第 83 期，第 9 页。

⑥《魏书·高祖纪上》。

⑦《魏书·刑法志》。

⑧ 王军著：《中国历史上俸禄制度研究及启示》，《经济研究参考》2003 年第 83 期，第 9 页。

列官千百，无让贤之举。”因而造成了机构臃肿，人浮于事。

南梁时期，“骑都塞市，郎将填街”[①]；南陈时，更是“员外常侍，路上比肩；咨议参军，市中无数”[②]。致仕制度的无序，加剧了南朝政权的衰败。[③]

第四节　隋唐时期的人事行政制度

隋唐时期（581—907 年）是我国封建社会的鼎盛时期，这一时期，经济繁荣发展，我国与世界各国的交流频繁。伴随社会经济文化的全面发展，人事行政制度也获得了空前的发展与完善。

一、官员遴选制度

科举制度的产生，是隋朝统治者对传统人才选拔方式改造的成果。

科举制是我国古代社会中后期主要的官员遴选制度，它创建于隋，形成于唐，完备于宋，强化于明，至清趋于衰落，历经一千二百余年。纵观中国古代历史进程，完备成型的人才选拔制度主要有三种，即察举制、九品中正制和科举取仕制，其中前两种制度的核心是举荐，而科举的核心是考试。科举制度是以公开考试来选拔人才，允许一定程度上的平等竞争，并且是以知识结构为主要内容和录取标准。因此有国内学者认为，科举制度实质上是以“考选”代替“选举”的选官制度变革。[④]

公元 581 年，北周外戚杨坚以隋代周。隋朝统一中国后，随着世家大族的日益没落和寒门地主势力的上升，九品中正制的流弊妨碍了隋朝皇权统一专制的强化。隋初，隋文帝杨坚为巩固中央集权，大力改革政治体制，开始推行三省六部制度。如何有效实施人才选拔，以充实建立起来的官僚机构，成为摆在隋朝统治者面前的一个紧迫问题。杨坚在对传统人才选拔制度，即察举制和九品中正制继承的基础上，对人才选拔制度进行改革。

隋朝的科举科目，主要是明经、进士、秀才三科。明经科，重在经学，如经学家孔颖达在隋大业初，举明经高第。进士科，在隋朝只试策论。据史书记

---

①《梁书·钟嵘传》。

②《陈书·徐陵传》。

③ 郑海峰著：《中国古代官制研究》，天津人民出版社，2007 年 3 月，第 279 页。

④ 马和民著：《论科举制度的社会化效应》，《浙江大学学报》（人文社会科学版）2005 年第 5 期，第 76—84 页。

载，房玄龄、侯君素等，皆为隋时的进士。秀才科最为难考取，在隋朝“秀异之贡，不过十数”[①]，如著名学者刘焯、杜正伦，皆为秀才出身。[②]隋朝设科取士，将人才选拔与考试结合起来。

唐朝是我国历史上的繁盛朝代，出现了贞观之治和开元盛世的局面。随着社会经济和政治的巨大发展，新兴中小地主阶级参与政治的愿望更加迫切，中央集权的统治力量也有待进一步加强，于是完备隋初创立的科举制便成为唐统治者的重要任务之一，唐朝承袭了隋朝的人才选拔制度，并在其基础上进一步完善，使科举制度逐渐完备。

在唐代，考试的科目分常科和制科两类。每年分期举行的称为常科，由皇帝下诏临时举行的考试称为制科。常科的考试科目有秀才、明经、进士、俊士、明法、明字、明算等五十多种。其中明法、明算、明字等科，不为人们所重视。俊士等科不经常举行，秀才一科，在唐初要求很高，后来渐废。因此，明经、进士两科便成为唐代常科的主要科目。唐高宗以后，进士科尤为时人所看重，唐朝许多宰相大多是进士科出身。

常科的考生来源有两个，一个是生徒，另一个是乡贡。生徒是指由京师以及州县学馆出身，送往尚书省接受考试者；不由学馆而先经州县考试，及第后再送尚书省应试者称为乡贡；由乡贡入京应试者，通称为举人。州县考试称为解试，尚书省的考试通称省试或礼部试。礼部试都在春季举行，故又称春闱，闱也就是考场的意思。

明经、进士两科，最初都只是试策，考试的内容为经义或时务，后来考试的科目虽有变化，但其基本精神都是进士重诗赋，明经重帖经、墨义。

帖经和墨义

帖经是唐代科举考试的一种方法，将经书的任意一页揭开，将左右两边蒙上，中间只露出一行，再用纸帖盖住三字，让应试者填充遮盖部分。《通典·选举三》：“帖经者，以所习经，掩其两端，中间开唯一行，裁纸为帖。凡帖三字，随时增损，可否不一，或得四、得五、得六者为通。”《旧唐书·文宗纪下》：“其进士举宜先试帖经，并略问大义，取经义精通者放及第。”

科举考试时令士子笔答经义，谓之“墨义”。《旧唐书·宪宗纪上》：“壬

① 《隋书》卷七十六《列传第四十一》。

② 张创新著：《中国政治制度史》，清华大学出版社，2005年，第237页。

申，礼部举人，罢试口义，试墨义十条，五经通五，明经通六，即放进士。”《续资治通鉴·宋太宗太平兴国八年》：“进士免贴经，只试墨义二十道，皆以经中正文大义为问题。”清黄宗羲《明夷待访录·取士上》：“唐进士试诗赋，明经试墨义。所谓墨义者，每经问义十道，五道全写疏，五道全写注。”

帖经与墨义，一般来说只要熟读经传和注释就可中试，而诗赋则需要具有相当的文学才能。唐众科之目，进士为尤贵，而得人亦最为盛，岁贡常不减八九百人。缙绅虽位极人臣，而不由进士者，终不为美。其推重，谓之“白衣公卿”，又曰“一品白衫”；其艰难，谓之“三十老明经，五十少进士”。[①]

常科考试最初是由吏部考功员外郎主持，后来改由礼部侍郎主持，称为“权知贡举”。进士及第称为“登龙门”，第一名称作“状元”或“状头”。常科登第后，还要经吏部考试，叫选试。只有选试合格者，才能获得授予官职的机会。如果吏部考试落选，只能够到节度使处去充当幕僚，然后再争取得到国家正式委任的官职。韩愈在考中进士后，三次选试都未通过，不得不去担任节度使的幕僚，之后才踏进官场。

唐代取士，一方面要看考试成绩的优劣，另外还需要有名士的推荐。因此，考生纷纷奔走于公卿门下，向他们投献自己的代表作品，这种做法称为“投卷”。向礼部投的叫“公卷”，向达官贵人投的叫“行卷”。投卷虽然给予有才能的人显露头角的机会，但也难以避免弄虚作假、欺世盗名的事件发生。武则天载初元年二月，亲自“策问贡人于洛城殿”，“殿前试人，自此始”[②]，这是我国科举制度中殿试的开始。

殿　试

殿试，也叫“廷试”、“廷对”，是科举考试中的最高一级考试。殿试源于西汉时皇帝亲策贤良文学之士，始于武则天载初元年于洛城殿前亲策贡举人，但尚未成定制。宋开宝八年，太祖于讲武殿策试贡院合格举人，并颁定名次，自此始为常制。太平兴国八年，将殿试后的进士分为五甲。元代无殿试。明清殿试后分为三甲：一甲三名赐进士及第，通称状元、榜眼、探花；二甲赐进士出身，第一名通称传胪；三甲赐同进士出身。《明史》卷七十《选

①《文献通考》卷二十九《选举考二》。

②《通典》卷十五《选举三》。

举志二》记载："三年大比，以诸生试之直省，曰乡试。中式者为举人。次年，以举人试之京师，曰会试。中式者，天子亲策于廷，曰廷试，亦曰殿试。"

在唐代还产生了武举。武举开始于武则天长安二年，应武举的考生来源于乡贡，由兵部主考，考试科目有马射、步射、平射、马枪、负重等，"高第者授以官，其次以类升"[①]。

二、官员任用制度

唐代的官员任用制度，在继承隋代的基础上有所发展，并与科举制相配合，主要有以下三个特点[②]：

其一，按照官阶尊卑，将任官分为"册授"、"制授"和"敕授"三种。《通典·选举典》载："（唐代）选投之法，亦同循前代。九诸王职事正三品以上，若文武散官二品以上，及都督都护上州刺史之在京师参，册授；五品以上皆制授；六品以下及守五品以上及视五品以上皆敕授。"

其二、实行文武分铨。《通典·选举典》载："凡皆授官，悉由于尚书。文官属吏部，武官属兵部，谓之铨选……凡吏部兵部文武选事，各分为三铨：尚书典其一，侍郎典其二。"

其三，实行任官考试。唐代实行的考试制度，不仅考"士"，还要考"官"。考"士"，就任官说，只是一种资格考试。资格考试及格后，如要任官，还须参加考"官"，这就是任官考试。

关于考"官"，必须符合"身言书判"四项标准。参加考"官"考试及格，也并非易事。一代文豪韩愈虽考中了进士，但曾三次参加考"官"，都未通过，因而十年未能为官。《明夷待访录·取士下》记载此事说："唐之士，及第者未便解褐，入仕吏部，又复试之。韩退之三试于吏部无成，则十年犹布衣也。"

上述唐代任官的三个特点，说明我国到了唐代已经发展成了一套较严密的官员任用制度。

隋唐以前，官员任命权相对比较分散。但高级官员由皇帝亲自核准任命；中级官员必须由宰相府（东汉以后为尚书台）核查备案，报经皇帝批准加以任命；低级官员和佐吏由行政长官自行委任，但进入官员品秩的，应报宰相府或尚书台备案。

---

①《通典·选举典》卷六。

② 杨鸿年、欧阳鑫主编：《中国政制史》，武汉大学出版社，2005年，第273页。

隋唐时期官员任用程序更加严格。根据唐制，五品以上官员由皇帝直接任命，六品以下由吏部加以考试后任命。吏部的任用考试称为“释褐试”，除科举及第者参加外，通过荫子、流外人流、捐纳、荐举等各种方式取得做官资格的人，要得到任用，就必经吏部的“释褐试”。每年五月，吏部向州县颁发当年选人的标准，凡符合条件者，均可到州县领取解状，状内填写其履历，于十月集中到吏部，并经京官五人相保，到吏部参加考试。考试分“身、言、书、判”四个方面。考试通过的称“入等”；再参考其履历，由吏部拟定所任官职，称“注拟”；然后征求其本人的同意，无异议后将文书报尚书省长官，由尚书省审核后再送门下省复核，这个过程称“过官”；若审查通过，由吏部呈请皇帝下旨任命，称“旨授”；但流外官不需报请“旨授”，而由吏部或用人部门直接任命，称“判补”；任命时，发给授官凭证，称“告身”，上盖“尚书吏部告身之印”，由皇帝直接任命的五品以上官员也由吏部颁发告身，但需加盖中书印。中唐以后权臣执政，常不遵守制度而由皇帝直接颁下敕书（墨敕），用斜封付中书执行，由这个程序任用的官员，被讥讽为斜封官。

三、官员考核制度

隋唐官员考课分为“计课”与“考核”：计课，是按日月累计官员之功过，一般由各部及地方行政部门长官自行负责；考核，是根据考课法规定实行定期的政绩考核，是一种严格的既有程序又有实际内容的考核。

唐朝承袭隋制，以尚书省吏部考功司为主持官吏考核的机构，但较隋代有更为严密的分工。考功司的长官考功郎中主持对京官的考核，而考功员外郎负责对外官的考核。

不过，吏部考功司的考核范围，只限于中低级官员。对于朝廷高级官员和地方长官的考核，唐代规定：“亲王及中书、门下、京官三品以上、都督、刺史、都护、节度、观察使，则奏功过状”[①]，由皇帝亲自或另派人考核。谏官、御史及翰林学士的考核也由皇帝亲自主持，称为内考或内校。唐代皇帝经常亲自为宰相等高级官员书写考词。唐高祖曾亲自把敢于诤谏的李纲、孙伏伽考为上第。唐玄宗也曾为中书令张说书写考词说：张说“才望兼著，理合褒升，考中上”[②]。

唐代的官吏考核，一般是每年举行一次，称为小考。也有在官员任期满后进行的，称为大考。考核时，由应参加考核官吏对当年内的功过治绩作出自我

---

①《新唐书》卷四十六。

②《旧唐书》卷九十七《列传第四十七》。

鉴定，写成简要考状，由本司或本州长官当众宣读评议，按优劣定为上上至下下九等考第。然后征求被考核者的意见，如有不当，还可重新复核改正。校定后的考第录为考簿。京城诸司的考核工作一般在九月三十日以前结束，考簿直接送尚书省考功司。各地府州则必须在十月二十五日以前把其考课簿交朝集使送至京城。因此，吏部考功司的考核也分为两种：京官考核，集合应考者当面唱读考课簿注定，地方官考课簿则对朝集使注定，然后上报皇帝批准公布。定考时，考功司对于各部门所定考第有不妥者，有修改的权力。如唐德宗时，考功员外郎赵宗儒定考，“黜陟公当，无所畏避……凡考之中上者，不过五十人，余多减入中中”[①]。为示公平，考功司定考时一般还有监考使和校考使在旁监督。他们对官吏的定考也有发言权。

官员考核的标准，为四善二十七最。四善指德义有闻、清慎明著、公平可称与恪勤匪懈，是对各级官员行为准则总的要求。二十七最则是把各种官员按职责范围分为二十七类，每类定出一个履行职责的最高标准，如“献可替否、拾遗补阙，为近侍之最；铨衡人物、擢尽才良，为选司之最”；[②]“谨于盖藏、明于出纳，为仓库之最”[③]等等。唐代规定，官员达到一最四善为第一等，一最三善为第二等，一最二善为第三等，无最而有二善为第四等，无最而有一善为第五等，职事粗理、善最不闻为第六等，爱憎任情、处断乖理为第七等，背公向私、职务废阙为第八等，居官谄诈、贪浊有状为第九等。这样，使官员的考核有了相对客观的标准。善最之外，唐代还制定了一些具体的考课标准，如对地方州县官，以户口增减和田地开垦作为考核升降的重要依据。唐代在此基础上规定了奖惩标准：获中上考以上，每进一等加禄一季，中中考仍保持本禄，获中下考以下，每退一等，夺禄一季。同时，五品以下官，四次考核都获中中以上考的，可以加官进阶，获下下考则要被解职。

对于流外吏员，不按上述标准，而另列四条加以考核，即“清谨勤公为上，执事无私为中，不勤其职为下，贪浊有状为下下”[④]。

唐代前期，由于三品以上和地方四品以上高级官员“职位崇重，考核褒贬，不在有司”[⑤]，并未制定明确的考核标准。对他们的考核是由尚书省向皇帝上奏“功过状”，其考课等第由皇帝决定。安史之乱后，由于地方藩镇势力的膨胀，

---

①《旧唐书》卷一六七《列传第一一七》。

②《旧唐书·志第二十三》。

③《新唐书》卷四十六《志第三十六》。

④《新唐书》卷四十六《志第三十六》。

⑤《唐会要》卷八十一。

唐朝为加强对地方的控制，也开始制定出对地方高级官员的考核标准，规定在每年八月进行考核。节度使“以销兵为上考，足食为中考，边功为下考；观察使以丰稔为上考，省刑为中考，办税为下考；团练使以安民为上考，惩奸为中考，得精为下考；防御使以无虞为上考，清苦为中考，政成为下考；经略使以计度为上考，集事为中考，修造为下考”。但在实际上，由于藩镇势力的强大，这些考核标准并未起到很大的作用。

唐代的官吏考核制度体系十分完备，考核机构设置合理而效率较高，对于吏治的清明和提高行政机构的效率起了较好的作用。

然而，唐代官吏考核也存在着一些问题，表现在两个方面：一是考课制度执行不够严格，使考课成为形式，尤其是在安史之乱后，“考绩之司，事多失实，常参官及诸州刺史，未尝分其善恶，悉以中上考褒之”①。第二个方面是在安史之乱后地方割据势力膨胀，对藩镇的考课无法实行。唐德宗贞元七年（791年），校外官考使上奏说，当时“诸州观察、刺史、大都督府长史，及上中下都督、都护等，有带节度使者，方镇既崇名礼当异，每岁考核，亦听奏裁”②。可见当时朝廷考官对藩镇的考核无法进行，只好把责任上推给皇帝，不了了之。由于这些问题的出现，唐代官吏考核在唐代中后期开始流于形式，而逐渐失去唐代前期对官吏的制约作用。

唐代的考课制度

唐代，采取积分制度以考课官吏。其法乃将积分分为上上、上中……下下九等，这是一种较为科学而严密的考课制度。

《通典·选举典》说：“大唐考课之法，有德、义、清、慎，公、平，恪、勤，各一善。自近侍至于镇防，并据职事目为之最，凡二十七焉：一最以上有四善为上上。一最以上有三善，或无最而有四善为上中。一最以上有二善，或无最而有三善为上下。一最以上有一善，或无最而有二善为中上。一最以上，或无最而有一善为中中。职事粗理，善最弗闻为中下。爱憎任情，处断乖理为下上。背公向私，职务废缺为下中。居官谄诈及贪浊有状为下下。若子善最之外别有可嘉尚，及罪虽成败而情状可矜，或虽不成殿而情状可责者，省校之日，皆听考官临事量定。诸州县官人，抚育有方，户口益增者，各准

①《大唐新书》卷七。

②《唐会要》。

见户为十分论。每加一分，刺史、县令各晋考一等。其州户口不满五千，县户不满五百者，各准五千五百户法为分。若抚养乖方，户口减损者，各准增户法，亦每减一分降一等。其劝课农田，能使丰殖者，亦准见地为十分论，每加二分各进考一等。其有不加劝课，以致减损者，每损一分降考一等。若数处有功，并应进考者，并听累加。”

这种富于科学性及严密性的考课制度，无疑是具有相当的历史进步意义和现实价值的。可惜，该制度未坚持实行，特别在天宝之后，天下陨乱，政治衰败，更无法有效实行。

（资料来源：转引自杨鸿年、欧阳鑫《中国政制史》，武汉大学出版社，2005 年 8 月，第 277 页。）

四、官员薪俸制度

隋唐时期的俸禄制度在中国古代俸禄史上有着重要的位置。这一时期的官员俸禄就主要的方面而言，一方面继承了前代俸禄制的内容，另一方面又呈现出自身的特点。就变化和发展的渊源与趋势来看，隋代与唐前期的俸禄其中主要是京官禄、职田、公廨田与公廨钱等乃一脉相承，与中晚唐时期相比，特色较为明显。

隋代的俸禄制度，史籍记载十分简略。参据零碎的资料可知当时的俸禄有京官、外官之别，大致包括俸料、禄力和土地诸项。[①]自隋代开始实行官员制度，官分九品，每品又分正、从，共十八级。京官俸禄开始以官品为标准而定。

唐代官员俸禄大体包括禄米、俸钱、职田及禄力。这一俸禄体系既相对完备，又甚为复杂。唐代官品变为九品三十级，京官、地方官全部按照官品定俸禄。唐代官员待遇的名堂比较多，有永业田、职分田、禄米、俸料（仆役衣食费用及杂用钱），但总体水平不高。折算起来，唐代一名九品小官要比汉代的百石小吏每年少收入百分之三十的米。

中晚唐以至五代时期，由于政局混乱，国家财政困难，加之使职、官员之冗滥及物价的波动等原因，官员俸禄很难有类似唐前期整齐划一的定制。

五、官员休假与致仕制度

唐代改原来的“吏五日得一休沐”为“旬休”即每十天休假一次。“旬休”

① 黄惠贤、陈锋主编：《中国俸禄制度史》（第二版），武汉大学出版社，2005 年 5 月，第 162 页。

制度自唐代开始一直延续到清代，直到清末。在唐代，作为常规的节假日增多，如元日、寒食、清明、夏至、端午、中元、中秋、重阳、冬至等均要休息一至三天不等。这一时期还出现了一些新的休假名目。比如，作为皇帝生日的降诞日要休假，称为“千秋节”；作为皇帝、皇后的忌日也要休假；还新增旅游假和授衣假等等。

唐沿周制，明定为七十致仕，然而也需考虑官员身体健康状况。唐以前致仕制度施行的范围较窄，大致限一品至五品的高、中级官吏。唐朝时六品以下亦可致仕，由尚书省题奏。唐文宗太和元年，又下令限制范围，常参官五品、外官四品者，然后许致仕。

第五节　两宋时期的人事行政制度

两宋时期（960－1279 年）是我国政治、经济、文化进一步获得发展，多个民族政权并存的历史阶段。这一时期，人事行政制度在前代基础上改革、发展，更趋成熟完备，特别是官员待遇优厚，成为一大特点。

一、官员选任制度

宋代是科举制发生转变的重要时期，科目出现由繁至简的变化，并逐渐形成以进士一科取士的基本格局。[①]

宋代科目，最初沿袭唐朝、五代之制，分为进士、诸科、武举。“常选之外，又有制科，有童子举，而进士得人为盛。”[②]所谓“诸科”，包括九经、五经、开元礼、三史、三礼、三传、学究、明法等科。将科目归为进士、诸科、武举，突出了进士科的地位。神宗“始罢诸科，而分经义、诗赋以取士，其后遵行，未之有改”[③]。徽宗年间，“诸科”逐渐不存。这一变革时期，进士科有经义进士、诗赋进士两种名目，“专经者用经义定取舍，兼诗赋者以诗赋为去留，其名次高下，则于策论参之”[④]。前者解试、省试考试项目为经义、论、策；后者解试、省试考试项目为诗赋、论、策，仅此不同而已；殿试统一策试，及第、授官、迁转均无区别。制举无常科，因“宋之得才，多由进士，而以是科应诏

① 谢保成：《从“七史”〈选举志〉讨论科举制的几个问题》，《求是学刊》2007 年第 5 期。
②《宋史》卷一五五《志第一〇八》。
③《宋史》卷一五五《志第一〇八》。
④《宋史》卷一五五《志第一〇八》。

者少”[①]。

宋代进士分为三等：一等称作进士及等，二等称作进士出身，三等赐同进士出身。由于扩大了录取范围，名额也成倍增加。唐代录取进士，每次不过二三十人，少则几人、十几人。宋代每次录取多达二三百人，甚至五六百人。对于屡考不第的考生，允许他们在遇到皇帝策试时，报名参加附试，叫特奏名。也可奏请皇帝开恩，赏赐出身资格，委派官吏，开后世恩科的先例。

宋代还确立了三年一次的三级考试制度。宋初科举，仅有两级考试制度。一级是由各州举行的取解试，一级是礼部举行的省试。宋太祖为了选拔人才担任官职，于开宝六年实行殿试。自此以后，殿试成为科举制度的最高一级的考试，并正式确立了州试、省试和殿试的三级科举考试制度。殿试以后，不须再经吏部考试，直接授官。殿试后分三甲放榜。南宋以后，还要举行皇帝宣布登科进士名次的典礼，并赐宴于琼苑，故称琼林宴，以后各代仿效，遂成定制。宋代科举，最初是每年举行一次，有时一二年不定。宋英宗治平三年，才正式定为三年一次。每年秋天各州进行考试，第二年春天由礼部进行考试。省试当年进行殿试。

为了防止考试徇私舞弊，宋代科举考试采取了一系列措施。宋代科举考试的舞弊方式主要有五种：“曰传义，曰换卷，曰易号，曰卷子出外，曰誊录灭裂。”[②]即一是传递答案，二是调换考生试卷，三是涂改试卷编号，四是将试卷传出考场请人代考，五是誊写时进行篡改。针对这些舞弊行为，北宋制定了相应的防范对策。一是强化连保制度，以防冒名顶替。规定考生要将自己的家世、年龄、籍贯等如实写明，并要有十人担保其真实身份，如有弄虚作假，考生要取消考试资格，十个保人也要连坐，承担连带责任。二是对考生实行严格的搜检，以防挟带。考生在进考场时对所带的笔墨砚台、食物都要接受严格的检查，甚至解发袒衣索及耳鼻，如有挟带即令逐出，不得参加考试，后来处罚更重，不但取消考试资格，还要枷号于大门外示众一月，再行定罪。三是加强考试过程中的监督。考生入号房后，每个考生都有号军一人监视，并由御使进行场内巡视。在宋理宗宝庆二年（1226 年），左谏议大夫朱瑞常还专门提出了详细的防弊之策：“试院监大门、中门官，乃一院襟喉切要，乞差有风力者，入试日，一切不许传递。门禁既严，则数弊自清……誊录人选择书手充，不许代名，具姓名字样，申院覆写检实。传义置窠之人，委临安府严捕。其考官容情任意者，

① 《宋史》卷一五六《志第一〇九》。

② 《宋史》卷一五六《志第一〇九》。

许台谏风闻弹奏，重寘典宪。及出官钱，立赏格，许告捉怀挟、传题、传稿、全身代名入试之人”。[①]防范舞弊的措施可谓全面具体。[②]

宋代科举在考试内容上也作了较大的改革。熙宁八年，神宗下令废除诗赋、帖经、墨义取士，颁发王安石的《三经新义》和论、策取士。并把《易官义》、《诗经》、《书经》、《周礼》、《礼记》称为大经，《论语》、《孟子》称为兼经，定为应考士子的必读书。规定进士考试为四场：一场考大经，二场考兼经，三场考论，最后一场考策。殿试仅考策，限千字以上。王安石的改革，遭到苏轼等人的反对。后来随着政治斗争的变化，《三经新义》被取消，有时考诗赋，有时考经义，有时兼而有之，变换不定。

宋代考试制度与唐代考试制度的不同点，在于宋考试既是资格考试，又是任官考试。[③]也就是说，一经进士及第，便会授予官职。但宋代由于读书人逐渐多起来，中进士的知识分子年年增多，每科进士及第的可达六七百人，皆须授官，则发生仕途拥挤现象。年复一年，官少员多，便成了社会问题，形成了“冗官”现象。官冗于上，俸禄支出必多，国家财政短细，且形成官僚主义。

宋代实行差遣制，官、职在九品以上，皆由皇帝任命并须发告身，无品者发黄牒。任用实职即差遣，皆经皇帝颁旨任用。宋代也规定官员任用时由吏部将履历送中书门下，中书门下（宰相）审取进止，报经皇帝任命。

二、官员考核制度

宋元时期在继承唐与后周旧制基础上，人事考核机构在建置和施行细则上更趋完备，并且根据封建社会向后期发展过渡的历史特点，在集权思想的指导下，进行了重要改革。宋代首创制度，皇帝直接掌握考核与铨选之权，以适应强化的中央专制集权的需要。宋代出现了专司考课的“两院三级考课体系”：即审官院和考课院，分别负责京官和地方官的考核；同时守令负责县令、监司考知州、两院考百官，从而使考核机构较之唐代更为完备，分工与职责更为明确，考核管辖更为具体，丰富和发展了中国古代人事考核制度。但宋代的考课，基本上还是按年资论升迁，不重实绩。针对这种弊端，南宋思想家陈亮提出了以实绩考核官吏的主张，即“言必责其实”。宋代因冗官冗员严重、机构重叠、政出多门，故官吏考课难于彻底进行。但是宋代的课法直接影响到辽、金、西夏

---

① 《宋史》卷一五六《志第一〇九》。

② 冯会明、刘佩芝著：《试论宋代对科考舞弊的防范》，《江西社会科学》2004 年第 1 期，第 104－106 页。

③ 杨鸿年、欧阳鑫主编：《中国政制史》，武汉大学出版社，2005 年，第 274 页。

及元朝，形成了以宋代考核制度为主体的多元考课体系。

宋代实行一年一考和官员三年一任、武官五年一任的考任制。“凡内外官，计在官之日，满一岁为一考，三考为一任。”其考核方法，是自下而上分两步进行：第一步，由各部门长官每年对所属官吏的善恶功过进行考评，在朝廷为每位官员统一颁发的“历纸”上“岁书其功过”，称为“小考”：第二步，应考者经三考之后，即将“解状”（即入仕之初解发赴阙候选的证明文件）、“举状”（即推举者所写的荐举书或担保书）、“家状”（即个人履历）、“考状”（即由本部门长官填写评语并评定等级的“历纸”）等相关材料报中央主考部门“磨勘”。“磨勘”主要是对应考者考核材料的审核和推究，以决定对其善恶功过及任职资历的认定和批准。但在实际执行中，“磨勘”往往重资历和举主，而政绩倒反在其次。凡任职期间无过错，即可获得通过，“验历按法而叙进之”。所以，“磨勘”的实行，逐渐将宋代考核制度导入了一种循资格、论年头的轨道。

三、官员薪俸制度

宋朝官员俸禄待遇之优厚，是其他各朝各代无法比拟的。宋朝官员的俸禄包括正俸、职钱、职田和杂役之费，正俸又有钱、绫、绢、禄米之给。此外还有茶、酒、厨料、薪炭以至马饲料等。每年的官俸支出以及赐禄以外的恩赏，使得宋朝的国库空虚，财政状况岌岌可危。从我国学者对两宋薪俸制度的研究可见一斑。[①]

宋代俸禄的分类可分为请受、添给两大类。请受，又叫请给、本俸，包括料钱、衣粮。北宋前期，由本官决定；元丰改制后，由寄禄官决定。添给，其名不一，有添、职钱、贴职钱、折食钱、茶汤钱、寒雪钱、元随仆人衣粮与餐钱、厨食钱、薪、盐、炭、纸、马料、择券、茶酒、厨料、公使钱等等。按地位之高下、职务之不同，随时而定，随分而给。总称“添给”，即本俸之外的补贴。添给中，重头有公用钱、职田、给券（驿券、仓券、馆券、途中补贴吃住），元丰改制后之职钱、贴职钱、公用钱等差悬殊。节度使兼使相月给公用钱高达2万贯，正任官自节度使至刺史，1万贯至500贯不等。也有不给者。文武升朝官知州、各路监司、帅司及边地要塞带兵官，也是给公用钱，可供长吏或统兵长官自行支配。如用于犒设往来官员酒食的费用，或“随月给受，如禄奉焉”，或岁给。京师刑法及烦剧官司也给公用钱，供本司官吏“充公用钱”。南宋建炎二年三月十七日，规定诸路帅臣供给每月不得超过250贯，提举茶盐公事、知

① 谭凤娥：《宋代的俸禄制度与宋代的灭亡》，《甘肃社会科学》2003年第5期，第13页。

州、通判不得超过150贯。如违制搞非法贸品，以坐赃论。职田，主要授给外任地方官。如庆历中，限定职田数，自都督州知州20顷至不满五千户县令2顷，各有等差。[①]元丰改制后事职官有职钱，或称“寄职钱”。这称为准本俸，属于职事官大宗收入，分行、守、试三等。

宋代俸禄，均以货币为主。请受中有衣赐系给绢、绫、罗、兹绵，禄粟给米、麦，按春、冬季发给。职田，北宋时多收租，南宋时，多折合成钱或米斛。由逐路在月俸外拨给。[②]月支料钱，因铜钱紧缺，往往按一定比例折支实物，或以三分之二支现钱、三分之一折支他物，或以三分之二折支实物、三分之一支现钱。因此，全支现钱被当作是一种优待。如景德三年五月，诏国子监学官料钱全支现钱，作为朝廷重视办学的一种姿态。[③]

宋代俸禄制度具有以下特点：

其一，由唐朝的官品定俸变为寄禄官决定。唐朝贞观俸令、开元禄令，都按品定禄米、俸料，如一品官禄米700石、俸料8千、食料1800文、杂用1200文、防阁15千，共计26千。这就是唐人所谓的“国家依品制俸，一品月俸三十千，职田禄米大约不过千石”的由来[④]。宋代官“不计资品，任官者但常食其奉（俸）而已”，“官以寓禄秩、叙位著”[⑤]。北宋仁宗时按本官定俸禄的等级。元丰改制，由寄禄官决定请给（料钱、衣赐）、职事官决定职钱。官品只起了衡量两者高下等差的作用。

其二，宋代官俸之厚为历代不可比拟。清人赵翼常讲“其给赐优裕，故入仕者不复以身家为虑，各自勉其治行，观于真、仁、英诸朝，名臣辈出，吏治循良，及有事之秋，犹多慷慨报国，绍兴之支撑半壁，德之毕命疆场，历代以来，捐躯殉国者，惟宋末独多，虽无救于败亡，要不可谓非养上之报也”[⑥]。

其三，俸禄的不平衡。以《嘉祐禄令》41等为例，最高等的节度使，料钱为400千，最低的内侍郢、唐，复州内品0.3千。且官与吏的差别更大。地方长吏除本俸、职钱等外，还有公用钱。而吏人“廪给不均”，州县吏“无常俸”，还得筹备过境官员迎来送往、食宿赏玩的开支，备办县令、县官日用灯烛、薪柴之具，及生日的送礼，备受痛楚，只有“蚕食百姓而已”。因此，宋代稍有资

---

①《宋史·职官》。

②《宋史·职官》。

③《宋会要辑稿·职官》。

④《文献通考·职官·禄制》。

⑤《宋史·职官》。

⑥《宋制禄之厚》。

产的人，宁为百姓、不愿为吏。这也反映了封建社会贵以凌贱的森严等级制度。

其四，恩赏过重。宋代对宗室的恩赏十分优厚，远远超过文武官员的俸禄数。如真宗大中祥符四年，对皇侄以下的宗室从初授阶官俸30千增至50千，再增至70千。而相比较而言，文臣初入仕为初等幕职官，料钱只7千，两者相差10倍。宗室虽然不掌事，但还在襁褓中或幼冲之年，即授于环卫官、遥郡、正任官之类。凡皇子出阁即封王。环卫、正任官的俸禄本已高，而皇子又另有特殊的规定。如环卫上将军，料钱60贯，皇子充诸卫上将军即为200千。俸禄外，宗室还有巨额的公使钱。如亲王岁给公使钱，高达5万贯，至少也有5、6千贯。郡王初阶，公使钱2千贯。此外还有添支钱，多的3千贯。

四、官员休假与致仕制度

宋代官员休假、退休制度基本沿袭唐代而有发展，宋朝官员休假日较唐代增加，出现以前没有的各类节日。“官员休假，元旦、寒食、冬至各七日；上元、中元、夏至各三日；立春、清明各一日；每月例假三日；岁共六十八日。”[①]宋朝还有一个特殊规定，即每年十二月二十日各级官署要“封印”停止公务，公务人员回家过年省亲，要到次年正月二十日才返回衙门“开印”办公。此外，大臣的私祭日（父母或祖父母死亡之日）准假一日。

宋代时基本沿袭唐代官员七十而致仕的制度，宋初太宗时规定：“朝廷之制，七十致仕。”[②]从宋代官员退休年龄的基本实施情况看，宋太祖建国至太宗中期，在不足30年的宋代初期，由于国家初步建立，设官分职尚有限数，冗官之弊还不凸显，虽对官员致仕年龄有70岁之规定，但对官员致仕问题并不重视，致仕养老金的发放“非有特敕，例不给俸”，即对致仕后的各种待遇并未形成完整制度。

自太宗中期以后，随着科举取仕名额的扩大和恩荫滥施，冗官问题日趋突出，特别是与其他朝代相比较，在政治和军事上“守内虚外”的局势非常明显，又加之重用年龄较大的官员当政，导致官员队伍年龄严重老化。真宗时曾下诏：“文、武官七十以上求退者，许致仕。”[③]

为鼓励官员按时退休，自神宗以后准许官员带职致仕，并对退休官员给予种种礼遇和优待，一度准予领取全俸，并设置大量宫观安置致仕官员。尽管如此，很多官员虽年满七十却仍不欲致仕。宋仁宗时，一些台谏官员如司马池、

---

① 《宋史》。

② 《宋会要辑稿·职官》。

③ 《续资治通鉴长编》。

包拯等上书请求让御史台纠劾上奏，但却不为采纳。老官僚贪恋禄位，造成了官员队伍的老化、僵化，阻碍了官员队伍的正常更新，更加剧了宋代的冗官弊端。宋代统治者在待遇上优待官员，本意是希望以此造成官员奉法守正的风气，但官员的厚禄最终造成人民和国家的穷弊，同时也因制度的紊乱而造成吏治腐败。

第六节 辽金元时期的人事行政制度

辽金元时期（907－1368年），主要包括北宋与辽及西夏（960－1127年）、南宋与金（1127－1279年）、元（1271－1368年）等三个历史阶段。在这一时期，各民族之间有矛盾，有斗争，也有融合，中国的封建社会继续发展。体现在人事行政制度方面，多带有民族特色，存在诸多歧视性制度。

一、官员选任制度

辽、金、元同为少数民族政权，因其最高统治者文化水平较低，因而科举并未得到重视。虽然也曾开科取士，以笼络汉族地主知识分子，但高官显位多由本民族贵族把持，重臣显贵多非科举出身。因此，科举取士不论在内容还是在规模上，都远比唐宋逊色。[①]

辽朝初期，官职多由帐院所选，不设科举取士之法。直到辽圣宗统和六年（988年），才采用唐宋之制诏开贡举，从而开始对汉人实行科举取士。辽代科举是专为汉人而设立的，契丹人和“贱庶”之人如奴隶、屠贩、医卜等是不允许参加的。契丹人沿用旧制，不许参加科举考试，辽对这一限制要求非常严格。辽兴宗时，耶律庶箴因儿子参加科举，被鞭之二百。

契丹人不经过科举而进入仕途，表明了他们拥有的特权，也是为了保持他们骑马驰骋的尚武旧习，借以维护他们的统治地位。但同时也表明，辽代社会封建化的进程和汉族官员势力的增加，辽代更多地依靠汉族地主阶级知识分子进行封建统治的历史事实。

辽代的科举制度，分乡、府、省三试。乡试合格者曰乡荐，府试合格者曰府解，省试合格者曰及第。科举考试科目包括诗赋、经义两科。辽圣宗时，以词赋、法律取士，词赋为正科，法律为杂科。试期不定，在正常情况下是每年

① 孔令纪主编：《中国历代官制》，齐鲁书社，1993年5月，第275－277页。

一试，也有时是两年或三年考试一次。对于进士及第者，贡院用二寸纸书写其姓名，发给本人，称为“喜帖”，第二天举行隆重仪式，奏乐击鼓，迎接入朝殿试。第一名特赠一官，授俸直大夫翰林应奉文字，第二、第三名及其余人授从事郎。

从统和六年开始科举，当年及第者只有一人，以后进士及第者每年也仅二三人。至辽兴宗景福以后，增至六十余人。辽代二百余年中，科举考试五十三次，取进士超过一百人者，仅有九次。道宗时又增设制举及贤良科。

金朝初期，女真人以世袭法和宾补法入仕，海陵王时，主张打破贵贱之分和民族界限，但中央最高一级的军政大权仍由其弟、岳父等亲族所掌握。三省长官、都元帅、枢密使等官职，也主要由女真人以及渤海人担任。再以下的官职，才用汉人。

金代对汉人的任用，沿宋辽之制设科举。金代科举考试女真人与汉人分科进行，女真人录取者较多，入仕之途也较易。科目有词赋、经义、策论（专为女真人而设）、律科、经童、宏词（制科）等。其试词赋、经义、策论中选者、称为进士，律科、经童中选者，称为举人。考试分乡试、府试、会试（省试）、御试（即殿试，或称廷试）四级，四试皆中，则授其官。如廷试五次落选，则赐及第，叫做恩例，又有待命及第的，叫做待恩。考试内容，词赋进士试词、赋、策、论各一道，并有程文作为定式，此点实际是后代八股文之肇始者。经义进士试经义、策论各一道，经义之试有定注。策论进士试诗、策、论，以诗、策合格为中选，而以论排出考生名次。女真人在参加进士考试之前、还必须试射。宏词科试诏、诰、章、表等文体，及第进士并在官六品以下无公私罪者，在有外官推荐的情况下，才能应试。乡试第一名称解元，省试第一名称省元（也称会元），殿试第一名称状元。状元例授翰林学士院应奉翰林文字，阶官为承务郎（从七品上），其他翰林官亦由进士已仕者中间考选。一般进士初授从八品官，第三任始授县令。

金朝科举考试的考场纪律很严。凡府试、会试，对汉人每四人派一军兵监视，再以官一员看管。殿试时，策论进士则派荷枪带刀的军士随考生出入，对汉人进士则每人一名，均用不识字的人监视。在考试前，对考生检查极其严格，甚至要解发和脱光衣服，乃至检查口腔耳鼻，看是否有夹带。以后此法改为沐浴，由官家准备衣服更换，既不失礼，又可防止作弊。

金代在科举取士的同时，也有荐举入官的，由于封建化的进程和官僚机构的增加，官吏人数不断增多，章宗太和七年，在仕官吏达四万七千多，比世宗时增加了三倍。

元朝是公元1271年由蒙古贵族建立的封建政权。蒙古统治者实行的科举制度，带有明显的民族歧视色彩。当时把全国分为四种人：一是蒙古人；二是色目人，包括西夏、回回等西北各少数民族；三是汉人，包括契丹、女真和原来金朝统治下的汉人；四是南人，指长江以南的汉人和西南各少数民族。国家的重要官职都由蒙古人和色目人的上层分子担任，因此科举考试对于他们来说是可有可无的。

元朝的科举考试，每三年举行一次，分为乡试（行省考试）、会试（礼部考试）、御试（殿试）三级。各级考试时，蒙古人和色目人都与汉人、南人分开考。在乡试、会试时蒙古人和色目人只考两场，而汉人和南人则须考三场。御试时，虽然四种人都考策问一道，但前两种人仅限五百字以上，而汉人和南人必须在千字以上。在考试内容上，蒙古人、色目人的题目比较容易，而汉人、南人的题目比较难。如果蒙古人、色目人愿意参加汉人、南人的考试，取中后授予的官职可以提高一等。这些规定都体现了蒙古统治者在科举制度中推行的是民族歧视政策。

元代官员任用“无定制”[①]。大体情形是：五品以上由皇帝制书任命，称为宣授；六品至九品中书省拟注所授官职，经皇帝“敕授”。

二、官员考核制度

辽代对官吏的监察与考核制度，史载不详。

金初无考核定制，实行廉察与廉访之法，皇帝派使臣到各地察访百官的贤愚功过。开始是派监察御史每年巡行一次，后来增为一年两次。到金章宗时，才开始比较重考核，承安四年设审官院，还设九路提刑司（后改为按察使）以考核百官的政绩。泰和四年，参考唐朝的考课办法，定了“四善十七最”，才算是有了正式章法。县令以下考三最四善者为上，官升一等。但到宣宗时又废除此法，仍以廉察之制考核百官。[②]

元代考课分“计年”与“廉访”两种。[③]“计年”考核的方法是无论大小官吏，由中书省各发给历纸称“考功历”一卷，卷首写明姓名出身，调任时由上级官长注明任职年月，以及任期内的功过行状，“人之贤否一览而知”。填写“考功历”的有关官员最后还须联衔结保具状，以免敷衍塞责或营私舞弊。吏部以

① 《元史·选举志一》。

② 孔令纪主编：《中国历代官制》，齐鲁书社，1993年5月，第278－279页。

③ 侯经川、彭国甫、魏捷先著：《中国古代政府绩效管理：发展与启示》，《湖南社会科学》2006年第6期，第29页。

“考功历”为依据决定任命。为了弥补“计年之制”的缺陷，元代又规定由御史台及其下属机构对各级官吏进行“廉访”考察。

元太祖时，诏于各道置肃政廉访司，每道设官八员，除肃政廉访使二人留司以总制一道外，其余六人分临所部以察访其功过优劣。地方官员则遣官分考其属，其“考功历”经肃政廉访使考证后呈吏部，“具实申闻，以凭黜陟”[①]。

据《元史·选举志》载，元代“官”与“吏”并用，所以考核也分“职官”与“吏员”两类。内任官以三十个月为满，外任以三年为满，钱谷典守以两年为满。而考核则一律按三十个月为满，考满升迁。内任官一考升一级，十五个月进一阶；外任官一考进一阶，两考升一级或三考升两级。

三、官员薪俸制度

辽代百官品级与待遇，史志未详。

金代杂用唐宋旧制，官品沿用九品，品有正、从之分，共十八级。官吏俸禄包括钱与粟，另外，还有杂给，外官有职田。

元朝时期，官吏待遇制度要比唐宋繁冗，如文官官阶虽只有八品，但同品不同阶，共分为四十二阶。

元朝的俸禄制度，是在官制和财政税收制度建立和完善的过程中逐步建立起来的，元世祖时官吏按品阶支给俸禄，至仁宗时最终建立较完备的俸禄体系。官吏的俸禄由俸钞、职田、俸米组成。和宋、金相比，支俸项目已大为简化，文官以月支俸，月末支取;以银两为俸禄颁发标准，实际上多以纸钞支付，间用白银。俸禄的货币化，表现出历史的进步，是元朝俸禄制度的一个重要特点。地方官员普遍颁给职田，以补充在币值不稳时官员的俸禄收入。武官领俸时间，依军队性质和所驻守地区不同而异。元朝俸禄制的建立和沿革是在保留了蒙古族的部分旧制的基础上，依然沿袭、继承了中原传统的俸禄体制。

四、官员休假与致仕制度

辽代官吏致仕，亦仿唐制于致仕时加官一阶，以示礼退。或在职死亡，皇帝以示恩遇，都在死后赠官。

金代文官致仕，早期只加官而未有致仕俸，世宗大定十一年正月始定：职官年七十以上致仕者，不论官品，并结俸禄之半。

元朝官吏致仕制度，始于元成宗大德七年（1303 年），规定政府内外官员

---

①《元典章·吏部》。

年及七十者，合令依例致仕，以免因年龄太老而误事。但翰林、太史院、司天台官员均无退休之制，这与他们所从事的文化科技事业的工作性质有关，以保持学术工作的完整与连续。成宗以后，元朝官吏退休，一般是月给半俸以养老，少数达官显员及功臣、近臣亦有全额发给养老俸禄的。

尽管辽、金、元三朝均有致仕制度，但因其政治制度保留了较多的奴隶制的残余，契丹、女真、蒙古人官僚贵族享有很多的特权，官僚制度的腐败现象也是十分严重的，一些老病者至死不退，本人不以为耻，朝廷亦不以为非，这也是元代后来腐败的原因之一。

第七节 明清时期的人事行政制度

明清时期（1368－1911 年）是我国统一多民族国家的巩固和封建制度渐趋衰落的时期。专制主义中央集权封建制度虽然进一步强化，但这种专制制度的发展，正是封建制度趋向没落的反映。在长期而较稳固的统一局面中，人事行政制度也在成熟中走向僵化和没落。

一、官员遴选制度

（一）明代官员遴选制度

元朝灭亡后，明王朝建立，科举制进入了它的鼎盛时期。明代统治者对科举高度重视，科举方法之严密也超过了以往历代。

明代以前，学校只是为科举输送考生的途径之一，至明代，学校已经成为科举的必由之路。明代入国子监学习的，通称监生。监生分为四类：生员入监读书的称贡监，官僚子弟入监的称荫监，举人入监的称举监，捐资入监的称例监。

参加乡试的，除监生外，还有科举生员。只有进入学校成为生员，才有可能入监学习或成为科举生员。明代的府学、州学、县学称作郡学或儒学。凡经过本省各级考试进入府、州、县学的，通称生员，俗称秀才。取得生员资格的入学考试叫童试，也叫小考、小试。童生试包括县试、府试和院试三个阶段。院试由各省学政主持，学政又名提督学院，故称此级考试为院试。院试合格者称生员，然后分别分往府、州、县学学习。生员分三等，有廪生、增生、附生。由官府供给膳食的称廪膳生员，简称廪生；定员以外增加的称增广生员，简称增生；于廪生、增生外再增名额，附于诸生之末，称为附学生员，简称附生。

考取生员，是功名的起点。一方面，各府、州、县学中的生员选拔出来为贡生，可以直接进入国子监成为监生。另一方面，由各省提学官举行岁考、科考两级考试，按成绩分为六等。科考列一、二等者，取得参加乡试的资格，称科举生员。因此，进入学校是科举阶梯的第一级。

明代正式科举考试分为乡试、会试、殿试三级。

乡试是由南、北直隶和各布政使司举行的地方考试。地点在南、北京府，布政使司驻地。每三年一次，逢子、午、卯、酉年举行，又叫乡闱。考试的试场称为贡院。考期在秋季八月，故又称秋闱。凡本省的科举生员与监生均可应考。主持乡试的有主考二人，同考四人，提调一人，其他官员若干人。考试分三场，分别于八月九日、十二日和十五日进行。乡试考中的称举人，俗称孝廉，第一名称解元。乡试中举叫乙榜，又叫乙科。放榜之时，正值桂花飘香，故又称桂榜。

会试是由礼部主持的全国考试，又称礼闱，于乡试的第二年即逢辰、戌、丑、未年举行。全国举人在京师会试，考期在春季二月，故称春闱。会试也分三场，分别在二月初九、十二日、十五日举行。由于会试是较高一级的考试，同考官的人数比乡试多一倍。主考、同考以及提调等官，都由较高级的官员担任。考中的称贡士，俗称出贡，别称明经，第一名称会元。

殿试在会试后当年举行，时间最初是三月初一。明宪宗成经八年起，改为三月十五。应试者为贡士。贡士在殿试中均不落榜，只是由皇帝重新安排名次。殿试由皇帝亲自主持，只考时务策一道。殿试毕，次日读卷，又次日放榜。录取分三甲：一甲三名，赐进士及第，第一名称状元、鼎元，二名榜眼，三名探花，合称三鼎甲。二甲赐进士出身，三甲赐同进士出身。二、三甲第一名皆称传胪。一、二、三甲通称进士。进士榜称甲榜，或称甲科。进士榜用黄纸书写，故叫黄甲，也称金榜，中进士称金榜题名。

明清时期科举考试程序级次示意图

童试
（每年农历二月举行，分为县试、府试和院试，是预备初级资格考试。）
↓
乡试
（每三年举行一次，秋季八月举行，分为三场，考试科目为：第一场试《四书》义三道，《经》义四道；第二场试论一道，诏、诰、表一道，判词五条；

第三场试经、史、时务策五条。）

↓

会试

（每三年举行一次，时间为乡试第二年春二月，分为三场，考试科目与乡试相同。）

↓

殿试

（每三年举行一次，时间为会试当年三月，考试科目为：时务一道。）

（资料来源：根据李孔怀《中国古代行政制度史》，复旦大学出版社，2006年2月，第269—270页，及其他资料整理制作。）

乡试第一名叫解元，会试第一名叫会元，加上殿试一甲第一名的状元，合称三元。连中三元，是科举场中的佳话。殿试之后，状元授翰林院修撰，榜眼、探花授编修。其余进士经过考试合格者，叫翰林院庶吉士。三年后考试合格者，分别授予翰林院编修、检讨等官，其余分发各部任主事等职，或以知县优先委用，称为散馆。庶吉士出身的人升迁很快，英宗以后，朝廷形成非进士不入翰林，非翰林不入内阁的局面。

明代乡试、会试头场考八股文。而能否考中主要取决于八股文的优劣。所以一般读书人往往把毕生精力用在八股文上。八股文以四书五经中的文句做题目，只能依照题义阐述其中的义理。措词要用古人语气，即所谓代圣贤立言。格式很死，结构有一定程式，字数有一定限制，句法要求对偶。八股文也称制义、制艺、时文、时艺、八比文、四书文。八股文即用八个排偶组成的文章，一般分为六段。以首句破题，两句承题，然后阐述为什么，谓之起源。八股文的主要部分是起股、中股、后股、束股四个段落，每个段落各有两段。篇末用大结，称复收大结。八股文是由宋代的经义演变而成。八股文危害极大，严重束缚人们的思想，是维护封建专制统治的工具，同进也把科举考试制度本身引向绝路。正如明末清初学者顾炎武所言："八股盛而六经微，十八房兴而廿一史废。"

（二）清代官员遴选制度

清代，科举制仍然是最基本、最重要的人才选拔方式。"有清一沿明制，二百余年，虽有以他途进者，终不得与科第出身者相比。"①

清代的科举制度与明代基本相同，但它贯彻的是民族歧视政策。满人享有

①《清史稿·选举一》。

特权，做官不必经过科举途径。清代科举在雍正前分满汉两榜取士，旗人在乡试、会试中享有特殊的优特，只考翻译一篇，称翻译科。后虽然改为满人、汉人同试，但参加考试的仍以汉人为多。正科之外，有时增加特科，如“博学鸿词科”、“经济特科”等。有些官职如詹事府、翰林院、吏部、礼部各司郎官，必须科甲正途出身始能充任。

清代凡由皇帝直接任命的官员叫“特简”，由大臣互推任用的叫“会推”，功臣或殉难官员的子弟可以袭荫得官，贤能廉洁之士也可经荐举入仕。乾隆（1736—1795 年）时曾多次下令命廷臣密举贤能，荐举有时须回避，如康熙四十一年（1702 年）谕：“九卿荐举，毋得保举同乡及现任本省官吏。”有时不须回避，如雍正二年（1724 年）谕：“令京官主事以上，外官知县以上举品行才猷，备佐使，亲戚子弟不必引避。”但荐举不实，荐主负连坐之责，所谓“得人者优加进贤之赏，舛谬者严行连坐之诛”。

清朝还实行了捐官制度。康熙十三年因平“三藩”叛乱，实行捐纳制度，以弥补军费之不足,3 年内捐纳的知县 500 余人。为防止冗官扰民，规定：“捐纳官到任三年，称职者具题升转，不称职者题参。”[①]但在实际上无法贯彻。雍正（1723—1735 年）时，道府以下各官均可捐纳，乾隆时文官可捐至道、府、郎中，武官可捐至游击。捐官制度虽然为清政府补充了一项临时财政收入，但是使封建官僚机构恶性膨胀，成为招致清朝吏治败坏的一大弊政。

科举制发展到清代，日趋没落，弊端也越来越多。清代统治者对科场舞弊的处分虽然特别严厉，但由于科举制本身的弊病，舞弊越演越烈。清朝末年，科举制度盛极而衰，面临全面危机，1905 年被宣布废除。在它沿袭了一千多年后，终于走向了自己的末路。

（三）科举制度的特点与历史价值

科举制度作为中国古代的一项考试选官制度持续达一千三百年，对中国传统社会产生了重大而深远的影响。

科举制度作为一种国家官吏选任制度，具有两大特点[②]：

一是相对的开放性和机会平等性（男女平等除外）。由于确立了由政府出面招考，考生按原籍自由报考的原则。除了“十恶不赦”的罪犯及所谓“贱民”外，考生几乎没有身份、阶层、职业、年龄等限制。这种相对开放、机会平等的考试制度，符合了各方参与人的利益，扩大了人才选拔的范围，制度性地体

① 《清史稿》卷八十七《选举志七》。

② 杜怀亮著：《科举制度及其废除百年后的反思》，《贵州文史丛刊》2007 年第 2 期，第 52—55 页。

现出一种平等精神。因此，从隋唐至明清的科举时代，人口中的绝大多数都有资格参与竞争。

二是相对的公平性和客观性。科举考试是一种“标准化考试”，做到了考试内容标准化、考试书体标准化和任用标准化。考试成绩这种“量才尺”，在确定考生入仕资格上具有决定性作用。正是有了一个比较客观的评判标准，做到了相对公平和公正，减少了以往选拔官员的随意性。除此之外，科举作为一种规范的行之有效的人才选拔制度，在封建时代还具有相对的独立性：它存在于封建专制制度之中，是封建王朝治理国家的重要制度之一，但又不属于某个特定朝代。它能够自行运转，任何人都很难操纵其运行。这种技术上的优势，使科举做到了千年一贯制。

科举取士对古今中外影响之大，波及领域之广，很难完整详尽地对它进行评价，所以它的千秋功过，一直是学界长期纷争难以了断的公案。从宏观角度着眼，举其大要，这项制度有三大历史价值。[①]

历史价值之一，促使中国建立了世界上最早、比较完善的文官治国政治制度。衡量一个国家和社会的文明、进步的主要标准，不能仅仅看表面拥有的财富，更不能仅仅看炫耀的武力，而是要看它的治国根本制度是否科学、合理，是否符合社会生产力发展的要求。在历史舞台上，贵族政治由世卿世禄的贵族把持国家权力，昏庸无能、骄奢淫逸之辈占据社会要害职位；武人政治是按军功论赏，不管懂不懂治国之道，军功高则官阶高、权力大；宗教政治则是靠虚幻、神秘的意识形态去愚弄人民以统治社会，与现实世界相逆相悖。治理国家是最大的学问，只有忠于职守、文化素质高、精通社会管理的官员才能胜任，文官政治是人类社会历史总的发展趋势。中国古代的文官政治是随着察举制、九品中正制、科举取仕制的演变发展而成熟的，北宋（960 年起）基本建立了文官治国体制。而在西方，15 世纪前的英国、16 世纪前的法国、17 世纪前的德国，都未建立文官治国体制，统治国家的官员不是封建领主与贵族，就是教士。中国的科举取仕制梳理了封建社会纷杂的政治体制，使得中央政府的官员机构设置严密，分工精细，层层节制，互相关联，形成了一个庞大的国家行政网络。文官政治冲破了官吏任用的垄断，加快了官吏的更新，提高了国家统治机器的效能，一定程度上促进了社会生产力的发展。

历史价值之二，促进了学校教育制度的建立和发展，使中华传统文化得以完整延传，造就出无数伟大的政治家、思想家、文学家和其他领域的学问家。

① 杨朝仁著：《科举取仕的历史嬗变与现实观照》，《政治学研究》2001 年第 3 期，第 49－58 页。

中国是世界文明古国，学校教育渊源可追溯到公元前夏商周时代，当时学校雏形四种，“夏曰校，殷曰序，周曰庠，学则三代共之”[①]。但是，古代学校教育制度的发展和完善，则是随着科举制度确立和兴盛而形成的。教育界有观点认为，科举考试是学校教育的指挥棒，学校教育是科举考试的附庸。从隋唐到清末，学校教育日益发展，教育制度也愈益完善。这对封建社会的旧式教育来说有一定合理性。隋朝的学校教育开始兴盛，“炀帝即位，复开庠序，国子、郡县之学，盛于开皇之初”[②]。在科举制度确立和兴盛的唐、宋以后，学校教育随之发达，教育逐渐系统化，并深入乡里庶人。唐朝的中央学校有“国子、太学、广文、四门、律、书、算”七种，前四种为官员子弟就读，后三种是专科学校供庶人就读；地方办学更是“天下州县，每一乡之内，里别各置学，仍择师资，令其教授其诸州乡贡”[③]。这时的学校教育制度比中古任何时代都完备，也远远超过同时代的欧洲学校教育。宋代书院兴起，明清的官学国子监更是规模浩大，学规周密严格。科举考试这根历史“指挥棒”，按“政府选官，学校育才”的旋律指挥着中国古代学校教育制度不断进化发展，使得中国古代的哲学、文学、史学和一些科学技术居于世界前列；使得中华传统文化的核心思想能够绵延不断完整保留下来，其精华部分成为中华文化的精神支柱，今人仍有幸吸吮到它的营养精华；它指挥着历代的知识分子寒窗苦读、奋发图强，其强音必定是历史人才的高峰点，如中唐与北宋的历史第一流人才很大一部分是进士出身，涌现人才的密度也是历史上的两个制高点。

历史价值之三，对现代文官制度产生了重大的影响，为世界文明发展做出了杰出的贡献。现代文官制度的建立和发展与中国科举取士制度有着极大的关联。孙中山先生在《五权宪法》的讲演中指出，现在各国的考试制度，差不多都是学英国的。穷流溯源，英国的考试制度原来还是从我们中国学过去的。西方学者罗纳德也指出，几乎所有的西方学者都没有注意到当今世界现存的高级公务员制度起源于中国这一个事实。我们认为，中华帝国科举制度的知识，随着时间的推移得到传播并成为世界其他国家实施和发展行政精英制度的基础。毫无疑问，美国公务员竞争考试的特点主要受英国影响，而英国公务员制度则来源于中国。如果把今天各国的种种考试制度与科举制度相比较，不难发现它们在不同的程度上都有着和科举制度千丝万缕的联系。毫无疑问，现代文官制度、现代教育制度都从中国古代的科举制度中吸取了许多合理的成分，科举制

① 《孟子·滕文公上》。

② 《隋书》卷七十五《列传第四十》。

③ 《通典》卷五十三。

度对世界文明做出的历史贡献不可磨灭。

二、官员任用制度

明清时期，鉴于宋代取士过宽，采取收缩政策，从严取士。每届（三年）所取，不过百余人，然而官员任用则比较宽泛。取士严而任官宽，其结果又产生了问题：严于取，则豪杰之志死沟壑者多矣。宽于用，此在位者多不得其人也。明清官员任用的权力划分方面，文官归吏部，武官归兵部，而以吏部职掌尤重。

明代的官员任用制度比较严格：包括实际的宰相——内阁首辅在内，政务大臣和其他高级官员的任用，一般先经政府高级官员组成的推举会加以推举，称廷报或会推，内阁大学士、吏部尚书官员出廷推；各部侍郎以下及国子监祭酒，由吏部会同三品以下官员推选；太常卿以下由吏部推选；詹事由内阁讨论推选；总督、巡抚经廷推；布政使司、按察使司由三品以上官员推选。然后由皇帝任命，称“奉特旨”。一般官员则由吏部主持听选。经科举登科的进士，按惯例一甲授翰林官，二、三甲授京官六部主事，中书、行人、评事、博士、外官授知州、推官、知县。由吏部拟好后报皇帝任命。在会试中及第的举人、国子监的学生——监生及其他途径取得任官资格的，吏部在任用前还要加以考试，有时由翰林院，有时由吏部主持考试，称为“拣选”，合格后按惯例由吏部拟好经皇帝任命，或吏部直接任命。监生一般授州、县佐贰及都、布、按三司属官；举人一般授外官推官、小县知县及学官；荫子一般授京官五府、六部或通政司、太常寺、光禄寺、詹事府属官。还有一些可升为官职的吏员授外府、外卫、盐运司等官员属官或京内外杂职。明后期吏部还建立了掣签制度，即用竹签预先写好地区及职官，具备同等资格的人选随堂抽取，以示官员铨选之公正。

清代实行官缺制，各部门官吏有定额，氏官、佐官、吏员人数均详细规定，而且规定满汉所占总额，有缺额即予补任。清代官员军机处握有人事大权，中上级官员任用，由军机处讨论，拟出名单与缺单呈报皇帝批准任用。清代不再实行廷推和互推制度，但允许京内外高级官员进行“密保”和“明保”。密保即某高官认为某人或某些人有特殊才能请求破格录用，保单交军机处存记，于适当时机提请皇帝任命；明保是京内外高官向朝廷推荐人才，请求以某项官职任用，奏报以后，交吏部审议选用。下级官吏由吏部选任。凡没有补授实缺而具有做官资格者，均到吏部候选，由吏部汇列呈请分发的官员名单，根据职位、资格、班次，每月抽签一次，分发到某一部或某一省，听候委任，这个过程称为“候补”。如某一候选人希望到某一省去候补，须交纳费用，称为“指省”。

清代还规定初任官京官五品以下、外官四品官员以下，均须朝见皇帝一次，由吏部引见；如不引见，即由特派大臣共同传见，以考察其年力是否胜任，称之为“验看”。

明朝任官的回避制度

明朝任官实行回避制，以防官吏利用亲族宗党关系拘私舞弊。

洪武元年（1368 年）正月颁布的《大明令》规定：“凡流官注拟，并须回避本贯。”即本省人不能在本省做官。吏部铨选时，“南北更调，已定为常例”。

洪武十三年（1380 年）正月，太祖朱元璋明确“南北更调”的原则是：“命吏部以北平、山西、陕西、河南、四川之人，于浙江、江西、湖广、直隶有司用之；浙江、江西、湖广、直隶之人，于北平、山东、山西、陕西、河南、四川、广东、广西、福建有司用之；广西、广东、福建之人、亦于山东、山西、陕西、河南、四川有司用之。”

除非是广西、云南、贵州等边疆地区和少数民族地区，才允许本省别府人氏在本府机构中任职，即可以不回避省，但必须回避府、州、县。

当然回避制也有一些弊端，有的人不愿到蛮荒化外任职，致使某些地方官缺不能及时补授；有的人勉强上任后，水土不服，民风不悉，也是不容忽视的问题。故《明史》有言：“洪武间，定南北更调之制，南人官北，北人官南。其后官制渐定，自学官外，不得官本省，亦不限南北也。”这里说“学官”不在限制之列，并不意味着不实行回避制，更不是包括所有的学官。

隆庆五年（1571 年）七月，吏部上疏陈事，曰：“国家用人，不得官于本省，盖以亲族所在，难于行法；身家相关，易于为奸。此惟有民社之责者则然耳，若夫学、仓、释递、闸坝等官，其所司者不过训诲出纳之常，供应启闭之役，初非有民社之寄者也，而又其官甚卑，其家甚贫，一授远地，或弃官而不能赴，或去任而不能归，零丁万状，其情可矜。近例教官系边远人者，得授本省地方，甚以为便。乞令前项杂流得视此以例，酌量隔府近地铨补。”得到明穆宗批准。从此，地方府州县学官与各种未入流的杂职官，才可以在本省别府人员中选任，但本府人员仍须回避。

（资料来源：转引自滕新才《〈客座赘语〉作者顾起元传略》，《重庆三峡学院学报》2001 年第 5 期，第 56 页。）

三、官员考核制度

明清统治者总结历代王朝隆兴败亡之教训，十分重视官吏考核。明代考核规模超过以往历代，考核的立法简约严明，考核的标准是在全面总结和借鉴历代考核制度经验教训的基础上制定出来的。它一方面删繁就简，使考核标准更加贴近现实，操作性、可行性更强；另一方面增加了一些前代所不曾有的内容，使之更加完善。

考核标准方面，鉴于吏治日趋腐败，明代实行“三等八法”的考核标准。所谓“三等”，是指“称职、平常、不称职”三种政绩表现；所谓“八法”，是指“贪、酷、浮躁、不及、老、病、罢、不谨”等八种行为过失或问题。其中对是否“称职”的考核，并不仅看工作态度与成效，还要看所处职位事务的繁简而区别对待，在具体考核中均将事简职位较事繁职位降一等对待。即“简而称职，与繁而平常同”[①]。这种考核标准，对于鼓励官员的工作热情和创造性，打破考核上的平均主义，无疑具有积极的意义。

明代的考核分“考满”与“考察”两种。“考满，论一身所历之俸，其目有三：曰称职，曰平常，曰不称职，为上、中、下三等。考察，通天下内外官计之，其目有八：曰贪，曰酷，曰浮躁，曰不及，曰老，曰病，曰罢，曰不谨。考满之法，三年给由，曰初考，六年曰再考，九年曰通考。依《职掌》事例考核升降。诸部寺所属，初止署职，必考满始实授。外官率递考以待核。”[②]

“考满”是指对每个官员在任职年限中的政绩所进行的考核。“满三年为一考，六年再考，九年通考黜陟。”[③]考满的方法与唐宋时代相似，也是实行由下而上评议鉴定的方法。不过在具体形式上要复杂一些。明代考满要分成五个序列分别进行考核，亦即将京官、外官、杂职官、教官、吏员等分开考核。当每期任职届满，应考者还须亲自赴京，持主管上司发给的考核凭据向吏部报到，由吏部进行最后考核。这样考满才算完成。“考察”则是对官员是否有不称职或过失行为进行审查和处理的一种考核方法。它与考满相辅而行。外官考察采取“朝觐”方法，即亲自赴京由皇帝进行考核并予处分。具体考察事宜由吏部会同都察院负责，每三年一次，外任武官每五年一次。京官考察每六年一次：“以巳、

① 《大明会典》。

② 《明史》卷七十一《志第四十七》。

③ 《大明会典》。

亥之岁，四品以上自陈以取上裁，五品以下分别致仕、降调、闲住为民者有差，具册奏请，谓之京察。”[①]京察在某些特殊情况下也可临时举行，由皇帝决定，称为“闰考”或“不时考”。

清代停止了考满法，将考满法的功能并入考察法之中，并对京官和外官分开进行：“京官曰京察，外官曰大计，吏部考功司掌之。京察以子、卯、午、酉岁，部院司员由长官考核，校以四格，悬‘才、守、政、年’为鹄，分称职、勤职、供职三等。列一等者，加级记名，则加考引见备外用。纠以六法，不谨、罢软者革职，浮躁、才力不及者降调，年老、有疾者休致，注考送部。……大计以寅、巳、申、亥岁，先期藩、臬、道、府递察其属贤否，申之督抚，督抚核其事状，注考缮册送部复核。才、守俱优者，举以卓异；劣者，劾以六法；不入举、劾者为平等。卓异官自知县而上，皆引见候旨。六法处分如京察，贪酷者特参。”[②]即京察与大计都是三年举行一次，分别交叉进行。其负责主持者是吏部考功司。但部院各衙门及地方督抚藩臬等各级行政长官要事先配合组织考核，并由下往上、逐级考评“递察”。此外，都察院有关科道也要协助吏部考功司“纠检”考核事宜，以保证考核质量。

清代考核标准在沿明制的基础上有所变化。顺治时实行“四格八法”之制，嘉庆以后又改为“四格六法”之制。“四格”是：才能、操守、政绩、年龄。“六法”是：不谨、罢软、浮躁、才力不及、年老、有疾。其中，“四格”的每一格又被分为三个等级：“才则或长或平或短，守则或廉或平或贪，政则或勤或平或怠，年则或老或中或青。”[③]除涉及“六法”者有特殊处分办法外，将“四格”十二级标准结合起来考评，即得出被考者称职、勤职、供职等三个不同考核结论。

清代在考核标准上则更偏重于惩办腐朽，如“四格八法”之制，较之明代的考课更加规范化、标准化。[④]中国古代人事考核制度经过历代统治阶级的修订、补充和发展，到明清时期进一步通过《明会典》、《清会典》等从法律上确立下来。

纵观我国古代人事管理制度的演变过程，可以看出，历代王朝都比较重视对官吏的考核，都把考核作为一项重要的管理制度；有专门的考核机关，考核的目的均是为了黜恶陟善，考核的等第不仅直接关系到官阶的进退，还与俸禄

---

① 《明史》卷七十一《志第四十七》。

② 《清史稿》卷一一一《志八十六》。

③ 《清文献通考》卷五十九《选举考》。

④ 蒋亮平著：《中国古代人事考核运演轨迹与启示》，《党建研究》1999年第11期，第42页。

加夺官位的外迁、解职相关；多数朝代对官吏的考核都包括政绩、道德品质、治事才能、社会评价等内容，对政绩的考核一般有明确的项目规定，甚至是量化的标准；多数朝代考课立等和复考都有严格的程序。总之，凡比较明智的统治集团都把建立考核制度作为建设国家和巩固政权的基本任务，通过严格的考核来实现官吏队伍的不断更新和优化，从而造成兴盛的政治局面。同时也可以看出，凡是不重视官吏考核的统治集团，官吏队伍就会因循守旧，导致政局颓废。总的看，中国古代的官吏考核制度，为促进当时经济社会的发展、推动社会的进步发挥了一定的积极作用。

四、官员薪俸制度

明代官员的俸禄是典型的薄俸制，历来有“最薄”之说。薄俸制，严重影响了明代的政治生活，造成廉吏难支、贪风不息等恶果，加速了明朝的灭亡。

明代品官薪俸制度的最后确立是在朱元璋洪武二十五年。这一年朱元璋明确规定其臣僚的俸禄：“正一品月俸米八十七石，从一品至正三品递减十三石至三十五石，从三品二十六石，正四品二十四石，从四品二十一石，正五品十六石，从五品十四石，正六品十石，从六品八石，正七品至从九品递减五斗，至五石而止。”①终明一代，再没有发生重大变更。

明代文武百官薪俸的供给形式随着时间的推移而有异。“洪武时，官俸全给米，间以钱钞兼给，钱一千，钞一贯，抵米一石。”②永乐、洪熙、正统三朝实行米钞兼给制，只是洪武年间曾偶尔实行的钱钞兼给制中钞的部分比重逐渐增加。到成化以后，明确规定文武百官薪俸的供给形式有二，一为本色，一为折色。其中本色又分月米、折绢米、折银米三种。折色分本色钞、绢布折钞二种。月米，不问官员品秩高低，一律每月一石；折绢，绢一匹当银六钱；折银，六钱五分当米一石；折色钞每十贯当米一石，后增至二十贯；绢布折钞，绢每匹折米二十石，布一匹折米十石。其折钞的比例各因朝代、文武官员品秩的高低而有别。

明代官员的薪俸供给形式与明政府田赋的征收形式相一致。明初田赋几乎全征本色，因而政府的财政支出也相应地采取了实物供给的形式，明代官员的薪俸供给也不例外。永乐以后，明王朝田赋征收逐渐由实物征收制向实物货币兼征制转变，与此同时，明代文武百官的薪俸供给也由实物逐步向实物货币供

①《明史》卷八十二《食货六》。

②《明史》卷八十二《食货六》。

给制过渡。明代官员薪俸的折钞基本上是从明成祖统治时开始的。其折钞数量随朝代更换而不同。[①]

明洪武二十年（1387 年），取消岁米之外的俸钞，此次更定的岁禄标准，成为明代俸禄的标准定制：[②]

表 3-1 明代俸禄标准

官品	岁米（石）	官品	岁米（石）
正一品	1044	从一品	888
正二品	732	从二品	576
正三品	420	从三品	312
正四品	288	从四品	252
正五品	192	从五品	168
正六品	120	从六品	96
正七品	90	从七品	84
正八品	78	从八品	72
正九品	66	从九品	60

清代的俸禄制度大体上沿袭明朝的做法。从规定看，清朝正式官员的俸禄十分微薄，单纯优俸，不能保证廉政，但俸禄过低却会促成不廉。官吏俸禄不足时，必然要“取之于百姓”。因此官纪败坏，贪污成风，并且惩贪效果不佳，治标难以治本。雍正帝于 1727 年始创了养廉银制度，其办法是在正课赋税时将统一的火耗提解上交，然后再按期返回发给地方官，作为正俸之外的补助，以达保持和养成廉洁的操守，故称“养廉银”。但是，有关资料却表明，合法的养廉银是从非法的私征杂派演变而来，它是地方官赖以生存和生活的主要经济来源，其实和正俸无异。高薪养廉制的推行，受到了地方官的欢迎，在短时期内执行较好，也收到了某种“廉”的效果。道光以后，随着国力衰竭，不得不折发养廉银以充兵饷。后来由于签订了一系列的屈辱的赔款条约，清政府一度扣发官员俸禄以还债。这样，官员为求生存，不得不搜刮百姓，贪风兴起，不可遏制。

① 张兆凯、陈长泉著：《论明代俸禄制度演变的影响及原因》，《长沙理工大学学报》（社会科学版）2004 年第 3 期。

② 黄惠贤、陈锋主编：《中国俸禄制度史》，武汉大学出版社，2005 年 5 月，第 466 页。

清代官员的岁支俸标准：[①]

表 3-2　清代俸禄标准

官品	俸银	岁米（外官不支）
正从一品	180 两	90 石
正从二品	155 两	77 石 5 斗
正从三品	130 两	65 石
正从四品	105 两	52 石 5 斗
正从五品	80 两	40 石
正从六品	60 两	30 石
正从七品	45 两	22 石 5 斗
正从八品	40 两	20 石
正九品	33 两 1 钱 1 分 4 厘	16 石 5 斗 5 升 7 合
从九品、未入流	31 两 5 钱 2 分	15 石 7 斗 5 升

五、官员休假与致仕制度

明清时期，端午、中秋也规定为休假日，每年的十二月二十日到第二年的正月二十日，官员们还可以“封印”休息一个月。另外明代还有“国朝正旦节放假五日，冬至三日，元宵十日”[②]等共十八天的节假日。清朝的休假制度基本上延续前朝的规定，无太大的改变。鸦片战争后，随着大量的西方人进入中国，他们带来的七天一休的礼拜天制度开始在国内被认可和接受，后来逐渐取代了之前的旬休而成了公休日。

除了这些规定的节假日以外，对于一些个人的事件，历代也都有相应的规定。比如因病休假、因功休假、父母丧假以及其他的事假等。自汉代始，官员因病、因功、因事休假称为“告”。官吏告假到期，皇帝优赐其连续休假，成为赐告。如果因为某种政治因素，皇帝不能继续任用某个大臣，也可以用告归的方式免官。宁是丧假的专称，在“百善孝为先”的中国古代社会，官吏作为民众的管理者，在“孝”方面务必起到表率作用。父母亡故，为官为吏者要去行丧，行丧期间称为“宁期”。为鼓励和倡导“孝”的精神，对于父母亡故的管理，

① 艾永明著：《清朝官员制度》，商务印书馆，2003 年 12 月，第 134 页。

②《古今事务考》。

朝廷一般都会批准官员为父母守孝，称为“丁忧”，这便是丧假。

在休假制度中，还有婚假，唐代规定婚假九天，另有祭祖假、迁葬假等。明代还有送亲假及送幼子还乡假等，在官员休假制度中都有所规定。送亲假是京官有父母随任，年事已迈，奏请送还乡者，按地方远近给予一定假日。送幼子还乡假，是官员妻殁，幼子无人照顾，送幼子还乡的假日。这些假期反映了我国古代尊老爱幼的优良传统，但一般控制较严，不论是送亲假还是送幼子还乡假，都必须“行勘是实，官具奏，许在家两个月，违限半年以上者，送问”[①]。

休假制度的确立和完善是中国古代官吏管理制度的一项重大进步。它遵从了人的生理规律，有助于官员更好地更有效率地工作，保障了这些官员的权利。另外，休假制度的不断完善也体现了古代官吏管理的人性化的一面。

明清时期，封建专制主义中央集权高度发展，封建官僚机构已经相当完善，致仕制度也日臻完备。不仅致仕的范围扩大，而且致仕的待遇相当优厚，致仕年龄也有所下降。

《大明会典》卷十三《致仕》记载：“文武官员六十以上者，皆听致仕。”这也从侧面反映了当时“重朝气，忌暮气”的社会风尚。明初洪武元年（1368 年）令：“官员年七十者听令致仕，其有特旨选用者，不拘此例。”明朝致仕不纯因年龄，亲老亦许归养，但从万历时起，十官九缺，致仕制度陷于废弛。

清朝致仕的官吏，无论满汉大臣或以原品休致，或晋秩，或乘传还乡，或官其子孙，或给原俸，均出自特恩，不为定制。四品以下官告休，则以原品休致。但年老有疾恋职旷官者纠参，勒令休致。

思考题

一、名词解释

1. 人事行政
2. 世袭制
3. 察举
4. 征辟
5. 九品中正制
6. 科举制

二、简答题

1. 我国历史上的官员遴选制度主要有哪些？各自产生的历史背景如何？

---

①《大明会典》卷五。

2. 科举制取代九品中正制在历史上具有哪些进步意义？

3. 科举制度的主要特征是什么？如何评价科举制度的历史作用？

4. 如何认识回避制度的历史价值及影响？

5. 为什么说汉代《考功课吏法》的颁发被视为中国古代官吏考核制度最终确立的标志？

6. 试论薪俸水平与吏治好坏的关系？

7. 古代官员致仕的条件有哪些？

8. 致仕制度在人事行政制度中发挥着怎样的作用？

9. 明清官员考核制度有哪些异同？

10. 官员致仕后的主要待遇包括哪些内容？

第四章　中国古代监察制度

本章重点

1. 中国历代监察机构的组织和职能。
2. 中国历代监察制度的运行机制。
3. 中国历代监察制度的特征和利弊。

中国古代的监察机构是国家行政机构的重要组成部分，它担负着两大职能：其一，是整饬吏治、防腐肃贪、清明政治、制衡权力的功能，这主要是通过监察体制对“下”（各级官吏）的监察来完成的；其二，是规谏、纠误功能，这主要是通过监察体制对“上”（君主）的言谏来实现。因此，监察制度作为中国古代政治制度的重要组成部分，它实际上也分为御史监察和谏官言谏两大系统：御史负责纠举百官违失，谏官负责谏正皇帝或中央决策失误。二者相辅相成，均独立对皇帝负责。所以，有人认为监察制度“是调节封建国家机器的制衡器。它对于封建社会的政治有着重要影响。一般来说，它具有制衡、治官、监督、检察、弹劾、惩戒和教育之效能”[①]。即调节和制衡国家各政权机关的关系，弹劾和纠举国家机关及其官吏违法失职，规谏和纠正帝王和最高统治集团的失误。历代统治者也都十分重视监察制度在巩固和完善统治方面的作用，唐睿宗称它为“彰善瘅恶，激浊扬清”，“政之理乱，实由此焉”[②]。清朝的嘉庆皇帝说：“明目达聪，责在御史。”[③]也将监察制度看作关乎“政之理乱”的关键所在。

但是，中国古代的监察制度作为君主专制政体的重要组成部分，终究是为

① 邱永明著：《中国监察制度史》，华东师范大学出版社，1992 年，第 1 页。

②《唐大诏令集》卷一〇〇《令御史录奏内外官职事诏》。

③《钦定台规》卷一《训典一》。

君主专制政治服务的。从监察主体看，御史和谏官机构是由皇帝授权下的专职监察机关,监察主体虽然在一定程度上与行政机关相并行而具有一定的独立性，但是，作为君主授权的机构，君主自然不会是被监察的对象；从监察目的看，中国的御史监察是皇帝的耳目，为维护君主专制独裁服务的，这与欧洲监察制度抑制君权，防止专制独裁的职能相去甚远；从监察权看，监察机构的监察权处于皇帝的绝对控制之下，行使监察权往往是以皇帝的旨谕为准则，对“下”的监察自然不会限制君主，对“上”的纠弹讽谏能否奏效，当然主要还得取决于皇帝的个人意愿。

中国古代的监察制度自夏商周草创，秦汉形成，之后历代相沿，直到清代，经历四千多年的发展和演变，形成一整套特点鲜明的监察体系。

第一节　夏商周时期的监察制度

夏商周三代是中国古代监察制度的萌芽时期。在分封政治体制之下，国家政体属于封建体制，夏商周三代的国王与被分封的诸侯国形成中央和地方两种特质迥异的统治机构。国王与诸侯的政治关系并非后世中央集权政体之下的中央和地方两级政府，诸侯国事实上是完全独立的政治实体，国王不可能直接在诸侯国的机构中设置监察官员。在王国或诸侯国的国家事务中虽然已经有了监察的因素或监察的活动,但由于这一时期国家机器尚处在创立和逐步完善时期，机构相对简化，还没有出现专门的监察机构。西周时的天官小宰其职“掌建邦之宫刑，以治王宫之政令，凡宫之纠禁”[①]。贾公彦疏云：“纠为纠举其非事，已发者依法断割之，事未发者审察之，云若今御史中丞者。”这显然已经有了监察的职能。春秋战国时，各国都设御史之职，“执法在旁，御史在后”[②]。御史一般掌管外来使者的“献存”，充当国君身旁的书写记事以及对一些失礼违法官吏的督纠。至此，各国中央机构中已经有了专门化的带有监察性质的机构——御史，御史在执掌书写记事和传达法令的本职之外，尚兼有监察的使命，但严格说来，这一时期专职的监察机构尚未产生，作为一种严格意义上的监察制度也还没有建立起来。

① 《周礼・天官・小宰》。

② 《史记・滑稽列传》。

一、夏商周时期的监察机构及其职能

夏商周时期尽管还没有严格意义上的监察制度，但作为政权机关对行政官员的监察活动已经出现。

首先，由于夏商周时期还具有浓厚的神权色彩，王权和神权相结合，给王权披上了神权的外衣，国家机构中神权职位如史、卜、尹等掌管占卜、祭祀等活动，也可能被国王派往地方担任官吏，因此，“在夏商国家组织中，由神祇官巫和史所组成的谋议系统，对行政系统起着监察和制约的作用”。

其次，据《周礼》记载，西周时期已经有了兼任监察职能的官吏，主要有小宰、太宰、史官和司士。小宰和太宰主持官吏的考核，考核内容有六项：“一曰廉善，二曰廉能，三曰廉敬，四曰廉正，五曰廉法，六曰廉辨。”这六项内容可以概括为两大方面，一是行政能力，二是行政规范。[①]史官和司士则具体监察百官的过失。《周礼》载：“大史，掌建邦之六典，以逆邦国之治；掌法，以逆官府之治；掌刑，以逆都鄙之治，凡辨法考焉，不信者刑之。”“内史，掌王之八柄之法以诏王治……执国法及国令之贰，以考政事，以逆会计。”司士的监察职能，《周礼》亦讲得明白：“掌国中之士治，凡其戒令，掌摈士者，膳其挚。凡祭祀，掌士之戒令，诏相其法事，及赐爵。”《周礼》成书较晚，所记官制大概有后代儒者的美化和加工，但到西周时期已经存在了半专门化的监察机构应该是可信的。

再次，到战国时期，中央集权的政治体制得以确立，各国中央对地方的监察显得越来越重要，封建世袭制度的解体也为监察机构的运行创造了条件，各国开始在政府体系中设立专门化的监察机构，实施对地方的经常性监察，首先在各国出现的专门监察官员是御史。《战国策·韩策三》载：“安邑之御史死。”这里的安邑御史，显然是中央派驻安邑的监察官员，在地方任职。《韩非子·内储说下》：“卜皮为县令，其御史汙秽而有爱妾，卜皮乃使少庶子佯爱之，以知御史阴情。”这名御史显然是中央派驻县的监察官员。《秦会要订补·职官上》引元代学者吴师道云：“《大事记》[②]云：‘六国已遣御史监掌矣，非独秦也。’”可见，战国时期各国都已设立了御史一职。董悦《七国考·魏官职注》也载：“六国已遣御史监郡，不自秦始也。”再如，《秦会要订补》载：“秦赵之会，御史书事，而淳于髡亦云御史在前，掌记事、纠察之任也。”[③]秦赵和齐国显然都

① 关文发、于波主编：《中国监察制度研究》，中国社会科学出版社，1989年，第3页。

②《大事记》是宋代吕祖谦的著作。

③ 徐复著：《秦会要订补·职官上》，中华书局，1959年，第202页。

设有御史之职。

二、夏商周时期的监察运行机制

夏商周时期的监察制度，除了中央（王国）和诸侯国的各级行政机构，对官员和行政活动的监察之外，主要是作为中央的国王对分封诸侯国所实施的监控制度。主要有三种监察机制。

第一，由国王派遣使臣巡察诸侯国。商代甲骨文中有“东吏来”、“乃令西吏”等记载，据陈梦家考证，这些“东吏”、“西吏”，“当指派至于东或于西的使者”[①]。这些使者的使命应该包括到地方为商王监察诸侯的职任。

第二，以同姓诸侯国或亲信诸侯国监察相邻的诸侯国。如商末纣王无道，设炮烙之刑，残杀诸侯，西伯（即周文王）姬昌“闻之，窃叹”。邻近的商王亲信诸侯崇侯虎立即上报纣王：“西伯积善累德，诸侯皆向之，将不利于帝。”于是，纣王“囚西伯于羑里”。再如，周初封商朝的遗民于宋，对商朝遗民的监督，即由管、蔡、霍三位诸侯担任，史称“三监”。

第三，以天子巡行的方式监察诸侯国。[②]三代君主时常巡行天下，以省视诸侯国，目的显然是对诸侯国进行监察。春秋战国时期，特别是战国以后，随着各个国家旨在加强中央集权的政治改革的进行，在各国新的集权政治体制中，开始出现了专门化的监察机构，监察机制也逐步趋向程式化。一是御史在行政过程中的纠察机制。《史记·滑稽列传》载，齐威王大宴群臣，“执法在旁，御史在后”，淳于髡因怕御史纠其失礼，便不敢放肆痛饮。二是派遣监察官常驻地方。

第二节　秦汉时期的监察制度

秦汉时期是中国监察制度正式形成的阶段。秦统一后创建御史大夫府为中央监察机构，统领御史中丞、侍御史或柱人御史组成监察机构，以纠察百官。在地方设置监郡御史。汉承秦制，在中央设御史府的同时，增设丞相司直和司隶校尉为中央监察官，在地方设立十三部刺史，监察地方二千石长吏，并制定了第一个专门性的地方监察法规，给事中与谏议大夫等言官也已问世。

① 陈梦家著：《殷墟卜辞综述》，中华书局，1988年，第520页。

② 以上三条内容参见李小树著《秦汉魏晋南北朝监察史纲》，社会科学文献出版社，2000年，第2页。

一、秦汉时期的监察机构及其职能

（一）中央监察机构及其职能

1. 御史府（台）

秦始皇建国之初，就设立了御史大夫。《汉书·百官公卿表》："御史大夫，秦官，位上卿，银印青绶，掌副丞相"，辅佐丞相治则天下，同时掌管监督百官之大权。御史大夫的官署为御史府，御史府在西汉又称为御史大夫府，与丞相府合称"二府"。

秦始皇设立御史府的目的，是使其监督各级官吏，满足其专制皇权的需要。加上御史大夫掌副丞相的职务，因此，御史府地位高显，职权重大。汉承秦制，中央仍设御史大夫，其职"掌副丞相，有两丞，秩千石，一曰中承，在殿中兰台，掌图籍秘书，外督部刺史，内领侍御史员十五，受公卿奏事，举劾按章"①。是集行政、秘书、监察三职为一身的政府高级官员。从西汉中期以后，御史府的地位进一步提高，并逐步从行政系统分离出来。东汉以后，御史府又称为宪台、御史台、兰台寺。

其主要职权大致有以下几项：

（1）辅佐丞相总理国务。御史大夫为副丞相,官位仅次于丞相，当丞相缺位时，则由御史大夫递补，在法定制度上，有其特殊的地位。"御史之官，宰相之副，九卿之右，不可不选。"②

（2）掌管公卿百家奏事的奏章，掌律令、文书、档案等。秦朝没有设置专门主管文书的尚书令，凡是天子诏令，均由御史大大负责起草，转发宣示。同时，公卿百官的奏事，由中丞御史收受，转给御史大夫，再转奏给皇帝。

（3）参与朝仪、商议大政。御史大夫与丞相一起参与朝会。在朝会时，御史大夫居丞相之后。而且朝廷每有大政，如立君、立嗣、封赏、宗庙典礼、法制、边务等，御史大夫都要与丞相共同商讨。"议大政，必下丞相御史。其廷署，古曰府，近曰台。"③

（4）典正法度、察举非法，负责监督检察公卿百官，这是御史大夫府的本职。实际上，典正法度的职任包括两个方面。一是御史府有部分司法权。"按法审核，察举非法。"在监督百官公卿执法的过程中，可以奏请并主持制定、修改法制律令。二是御史府有执法权。具体的说，就是行使弹劾权，察章举劾，督

---

①《汉书·百官公卿表》。

②《汉书·朱云传》。

③ 李华著：《御史大夫厅壁记》，转引自《历代职官表》。

察内外，察举非法，整肃纲纪。

此外，还有掌符玺、监督军事、考核官吏等职掌。

御史大夫的主要官员有御史丞、御史中丞、侍御史等。在西汉末年，御史大夫改为大司空以后，御史中丞就成了专司监察工作的御史台的首长，至此，中央就有了专掌监察的机构。其职掌，据《汉书·百官公卿表》可以概括为四个方面：一是管理国家档案，“掌图籍秘书”；二是领导对地方政府进行监察，“外督部刺史”；三是领导中央监察组织，“内领侍御史”；四是主持对百官的监察，“受公卿奏事，举劾按章”。

2. 丞相司直

汉武帝时期，在御史台系统之外，设置丞相司直，执掌监察职权。

丞相司直是丞相府直辖的监察官员。其职责是“掌佐丞相，举不法”，即代表丞相对行政系统的官吏进行监督，简称司直。《汉书·百官公卿表》载：“武帝元狩五年，初置司直，秩比二千石，掌佐丞相，举不法。”司直的职能是在丞相的领导下进行行政组织内部的监察，除丞相（司徒）属下之中央行政组织外，还“助督录诸州事”。①丞相司直的地位，比御史中丞高，监察的范围也很广泛，所谓“职无不监”，凡属政府之官吏，无论是州郡官，还是中都官，甚至副丞相、近臣，都在监察范围之内。

3. 司隶校尉

司隶校尉是西汉时设立在京师地区的监察长官。司隶校尉组织创自汉武帝时期。《汉书·百官公卿表》说：“司隶校尉，武帝征和四年初置，持节从中都官徒千二百人，捕巫蛊，督大奸猾。后罢其兵，察三辅、三河、弘农。”汉武帝创置司隶校尉的初衷，是为调查巫蛊案件。但巫蛊案件结束后，司隶校尉为便于工作由临时机构转变为京师地区的常设监察机构。

司隶校尉的职能不仅是监察三辅、三河、弘农地区各郡官吏，而且可以监察中央政府官吏。到了东汉，司隶校尉发展到负责监察京畿及其附近的要害地区，计有三辅（东京兆尹、左冯翊、右扶风）、三河（河东、河南、河内）、弘农等七郡，并领一州（司州）。司隶校尉直接对皇帝负责，监督三公以下百官及七郡政事，位在九卿之上。《汉官仪》云：“司隶校尉纠皇太子、三公以下，及旁州郡国无不统。”因为身临京师重地，后来发展到了凡中央机关及其官员，京师附近诸郡长吏，住京贵戚及进京述职的郡县吏员使者等，都为其监察对象，成为不论尊卑、无所不纠的要官。如汉成帝时，身为三公的丞相匡衡两次被司

① 《续汉书·百官志》。

隶弹劾，其中有司隶王骏弹劾他“背法制，专地盗土以自益”，结果匡衡被免为庶人。[①]

（二）地方监察机构及其职能

1. 监御史

《史记·萧相国世家》载：“秦御史监郡者与从事，常辨之。”《集解》引苏林曰：“秦时无刺史，以御史监郡。”这说明秦已有了对地方的监察。但秦至汉初，对地方的监察仍处于创制阶段尚未定型。中央对地方的监察或派御史出任，或由丞相遣史分刺郡国，派驻地方的监察官员称监御史，亦称监察御史。

汉代地方监察制度的建立，始于惠帝二年。《汉旧仪》载“惠帝二年，相国奏遣御史监三辅、郡”，由此确立了汉代御史对地方的监察制度。郡监御史的职权，是“察辞诏凡九条”。关于九条的内容，《唐六典》作：“词讼、盗贼、铸伪钱、狱不直、徭赋不平、吏不廉、吏苛刻、逾侈及弩力十石以上，作非所当服，凡九条。”概括起来，包括了对官吏和百姓监察两大内容。《汉旧仪》说：“监者二岁更，常以中月奏事。”《通典》作：“常以十月奏事，十二月还监。”说明监御史要定期轮换，并定期到中央汇报工作。这也是对监察机构和官员的一种监察机制。

2. 刺史制度

“刺者，言其刺举不法；史者，言其为天子所使也”[②]，刺史是派遣到地方的常驻官员，每年必须“诣京都奏事”。“文帝十三年，以御史不奉法，下失其职，乃遣丞相史出刺，并督监察御史。”[③]汉代刺史的名称即发源于此，它由出刺郡国的丞相史简化而来。元封元年，汉武帝下诏罢去了诸州监察御史。元封五年，汉武帝“初置刺史部十三州”[④]，“掌奉诏条察州”[⑤]，“周行郡国，省察治状，黜陟能否，断治冤狱”[⑥]，自此，州部刺史制度，正式取代了监御史体制。

刺史权虽重，但只能“六条问事”：一条，强宗豪右，田宅逾制，以强凌弱，

---

①《汉书·匡衡传》。

② 王应麟：《玉海》卷一三一《官制·汉部刺史》。

③《通典》卷三十二《职官十四》。

④ 元封五年（公元前 106 年），汉武帝将全国一百零三个郡划分为十三州部，即冀、幽、并、兖、徐、青、扬、荆、豫、益、凉、朔方、交趾。这十三州部是纯粹的监察区，每州置刺史一人，为巡察官性质，每年秋天周行郡图刺举不法，汉武帝创置的十三州部刺史，秩六百石，“假刺史印绶，有常治所”，主要负责监察二千石地方长吏。

⑤《汉书》卷六《武帝纪第六》。

⑥《汉书》卷十九上《百官公卿表七上》，转引自《汉官典·职仪》。

以从暴寡；二条，二千石不奉诏书，遵承典制，背公向私，旁诏守利，侵渔百姓，聚敛为奸；三条，二千石不恤疑狱，风厉杀人，怒则任刑，喜则任赏，烦扰刻暴，剥戮黎元，为百姓所疾，山崩石裂，妖祥讹言；四条，二千石先署不平，敬阿所爱，蔽贤宠顽；五条，二千石子弟怙持荣势，请托所监；六条，二千石违公不比，阿附豪强，通行货赂，割损政令也。[①]六条之外，概无权插手。除六条问事外，还有一条不成文的规定，刺史的职能就是监察各诸侯王。

3. 郡一级置督邮，监察县级官吏

秦朝郡守负有监察地方的职责。《睡地虎秦墓竹简》有一组简记录了南郡郡守向属县、道发布的一篇文告说："今法律令已布，闻吏民犯法为间私者不止，私好、乡俗之心不变，白从今、丞以下智（知）而弗举论、是即明避主之明法殹（也），而养匿邪避（僻）之民。如此，则为人臣亦不忠矣。若弗智（知），是即不胜任、不智殹；智（知）而弗敢论，是即不廉。此皆大罪……今且令人案行之，举劾不从今者，致以律，致及令、丞。有（又）且课县官，独多犯令而令，丞弗得者，以令、丞闻。"这篇文告说明郡守负有派人监察属县的责任和权力。

西汉初期，对县一级的官员尚未有严密的监察体制。汉武帝时，在置十三州部刺史的同时，郡一级设置督邮，"掌监属县，有东、西、南、北、中部，谓之五部督邮也，故督邮，功曹郡之极位"[②]。当时的督邮"分明善恶于外"[③]，主要负责监督所属县官吏的违法行为。

在监察方式上，西汉督邮对县级官员的监督，只有查清罪状上报郡守的权力，而无处理权。西汉督邮有常设的官署，除监察官吏以外，还有按验等其他职能。

二、秦汉时期的监察运行机制

秦汉时期的监察制度已经逐步得到完善，并且形成了一整套相对独立的监察运行机制。监察过程中的监察方式，概括起来主要有审核稽查文书、巡察、亲临现场督察的随事监检、采用参政方式的实时监督、利用受理检举申诉途径的事后监督等几种方式。

1. 审核稽查文书

从行政文书中可以取得信息反馈，了解到法令执行的情况，作为制定和调

① 《汉书》卷十九上《百官公卿表七上》，转引自《汉官典・职仪》。

② 《春明梦余录》卷二十五《六科》。

③ 《明会要》卷三十三《职官五》。

整统治阶级政策的依据，有利于统治者制定出比较切合实际的政策法规。还可以及时了解官吏优劣的真实情况，是监察信息的重要来源。所以，实行全过程地审核稽查文书就成为封建监察制度的最基本方式和手段，并形成了一套呈送审核、催办注销等一系列严密的程序。

2. 受公卿奏事，举劾案章

这是秦汉时御史通过收受文书进行监察官吏的一种手段和方式。所谓“受公卿奏事，举劾案章”，就是通过接受公卿奏事文书，如发现有违失则纠劾之。当时各衙门上奏给皇帝的文书是由御史中丞受理的。御史大夫负责掌管文书、档案，包括皇帝的诏令、律令、臣下的奏章等。全国最高相府所受理的公文，行政机关主要由丞相司直审查。《后汉书·马严传》：“故事，州郡所举上奏，司直察能否，以惩虚实。”这是说，郡国选举应有上奏文书，陈述选举理由，然后司直审核之，调相府时，司直查被选举者的情况，验证文书所言虚实。文书通过审查时发现不法行为，随即纠举。

3. 巡察

第一，巡行郡国，以六条监察郡守、国相、诸王。发现有六条所列的不法行为时，刺史有权进行弹劾，并及时报请上级监察机构处理。

第二，考察地方治理情况，断治冤狱，及时把情况向中央政府汇报。刺史在行部时，不但监督郡守、诸侯王有无违法行为，而且还要考察所辖郡国的治理情况、教化如何、官吏的政绩，乃至开荒垦田、粮食收成等状况。此外，还要察核所辖郡国的狱案。各郡国都必须备有关于案犯情况的清册，以供刺史查实，若发现有冤狱，就立即交郡太守办理，给予纠正。

第三，刺史还有权向中央荐举人才。“部刺史居牧伯之位，秉一州之统，选第大吏，所荐位至九卿。”[①]《汉书·武帝记》载：汉武帝在设刺史的同年，就下诏“令州郡察灾民有茂才异等可为将相及使绝国者”，以改变“名臣文武欲尽”的局面。此后，举荐人才也就成了刺史的一项职责。刺史发现人才，可以随时向中央政府推荐。

4. 采取亲临现场督察的随事监检

凡遇国家重大政事、礼仪、经济和军事等活动，监察官亲临现场实行监督，这是中国古代常采用的一种监督方式。这种监督方式在御史产生之日就开始实行了。秦汉以后，御史现场监察范围非常广泛，凡遇朝会、祭礼、仓库出纳、犯人斩决、军队出征等，都有御史前往监视，并逐渐制度化。

① 《汉书·朱博传》。

5. 参政方式的实时监督

参政监督，就是监察官通过参与国家有关政务工作来实施监督。它既是一项监察权力，又是一种重要的监察途径。参政监督可分为直接与间接两种形式。直接形式是监察官通过直接参与国家行政、经济、司法等活动进行监察。间接形式是监察官通过议政，对国家和社会事务管理提出意见、建议，辅佐决策，运用谏诤权发表对国家各类重大问题的见解、建议，参助决策。中国古代参政监督具体是通过知政、议政、参政等层次性的途径实现的。

此外，御史参与会审是中国古代监察机关对司法工作进行监督的传统方式和主要途径，也是维护法律正确实施的重要手段。在中国古代，对一些重大疑难案件或诏狱往往采取多方联合审讯，其中御史属于会审法官之一。御史参加审判活动，责在监督和参与审判活动，防止法官一人武断专横所有狱讼大案。如《汉书・王嘉传》载，汉哀帝时，息夫躬、孙宠等上书告东平王云犯“谋弑上为逆”罪，“廷尉梁相与丞相长史、御史中丞及五二千石杂治东平王云狱”。御史中丞参与会审案件，是作为法律监督机关参与司法审判，执行查核监督的职责。它不是一种事后纠错的审判监督程序，而是一种直接参与审判的现场监督。它有利于制止官吏的枉法舞弊，避免一些冤狱的出现，减少一审的失误或纠正原判中的错误。

6. 受理检举申诉

受理吏民的检举揭发控告是监察机关监督官吏的重要依据，也是监察官获取官吏不法行为信息的途径之一。因此，中国古代统治者不仅赋予监察机关受理涉及官吏非法违失的检举和控告，而且提供多种受理检举、上诉的途径，以保证检举诉讼渠道的畅通。如，设登闻鼓、立肺石、受理检举诉状等。

综括上述诸种监察方式和途径，具有多样化、系统性的特点。各种监督方式之间相互制约、互为条件、互相补充，形成事前、事中、事后相互关联配套的严密监督方式。其中通过文书报送、审核、封驳、备案以及监官随时谏诤、入阁议事、知政参政等形式进行事前稽察，形成了一套较严格的对决策的前馈监督制度，起到了防患于未然的监察作用。

三、秦汉时期监察官员的选拔、考核与奖惩制度

（一）选拔制度

秦汉时期，选拔监察官员的标准和条件大致可概括为以下四个方面：

第一，忠于君上、恪于职守、清廉刚直、严格执法、不畏权势、敢谏敢言。这是秦汉时期选拔监察官员的首要条件。例如，汉初的申屠嘉，其人虽“无术

学”，但“刚毅守节”，“为人廉直，门不受私谒”，因而在惠帝时得迁升御史大夫。[①]魏相“为人严毅”，早在河南太守任上，即以“治郡严”，“禁止奸邪、豪强畏服”而著称于世，因此在宣帝时被提拔担任御史大大。

第二，学识宏博，通经懂史。像魏相、盖宽饶均在少时即钻研经学，通过举贤良方正、对策高第而入仕。翟方进亦少时孤寒饱学，“经博士受《春秋》。积十余年，经学明习，徒众日广，诸儒称之”，射策甲科入仕。[②]

第三，通律明法是选拔监察官员的重要条件。《历代职官表》曾经提到：“前汉御史多以刀笔吏积劳得之。后汉始以公府掾属选补。”[③]就是这种情况的客观反映。如西汉著名的监察官何武，他“兄弟五人，皆为郡吏，郡县敬惮之”。[④]何武亦因此而历任谏大夫、扬州刺史、司隶校尉、御史大夫等宪职。有“酷吏”之称的张汤，也是刀笔吏出身。当然，汉代从刀笔吏中选拔监察官，其着眼点正在于他们大多熟习法令律例。因此，许多明法通律之人，虽然不是刀笔吏出身，也能跻身于监察官的行列。如西汉高密大族郑崇的父亲郑宾，“明法令，为御史”。[⑤]东汉时的陈球，出身于世宦之家，历史上很著名。

第四，注重资历与政绩。一般来说，在汉初的一段时期，高官任职人多重军功，即所谓“汉兴二十年，天下初定，公卿皆军吏”。[⑥]但是自文景之后，一切渐趋正常，任官便改重资历与政绩，选用监察官员亦不例外。御史大夫作为监察系统的长官，其要求自然也就非常高。

（二）考核与奖惩制度

监察官的考核制度是封建监察制度的一个组成部分，是监察管理工作中的一个重要环节，也是督促监察官忠于职守的有效手段。对监察官的管理，如果离开了考核与奖惩，监察绩效则无法得以评估，监察工作等于失去了控制和监督。因此，历代封建统治者十分重视对监察官的考核，并在实践中逐步建立了一套监察官的考核制度。

秦汉时期非常重视对监察官员的考核和管理。所有监察官员都毫无例外地必须参加每年一小考、二年一大考的常规考核。其中中央监察机构的长官大多是由皇帝亲自考核，辅官与属官由主管长官考核，各州刺史则由御史中丞负责

---

① 《汉书》卷四十二《申屠嘉传》。
② 《汉书》卷八十四《翟方进传》。
③ 《历代职官表》卷十八《都察院上》。
④ 《汉书》卷八十六《何武传》。
⑤ 《汉书》卷七十七《郑崇传》。
⑥ 《汉书》卷四十二《任敖传》。

考核。

对于尽心尽职、功勋卓著的监察官员，朝廷都给予奖赏。奖赏非常丰厚，奖励的方式也是多种多样。除一般的通令表扬外，还有赏物、晋级、加思追赠、画像嘉奖等。

秦汉时期，对于监察官中渎职枉法的，惩罚也相当严厉。监察官员不胜任监察工作时，朝廷就将其调离。这又分转与左迁两种情况。转即改任他职，秩禄不变。左迁即降职任用。如，宣帝五凤二年，御史大夫萧望之因为“廉声不闻，傲慢不逊，左迁为太子太傅”。[①] 革职，是对监察官员较严厉的处分。两汉书关于这方面的记载很多。汉成帝建始三年，御史大夫张谭为选举不实致罪，被免职。监察官吏触犯刑律，也要受刑事处分。特别是触怒皇帝，轻则身陷囹圄，重则性命难保。御史大夫赵玄，任职仅五个月就被捕入狱，刘辅为谏议大夫，因谏诤触犯“圣”怒，下狱。监察官员若严重违背政府的政治纪律，或者贪污枉法，一般要处以死刑。

第三节　魏晋南北朝时期的监察制度

魏晋南北朝时期是中国监察制度的发展阶段。中央御史台脱离少府，直接受命于皇帝，成为与行政体系并行的、独立的专门机构；同时，废司隶校尉，使监察机构初步统一，监察权扩大，自王太子以下无所不纠。谏官系统开始规范化、系统化，南朝建立了专门负责规谏的中书省。

一、魏晋南北朝时期监察机构的设置及其职能

（一）中央监察机构及其职能

1. 御史台

魏晋南北朝时期的中央监察制度多沿汉制，其机构亦称御史台或称宪台。从魏开始，御史台从少府分裂出来，成为直接受命于皇帝的最高中央监察机关，以御史中丞为最高长官。南朝的齐、梁和北朝的北魏、北齐分别称之为南司或南台，北周则称宪司。

御史台的机构设置、人员配备较为齐全。虽然设御史大夫一职，但是台主仍是御史中丞。中丞在曹魏时称“宫正”，北魏称“御史中尉”，北周仿古称“司

① 《汉书·萧望之传》。

宪中大夫”。一般下设有治书侍御史二人，监察官吏，举劾不法，并组织领导侍御史。御史中丞负责治书执法、掌奏劾，治书侍御史掌律令，并分管侍御史诸曹。侍御史分五曹监察：治书曹，掌度支运；课第曹，掌考课；供曹，掌祀祠；尉马曹，学厩马；乘曹，掌护驾，其官品同治书侍御史。殿中侍御史，居殿中，监察违法者，或引被纠官员下殿。此外还有禁防御史，三台（尚书、都水、符节）和五都（长安、谯、许、郑、洛阳）侍御史，督军粮治书侍御史和督军。[①]

魏晋南北朝时期，监察官日益位尊望崇。中丞显赫之时，不仅“自皇太子以下，无所不纠”，就是皇帝对他也敬重三分。“中丞则职无不察，专道而行，驺辐禁阿，加以声色，武将相逢辄致侵犯，若有卤箔，至相殴击。”[②]北朝甚至规定，对违反上述礼仪的人，中丞都可以“棒打”。北齐武成帝的使臣便因冒犯了御史中丞琅琊名俨的仪仗，被打得落花流水。寿阳公主的宫车被中丞高恭打碎了，皇兄还要代她赔礼。御史中丞权限甚至扩大到可“风闻奏事”的程度。

2. 司隶校尉

西晋袭汉制，仍设司隶校尉，至东晋罢除。西晋司隶校尉的属官有“功曹、都官从事、诸曹从事、部郡从事、主簿、门下书佐、省事、记事书佐、诸曹书佐守从事、武猛从事等员，凡吏一百人，卒三十二人”[③]。司隶校尉的监察职能、监察对象与御史台相同。《通典》称：“晋亦因汉，以（御史）中丞为台大，与司隶分督百僚。自皇太子以下，无所不纠。初，不得纠尚书，后亦纠之。中丞专纠行马内，司隶专纠行马外。虽制如是，然亦更奏众官，实无其限。”

由于自东汉末起州已成为地方一级行政单位，曹魏、西晋相沿不改，司隶校尉既领司州，因而其职掌中也逐步增加了行政和军事职能，与刺史相似。但是纠举朝廷百官仍是其主要职掌。由于司隶校尉和御史台职权多有重叠，影响办事效率。至东晋，御史台的监察权力不断提升，司隶校尉却逐渐转向行政。东晋孝武帝太元年间则干脆在御史台下设检校御史取代司隶校尉，以实现监察权的相对统一。这样，原属司隶校尉的监察权几乎都并入了御史台。

3. 谏官系统的完善

汉末魏晋时期，随着三省制的形成，谏官组织逐渐隶属于门下省，这是谏官制度规范化最重要的一步。在这一过程中，本来就具备独立性的谏议大夫、

---

① 《晋书·百官志》。

② 《南齐书·百官志》。

③ 《晋书》卷二十四《职官志》。

给事中等谏官，逐步归属门下省，摆脱了与众大夫、郎、谒者混杂的局面，而且，以规谏匡正为职掌的谏官组织在门下省内部设置了自己的专门官署——集书省。门下省长官侍中原来也具有谏官的职权，随着三省制的发展，侍中的权力也日益扩大，从“尽规献纳纠正违失”的谏官演变为最高行政官员，为了限制侍中的权力并对其进行监督，常侍、谏官大夫、给事中等谏官逐步与侍中划分职权，形成了一个以散骑常侍为首，下为谏官大夫、给事中等职官，其职权较为明确的完备的谏官系统。

4. 校事

三国两晋南北朝时期，是中国大分裂大混乱时期。社会动荡，打破了原来的统治秩序，频繁而不定的战争，使得原先的监察组织不能适应。于是在三国时期，为了更好地发挥监察效用，各国都设立了校事制奸等军事性的监察组织，《三国志》载:“昔武皇帝大业草创,众官未备,而军旅勤苦,民心不安,乃有小罪,不可不察,故置校事,取其一切耳。”以后又进一步扩大职权，成了“上察官府，下接百司”的机构。

校事虽本身地位较低，但在其诞生之际便打上了天子亲信和军事执法官的烙印。在其从初设时只是一种适应战事监察的职务，转而被引入朝中后，更成为凌驾于百官之上的特殊监察官，职掌甚至超越了其他所有的监察官。又因其皇帝亲信的身份而具有法外行使权力的可能，校事凌驾于法律之上执行法律，因此在维护法律的同时又难免破坏法律。曹魏后期皇权衰落，校事制度也随之取消。

5. 左丞

汉时尚书左丞“总典台中纲纪，主持正统”，没有监察权，自西晋时起，尚书左丞也具有了一定的行政监察职能。“左丞主台内禁令，宗庙禄祀，朝仪礼制，选用置吏，乞假，兼纠弹之事。”[①]但是，尚书左丞纠察范围比较小。魏晋以来，左丞主弹奏之座，其监察对象首先是尚书令、仆射和诸曹尚书，其次是尚书以下的众官。

6. 典签

典签，原是一种处理文书的吏员。南朝宋、齐时，鉴于世族势力咄咄逼人，威胁中央，因此国家多以宗室子弟为州郡军政长官（刺史、太守或都尉）。同时，君主常常派寒门出身的亲信官员出监地方，牵制地方官吏的权力，这种监察官就叫“签帅”或“典签”。典签的职位很低，但他们倚恃皇帝的信任，可以代替

① 《晋书·华表传》。

地方官批阅公事公文，地方官向中央呈奏的公文也必须由典签副署，诸侯王的一举一动都受到他们的监督。典签以区区小吏，可以动辄掣肘地方官行事，俨然成为地方官的上级。当时有人说："谈州唯闻有签帅，不闻有刺史。"[①]总之，典签制是寒门兴起的产物，是南朝统治者强化皇权、加强地方监察的重要措施。南朝典签制始于宋，盛于齐，衰亡于梁，前后约经六七十年之久。梁武帝在政权初步稳定后，朝廷公开给诸王宗室以实权，取消了典签监视诸王的制度。

（二）地方监察机构及其职能

东汉末年，原负责监察地方的刺史转化为兼管军政的州牧。曹魏时，为强调刺史的监察本职，复改州牧为刺史。西晋惠帝末年曾规定刺史每三年入奏一次，其监察机构也逐步建立。相对于中央的御史台，号称"外台"。《通典》载："刺史衔命，国之外台，其非所部而在境者，刺史并纠之。"也就是说，不论是何地之人，只要在刺史辖境之内犯法，他都有权纠治，比起汉代刺史只辖本州人是一个突破。但是刺史领兵之弊犹存，以至于大多忙于练兵牧民，争权夺利，窥视朝政，察吏之事鲜有过问力行了。

由于刺史监察制度的废弛和司隶校尉被撤，东晋以后，这个时期再也没有出现固定的地力监察机构。每有事端，只能由中央临时派出监察官员。御史应命出巡，称为"台使"，负责品评地方官吏的善恶，凡是刑狱不恤、政治乖谬、伤民害教的事，都在训治之列。但不少台使以权谋私，"朝辞禁门，形态即异；暮宿村县，威福便行"[②]，敲诈勒索，任意渔猎，不仅不能肃正地方吏风，反而败坏政教。

总之，这一时期因不曾建立一个强有力的中央集权，故地方监察不如中央监察。

二、魏晋南北朝时期的监察运行机制

魏晋南北朝时期，在继承先前的监察方式的基础上又有了新的突破。遣使出巡和风闻奏事是这一时期比较有特色的监察方式。

1. 遣使出巡

遣使出巡是晋代中央监察地方的重要方式。晋武帝对这种监察方式尤为重视，曾多次下诏遣使巡察州郡。《晋书·武帝纪》载：泰始二年（266年）正月，"遣兼侍中侯史光等持节四方，循省风俗，除禳祝之不在祀典者"。泰始四年六

① 《南史》卷四十四《巴伦王子伦传》。

② 赵翼：《二十四史劄记》卷八。

月，诏令“郡国守相，三载一巡属县”。同年七月又“遣使者侯史光循行天下”。并诏刺史二千石长吏曰：“今使使持节侍中副给事黄门侍郎衔命四出，周行天下，亲见刺史二千石长吏，申谕朕心，访求得失损益诸宜，观省政教，问人间患苦。……还具条奏，停战昭然鉴于幽远，若亲行焉。大夫君子，其各悉乃心，敬乃事，嘉谋令图，苦言至戒，与使者尽之，无所隐讳。”①

北魏也普遍采用随时派遣御史巡察地方的监察的机制。北魏孝文帝时，乐陵太守张纂贪污成性，听说御史来郡巡察，竟“弃郡逃走”②，可见当时的御史巡察还是有相当大的威慑作用。

2. 风闻奏事

所谓风闻奏事，即无须持有真凭实据，只要依传闻便可立案纠劾，且不记揭发人姓名，不重证词和自讼，它既是对被控告官吏进行弹劾的一项制度，也是一种监察方式。允许御史“风闻奏事”，开始于晋代。洪迈说：“御史许风闻论事，相承有此言，而不究所以来，以予考之，盖自晋、宋以下。”③东晋初，王导当政，曾遣八部从事之部，“采听风闻”，各言二千石官长得失。孝武世，豫章太守范宁欲遣十五议曹下属采求风政，并吏假还，讯问官长得失。但实际上这样的监察也往往流于形式。如东晋时，王导为扬州刺史，遣部从事监察郡国二千石长吏，顾和对他说：“明公作辅，宁使网漏吞舟，何缘采听风闻，以察察为政邪！”王导听后，“咨嗟称善”。

北魏时期，御史台官员的监察也采用根据“风闻”弹劾官员的机制。北魏孝明帝时元澄就曾说，“御史之体，风闻是司”④，魏宣武帝元恪时，御史中尉王显，曾以“风闻前洛州刺史阴平子石荣、积射将军抱老寿恣荡非轨”为由，上奏弹劾二人，至二人“免官付廷尉理罪，鸿胪削爵”⑤。魏孝庄帝时的御史中尉高道穆就曾说当时的监察御史，“悉受风闻”。⑥

风闻奏事的弹劾方式的出现，扩大了监察的信息来源和御史权限，造就了“奏劾相接”的局面。御史的奏劾状不必题写告事人姓名，为告事人保密，对告发者起到了保护作用。自然，仅凭传闻的弹纠，也势必招致“抢狂含谤，不得不输其理”的虚滥弊端。这种弊端在政治昏暗的历史条件下尤为突出。

---

①《晋书》卷二十一《礼志下》。

②《魏书·张纂传》。

③ 洪迈：《容斋随笔》卷十一《四笔·御史风闻》。

④《魏书·元澄传》。

⑤《魏书·抱嶷传》。

⑥《魏书·高道穆传》。

三、魏晋南北朝时期监察官员的选拔、考核与奖惩制度

魏晋南北朝时期的监察制度，大体上是沿袭两汉，但也具有自己的—些特点，由于当时门阀世族势力十分强大，朝政实际上为大姓望族、门第显赫的官僚大地主所操纵，因而对监察机构和监察官员不能不产生影响。魏晋时期监察官员地位和作用较前朝有很大削弱。

三国时期，御史台虽说已从行政系统中独立出来，但由于受到长期战乱的制约，再加上世族官僚的敌视和压抑，因而其监控作用便很难充分发挥出来。两晋司马氏王朝，是在南北望族的共同支持下才得以建立起来的，为了换取这种支持，司马集团就不得不对豪门大族作出更多、更大的让步。而世族官僚为了维护已经享有的种种特权，对于司职监察的官员，不仅是歧视，而且是敌视，甚至借口“省官”、“省事”而鼓吹取消监察机构。

魏晋南北朝时期监察官员的选拔标准：

1. 南朝选任监察官员多重寒门与职吏

南朝的宋、齐、梁、陈四朝皇帝，虽然都出自寒门庶族，但门阀势力仍然十分强大，故他们大多通过“寒门掌机要”去抑制世族对权力的垄断。在地方州郡，多委任寒门出身的吏员充当典签之职，加强对地方的监察。在中央则加大了御史中丞和侍御史的权力，特别是出任侍御史之职，更成为南朝寒门晋身高位的重要门径。事实上南朝许多恩幸之臣都曾担任过典签或侍御史的职务，并由此而受到皇帝的赏识与器重。

2. 北朝选任监察官员重才识

北朝对监察官员的选拔，与两晋、南朝有所不同，当时是鲜卑族入主中原，而原居北方的高门望族又大多纷纷南徙，因而门阀世族对于政坛的操纵与影响，自然较两晋、南朝为轻；世族那种鄙视寒门任宪职的风气，也不像两晋、南朝那么严重。与此相反,无论北魏还是北齐、北周，对于各级监察官员的选任都相当重视，监察官的政治地位也相对较高。《历代职官表》引《通典》称：“后魏御史甚重，必以对策高第者补之。”[①]北魏时期的监察长官，大多由皇帝亲自选定，其中既有鲜卑的王公贵族和留居北方的中原望族，也有出身贫寒的吏员，关键是看其本人的任职条件。

3. 北魏选任御史制度的变革

北魏御史之人选，初出皇帝亲选，“必以对策高第者补之”。当时出任中尉

---

① 《历代职官表》卷十八《都察院上》。

（御史中丞）的，既有鲜卑王公，也有中原名门。御史台属官的选用亦颇严，滥选是会遭到百官指责的。如《北史·崔亮传》载："宣传左右郭神安颇被宣武识遇，以弟托亮，亮引为御史。及神安败后，因集禁中，宣武令兼侍中卢昶宣旨责亮曰：'在法官，何故受左右嘱请！'亮拜谢而已，无以上对。"自北魏孝文帝以后，御史改由御史中丞自行挑选，这是监察官员选拔制度的一大改进，御史由台官自选，台官则有了用人主动权，自此选拔御史更是精严。《魏书·温子升传》："熙平初，中尉、东平王匡博召辞人，以充御史，同时射策者八百余人，子升与卢仲宣、孙搴等二十四人为高第。于时预选者争相引决，压匡子升当之，皆受屈而去。搴谓人曰：'朝来靡旗乱辙者，皆子升逐北。'遂补御史。"补一个御史，竟有近千人应试竞争，真可谓精选了。

第四节　隋唐时期的监察制度

隋唐时期是中国监察制度的成熟阶段。隋设御史台、司隶台、谒者台，分别负责内外监察。唐在御史台下设台院、殿院、察院，分工明确，互相配合，地方则分十道（后增至十五道）监察区，形成比较严密的监察网。谏官组织分隶中书、门下两省，形成台谏并立局面。

一、隋唐时期的监察机构及其职能

隋、唐两代是监察制度完善的时期。唐代中央监察机构主要包括御史台系统和谏官系统两部分，其中御史台是总管全国监察的机关，门下省行谏诤之职。此外，武则天时期又设立"铸铜为匦（意见箱）"，实行广泛的社会监督。

（一）中央监察机构及其职能

1. 御史台

隋、唐两代监察制度日趋完善，其机构设置除了沿用汉魏之制，设御史台之外，还创建了比较完备的御史台三院制度。可以说，古代监察制度于唐代基本定型，御史台成为独立于一切行政机构之外的专门的监察机关。御史大夫是御史台的最高长官，《唐六典·御史台》云："（御史台）掌邦国刑宪典章之政令，以肃正朝列。"《新唐书·百官志三》亦云："御史台，大夫一人，正三品，中丞二人，正四品下。大夫掌以刑法典章纠正百官之罪恶，其属有三院：一曰台院，侍御史隶焉；二曰殿院，殿中侍御史隶焉；三曰察院，监察御史隶焉。"

台院是御史台的本部，地位较高，长官侍御史从六品下，定额四员，其职能主要纠举官僚、入阁承诏、推鞫、弹劾、总理一切庶务。

殿院由殿中侍御史主持。殿院的殿中侍御史地位次于侍御史，从七品下，定额六员，职务主要是“掌殿廷供奉之仪式”。

察院是监察御史的官署。唐朝武德初年，设监察御史八人，贞观二十二年（648 年）增置二人。监察御史“分察百僚，巡按郡县，纠视刑狱,整肃朝仪”[①]。还执掌监祭祀、习射、决狱、分察尚书六司等职。

2. 谏官系统

唐代监察制度除设置御史台外，还设有谏官组织。两系统并行互辅，御史台主要职责在于纠举百官的不法行为，是对已犯之错误加以纠戒，谏官组织的主要职责则在于匡正政府的失当措施，对尚未公布的指令予以修正。谏官组织的官员包括给事中和谏官。谏官设有左右散骑常侍各二人，左右谏议大夫各四人，左右补阙、左右拾遗各六人。左属门下省，右属中书省。

唐初，谏官由监察官兼任，未专置。武德四年（621 年）始置谏官，以给事中、谏议大夫为长，故唐谏官制度也称给谏制度。《新唐书》载：贞观年间，太宗又规定：“自今中书、门下及三品以上入阁议事，皆令谏官随之，有失辄谏。”“诏每宰相人内平章大计，必使谏官随入，与闻政事。”[②]这就是说，凡遇大臣议政和朝廷进行重大政务的决策，谏官有权与闻政事，并可当场对政策的得失发表意见。这不但有利于谏官对大臣、朝廷政事实行直接的监督，更可避免朝廷在决策前的失误，这是谏诤制度上的重大突破。

给事中，在隋代称给事郎，唐武德三年（620 年）改称给事中，龙朔二年（662 年）又改称东台舍人，咸亨元年（670 年）复称给事中。一般定额四员，正五品上，其职“凡制敕有不便于时者，得封奏之；刑狱有未合于理者，得驳正之；天下冤滞无告者，得与御史纠理之；有司选补不当者，得与侍中裁退之”[③]。由此可见，给事中具有封驳权、部分司法权、人事审查权等。它集谏官、宪官、法官的某些特征于一身，但进谏又是其主要职责。

谏议大夫，武德元年置，额员四人，正五品上。龙朔二年改称正谏大夫，神龙元年（705 年）复称谏议大夫，贞元四年（788 年）分左右。代宗大历二年（767 年），因中书、门下两省侍郎升为正三品，两省缺四品官，于是升谏议大夫为正四品下。

补阙、拾遗是唐朝正式设置的谏官。“补阙”是指皇帝有什么过失，要替他

---

① 《史记》卷一一七《司马相如列传》。

② 《通典》卷二十《门下省・谏议大夫》。

③ 《白居易集》卷四十八《郑覃可给事中制敕》。

弥补。“拾遗”是指皇帝遗忘了什么，可以提醒他。两官始置于武则天垂拱元年（685年）二月，初置时设左右补阙、左右拾遗各二人，左补阙、左拾遗属门下省，右补阙、右拾遗属中书省。补阙从七品上，拾遗从八品上，“掌供奉讽谏，扈从乘舆。凡发令举事，有不便于时，不合于道，大则廷议，小则上封。若贤良之遗滞于下，忠孝之不闻于上，则条其事状而荐言之”[①]。可见补阙、拾遗是君主身边重要的言谏官员，他们的职任在于封驳诏敕、审署申覆、驳正违失。即对皇帝或中书省拟定的诏令均可封驳谏诤，对“百司奏抄”中有不当之处，亦可予以驳正。

（二）地方监察机构及其职能

隋唐时期，地方监察机构包括司隶台、谒者台、巡院以及十道巡按、出使郎官等。

1. 司隶台与谒者台

司隶台是隋代专管郡县的监察领导机关，以“六条”巡察京畿内外。[②]置司隶大夫一人为台主，正四品。设别驾二人为副职，秩从五品，“分察畿内”，其中一人按察东都（今河南洛阳），一人按察京师（今陕西西安）。另设刺史十四人，正六品，掌巡察畿外诸郡；诸郡从事四十人，佐刺史巡察。刺史巡察的日期，每年二月，乘轺巡郡县，十月入奏。刺史下又置丞（从六品）、主簿（从八品）、录事（从九品）各一人，处理日常台务。

与司隶台同时建立的还有谒者台，“掌受诏劳问，出使慰抚、持节察按，及受冤枉而申奏之”[③]。谒者大夫为台主，正四品，司朝谒者文人为副台主，从五品，属官有承、主簿、录事等，处理台内日常事宜。谒者台的设置，使秦汉以后临时性的遣使巡察更加制度化。

2. 巡按

巡按，又称为台使、存抚使、按察使。唐朝初期，派遣到地方各道监察的官员称为“台使”，御史台有权随时派遣台使赴地方巡察。贞观初期，把派遣赴地方巡察的监察官员称为“黜陟大使”。武则天天授二年（691年），发十道“存抚使”分巡天下。唐中宗神龙二年出使巡察各道的监察官员称为“巡按使”。

3. 巡院

唐朝后期的监察制度的一个重要变化，是以巡院兼管监察职能。安史之乱后，李氏王朝虽又恢复了对全国的统治，但地方上管理混乱，中央则百司旷废，

① 《旧唐书》卷四十一《职官三》。

② 《隋书·爵官下》。

③ 《隋书·百官下》。

政治、军事、经济形势都发生了很大变化。这种局势促使中央政府比前期更加重视对地方藩镇、州、县的控制和监督。但原来的监察区“道”已演化为行政区，观察使作为监察使职的职能，不仅消失殆尽，而且本身也成为中央需要监察的对象。于是唐朝廷另行改变，以巡院监察地方。

巡院原先是财政机构度支盐铁转运使的下属机构，设于宝应元年（762年），共主要职责是管理盐铁、漕运等财政事务，缉捕走私盐贩。在巡院设置初期，主要是管理财政事务，并不负责监察官吏，但由于它是财务官吏的下属，而唐代财务官吏本身就负有监督地方财政的职责。宪宗以后，巡院作为直属中央常驻地方的监察机构逐步确立。监察职能已不限于经济、财政范围，上至方镇牧守、节度刺史，下至掾曹盐部都在访察之列，并往往会同御史台、出使郎官御史等共同负责。至此，唐中央对地方的监察工作又趋于固定化和常年化。巡院成为唐后期中央监察地方官吏的重要力量。

二、隋唐时期的监察运行机制

（一）中央监察机构的运行机制

台院的主要监察机制有推鞫、三司推、弹劾等。推鞫，即推鞫狱讼，是“台司重务”。御史台官员参与负责推鞫的形式有三司推和东推、西推三种。三司推是指御史台、刑部和大理寺共同对大案、要案和冤案的一种特别审讯。这种推鞫因案情重大或牵涉的官员在五品以上，故必须由三司长官共同负责处理。东推和西推，是台院将对中央及诸州的审讯事务划为东、西两个部门，规定“凡有制敕付台推者，则按以实状以奏，若寻常之狱，推讫断于大理”[①]。弹劾，即弹劾违法官员。弹劾违法官员是传御史的基本职责，主要是针对诸王和中央各部门职位较重要的官员。

殿院主要监察朝会礼仪，即在朝班时，殿中侍御史“列于合门之外”，对“百僚班序有高立失列，立嚣而不肃者，则纠罚之”[②]，在这种时候，就是宰相也得听从指挥。可见为维护朝廷的秩序和尊严，检查朝班时百官的仪态行履，是殿中侍御史的一项重要职责。此外，殿中侍御史也有推按狱讼、监京城仓库和分巡两京的任务。

察院主要负责对尚书省六部官员和行政部门的监察。《唐会要·御史台上·监察御史》，“应郊庙祀祭，皆御史监之，盖职在省其器服，阅其牲牢，有

① 《唐六典》卷十八《御史台》。
② 《唐六典》卷十八《御史台》。

不修敬，则举劾闻奏”。监察御史分察尚书省六司，以第一人察吏部、礼部，兼监祭使；第二人察兵部、工部，兼馆驿使，第三人察户部、刑部。御史分察尚书省六部，加强了御史台对行政部门的监察，是明代六科给事中独立分察的渊源。此外，为了抑制御史台的滥用职权，减少失误，除了以尚书省对其进行监察外，唐玄宗天宝（742—756 年）末期还搞了一种“关白之制”，规定：御史在提出弹劾前，不但要禀报台主，而且还要通告中书、门下，方可弹奏。这样一来，御史的监察作用无形中便被大大缩小，以至于出现所谓“御史任轻”的局面。德宗时期，撤销了“关白之制”，放开了御史监察的手脚，使他们能够全身心地对贪污腐败现象给予有力打击。

（二）地方的监察使者

唐代对地方官吏的监察，以十道巡按的方式进行分区监察。唐太宗贞观元年（627 年），依“山河形便”，将全国分为十道监察区，即关内道、河南道、河东道、河北道、山南道、陇右道、淮南道、江南道、剑南道和岭南道（贞观至垂拱年间，所置巡察、黜陟等使，并不严格按十道分遣）。天授以后，十道巡察已成定制。唐玄宗开元二十一年（733 年），增设京畿道、都畿道、黔中道，并将山南道分为山南东道和山南西道，将江南道分为江南东道和江南西道。这样，全国从十道扩充为十五道。

巡按使以五品以上官员担任，担任巡按使的官员，须为“识治道通明无屈挠者”，两年一替换。巡按使巡按州县时“以判官二人为佐”，如果事务繁多则增设支使。巡院担任十道巡校的使者，以六条进行监察。“其一，察官人善恶；其二，察户口流散，籍账隐没，赋役不均；其三，察农桑不勤,仓库减耗；其四，察妖猾盗贼，不事生业，为私蠹害；其五，察德行孝悌，茂才异等，藏器晦迹，应时用者;其六，察黠吏豪宗兼并纵暴，贫弱冤苗不能申者。”[①]

开元二十一年（733 年），唐朝对地方州县的监察采取的一个重大决策是改十道为十五道。每道置采访处置使，负责对辖区内官员的督察。同时，采访处置使又有了固定治所，始置僚属。至此，采访处置使由地方巡回制转变为固定的监察常制。唐中叶以后，道逐渐从地方一级监察区向地方一级行政区转化，巡按也就不复为监察职任了。

（三）出使郎官的监察机能

唐朝后期，在地方，除了以巡院作为常驻监督机构以外，还派遣出使郎官对地方进行不定期的访察。郎官的本来职务是处理尚书省各曹的曹务，起初并

① 《新唐书》卷四十八《百官三》。

无经常出使的任务，但作为尚书省的他支，与其他中央部门一样，总会有出使的派遣，在唐朝前期这一类出使多为临时性质，主要的访察任务由巡院担任。唐朝后期，派遣郎官到地方出使，执行监察任务逐渐增多，并成为地方监察方式的一种补充。郎官访察的对象十分广泛，主要是各道藩镇、地方各级行政官吏。访察内容包括地方官吏的政绩、吏治、贸易、司法、民情等，除了军事以外，各种行政管理工作也都有权监察检查。访察的方式也是多种多样，或对所赴地区进行单独访察，或与御史台官吏共同访察，或与巡院一起访察。有时与各种监察官吏联合进行访察。

经过多次调整，唐朝后期形成了以御史台为中央监察机构，巡院为中央常驻地方的监察机构，出使郎官负责不定期巡察地方的监察系统，三者互相配合，但并无隶属关系。这种新的监察体系在当时起到一定的监督政府机构的作用。但是由于多以行政机构行使监察职能，对日益增大的地方藩镇割据势力，无法起到消弭作用。

三、隋唐时期监察官员的选拔任用制度

（一）隋唐时期监察官员入仕的途径

按唐代选拔官员的通则，“文选吏部主之，武选兵部主之，皆为三铨，尚书、侍郎分主之”[①]，而吏部和兵部，都是尚书省下的职能部门，故唐代选拔官吏的权力实属尚书省。其程序是先由考功郎中之类的吏部属官依格注拟，经侍郎、尚书审核通过，再送门下省复审。凡官秩在五品以上者均须呈报给皇帝御批敕授。而六品及六品以下，则由吏部量其资才授任，但御史台的监察官员，由于其自身地位之特殊，一般均不循选官通则，即使是六品以下的侍御史、殿中侍御史和监察御史，亦大多经由皇帝敕授，甚至在具体人选上亦由皇帝亲自决定。这种敕授监察官的形式，在唐朝开国不久即已形成.

唐太宗李世民即位后，尤其重视御史的任选。史载：“大唐自贞观初以法理天下，尤重宪官，故御史复为雄要。”[②]高宗以后，皇帝仍然牢固地控制着御史的任免权。史载：“监察御史自（高宗）永徽以后，多是敕授，虽有吏部注拟，门下过覆，大半不成。”[③] 当然，敕授御史的方式虽然说明了皇帝对监察官入选的重视，但皇帝的接触面毕竟有限，因而敕授御史亦有其局限性。为了弥补这方面之不足，实际上唐代的御史选任是几种方式同时并存或是交替使用，即除

① 《新唐书》卷四十五《选举志下》。

② 《通典》卷二十四《侍御史条》。

③ 《唐会要》卷六十《御史台上》。

皇帝敕授外，尚有“宰相选任”、“御史台长官自辟”、“御史台长官与尚书省、门下省合议选任”等。

（二）隋唐时期监察官员选拔的标准

1. 公正鲠直，敢谏敢言

对于监察官员的选任条件，最突出的一点是着意于公正鲠直，敢谏敢言。通观《隋书》列传，凡出任监察官员的,大多具有这一良好的思想品质。如隋初“征拜谏议大夫、检校治书侍御史”的刘行本，“性刚烈，有不可夺之志”，“复以本官领大兴令，权贵惮其方直，无敢至门者，由是请托路绝，法令清简，吏民怀之”①。

2. 注重实践经历

唐代为了使宪台官员能充分发挥其监察职能，以便收到更好的监控效果，因而在选拔宪职时，十分强调人选的实践经历。据《文献通考》载：“监察其选拜，多自京畿县尉。”《新唐书·选举志》载：“玄宗即位，励精为治。左拾遗内供奉张九龄上疏言：‘县令、刺史，陛下所与共理，尤亲于民者也。’”建议重视提拔地方官。于是玄宗下诏规定：“凡官，不历州县不拟台省。”并“悉集新除县令宣政殿，亲临问以治人之策，而擢其高第者。又诏员外郎、御史诸供奉官，皆进名敕授”②。唐肃宗于至德九年（756年）又再次重申：“其御史须曾任州县理人官者方得荐用。”可见有唐一代自始至终都相当重视宪官人选的实践经历，特别注意从县级的丞、尉、主簿一类基层官吏中选拔，主要原因在于他们对行政的上下关系都相当熟悉，比较容易发现问题，便于实施有效的监察。事实上，唐代宪职官员从县级基层官吏中提拔上来的数量确实占有相当大的比例。如上面已提到的孙伏伽，原任万年县法曹，因上谏书于唐高祖而被越级提拔为治书侍御史。③张行成，原任富平主簿，因“有能名”，亦被唐高祖越级“召补殿中侍御史”。④可见早在唐初即有从基层官吏中提拔监察官的先例。此后，这种情况更为普遍。

3. 重品质与才识

唐代在选拔监察官员首重实践的同时，也和前代一样，注意人选应具有清正刚直的思想品质、宏博的学识及聪敏的才干。这是符合唐代选官通则所提出的“身、言、书、判四事皆可取，则先德行，德均以才”的要求的。作为监察

① 《隋书》卷六十二《刘行本传》。

② 《新唐书》卷四十五《选举志下》。

③ 《新唐书》卷一〇三《孙伏伽传》。

④ 《新唐书》卷一〇三《张行成传》。

官员，如果没有嫉恶如仇的思想品质，就必然难以尽职尽责。

第五节　两宋时期的监察制度

宋元时期是中国古代监察制度的强化阶段。宋朝的监察机构沿袭唐制，中央设御史台，下辖台院、殿院、察院三院，分设侍御史、殿中侍御史、监察御史分掌三院监察事务。另外，中央机构中又设有谏院，“掌规谏讽谕”[①]，后期随着御史之权扩大，台谏职权开始混杂，趋向合一。地方监察由转运使、观察使、按察使、通判等官员兼任，直隶皇帝，加强了皇权对监察事务的直接控制。

一、两宋时期的监察机构及其职能

（一）中央监察机构及其职能

1. 御史台

宋代御史台是中央最高监察机构，长官为御史大夫。但宋初的御史大夫只是一种清高的虚衔，实际上不领御史台职事，宋初曾以“检校官带宪衔，有至检校御史大夫者”，如宋太祖建隆三年，赵普自枢密副使加检校太保兼御史大夫。并规定御史大夫为从二品，但“不除正员，止为加官”。到“元丰改制”，就连带宪衔的御史大大“亦并罢去”。[②]故有宋一代掌领御史台的是“总判台事”的御史中丞，置一人，从三品。

宋朝御史中丞的官品，从表面上看与唐朝御史大夫同属从三品，但唐朝宰相为正二品或正三品，而宋朝宰相则为正一品或从一品，故宋朝御史中丞的实际名位，要比唐朝的御史大夫为低。唐朝御史大夫以至御史中丞可直接进升为宰相，而宋朝的御史中丞一般多进升为参知政事或枢密副使，仅相当于唐朝的副宰相，即宋朝通称的执政官。

宋朝的御史台从机构设置上看，基本与唐朝相同，御史台下分台院、殿院、察院，分设侍御史、殿中侍御史、监察御史分掌三院监察事务。但是，三院官员的任用和职能与唐朝相比却有所改变。其一，宋朝的御史改由皇帝亲自选拔任命。其二，御史职权扩大，兼掌规谏之职，反而使谏官弹劾之权逐渐相形见绌，随之便出现台谏合一之制。其三，地方的监督，由中央派遣转运使、观

---

① 《宋史·职官志一》。

② 《宋史》卷一六四《职官四·御史台》，《宋会要·职官》十七之三。

察使、按察使、通判等官员兼任，御史台实际上只负责对中央官员的监察职能。

从御史台的编制来看，宋朝的台官，即御史，其定编比汉、唐还要精干。由于御史的许多具体事务由台吏承办，故御史台的吏员比汉、唐时增多，即出现官少吏多的行政结构。而对吏员的定额，政府曾多次下令进行裁减，使吏员各有所责。

2. 谏院

尽管从秦朝起已设称为谏议大夫的谏官，到唐朝又增设称为补阙、拾遗的谏官，但在宋朝以前谏官一直隶属于其他机构，如秦时谏议大夫属郎中令，两汉谏议大夫属光禄卿，北齐谏议大夫属集书省，北周谏议大夫属地官府，隋文帝时谏议大夫属门下省。唐初谏议大夫隶属袭隋制，在武则天垂拱年间设补阙、拾遗之谏官后，又分为左右谏议大夫、左右补阙、左右拾遗，实行“左属门下，右属中书”之制。宋太祖建国时袭唐制，即置谏官，有左右谏议大夫、左右补阙和左右拾遗，亦左属门下，右属中书。而在真宗天禧元年（1017年），“诏别置院”。[①]从此，由谏宫、吏员组成的谏院，遂摆脱相权的控制，成为直属皇帝的同御史台并立的独立机构。但在置谏院后的十多年间，谏院一直无办公之地。到仁宗明道元年（1032 年），御史知杂陈执中屡请设立谏院治所，仁宗当年七月辛卯，命“以门下省为谏院，徙归省于右掖门之西”。后曾有神宗复唐制，“谏官分列两省”，又有高宗建炎初年令谏院官分隶中书、门下两省，但在建炎三年（1129 年）即“诏谏院不隶中书、门下”。所以，就有宋一代而言，谏院已成为常设的中央独立机构之一。

宋初谏院的官制，亦承五代之弊，“官失其守”，“不亲政事”，从而导致“谏议无言责”，“司谏、正言非特旨供职亦不任谏诤”。而且兼领混杂，直到神宗元丰年间“官制行，始皆正名”。谏院的官制，大体属于下属的三种情况：

一是“他官领者，谓之知谏院”。[②]所谓他职领者，大抵为御史、史官、学士院官和推判知谏院。

二是谏官领他职。在神宗元丰年间实行新官制以前，宋朝的谏议大夫、司谏和正言领他职者颇多。凡谏议大夫领他职，则多领参知政事或枢密副使、同知枢密事、签书枢密院事、御史中丞、权御史中丞和郡守等职。而以谏议大夫领他职者，在太宗、真宗、仁宗、英宗和神宗五朝最常见。

---

① 《宋会要·职官》三之五。

② 《宋史》卷一六一《职官一·门下省》。

三是谏院充职的官吏。宋朝谏院的谏官“有左右谏议大夫、司谏、正言”，“谏院知院官六人”，“以司谏、正言充职”。但因宋初有他官领谏职，又有谏官领他职等混杂的情况，故谏官充职者甚少。如仁宗执政期间，谏议大夫就达十二人、但因“谏议无言责”之故，因此宋初“常以两省官一员判院事”。直至神宗元丰三年（1080 年）八月，“罢省、寺、监官领空名者”，“使台、省、守、监之官实典职事”，实行新的官制，谏院的官吏才“各还所职”。

谏官定编及其品秩为：左、右谏议大夫各一人，从四品。“谏议大夫居谏官之首”。左右司谏各一人，正七品。左、右正言各一人，从八品。谏院谏官共为六人。

（二）地方监察机构及其职能

两宋时期，伴随封建君主专制的加强和中央集权制度的发展，地方监察体制也出现了一些变革。

在我国封建社会地方监察制度史上，无论汉代的部刺史，还是唐代的道采访处置使，均为一级地方监察体制，宋代则建立了完备的二级监察体制。宋代的路级监察机构，包括转运司、提点刑狱司、提举常平司等，统称监司。宋代的府、州、军、监级监察机构是通判厅，通判厅不仅要监察府、州、军、监级官吏，而且还要按察本辖区的县级官吏。

北宋初年，还没有监司。宋太宗罢支郡以后，外置监司，“以为耳目之官”[①]。在宋代文献中，常把监司官和监司机构统称为监司。宋代监司机构和官员的构成有一个演变过程，在不同的时期，机构和官员的构成也不一样。宋太宗淳化年间前，监司机构仅有转运司，官员设转运使、转运副使、转运判官。自淳化年间（990－994 年）置提点刑狱司起，监司机构指转运司和提点刑狱司，官员设转运使、转运副使、转运判官、提点刑狱公事。南宋时，监司机构仍有转运司、提点刑狱司和提举常平司。

宋代的府、州、军、监级监察制度比前代的郡级监察制度有了重大发展，其突出表现是增设了监察机构——通判厅。赵匡胤等统治集团通过“陈桥兵变”夺取了后周的政权，面对地方藩镇势力的影响和南方各政权的威胁，为了笼络人心，稳定政局，对这些区域的官员既不能全部罢职，又不能赋予重任，在此背景下，创置了通判。

宋代通判设置于乾德元年（963 年）。建隆三年（962 年），宋太祖出兵荆湖，翌年四月，灭掉荆南和湖南割据政权后，“始命刑部郎中贾玭等通判湖南诸

① 《长编》卷四一〇元祐三年五月己酉。

州”[①]。乾德二年（964 年），宋太祖在原后周境内的 43 个府州皆设置了通判。随着宋朝灭掉其他政权，其统治者在这些区域也设置了通判。宋代府、州、军、监设置通判的员数，因其地域大小和政治、经济地位的高低不一样，数量也不尽相同。北宋时大藩府设置通判二员，如西京、南京、天雄、成德等府皆置二员，其他的府置通判一员。南宋绍兴五年（1135 年）后，凡帅府“并以两员为额”[②]。宋代在通判设置上，突出了对武臣的监督政策。北宋时，凡武臣为长官的州、军即使不足万户，也要设置通判，以加强监督。南宋自绍兴年间起，帅府不论大小，皆置通判二员，州、军、监凡武臣为长官者，均设通判一员或二员。总之，宋代通判是防范藩镇割据，强化府、州、军、监级监察机制的产物。

二、两宋时期的监察运行机制

宋朝以前历代的台谏，各有其责，职责分明。御史台掌纠弹百官奸邪，肃正朝廷纪纲，是监察官吏的；谏官及其谏院则“专务规正人主”，“政事得失”，“不事抨弹”，实际是监督君主的。而宋朝尽管御史台和谏院机构并存，却开创了台谏职责合一的先例。因此，在赵宋王朝统治的 319 年间（960－1279 年），御史、谏官事权相混，主弹劾的御史许言事，主规谏的谏官许弹劾。但是在正常的情况下，御史、谏官的职责仍然是各有侧重的。即御史主要是掌弹劾，兼领言事之责；谏官则主言事，兼领弹劾之职。

宋朝御史的六察制，大体是沿袭唐朝“六察官”分察尚书省六部的制度。但唐制并不完善，而宋朝经过长期实践，在监察的范围、任务和自身受监察，以及六察的任期、考核等方面，则进一步完善了唐朝的“六察官”制度。

所谓六察，就狭义而言，就是御史台监察御史对国家吏、兵、户、刑、礼工六部的监察，故简称为“六察”或“六案”，而按察六部的台官即监察御史，又简称为“六察官”。就广义而言，六察是指对国家行政、财政和军事等所有机关和官吏的监察。

六察是御史台的主要职责，由监察御史分掌。加《宋史·职官》载，监察御史“掌分察六曹及百司之事，纠正谬误，大事则奏劾，小事则举正”。

六察的范围，从史籍记载分析，在仁宗朝初建六察制度。如庆历三年（1043 年），令御史台监察御史六人分领六察，并一开始就对协助监察御史六察（当时

---

① 《长编》卷四乾德元年四月乙酉。

② 《文献通考》卷六十三《职官十七》。

仅分为户察、刑察、礼吏察和兵工察，实际是“四察”）的书吏、贴司人员实行定编。嘉祐八年（1063年）则规定，监察御史掌六部及在京百司之事，察其谬误。可见，在仁宗朝初建御史六察时，已确定六部和百司是六察的范围和对象。

由于宋朝地方的监察官分别为地方漕司、宪司、仓司、帅司、走马承受、诸州通判和知府州军监的长官兼领，因此御史台对地方监察官的监察，实际上也是对地方路和府州军监行政、司法和军事等地方官的监察。但在南宋时期，又发展为御史台、谏院同察地方监察官。

御史台掌领对地方监察官监察的职责，数见于宋朝的诏令。如仁宗嘉祐二年（1057年）四月丙寅的诏令中指出，转运使、提点刑狱公事失察郡守县令“悉罚无赦，仍令御史台常加采访弹奏以闻”[①]。御史台还负责对地方监察官的考核，并参与推荐监司官。如哲宗元丰元年（1086年），从御史中丞刘挚奏请“立监司考绩之制”。[②]

台谏官谏正朝政阙失。宋朝的谏官，“职在拾遗、补阙，凡朝政阙失，悉许论奏。则自宰相至百官，自三省至百司，任非其人，事有失当，皆得课正”。而在许台官言事或兼言事之后，课正朝政的阙失，就成为台谏官共同的职责。因此，台谏官针对国家在政治、经济、军事和用人等重大决策上的论奏，对纠正宋王朝的朝政阙失，振举纪纲，整肃吏治，牵制宰执擅权，以维护赵宋王朝的统治，是极为有益和富有成效的。

台谏官弹劾宰相和百官。御史台诸御史掌弹纠百官奸邪，自秦汉以来一直是台官的主要职责，但宋朝在许谏官亦弹纠百官之后，故弹纠就成为台谏的共同职责。尤其是对宰相的弹纠，成为皇帝制约宰相擅权和维护皇权专制的一个重要手段。

宋代监司既是路级监察机构，又兼任行政之职，其职能比较广泛，概括起来主要有以下几项：

第一，按察地方官吏。宋代监司的主要职能是“临按一路，寄耳目之任，专刺举之权”[③]，就宋代监司此举的对象而言，包含有以下内容：刺举贪赃枉法者，察举不尽职不尽责者，察举昏庸无能、年老病弱和怠惰政务者，举劾税收中的违法行为，按劾残害百姓者。

第二，荐举官员。监察官员是宋代监司职能的重要一项。两宋时期，皇帝不断以诏令的形式，令监司荐举部内政绩突出、才学优异或恪守职任的官员，

---

① 《宋大诏令》卷一九三。

② 《宋史》卷三四〇《刘挚传》。

③ 《宋会要辑稿·职官》四十五之二十一。

以备朝廷擢用。北宋太平兴国六年（981 年）正月，宋太宗"令诸道转运使察访部内官吏，有履行著闻，政术尤最及文学茂异者，各举二人"[①]。宋代监司荐举官员的对象主要是地方官，如知州、知军、知县、县令及监司属官等，南宋时的监司也参与荐举军事将领人选。

第三，负责部内官员的考课工作。两宋时期，皇帝不断下诏强调监司的这一职能。北宋开宝九年（976 年）十一月，宋太宗诏令转运使以及三科第考课部官员，"政绩友谊者为上；恪居官次，职务粗治者为中；临事弛慢，所莅无状者为下"[②]。

第四，参与并监督地方刑狱案件的审理。宋代监司对地方刑狱案件，既参与审理，又监督检察。北宋乾兴元年（1022 年）十一月，宋真宗诏令纠察在京刑狱和诸路监司及州县长吏，"凡堪端公事，并须躬亲阅实，无令枉滥淹延"[③]。绍兴六年（1136 年）五月，宋高宗下诏规定，"监司虑囚不能遍及者，听谴官，著为令"[④]。

第五，参与管理和监督地方财政。宋代监司中的漕、宪、仓、帅四司皆有参与和监督本路财政的职能。参与本路财政的管理和监督是宋代转运司众多职能中的重要一项。这一职能从宋太宗太平兴国二年（977 年）确立，一直到南宋灭亡，中间没有发生大的变化。

第六，反映民间疾苦，参与地方的防灾、救灾和兴修水利等民政管理事务。宋代的监司作为皇帝的地方耳目之官，不仅要向朝廷反映民间疾苦，而且还要参与地方的防灾、救灾和兴修水利等民政管理事务，这些职能对安定社会、促进生产的发展、缓和阶级矛盾、制约农民起义的规模等方面，均起到了重要的作用。

宋代通判的职能，颇类似路级的监司，既要监察官吏，又要参与州郡的行政管理，其职能范围比较广泛，概括起来有以下几个方面：

第一，监察州县官吏。宋代统治者设置通判的初衷就是监察、牵制州、军长官。通判每与诸州郡长忿争，常说："我监州也，朝廷使我来监汝。"州郡"长吏举动必为所制"[⑤]。

第二，参与州郡财政管理。参与州郡财政管理，分割州郡长官的财权，是

---

① 《长编》卷二十二太平兴国六年正月丁卯。

② 《长编》卷十七开宝九年十一月庚午。

③ 《长编》卷九十九乾兴元年十一月戊寅。

④ 《宋史》卷二十八《高宗五》。

⑤ 《长编》卷七乾德四年十一月癸巳。

宋代通判的重要职能之一，具体内容包括：参与征收赋税，主管征收经总制钱，筹备军需物品，参与州郡各类仓库的管理，与知州共同审核所属县的财政。

第三，参与州郡官吏的选任和管理。宋代通判和知州一样，具有荐举幕职州县官的职能。南宋时期，通判不仅荐举幕职州县官，而且还要审查监司、帅司、郡守所荐举属官的真伪。

第四，参与审理州郡的刑狱案件。为了加强对府、州、军、监司法权的监察，宋代赋予通判参与审理州郡重大案件的职能。至道元年（995 年）正月，宋太宗"诏诸处长吏无得擅断，徒、杖刑以下，听与通判官等量罪区分"。[①]

第五，兼领防汛及修堤岸等政务。北宋时期，黄河夏秋水涨，堤岸危急，需要组织民夫去修堤。为了加强对这一工作的监督，朝廷常令通判兼领此事。开宝五年（972 年）二月，宋太祖下诏在开封等十七府"各置河堤判官一员，以本周通判充"。[②]

三、两宋时期监察官员的选拔任用制度

赵宋王朝鉴于唐末五代君弱臣强的混乱局面，为加强皇权专制，钳制宰执擅权，作为皇帝耳目的御史之选任，对维持赵宋政权的统治至关重要。据有关史籍的记载，宋朝御史的选拔主要有三条标准。

一是要正直敢言，纠弹不避权贵。如太祖乾德五年（967 年），以检校户部员外郎滕中正"有材干"，入为殿中使御史。[③]

二是"资叙相当"。宋朝规定，台官"于太常博士以上，中行员外郎以下举充"。如太宗太平兴国三年（978 年），诏御史自荐属官，选用太常博士张撰为监察御史。[④]

三是凡宰执所荐之人，以及宰执子弟、亲戚和属官一律不得充任台官。仁宗庆历四年（1044 年）八月诏："自今除台官，毋得用见任辅臣所荐之人。"[⑤]钦宗靖康元年（1126 年），"又诏宰执不得荐举台谏官"。[⑥]

御史选任的办法在通常情况下，御史选任的程序，首先由皇帝令有奏举御史资格的长官推荐，推荐的长官依规定充当御史的标准进行挑选，再依皇帝规

① 《长编》卷三十七至道元年正月庚午。

② 《长编》卷十三开宝五年二月丙子。

③ 《宋史》卷二七八《滕中正传》。

④ 《宋会要·职官》十七之三十一。

⑤ 《宋会要·职官》十七之七，《宋史》卷十一《仁宗纪三》。

⑥ 《宋史》卷一六四《职官四·御史台》。

定的推荐名额奏举，奏举的名单经中书舍人审核符合标准后再呈送皇帝，皇帝再从奏举的御史名单中，每两人圈定一人，凡被圈定之人经皇帝“召对以为可者，然后命之”。[①]

在宋王朝统治的三百多年间（960－1279年），举御史之法可以概括为五种：一为御史台自荐属官，二为御史中丞与两省分举，三为学士、中丞互举，四为君主亲选，五为权相奏举。这五种做法一般都交叉施行，各有利弊。谏官选任的程序、标准和荐举的方式，大体与御史的选任相似。

第六节　金元时期的监察制度

金元王朝是北方少数民族在中原建立的政权。在政治制度上保留着相当浓厚的草原民族的遗风，同时在制度层面上接受了宋朝政治的影响，监察制度方面也在继承两宋制度的基础上，有所发展，形成了显著的特色。至元朝，取消谏院，台谏合一。地方设行御史台，统辖二十二道监察区，每道设肃政廉访使（提刑按察司），从而使中央与地方在监察机构上浑然一体。元朝还制定了一整套的监察法规。

一、金元时期的监察机构及其职能

（一）中央监察机构及其职能

1. 金朝的中央监察机构

（1）谏院

金朝仿宋制立谏院。据《金史》记载，金朝的谏院置于海陵王正隆二年（1157年）。设左谏议大大、右谏议大大，皆正四品，为谏院之长。下设左司谏、右司谏，皆从五品，左补阙、右补阙以及左拾遗、右拾遗，均为正七品。谏院的上述官员统称为“谏官”。

宋初的谏官分隶中书、门下两省，而金朝的谏院已发展为与御史台并立的独立机构，与尚书省无隶属的关系。故金朝的谏官，由谏院的左右谏议大夫总领，直接对皇帝负责。

金朝谏官入选的条件，大体与监察官的入选相同，一般都要选“敢言直谏”

① 《宋会要·职官》五十五之九。

之士充任。如章宗时以路铎“知无不言”“刚正”命为右拾遗。[①]谏院的职权掌规谏朝政缺失，上言官吏善恶，对军政机关的政策、措施提出改进意见。章宗曾提出：“国家置谏官，非取虚名，盖责实效，庶几有所裨益。”因此“置之谏职，如国家利害、官吏邪正，极言无隐”。[②]

（2）御史台的建立

金朝建国初期，在中央未设立监察机构。据史籍有关记载推断，金朝的御史台应当建于熙宗皇统年间（1141－1149年）。御史台的最高长官为御史大夫，设一员，初为正三品，世宗大定十二年（1172年）升为从二品；御史中丞一员，从三品；侍御史二员，从五品；治书待御史二员，从六品。上述六名主要官员构成为御史台的领导核心。

御史台在金朝为国家最高的监察机关，能独立的行使纠察、弹劾等权，与尚书省无隶属的关系，直接对皇帝负责。但就其实际地位要比尚书省低，而且受到尚书省的种种牵制与制约。

金朝御史台的职权主要有以下几个方面：

一是纠弹百官。这是御史台最重要的职权。海陵王曾在正隆年间（1156－1161年）指出，御史大夫“专纠劾，细务非所责也”，“自今百官有不法者，必当举劾，无惮权贵”。[③]

二是廉察官吏。从金世宗起，规定御史台既要“弹劾官邪”，又要“举其廉能”。在大定二年（1162午），世宗命令御史台：“自三公以下，官僚善恶邪正，当审察之。”[④]

三是检察官府文书。主要是审查官府账目，检查文件办理的情况。如世宗大定二年，命御史台“检察六部文移，稽而不行，行而失当，皆举劾之”。[⑤]

四是纠察朝仪和在京百官告假。凡每遇朝会，殿中侍御史对立于朝会现场，检查百官班序，专劾朝臣失仪失列。在京百官告假，若属“百官病告，监察当视”。[⑥]

2. 元朝的中央监察机构及其职能

忽必烈在至元五年（1268年）七月下令，在中央建立了御史台。御史台设

① 《金史》卷一〇〇《路铎传》。

② 《金史》卷十《章宗纪二》。

③ 《金史》卷五《海陵纪》。

④ 《金史》卷六《世宗纪下》。

⑤ 《金史》卷六《世宗纪上》。

⑥ 《金史》卷九十六《李晏传》。

御史大夫为长官，一般设二人，为历代少有，御史大夫的法定官品，则升为与中书省平章政事、枢密院知院同等的地位，均为从一品宫。故元朝的御史台从建立起，就成为与“总政务”的中书省、“秉兵柄”的枢密院并立的中央三大重要的机关之一。

元朝在《设立宪台格列》中还明确规定，中书省、枢密院“凡有奏禀公事，与御史台一同闻奏”。尤其是中书省有关重大政事的上奏，必须有御史大夫副署丞相的奏章才能生效。而御史台直辖地方诸道肃政廉访司的事，“它官虽贵且重，不得予”。①

从御史台的组织和职能看，元朝的御史台一改两宋的三院制，将台、察二院合一，并将殿院降为殿中司，监察御史的权责得以扩大。元朝御史台置御史大夫二员，御史中丞二员，侍御史二员，治书侍御史二员，殿中侍御史二员，监察御史三十二员，御史台官员的人数为四十二人，其人数之多，为唐宋所不及。

秦汉以来，历代都是台谏分立，各行其职。宋朝尽管御史台和谏院机构并存，却开了台谏职责合一的先河，到元朝，则取消了专设之谏官，其谏职由宪台官、监察御史兼而行之，实现了台谏在制度上的合一，使元朝的监察制度呈现出重纠弹而轻言谏的倾斜格局。“台谏合一是中央集权制度发展的必然结果，它使繁琐的多层次的监察工作改革得更加简明，更加集中，有利于皇权对监察机关的直接的有效的控制。故明、清两代沿袭其制而不悖，无疑是有利于君主专制。”②

在至元五年立御史台时，忽必烈曾明确指出，台官“职在直言，朕为汝君，苟所行未善，亦当极谏，况百官乎”。③元朝御史台的官员，世祖时规定“中书省、枢密院、御史台、宣政院许得各选其人”。④御史台不但可自选内台、行台官员，还可自选提刑按察司长官。如至元六年立四道提刑按察司，多“选任名士”，以侍御史高鸣“所荐居多，时论咸称其知人”。⑤

（二）地方监察机构及其职能

1. 金朝的地方监察制度

金朝的地方监察制度，大体上可以分为以下几大类：

---

①《道园学古录》卷二十二《御史台记》。

② 彭勃著：《中国监察制度史》，中国政法大学出版社，1989 年，第 176 页。

③《元史》卷一六三《张雄飞传》、卷六《世祖纪三》。

④《元史》卷二十《武宗纪一》。

⑤《元史》卷一六〇《高鸣传》。

遣使监察。金朝初年，尚未设置地方监察机构。金熙宗时，“遣使廉问吏治得失”[①]。金世宗即位，进一步加强对地方官的监察机制，“凡数岁辄一遣黜陟之”，政治比较清明，史称“郡县皆奉法，百姓滋殖，号为小康”[②]。

置提刑司与按察司监察。金章宗即位之初，设置了提刑司。大定二十九年（1189年）六月，在地方“初置九路提刑司”[③]。金朝提刑司掌查京师以外的地方刑狱，审决冤假错案。明昌三年（1192年）四月，金章宗“遣御史中丞五鼎枢等会决中都冤狱，外路委提刑司处决”[④]。承安三年（1198 年）正月，金章宗把上京、东京两路提刑司合并为一，使提刑司由九路变为八路。承安四年（1199年）金章宗将提刑司改为按察司。按察司置按察使一员，“掌审察刑狱，照刷案牍，纠察滥官污吏豪滑之人”[⑤]。

御史台遣使监察与行司农司访察制。宣宗罢按察司以后，金朝对地方的监察采用御史台遣使巡察制，“尝以御史巡察”。兴定元年（1217 年），宣宗“以县官或非材，监察御史一过不能备知，遂令每岁两遣监察御史巡察，仍别选官巡访，以行黜陟之政”[⑥]。正大元年（1224年）十二月，金哀宗在京东、京西、京南及陕西等路，设置了四个行司农司，“兼采访公事，京师大司农总之”[⑦]。行司农司在金朝末年的地方监察制度中起到了一些重要作用。

2. 元朝的地方监察制度

元朝在地方建立了正规的监察机构：从中央到地方自成独立的监察系统，其监察机构有行御史台和诸道肃政廉访司。行御史台有二，一为江南诸道行御史台（简称南行台或南台），二为陕西诸道行御史台（简称西行台或西台）。元朝从中央到地方建立了严密的监察机构，这就从组织上保证了对各级官吏实行有效的监察。

（1）行御史台。元朝行省制度的确立，使地方监察制度也出现了新的特点。其中最有代表性的是设置了行御史台。元朝设置了江南诸道行御史台和陕西诸道行御史台，其目的除了“镇恶军民”之外，另一重要目的是“纠察非违”[⑧]，加强对边境地区官员的监督。

① 《金史》卷七十三《宗雄传》。

② 《金史》卷七十三《宗雄传》。

③ 《金史》卷七十三《宗雄传》。

④ 《金史》卷九《章宗纪一》。

⑤ 《金史》卷五十七《百官三》。

⑥ 《金史》卷五十四《选举四》。

⑦ 《金史》卷十七《金哀宗传》。

⑧ 《永乐大典》卷二六〇八《宪台通纪·整治事理》。

（2）提刑按察司，简称按察司。设置于元世祖忽必烈统治时期。至元六年（1269年）正月，忽必烈“立四道提刑按察司”①，这是元朝设置地方监察机构的开始。这四道提刑按察司是：山东东西道、河东陕西道、山北东西道和河北河南道。元朝提刑按察司的主要职能，一是审理冤假错案，二是纠察地方官员的违法行为。

（3）肃政廉访司。至元二十八年（1291年），桑哥罪行被揭发以后，元世祖改按察司为肃政廉访司，其一项重要职能是监督科举。廉访司跟按察司都是行御史台的耳目。

二、金元时期监察制度的特点与利弊

（一）金元时期监察制度的特点

首先，御史台地位提高，成为与中书省、枢密院抗衡的机构。在元朝的中央政治体制中，御史台与中书省、枢密院是并列的关系。忽必烈曾形象地把中书省比喻为左手，枢密院比作右手，“御史台是朕医两手的”。②

其次，罢门下省，给事中虽被保留，但不掌封驳之职。元朝没有专职的封驳机构与官员。

其三，实现谏官与御史制度合一。不设谏官，谏官职能由御史兼任，正如监察御史李元礼所说：“今朝廷不设谏官，御史职当言路，即谏官也。”③

其四，御史的品级普遍提高。如御史大夫在唐代时为正三品，宋代为从二品，元朝提高到从一品；御史中丞在唐代时为正四品下，宋代为从三品，元朝提高到从二品；侍御史唐宋均为从六品，元朝提高到从二品。总之，元朝提高御史台地位，罢门下省，不设谏官，唐代以来的御史、谏官、封驳官三大监察体系至此合一。

（二）金元时期监察制度的利弊

元朝作为一个少数民族的政权，更加重视监察机关的职能。金元朝监察制度的积极性，主要体现在以下方面：

第一，有助于加强皇权，维护自己的统治秩序。元朝实现了台谏合一，加强对百官的监视，有利于君主对监察体制的控制。巩固了封建社会的统治，尤其对于一个少数民族政权来说，加强皇权对于统治的顺利进行至关重要。

第二，对维护封建国家的统一起到了重要作用。元朝是一个少数民族，为

---

① 《元史》卷六《世祖三》。

② 《元典章》卷五《台纲一设立宪台格例》。

③ 《元史》卷一七六《李元礼传》。

了加强对各地的控制，设立了行省制度，而且在地方建立了正规的监察机构，所有这些措施的实行，都是为了强化元朝对全国的统治。

这种监察体制的弊端是，监察的成效主要取决于皇权的强弱和皇帝的个人意志，破坏监察制度的往往首先是不受监督的最高当权者皇帝。尤其在后期，各种监察机关对全国的控制，反而进一步激化了各种矛盾，加快了元朝走向衰落的步伐。

第七节　明清时期的监察制度

明清时期是中国监察制度的严密阶段。明改御史台为都察院，又罢谏院，设六科给事中，成为六部的独立监察机构，科道并立。地方设十三道巡按御史和各省提刑按察司，同时设督抚，形成地方三重监察网络。至清朝，将六科给事中归属都察院，科道合一，地方监察沿用明制。至此，我国古代监察系统达到了高度的统一和严密。清朝还以皇帝的名义制定了我国古代最完整的一部监察法典《钦定台规》。这个时期，中国封建监察制度已发展到了历史的顶峰。

一、明清时期的监察机构及其职能

（一）中央监察机构及其职能

1．明朝的中央监察机构

明朝中央监察制度严密而又完备，将我国中央监察制度推向了新的高峰。明朝在中央主要设置都察院、六科给事中。

（1）御史台和都察院

元顺帝至正二十四年（1364 年），朱元璋在应天（今南京）称吴王，设立中书省、大都督府及御史台等政府机构。中书省掌政事，大都督府掌军事，御史台掌监察，组织形式与元朝大体相同。御史台设左右御史大夫（从一品）、御史中丞（正二品）、侍御史（从二品）、治书侍御史（正三品）、殿中侍御史（正五品）、察院监察御史（正七品）等监察官，以及经历、都事、照磨、管勾等事务性官吏。洪武十五年，朱元璋更置都察院，设监察都御史八人，秩正七品；分监察御史为浙江、河南、山东、北平、山西、陕西、湖广、福建、江西、广东、广西、四川十二道，各道置御史三五人不等，秩正九品。

（2）六科给事中

明代给事中始设于元至正二十四年（1364 年），初定为正五品，洪武四年改为正七品。洪武六年设给事中十二人，仍入正七品，分为吏、户、礼、兵、刑、工六科。据《明太祖实录》记载，此时给事中的职掌是“看详诸司奏启及日录意旨等事”。

2. 清朝的中央监察机构

清朝中央的监察机关仍袭明制，于皇太极崇德元年（1638 年）五月设立都察院，为全国最高的监察机关。清朝最高统治者从都察院设立起，就规定都察院及其监察官的职责，主要是对官吏进行弹劾和对皇帝进行规谏。这一方面说明清朝统治者对监察机关的重视，另一方面也说明清朝统治者接受了宋朝台谏职责合一和元朝台谏机构合一的有效经验，将监察机关作为维护其封建专制的一个重要手段。

清朝的都察院是全国最高的监察机关，设承政一人，左右参政各二人。世祖顺治元年（1644 年），改承政为左都御史，掌院事，为都察院最高长官。再改参政为左副都御史，协理院事为别贰。三年，定左副都御史满、汉各二人。五年，定左都御史满、汉各一人。又设左佥都御史一人。清代都察院另设右都御史、右副都御史、右佥都御史，与左都御史、左副都御史、左佥都御史相并列，专司地方监察，是地方最高监察官，但一般是加官，由地方行政长官兼衔，通常右都御史为总督兼衔。右副都御史则为巡抚、河道总督、漕运总督兼衔。

左都御史的品秩，初制满员为一品，汉员为二品。顺治十六年（1659 年），改满、汉员均为二品。康熙九年（1670 年），仍升满员为一品，汉员定为正二品。雍正八年（1730 年），皆升为从一品，永为定制。其地位与六部尚书相当。

都察院有经历、都事二厅和值月处、督催所，承办院内行政事务，其官吏及其职掌为：

一是经历厅和都事厅。清初，都察院设经历满、汉各一人，都事满、汉各一人，掌出纳文移。又有笔帖式十人，掌翻译。可能是在乾隆初年，由于都察院行政事务增多，遂设立经历厅和都事厅，分别由经历和都事掌领。

二是值月处。乾隆四年（1739 年）规定“本院值月，日以满洲御史一人收各部院八旗一切文移，并内阁传抄事件。笔帖式一人，登记册籍，在署值宿”[①]，其职掌与尚书六部值月或当月处同。

三是督催所。乾隆十三年（1748 年）设立。每年委满、汉御史各一人，督催各厅、各道、五城承办事件，按规定日期办理。

都察院的职能大体有以下几个方面：

① 《光绪会典事例》卷一〇三〇。

第一，监察百官及衙门机构。清朝都察院继承了前代御史台监察百官的传统职能。皇太极在都察院设立之初，就规定了其监察职能："凡有政事背谬，及贝勒大臣骄肆慢上，贪酷不法，无礼妄行者，许都察院直言无隐，即所奏涉虚，亦不坐罪，倘知情蒙蔽，以误国论。"①

第二，稽察审计财政开支。清代中央和地方、皇室、军队等机构，凡财务出纳、经费开支、工程营造等财政，均要接受都察院的稽察审计。为了更好地控制财政，康熙十八年（1679 年）规定："除内务府的监造工程之外，其余修造之处均令监察院逐一稽察。"②

第三，规谏皇帝。清朝自立国以来，都察院就有规谏皇帝的职能。崇德元年（1636 年），皇太极下诏说："都察院各官，皆朝廷谏诤之臣，朕躬如有不亲政务，忠良失职，奸邪得位，有罪者录用，有功者降谪等事，尔等有所见闻，即行规谏。"③

第四，参与朝廷重大事务的议定。清朝都察院是中央的监察与言事机构，有参与朝廷重大事务的议定权，通常采取两种形式：一是上言参议朝政，二是参与朝廷重大事务的集议。

第五，参与审理重大刑狱案件，稽察重要监狱。清朝的制度规定：凡重大刑狱案件，现有刑部审断，然后送都察院参核，再送大理寺平允，最后刑部、都察院、大理寺组成的"三法司"会办，都察院是重要的参议、审定者之一。清朝的都察院不仅参与司法审判，而且还要接受诉讼，审理冤假错案。

第六，参与并监督官员的考核。无论是中央还是地方官员的考核中，清朝都察院均起着重要的作用。清朝京师官员的考核称之"京察"，虽然考核的时间多有变化，但都察院始终起着重要作用。清朝地方官员的考核称之为"大计"。顺治十二年（1655 年）规定："大计，督抚造册三本，一送吏部，一送都察院，一送吏科，毋得参差。"④

（二）地方监察机构及其职能

1. 明朝的地方监察机构

明朝除了上一级行政机构对所属官员的监察之外，地方监察机构主要有：提刑按察使司及其所派出的巡道官、都察院巡按御史、加衔巡抚与总督等三大监察体系四个层面，形成了纵横交错的多层次监察体制。

---

① 《钦定大清会典事例》卷七七三《都察院二十·值月》。

② 《钦定大清会典事例》卷七六四《都察院·稽察工程》。

③ 《钦定大清会典事例》卷七五四《都察院一》。

④ 《钦定大清会典事例》卷一四七《都察院三》。

提刑按察使司，简称按察司，顾名思义，包括“提刑”与“按察”，即司法与监察两方面，并且以监察为重。早在元至正十六年（1356 年），朱元璋就在其统治区置提刑按察司，朱元璋吴王元年（1367 年）十月，正式成立御史台和各道按察司，各道按察司设按察使，正三品，副使，正四品。由按察司的“副使、佥事，分道巡察”。①

明朝按察使司为了加强对府州县的监察，派所属官员分巡各道，亦称“分巡道”或“道分司”，道分司官常“驻在外，遍历所属”，从而形成了按察使、道分司垂直对府州县的监察体制。

明朝巡按御史是中央派遣十三道监察御史到各省定期巡回监察的一种制度。

巡按御史在隶属关系上归都察院统辖，代表中央履行对地方官员的监察职责，权力很大，对违法失职的地方官员，五品以上参劾，由朝廷裁决；六品及其以下官员，可“就便拿问”。成祖永乐元年（1403 年），“遣御史分巡天下为定制”。②

明代总督和巡抚多带都察院宪衔，以示是都察院兼职监察官。宣德年间（1426－1435 年），各地专设巡抚，巡抚制度形成。巡抚设置之初，有的授予都御史、副都御史、佥都御史等宪衔，大部分以尚书、侍郎等本官衔出巡。

2. 清朝的地方监察机构

（1）都察院下设十五道，是地方监察制度的重要组成部分。是按行省划分的，计分京畿、河南、江南（包括江苏、安徽）、浙江、江西、山东、山西、陕西、湖广（包括湖南、湖北）、福建、四川、广东、广西、云南和贵州十五道。每道置掌印监察御史满、汉各一人。而监察御史则各道人数不一。京畿、江西、浙江、福建、湖广、河南、陕西和山西八省，皆是满、汉各一人；江南道满、汉各三人；山东道满、汉各二人；而四川、广东、广西、云南和贵州五道，则不设监察御史。故十五道共有掌印监察御史三十人，监察御史二十六人。御史之下，有笔帖式三十二人（京畿、江西二道各三人，其余十三道各二人），经承四十九人。十五道的掌印监察御史、监察御史、笔帖式和经承的总人数为一百三十七人。

十五道监察御史，初有“坐道”和“协道”之分。“坐道”为空衔，“不治事”；“协道”也不固定办理某道事务，到乾隆十四年（1749 年），始“诏按道

① 《明史》卷七十五《职官四》。

② 《明史》卷六《成祖本纪二》。

定额”，固定各道的职掌。各道除掌稽核该省刑名案件和纠弹任务外，并稽察中央在京各部门事务。

（2）清朝除设十五道监察地方之外，还采用多轨制加强对地方官吏和政务的监察。其形式有：

一是清初的巡按制度。清朝在世祖顺治元年（1644年）五月进入北京后，为“察吏安民”，“澄清吏治”，始设立巡按制度，以为“天子耳目之官”。

二是道员兼有监察地方之职责。明朝道员为临时性差使，本身无品级。但清朝地方设立的“守道”和“巡道”等机构，其长官道员从乾隆十八年（1753年）起改为实官，定为正四品，其辖境也较固定，有的辖全省，有的辖三、四府州。而且道员又多加兵备衔，节制境内都司以下武职官员。就其职掌论，除主管钱谷、刑名案件，课农桑、举贤能之外，还兼掌弹压地方，监督管内政务，监督府州县之政治。可见，清朝地方的道员兼领“司风宪，综核官吏”的监察官之职责。

三是行省的布政使、按察使和提督学政兼领监察地方。如清朝各行省的布政使主要掌税收和田赋，但亦有监督和转免所属官吏的监察职能。而各行省的按察使在掌刑名案件之外，兼按劾官吏和乡试之监试的监察职责。

四是总督、巡抚皆兼宪衔。按清朝的规定，总督例兼都察院右都御史衔、巡抚例兼都察院右副都御史衔。总督是代表中央管一省或二至三省的行政长官，有“综治军民，统辖文武，考核官吏，修饬封疆”之权。正由于总督兼宪衔，故有监察地方文武官吏和学政之职责。总督的品秩本为正二品，而加右都御史衔者则为从一品。另有因专门事务而设的总督。

五是置司专门事务监察的巡按、巡盐、巡漕、巡仓、巡查和巡农等御史。

二、明清时期的监察运行机制

（一）明朝的监察运行机制

1. 诤谏建言。我国古代监察制度中纠举弹劾与诤谏建言在唐以前本来分为两途。纠举弹劾是针对各级官吏的，由御史行使；诤谏针对皇帝，建言一般是针对国家大政方针，由谏官履行。至宋代，许谏官弹劾大臣，许御史诤谏言事，于是开台（御史台）谏职掌合流之端。台谏职掌合流是君主专制加强的表现。

2. 纠举弹劾。纠举弹劾是御史最重要的职责。明代监察御史发表弹劾的方式有两种，即露章面劾和封章奏劾。所谓露章面劾，就是弹劾章奏不封，在朝会中由弹劾者诵读弹文。封章奏劾是弹劾者将被弹人的罪状写入章疏，由通政司转呈皇帝以行使其监察权。但明朝宪宗成化以后，因皇帝深居简出，朝会很少，故科道官的纠弹论奏一般以封章行之。

3. 巡察地方。受命代表朝廷视察地方政事，是我国封建时代监察官所担负的又一传统职责。明代十三道御史出巡当差，根据责任的轻重，事务的繁简，道里的远近，分为大、中、小三等。御史出差必须先任小差，然后中差，再大差。小差一般为御史初任试用阶段所担负的职务，在京师及其附近，事务比较简单。中差除辽东、宣大、甘肃三处为巡按外，其余都是专差，即专门监理某处（或涉及一省，或数省）某一方面的工作，由都察院随时差派，相对固定的有清军御史、提督学校、巡盐御史、茶马御史、印马御史、攒运御史、屯田御史、巡关御史等。大差基本属按差（巡按）。明代巡按制度是一项非常有特色而且曾经行之有效的制度。

4. 照刷文卷。照刷文卷，即审查各衙门的各种档案文卷，通过检查案卷来衡量该衙门是否尽职尽责。明朝规定，从中央到地方各级官署的档案文书要由御史或一年、或二三年一次进行审查。

此外，御史还有问拟刑名、审录罪囚、监礼纠仪及参与廷议、廷推、廷鞫等职责。总之，凡国家行政所及的地方都有御史从旁进行监督，御史的作用表现在保证国家行政机器的正常运转，维护封建统治的长治久安。

这一时期比较特殊的方面体现在巡按御史制度的确立。中央政府派遣监察官对地方行政进行定期巡回考察的制度，在我国两千余年的封建专制主义政治中发挥过极大的效用，并积累了丰富的经验。其中尤以汉、唐、明三代最为突出，而集中体现在明代巡按御史制度上。

（二）清朝的监察运行机制

清朝台规是清代监察制度的文件汇编，称《钦定台规》。《台规》在“训典”、“先纲”及科道职掌类目中，规定了监察机构的运行机制。监察机构的严密与监察任务的周详互为表里，目的则是对全国政府机构及其官员行使全面而严格的监察。

1. 拾遗、补阙，规谏君主。这在《台规》规定的任务中占有极大比重。早在皇太极崇德元年（1636 年）的一个上谕中就明确指出：“联躬如有不亲政务、忠良失职、奸邪得位、有罪者录用、有功者降谪等事，尔等有所见闻，即行规谏。”[①]其后历代皇帝反复要求科道官员留心政事得失。

2. 监察吏治，严禁结党。吏治如何，关系到封建王朝的兴衰。可以说历史上没有一个王朝不是因吏治败坏而覆亡。清王朝极为注意吸取历史经验，特别

① 《钦定台规》卷二《训典二》。

是吸取明朝的经验教训，察吏自然成为监察机构工作的重点。《台规》规定都察院参与并监督官员铨选，防止才具不够、身体羸弱者当选。将中央机构、地方机构，无论是行政、军事、财政各个系统的官员均置于科道官员严密监视之下。

3. 监督、稽核财政收入。赋税收入包括漕粮、盐税、各地关税等收入，是清王朝赖以存在的物质基础。收支是否清晰、合理，不仅关系吏治民生，尤其影响政权本身。《台规》规定的科、道稽察任务，相当大一部分是察核各省每年的钱粮账目，查核在京各部院衙门的开支，特别是户部衙门的收支账目。

4. 监督各级考试。清代乡会试、武乡会试、殿试、朝考及各类选拔官吏的考试，关系吏治来源，被称为“抡才大典”。清代最高统治者对此极为重视，多次降谕严格考试制度，并派御史监试。《台规》记载，自顺治年间开始，陆续派满汉御史稽察以上各类考试。其任务一是监察各类考生，防止冒名应考、冒籍考试及挟带字条等弊；二是监督主持考试的主考、同考、阅卷及各类监场管理官员，坚持考场纪律，防止放纵考生，通同作弊，以期选拔真才，廓清吏源。

5. 稽察刑名案件。《台规》规定，都察院有关科道要会同刑部处理各地命、盗等案件，刑科负责稽察各地刑名案件，有关道协同刑部、刑科处理本道所辖地区的案件，参加会审、监刑、处理京控案件等。其主旨在于监察各级司法机构是否及时、公正处理案件，查处淹滞、错谬、挟私枉法等弊，以平冤狱。

总之，清代最高统治者制定了严密的监察制度，并不时对监察机构进行整顿，可以说主观上是颇望澄清吏治，长治久安的。其某些措施也可奏效于一时。但是，这种种努力终究不能克服由封建政治的本质特性所带来的各种固有矛盾。吏治败坏可以说是它的痼疾宿弊和不治之症。到了清代末叶，吏治腐败终于成了不可逆转的趋势，监察制度也就徒为具文了。然而就制度本身来说，不论它的成功方面还是失败方面，都会给我们提供历史的借鉴。

三、明清时期监察官员的选拔任用制度

（一）明朝监察官员的选拔任用制度

明代六科给事中与十三道监察御史并称“科道”，构成明朝官僚机构中行政监察队伍的主干。二者在职权的划分上虽然各有侧重，但其责任却是相同的。因其在行政体制中所处的地位非常重要，所以同样受到封建朝廷的重视，并且在官员的选任上有一套基本相同的独特方式。

明代科道官选任制度的变化可以分为两个阶段。前期与一般官吏的选用差别不大，分为荐举、选补及升授三种；英宗正统以后，逐渐形成独立的选拔制度，包括庶吉士改授及考选两个方面，而以考选为核心。

荐举盛于明朝建国初年。当时，经过元末的大动乱，满目疮痍，教育、文化都遭到破坏了，从科举考试那里找不到人才。所以，在明朝建立以前，朱元璋便命令各级官员荐举所知道的人才，如宋濂、刘基都是这么被征辟来的，还建立了一个礼贤馆来接待他们。明建国后，也曾多次派出大臣分巡天下，访求贤才。

洪武以后，保举由将非官职人员引入官场直接任御史，变为主要从下层官吏中荐举，并且规定只有三品以上京官和都察院堂上官、十三道监察御史才有资格荐举御史。被举官员必须经过吏部审查，合格后，才能授职，保举人对被举人以后的政迹负有连带责任。

英宗正统以后，科道官由保举而进的已渐少其例。宪宗成化时更规定，科道官不得用保举；有成绩优异，原任期未满，被荐举予举选科道的，仍须经过统一考选，试职后才实授。

选补又称初授，就是进士、举人、监生等初入仕途就被选任御史、给事中。

庶吉士制度为明代首创。庶吉士拔举自各新科进士中，入翰林院学习，三年学习期满后，按成绩的优劣，最优者留翰林院为编修、检讨，次者为给事中、御史，尤次者分配到六部任职，称为散馆。

考选科道。所谓考选，就是拣选具有一定资格，经过一考以上的中央及地方官员，通过一定的考试程序，授予御史、给事中的制度。明代考选科道始于正统时期，此后，各项制度逐渐建立和完备起来，在明朝中后期的二百余年中，除万历时，神宗怠惰，连续数年不考外，其他时期内一直遵行不改，影响更及于清朝。其制度规定包括以下几个方面。

第一，参选人员。预选基本成员包括考满称职的京官中书科中书舍人、行人司行人、大理寺评审、太常寺博士，地方官中的府推官、县知县。推官、知县入选称为行取。至于六部员外郎、主事、国子监博士、助教（尤其是六部主事）也曾有参与考选的，仅并非常制。对于部属改科道，朝廷曾多次明令禁止。中书舍人、行人、评事、博士及推官、知县，明朝人一般简称中行评博与推知。这些官职在正七品至正八品之间，品级不高，属中下层，但在各部门中所担负的工作却至为重要。因此，在这样的职位上工作，一方面需要具有较优的才识，同时也最能培养人的才干。明朝统治者将担任此类官职的官员作为考选科道中的基本预选成员，反映了其对作为封建统治“耳目”、“鹰犬”之用的监察官的高度重视，而监察官在明一代政治中的地位亦由此可见一斑。

第二，参选人员资格规定与限制。凡参与考选人员其资格必须符合出身和资历两方面的规定。出身于京官限制严，外官限制宽。京官，非进士不得考选；

推官、知县则举人出身的也可以考选。但明朝中叶以后，重进士而轻举、监，举人、监生出身的推官、知县，虽然可以参加科道考选，但少有行取的机会，即幸而考中，也往往不被重用。举人、监生入选的也往往只有做御史，少有做给事中的，并且多被分配到南京都察院、六科。至于资历，则必须在三年一度的全国性官吏考核中，成绩合格；但为政中有突出的政绩，虽原任期未满，经特荐，也可以参与考选。除具备上述资格外，还必须受以下两项限制：一是年龄必须在三十至五十之间。二是大臣子弟必须回避。明朝规定，在任大臣子弟，不得任其僚属，也不得为御史、给事中，必须按照官职的大小，以下避上。这种亲族回避制度是为防范官吏间因亲缘关系结成利益集团，给国家政治带来不良的影响而实施的。它在我国历史上源远流长，到明朝得到了更为严格的执行。

第三，考选期限。分临时考选与定期考选两种。所谓临时考选，即指给事中、御史出缺，随时考选以补。定期考选指御史员缺，于一定期限之内一次考选以补。大约万历以前以临时考选居多，万历以后规定每三年一选。

第四，选择标准。在封建时代，择任一名官员，首先要考察的当然是作为一个封建官员应具备的道德修养和效忠精神。而监察官当风霜之任，在官僚队伍中处于防弊除奸的位置，更需要洁身自好。洪武初太祖就曾诏令，御史台监察御史当“慎选贤良方正之人”。[①]选择标准之二是任科道官应具备的才干见识、历事经验。其三是体貌言语。这是一项特殊要求。选任科道官注重体貌言语自有其道理。因为科道官的工作中包括在朝堂上面对面地弹劾大臣出外代表朝廷视察州县；同时，每当朝会时，给事中还要轮班在皇帝左右侍立，御史要从旁监礼纠仪。在那个一切讲究礼仪、崇尚权威的时代，如果能选择体貌丰伟、声音响亮的人担当这类职务的确可能收到较好的效果。

第五，考选程序。明代御史的考选由吏部会同都察院主持进行。在确定预选人员名单后，首先向九卿科道分送访单，让他们据其所知发表对预选人员的看法，以供吏部、都察院参考。然后是出题考试，一般试之以奏议弹文、刑名文字多篇，由都察院堂上官和吏部有关官员共同阅卷，再参考访单，定为高下等第，开具入选名单奏闻。初任监察御史，例要经过一个试用的阶段，然后，都察院根据其具体的工作情况决定是否正式授职。试职阶段一般是由都察院差派在京师附近担负事务比较简单的差务，期限有时规定为半年，有时又长到一年。试职期满后由都察院对其工作绩效进行考核，合格的实授，不合格的可以再试半年；如再试仍不合格，便交吏部安排到别的工作岗位上去。给事中不试

① 《明会典》卷二九〇。

职，都是直接实授。

御史、给事中处在监督百官运转的位置，所以选择精良，而任之也专。为鼓励其在纠邪举蔽中无所顾忌，同时又不至滥施权威，明朝在晋升与黜罚方面也有较为特殊的规定。

首先，御史、给事中比其他官员有更好的升迁机会。杨士聪《玉堂荟记》上有“官由科道升者，每若太速”之说[①]，可见时人对这一问题的看法。

其次，与之相应的，对御史、给事中违法失职行为的处罚也是极为严格的。《明书》上记载，明代法律规定，“御史犯罪加三等，有赃从重论”。而君主凭一时的好恶，对于给自己提出批评或者与自己意见不合的御史、给事中，当场责以廷杖或者下诏狱究治、白刃相加则更是难以逆料。

（二）清朝监察官员的选拔任用制度

清朝都察院的六科给事中和十五道（后改为二十道）监察御史合称为“科道”，或谓之“科道官”。清朝统治者积累了历代台谏官入选的经验，因此对科道官人选的出身、仕历等方面限制颇严，故充当科道官的标准是极其严格的。而且选拔科道官的程序相当严密，任命亦极其庄重。

1. 科道官人选出身和其他各种限制

清朝入仕之途，分为正途和偏途两种。依科甲贡监出身者为正途，凡依举荐捐献及吏员的特殊迁秩而出身者为偏途。而汉人充当科道官的人选，按清朝向来的惯例必须是正选出身。如康熙十九年（1680 年）上谕：“汉官非正选出身者，虽经保举，不准考选。”

科道官人选在出身限制之外，还有种种限制的规定。

一是三品以上京官和外任督抚以上子弟不得选充科道官。二是年龄过轻或在 65 岁以上者不得选充科道官。三是由科道官降任他职者不得再充选科道官。四是曾被保举充任科道官而未邀准者不得再选充科道官。五是捐纳的各部郎中、员外郎，或正途出身的郎中、员外郎，凡任职不满三年者亦不得选充科道官。

2. 科道官人选的选择、引见和考法

在满、蒙、汉人员取得考选科道官资格之后，还须由主管堂官选择，自行带领或吏部带领引见。如雍正五年（1727 年）世宗指出：“宗人府御史二员，由宗人用于宗室内简选引见补授。”补授科道官的选择、保送和引见之权，在外由督抚职掌，在京师则由各主管堂官职掌。

主管长官选择引见之人员，必须事先查明该人员的出身、仕历是否合格，

① 杨士聪：《玉堂荟记》卷下。

是否公正无私。

至于引见地点和考法，引见地点多在乾清宫或圆明园，翰林院掌院率领编修、检讨列前，各部长官率领部属随之，吏部长官则率领行取知县随后，肃立御前，借供考定。其考法，在雍正三年（1725年）之前，例用笔试，后来因各汉籍人员皆为正途出身，不必再试，改由皇帝面试，然后在名单上圈定合意人员。凡被圈定的人员，即分别入翰林候选科道名册及部属候选科道名册，并依品级和俸历排列次序。名册存于吏部。

3. 科道官的任命

引见人员经过登记之后，即可等候任命。每逢科道官缺出，由吏部依翰林及部属候选科道名册登记的次序，若缺科道官一名，每册各录三名呈皇帝择一人任命。在被命为科道官后，清初规定，凡由内阁中书及各部员外郎、主事升补科道官者，试用一年，一年之后由都察院长官考核，认为合格者方能实授。乾隆十七年（1752年）后，一律改为立即实授。

思考题

一、名词解释

1. 御史台
2. 司隶校尉
3. 校事
4. 典签
5. 都察院
6. 风闻奏事
7. 台谏合一

二、简答题

1. 简述夏商周时期的监察运行机制与特点。
2. 试述秦汉时期监察官员的选拔、考核与奖惩制度。
3. 简述魏晋南北朝时期中央监察机构的沿革和特点。
4. 试论唐朝中央监察机构分工合作的监察机制。
5. 试述两宋时期的监察运行机制。
6. 试论元朝中央监察机构的“台谏合一”。
7. 试论明朝的监察机制在加强专制主义中央集权中的作用。
8. 简述明清时期监察官员的选拔任用制度的沿革和不同特点。

第五章　中国古代司法行政制度

本章重点

1. 中国历代司法机构的组成及其职能。
2. 中国历代立法制度及其特点。
3. 中国历代司法审判制度及其沿革特点。

司法行政制度包括行政立法制度和行政司法制度两个主要部分。

"行政是国家的组织活动"[①]，国家的组织管理活动是国家的职能，这一职能又必须由国家的行政组织，依赖国家的行政立法活动来实现。换言之，行政立法是国家行政亦即国家组织管理活动的基础。国家的组织管理活动如果没有行政立法的支持和调整，将不可能发挥国家行政的职能作用。行政立法制度，包括国家的立法机构、立法程序和立法审查等制度，是国家行政制度的重要内容。

立法体制是国家立法权的划分体制。按照立法权是由什么人或机构行使的原则，可以将立法体制分为由专制君主行使立法权的专制立法体制和由民选的代议制机构行使立法权的民主立法体制。中国古代的立法体制是典型的专制立法体制。其特征表现在以下几个方面。

第一，由君主直接操控立法权。中国古代国家，君主大权独揽，立法权是皇权的重要组成部分。皇帝是最高立法者，皇帝的意志就是法律。历朝历代的法律，无论由何等机构负责编纂完成，但批准权属于皇帝，而且一定要以皇帝的个人名义颁布实施。除了颁布施行的法律之外，皇帝随时发布的各种命令(令、诏、制、敕)等都会成为法律。《管子·任法》说："有生法，有守法，有法于法。夫生法者，君也。守法者，臣也。法于法者，民也。"管子是先秦法家的早

① 《马克思恩格斯全集》第一卷，人民出版社，1956年，第479页。

期代表人物，可见在当时人们对于法律的理解，君主是立法者，臣下是守法者，而民众则是受法律控制者。《汉书·宣帝纪》注云："天子诏所增损不在律者为令"，这些"令"就是法律。如《汉书·杜周传》载杜周所言："前主所是著为律，后主所是著为令。"君主的意志就是法律。唐代以后，敕成为皇帝诏令的主要形式，编敕也就成了立法活动的主要内容。宋朝专门设编敕所，编订皇帝敕令，作为正式的法律颁布执行。明初"大诰"即皇帝朱元璋的口谕，清代法律的重要形式之一的"例"，也是根据皇帝的诏令修订的。

第二，中国古代历朝都没有独立于行政体制之外的专门的立法机构。古代中国的立法权、司法权和行政权三权合一，虽然历朝历代都有法定的立法机构和官员，但是这些立法机构都是从行政机构中由皇帝临时抽调的官员构成，他们对皇帝负责，是皇帝行使立法权的工具性的附属机构。当然，历朝历代的行政体制中，都设置有专门的司法机构和司法官员，通常情况下，皇帝任命的临时性的立法机构都有他们的参与，但这和独立的立法机构是根本不同的。这些机构的职权仅限于起草和编辑法律，并无独立的立法权。当然也称不上独立的立法机构。所以，本章所说的立法机构，实际上是指那些在君主的指令下参与立法活动的行政机构以及这些机构的主要长官。

第三，立法权完全属于中央，地方政府没有立法权。中国古代是典型的单一制的中央集权国家，立法权高度集中，属于一元立法体制，地方行政机构只拥有相应的行政权力和司法权力，而不可能有任何形式的立法权。因此也不可能有地方立法机构。这与西方古代社会的多元立法体制完全不同。

第四，法外之法。通常情况下皇帝的立法权都要由一定的临时性的立法机构，通过一定的立法程序来完成。但是，由于皇帝掌握绝对的立法权力，在立法过程中，皇帝往往会撇开原有的立法机构，另搞一套近侍或秘书班子进行立法，甚至有的时候皇帝可以抛开任何的合法的立法机构而按照自己的意志发布法令，这显然构成了对正常行政立法体制的冲击，造成在立法过程中法外之法的特征。法外之法还反映了君主在中国古代立法制度中的随意性。立法以君主的喜怒为准绳，是常见的立法现象。如隋文帝早期，尚属贤明之君，开皇初年，他主持修订《开皇律》并能够身体力行带头执法，但是，他"逮于暮年，持法尤峻，喜怒不常，过于杀戮"[①]。开皇十六年，因合川仓主典盗窃本仓之粟案告破，隋文帝即令"驰驿斩之，没其家为奴婢，鬻粟以填之"，并因此立法："盗边粮者，一升以上皆死，家口没官"，其后又不断加重对盗窃公物罪的处罚，甚

① 《隋书·高祖纪下》。

至“命盗一钱已上，皆弃市”；“行署取一钱已上，见闻不告者，坐至死。自此，四人共盗一榱桶，三人共窃一瓜，事发即时行决”。并颁布诏令，公开鼓励各级长官“听于律外斟酌杖决”[①]。这显然是以君主的喜怒为立法的依据，属典型的非程序性立法，在中国古代又属于立法的常态。

梁启超在《论中国成文法编制之沿革得失》[②]一文中指出，成文法是主权国家颁布的正式法律。他将其定义为“国家主权者所制定而公布之法律也。不著竹帛之惯习法其非成文法不俟言，即已著诸竹帛，如君主之诏敕，及法庭之判决例，实际上虽与法律有同一效力，然名义上未经主权者，指定赋予法律之名，仍不能谓之成文法”。习惯法、不成文法以及君主的诏敕、法庭的判例等，都可以排除在成文法之外，同时其范围也很明确，凡经主权者名义正式颁布的单行法和法典，即为成文法。故此，梁启超认为法律的发展必须经过三个阶段：第一阶段，是习惯变成习惯法的阶段。把习惯法及禁令变成固定的条文予以颁布，形成成文法，是法律发展的第二阶段。等到把众多的单行法集合成法典，使法律从内容到理论都有一定原理原则加以组织、出现了完善的法典之时，也就进入到法律发展的第三阶段了。这样看来，在中国古代，皇帝（王）所任命的临时的立法机构的活动，主要是梁启超所说的立法活动的第二、第三阶段。

行政司法制度指一个国家的司法组织机构和与之相配套的司法审判程序。是司法机关及其他的司法性组织的性质、任务、组织体系、组织与活动的原则以及工作制度等方面规范的总称。在中国古代政治制度中，不存在立法、行政、司法三权分立的原则，司法机构不具有独立性，而是国家行政组织的一个重要组成部分，如同最高行政权掌握在君主手中一样，君主也掌握最高的司法权，司法机关执行的是君主个人的意志，是君主集权的延伸和保证。尽管中国古代政治体制在机构设置和功能划分上，也存在专门的行政机构和司法机构之分，但两者并非相互独立和相互制约的关系，而是作为执行君主集权和实现君主意志的两套工具相互并行。而且，司法机构作为行政体制的一部分，实际上也受控于行政权力。例如，唐代实行的由刑部侍郎、御史中丞、大理寺卿组成临时最高法庭审理重大案件的“三司推事”制度，由大理寺评事、刑部员外郎、监察御史，前往审理地方重大案件的“三司使”制度，以及明代遇有重大疑难案件由刑部、大理寺、都察院三法司共同会审的“三司会审”制度。这些重大案件的会审制度，就是行政干预，甚至控制司法的典型制度。

① 《隋书·刑法志》。

② 《饮冰室合集·文集》16。

第一节 夏商周时期的司法制度

夏商周时期是中国行政司法制度的初创时期。

法不是从来就有的，是人类社会发展到一定时期的结果。而世界不同民族由于其生存环境的不同而形成不同的历史传统和生活方式，国家与法的具体发展途径是不同的。中国法的起源的特点主要是：(1) 氏族血缘纽带随着国家的形成而更加加强。以血缘关系联接起来进行生产与生活，是人类早期的组织形式。中国在进入国家文明后，由于生产力和农业文明的因素，血缘纽带非但没有松弛，反而愈加紧密。氏族、部落、部落联盟联结纽带的血缘关系、婚姻关系，使得中国早期国家在组织结构方面具有家国相通、家国一体的特征。(2) 部落联盟首领的权威在向国家过渡的过程中日益加强。从传说中的三皇五帝到尧、舜、禹，首领的统治权在不断加强，到夏启即位时，终于发展到了可以有权打击本联盟中的反对派的地步。(3) 原始的礼由习惯演化为法。礼最初是祭祀鬼神的器具，供原始的人类崇拜自然神之用。到后来凡是进行祭祀的一切活动都叫做礼。在人的思想意识方面，对自然神的信仰和对祖先的崇拜，特别是对祖先崇拜逐渐定型化、仪式化，成为一种具有宗教色彩的普遍信奉。随着私有制的进一步发展，在这种祭祀仪式中逐渐产生出萌芽状态中的政治权力，其中区别血缘关系、亲疏尊卑的部分，开始成为确定人们在国家组织中等级地位的法。(4) 刑起于兵。刑与战争是分不开的。部落、部落联盟之间的征战是中华文明发生发展的主要契机。征讨反叛的部族、征服未归顺的部族，是最严厉的一种惩罚，所谓“大刑用甲兵”。频繁的军事征伐既确立了一套实施军法大刑的规范，又带动对本部族内部成员惩罚方式的发展，以斧钺、刀锯、鞭杖行罚的“中刑”、“薄刑”逐渐成为早期国家的常刑。以惩罚为核心的刑法观念和制度在法律发展中居于首要地位。

由此可以看到，中国法的起源是由中国所处的具体历史条件决定的。私有制的发展，在社会等级中血缘起到纽带的作用；对祖先崇拜的礼逐渐具有权威性、阶级性；频繁的战争促进了刑的形成与发展；氏族首领的权威则伴随着这些过程而日益强化。这些因素在中国法的形成中相互作用，决定了中国古代法以君主意志为核心，强调礼的作用，强调维护宗法伦常，法律体系中偏重刑法、行政司法合一等主要特点。

一、夏商周时期的立法制度

中国古代法律的起源，最早可追述到《尚书·吕刑》所记的蚩尤制法，《吕氏春秋·荡兵》也说："未有蚩尤之时，民固剥林木以战矣。胜者为长。长则犹不足治之，故立君。君又不足以治之，故立天子。"蚩尤因"断制五刑，以乱无辜"，遭到黄帝讨伐，兵败被杀。另有传说，黄帝之时"始作制度，得其中和，万世常存"[①]。《管子·任法》、《淮南子·览冥训》也有类似的说法。总之，古代先贤均将中国法律的产生时代定在蚩尤和黄帝时代。

从立法学角度看，至少在夏商时代已经有了正式的法律。《左传·昭公六年》："夏有乱政，而作禹刑；商有乱政，而作汤刑；周有乱政，而作九刑。"《尚书大传》说："夏刑三千条。"商王盘庚说："听余一人之作猷。"猷，谋划之意。这句话的意思就是国家大事由商王一人作决断，他发布的命令、誓、诰都是法律，也只有商王才能够制定法律。但是，一般认为在禹时不大会出现系统的立法活动，"因此所谓禹刑，应该是禹的后代继承者们在部族习惯和作战军令的基础上逐步积累形成的习惯法，然后托名为禹的创制"[②]。可见，夏朝未必已经有了成文法的颁布，也很难说已经有了专门的立法机构。传说中的"太甲颠覆汤之典刑"，《竹书纪年》所记载的"祖甲二十四年，重作《汤刑》"，以开国始祖的"汤"的名义冠名的所谓《汤刑》也未必就是成熟的成文法，或许只是些习惯法。而商王朝由王发布的命令、誓、诰等虽然都是法律，也仍未发展到成文法的阶段。《尚书·康诰》记西周初年，周王提倡要继承和效法商代的刑法，特别是要积极汲取商代法律中的积极因素，"用其义刑义杀"，似乎可以推断，到商朝后期，在历代商王的手中，成文法律已经大致形成，法律中的一部分内容已经逐步固定化，能够为后世王朝所继承、效法，"这些可能已是成文化的制度，但若说商代已有完备系统的立法，这是颇可怀疑的"[③]，自然也很难说在商朝已经有了专门的立法机构。

西周同夏商一样，实行君主专制制度，周王的权力比夏商时期的王权更进一步加强，周王集政权、神权、族权于一身。周成王时期的毛公鼎铭文有"余一人在位"，又说"无唯国正昏，弘其唯王智"，就是说军国大事，皆唯周王的意旨是从。

西周初期，为了迅速建立稳定的社会秩序，巩固王朝统治，在周公的主持

---

① 《白虎通义·号》。

② 叶孝信主编：《中国法治史》，复旦大学出版社，2002年。

③ 叶孝信主编：《中国法治史》，复旦大学出版社，2002年。

之下，以周族原有的习惯法为基础，结合建国以后的实践经验，同时继承了夏商两代的礼仪制度中的有用部分，制定了周礼。故周礼是“因于殷礼，有损益”，经过系统地厘定、补充、制定发展而成的。周礼远远超出了夏商两代祭天敬祖的狭小范围，渗透到了政治、经济、军事、法律、婚姻家庭、伦理道德、风俗习惯等社会生活的各个方面，成为稳定政治局势，维持社会秩序，调整人们相互关系，指导各阶级各等级的典章制度和行为规范，是西周最重要的法律渊源。[①]

《周礼》的很多内容涉及刑事、民事、行政以及司法等方面的规则，属于法律规则。西周中期，随着社会关系的复杂化、社会矛盾的尖锐化，原有的《周礼》已不敷运用。司寇吕侯奉穆王之命制定了新的刑法，名为《吕刑》。《吕刑》的内容主要涉及当时实施的赎刑以及其他一些刑事政策。

《尚书·吕刑》载：“王曰：呜呼！敬之哉！官伯族姓，朕言多惧。朕敬于刑，有德惟刑。今天相民，作配在下。明清于单辞。民之乱，罔不中听狱之两辞；无或私家于狱之两辞。狱货非宝，惟府辜功，报以庶尤。永畏淮罚，非天不中。惟人在命。天罚不极，庶民罔有令政在于天下。”释文：周穆王说：“唉！要谨慎地对待刑狱啊!司牧典狱、族姓诸侯们，我多次地讲了畏惧的话。我谨慎地对待刑狱，一定要使有德行的人主持刑狱。现在天为了造福民众，在人间设立了君主以配天。狱讼中要明察无证据的一面之辞。民众能够治理，无不是因为我们能够公正地听取狱讼中诉讼双方的证词。不能从争讼双方取利致富。因狱讼所得的财物，不能作为据为己有的私家财宝。这样做，只能是聚积罪刑。引起民众的怨恨。要永远畏上天的惩罚，并不是天不公正，只是那些诸侯所施行的教命不公正。如果天惩罚不严厉，那么，天下民众就不能享有善政了。[②]

春秋战国时期各国立法活动一般都由执政的大臣主持，如管仲、子产、李悝、吴起、商鞅这样的立法者，莫不如此。当然，这些执政大臣的立法活动，必定会受到国君的支持，也自然是国君直接任命之下的代表国君意志的活动，吴起、商鞅等人的变法活动以及在支持他们的国君死后的遭遇，就能很好地说明这一点。总的看来，春秋战国时期各国的立法，虽然都是在国君的直接支持下由执政大臣亲自主持的，但毕竟还没有形成专门的立法机构。

公元前536年郑国执政子产铸刑书，将国家法律公之于众，这是我国历史上首次公布成文法。子产铸刑书冲击了奴隶主贵族以言代法的特权，打破了“临

① 周少元等主编：《中国法制史》，人民法院出版社，2003年，第85页。

② 释文转引自叶孝信主编《中国法治史》，复旦大学出版社，2002年，第22－23页。

事制刑，不预设法”的法制原则。

公元前501年，春秋时期郑国的邓析根据当时郑国社会经济、政治的急剧变化，起草了一部刑法，刻在竹简上，公之于众，史称“竹刑”。竹刑为邓析所私著，没有法律的强制效力。后来郑国执政驷颛杀邓析而用其竹刑，竹刑为国家所认可，具有了法律的效力。《昭公二十九年》：“冬，晋赵鞅、荀寅帅师城汝滨，遂赋晋国一鼓铁，以铸刑鼎，著范宣子所为刑书焉。”

郑子产铸刑书

《左传·昭公六年》记郑国子产铸刑书之事：三月，郑人铸刑书。叔向使诒子产书，曰：“始吾有虞于子，今则已矣。昔先王议事以制，不为刑辟，惧民之有争心也。犹不可禁御，是故闲之以义，纠之以政，行之以礼，守之以信，奉之以仁；制为禄位，以劝其从；严断刑罚，以威其淫。惧其未也，故诲之以忠，耸之以行，教之以务，使之以和，临之以敬，莅之以强，断之以刚；犹求圣哲之上、明察之官、忠信之长、慈惠之师，民于是乎可任使也，而不生祸乱。民知有辟，则不忌于上。并有争心，以征于书，而徼幸以成之，弗可为矣。夏有乱政，而作禹刑；商有乱政，而作汤刑；周有乱政，而作九刑：三辟之兴，皆叔世也。今吾子相郑国，作封洫，立谤政，制参辟，铸刑书，将以靖民，不亦难乎？《诗》曰：‘仪式刑文王之德，日靖四方。’又曰：‘仪刑文王，万邦作孚。’如是，何辟之有？民知争端矣，将弃礼而征于书，锥刀之末，将尽争之。乱狱滋丰，贿赂并行。终子之世，郑其败乎？肸闻之：‘国将亡，必多制’，其此之谓乎！”（子产）复书曰：“若吾子之言，侨不才，不能及子孙，吾以救世也，既不敢承命，敢忘大惠？”

案例分析：

1. 子产铸刑书是中国古代颁布成文法的最早案例之一。成文法的颁布是中国古代司法制度的一次重大变革，标志着中国司法从贵族司法制度向职业官僚司法制度的转型。春秋战国时期司法制度最突出的变化就是剥夺旧贵族的司法审判权由职业官僚掌握。成文法的公布，实际上就是新兴地主阶级改革成果的经验总结，并用法律形式固定下来。一方面，保护了私有权，另一方面，也促进了新的地主阶级生产关系的发展，为各种新型社会关系的产生和发展提供保障。

2. 成文法的颁布在当时是震动诸侯国的事情，远在晋国的贵族叔向为此特意写信给子产表示谴责，看来这件事应该引起了贵族层的强烈反对。从双方的争论看，贵族批评成文法的颁布，造成上下失序，“贵贱无序，何以为国？”子产则从政治需要出发，只强调“救世”的作用，说明贵族司法制度已经难以为继了。但是，子产毕竟是旧贵族，为了维护旧贵族的特权，子产的“新法”又在很大程度上沿用周礼。郑国的大夫邓析对此深为不满，要求废止周礼，“事断于法”，并私自编撰了一部更能适应新兴地主阶级要求的成文法，把它刻在竹简上，叫“竹刑”。邓析对法律很有研究，曾聚众讲学，并多次充当“诉讼代理人”，利用自己的辩才和对法律的了解在诉讼中给旧有的司法活动造成了很大的冲击，旧贵族指责他“以非为是，以是为非”。由于他过于激进，引起了很多旧贵族的强烈反抗。公元前501年，郑国执政驷颛杀害了邓析，不过同时也采用了邓析的“竹刑”（原文见《左传·定公九年》，参见萧伯符主编《中国法制史》，人民法院出版社，2003 年）。说明到春秋晚期，成文法的颁布已经是势在必行了。

战国时期是中国政治制度的重要变革时期。各国的政治改革一般都借助颁布法令的形式来推行，各诸侯国家的这场政治改革运动，实际上都是一次重要的立法活动，是通过立法的形式来推进政治制度的改革。例如商鞅、吴起在秦国和楚国的变法活动都是典型事例。

二、夏商周时期的司法制度

（一）司法机构的设置

夏王朝是中国历史上第一个王朝。由于年代久远，资料匮乏，夏王朝的法律制度已经很难作出全面的了解。后人传说有“禹刑”，当是夏朝的国家组织根据部族习俗和法令逐步创立的习惯法，托名大禹创制。其内容更是无从详考。商朝是中国有可考的文字记载的开始，当时法制草创，加之年代久远，资料有限，也难窥全豹了。不过，根据文献记载，商代已经出现了一些成文法。传说“太甲颠覆汤之典刑”[①]，是说太甲废止了商朝开国之君商汤所确立的一整套法度；《竹书纪年》记载：“祖甲二十四年，重作《汤刑》”，指的应该是商王祖甲重修法律之事。那么，商王朝应该已经有了一定的司法机构来负责法律的执行。商王朝建立的封建政治体制，王朝的行政、司法、军事没有严格的划分。商王对于王朝的行政、司法、军事都握有绝对的权力，商王之下最高的司法管理机

① 《孟子·万章上》。

构是司寇，地方诸侯的司法官称之为“士”。在专门的司法机构之外，由于商王朝崇尚神权，巫、史、祝、卜等掌管祭祀的机构和它们的官员在国家中享有很高的地位，也在一定程度上参与司法事务。

在夏朝时，夏王作为国家最高统治者，不仅握有立法权，而且也掌管全国最高的司法审判权。夏朝已有专职官员的设置，司法官称“士”或“理”，中央最高司法长官称“大理”，他们都兼领军、民狱讼案件。

商朝与夏朝一样，商王是国家最高的统治者，既享有最高的行政权和军事权，又享有最高的司法裁判权。凡重大案件都要由商王作最后裁决，即所谓“惟余一人有佚罚”。商王之下的最高司法官称“司寇”，下设“正”、“史”等审判官吏。从商王经常用贞卜的形式裁决狱讼的情况看，贞人（即占卜者）实际上也参与了司法审判活动，分享有一部分司法权。商朝已实行分封诸侯的制度，地方上分畿内诸侯和畿外诸侯两种。[①]畿内负责司法工作的称“士”，基层称“蒙士”，他们只能处理一般案件。重大、疑难案件，须报司寇复审。畿外地区的狱讼，则由地方诸侯自行处理。

较之夏、商，西周的司法机构有较大的发展，形成了一定的体系。周王仍是全国最高司法审判官，拥有最高司法审判权，诸侯间的争讼和一些重大疑难案件由他裁决。周王之下设专职司法官，中央设大小司寇和其属官士师专管司法审判，负责审理王畿内的诉讼，其下还设有司刑（负责对罪犯施刑）、司厉（负责侦察）、布宪（负责法律的公布宣传）等司法职官。其中大司寇为中央常设最高司法审判官，在周王的领导下主管全国重大司法审判事务。大司寇之下设小司寇，为具体负责审理案件、处理狱讼的常设司法审判官。基层则由乡士、遂士、县士就地处理，重大案件则上报司寇。在中央设置专门的司法机构是从西周开始的。这是夏商以来宗主贵族司法镇压实践经验的总结，也说明司法审判活动已成为国家活动的一个重要方面。

各诸侯国的司法机关的设置基本上与周王国中央相同，也有司寇、士师等官员。诸侯和卿大夫在各自的封地内，也拥有最高审判权。下级贵族之间的争讼，上级贵族有权判决。由于宗法制度的职能和功用，在地方基层社会组织中，各宗族的宗主、家族的族长以及家庭的家长对其家族内的成员，也拥有审判甚至刑杀之权。

春秋时期的司法机构基本上是沿袭西周的名称，但是各诸侯国都加强了司法机构的职能，仿西周的建制在中央设立了专事审判事务的中央法官——司寇。

---

① 《尚书·酒诰》。

有的称大司寇，也有的称“司败”。司寇在商朝排在五官之末，西周司寇入六卿，春秋时期，司寇的职位职权都有所提高，鲁国的大司寇甚至兼行相职。司寇经常独自审判和囚禁官吏，可以对同级大臣审判用刑。

战国时期，封建官僚制度取代世卿制度，中央集权制度取代奴隶制度分封制，给司法制度带来了巨大变化。首先，由于君主专制地位的确立，国君享有最高的司法审判权，对任何案件都有权干预或审理。其次，在中央机关，除君主直接行使审判权外，还设有专门执掌司法的官吏（秦称廷尉，楚称廷理）。再次，地方的司法工作由郡县行政长官兼理，也就是由郡守、县令审理地方上的一般案件。这一方面取消了奴隶主贵族对地方司法权的控制，另一方面也是后来中国历史上延续了两千年的地方长官兼理司法制度的开端。

（二）诉讼审判制度

1. 夏商时期的诉讼审判制度

夏、商两代的诉讼审判制度有如下特点：

（1）对于重大案件的审理近似于实行三级三审制。据《礼记·王制》关于商朝狱讼审判程序的记载：“成狱辞，史以狱成告于正，正听之；正以狱成告于大司寇，大司寇听之棘木之下；大司寇以狱之成告于王，王命三公参听之；三公以狱之成告于王，王三宥，然后制刑。”即重大案件实行史、正、大司寇三级三审，三公参审，先由低级司法官吏立案预审，将预审结果向正报告，由正进行审判。正再将审判结果向大司寇报告，大司寇进行复审，并将复审结果向商王报告。如果遇到“疑狱”，则“泛与众共之”，即广泛征求众人的意见；“众疑，赦之”，仍有疑惑，则宽大处理，但“必察小大之比以成之”，仍须比照类似案例作出判决。

（2）“神判”与“天罚”是商朝司法审判的一大特点。商朝的神权法无论从理论还是从实践都发展到一个新的阶段。统治者为了进一步利用神权加强王权，在夏朝“天罚”思想的基础上，形成了“神判”制度。“殷人信鬼”，“先鬼而后礼，先罚而后赏”。[①]为了假托神意，商王几乎无事不卜，定罪量刑也都要经过占卜作出决定。这在甲骨卜辞中有不少记载，卜辞中关于“贞，王闻不惟辟”，“贞，王闻惟辟”[②]的记载，就是商王对官吏奏闻的案件，用占卜形式作出是否用刑的回答。通常卜辞全由巫师来辨认和解释，而巫师的解释又常由王来控制和利用。

① 《礼记·表记》。

② 《殷虚文字乙编》。

（3）定罪量刑原则。作为部落国家的法律，夏朝对同族内部比较宽简。《尚书》说：“临下以简，御众以宽。”这反映对同族人用法较轻的情况。对罪行有疑问的处断从轻，认为与其错杀无罪的人，宁可漏失对有罪者的刑罚：“与其杀不宰，宁失不经。惧失善也。”这是说所以这样做是怕错罚了好人。主张根据故意过失等方面的标准来定罪量刑。过失造成危害，可以宽缓赦免，坚持作恶不改的，就要处死：“台灾肆赦，估终贼刑。”过失的后果再大可以从宽，故意的罪行再小也要惩罚：“有过无大，刑故无小。”主张对首恶及胁从者实行不同的刑罚。《尚书》记载胤侯在征讨羲和时对众士说，杀戮那些首恶分子，对胁从者不问：“歼厥渠魁，胁从罔问。”主张刑杀不要株连子孙，功赏则可以世代享受：“罚弗及嗣，赏延于世。”

在审理时，如果只有犯意而无犯罪的事实，就不能认为犯罪，“有旨无简，不听”（旨，意旨也；简，真实也）。要根据犯罪事实，“邮罚丽于事”（邮，责也；丽，附着也）。在量刑上，定罪时可重可轻的从轻，宽免时可宽可严的从宽：“附从轻”，“赦从重”。

2. 西周的诉讼审判制度

相对于夏、商而言，西周的诉讼审判制度有了很大的发展，从案件的受理到审判都形成了一套较为系统和相对完备的程序。

西周以德为立国之道，因此“明德慎罚”成为其诉讼审判的指导思想。《尚书·吕刑》中记载：“典狱，非讫于威，惟讫于富。”意思是说审理案件，不完全用刑罚解决问题，而是靠福佑德教解决，为民谋利。又记载：“惟敬五刑，以成三德。”即要求在诉讼中严格地遵守法律，以成就德教。为贯彻“明德慎罚”的思想，西周时，对重大疑难案件的处理都很慎重，有所谓“三刺之法”，即要经过三道特别程序才能决定：“一曰讯群臣，二曰讯群吏，三曰讯万民。”

西周对刑事、民事诉讼似已经作了明确的区分，即“狱”与“讼”之别：以罪名相告称狱，以财货相告称讼。①《周礼·秋官》有“以两剂禁民狱”、“以两造禁民讼”的记载。“狱”是针对犯罪的刑事诉讼案件而言的，“讼”是针对财产纠纷的民事诉讼案件而言的。无论刑事、民事，一般由原告起诉，轻微案件口头起诉，较大案件则要书状。

西周的诉讼审判制度对狱讼持十分谨慎的态度，其审判活动非常注重对各种证据的运用。诉讼双方的供词是判决的主要根据，《尚书·吕刑》强调“听狱之两辞”，即对待案情处理必须谨慎从事，对于没有佐证的单方面言论，需要兼

① 《吕氏春秋决狱讼》注：“争罪曰狱，争财曰讼。”

听诉讼双方的供词，不能轻信一面之辞。据《周礼·地官》记载："凡民讼，以地比正之；地讼，以图正之。"《周礼·秋官》记载："凡以财狱讼者，正之以傅别、约剂。"也就是说，民间的一般争讼，以地方邻里为证；涉及土地疆界的争讼，以官府所藏图籍为证；关于财产的争讼，以契据（傅别）、合约（约剂）为证。

通过长期的司法实践，西周统治者总结出一套利用察言观色进行审讯的"五听"方式。《周礼·小司寇》对此有记载："以五声听狱讼，求民情：一曰辞听，二曰色听，三曰气听，四曰耳听，五曰目听。"所谓"五听"之法，即听取诉讼当事人的言辞（辞听）和当庭的对答（耳听），观察他的脸色（色听）、眼神（目听）和呼吸状况（气听），依据这样得来的材料和印象，审定案情，进行判决。显然，这样求得的"民情"，只能是法官的主观臆断，增加了司法活动的主观随意性。尽管如此，"五听"不失为一种了解案情的方法，较之商朝的"神判"方法是一个巨大的进步，并且提出了在审判中如何运用心理学的问题，这充分反映了西周在审判方法上经验的积累。

3. 春秋战国时期的诉讼审判制度

春秋时期的起诉制度有自诉和控告两种形式。案件由两位法官主审，开庭时要求原、被告同时到庭。在诉讼中，春秋时期已有代理人及法律顾问的制度。诉讼代理人是奴隶制贵贱等级制残余在诉讼程序上的反映。西周由于公族及有爵位者不亲自出庭坐地对质，春秋时继续保留，所以审理时就有代理人出庭。原、被告可以在法庭上辩论。结束后由两位主审法官和议定罪。由于诉讼事务增多，郑国的邓析当过辩护人，还当过民间百姓的法律顾问。《吕氏春秋》记邓析根据案子的大小收顾问费，还当代理人进行辩护，并且辩得很有效果。这说明当时有公布的法律可依。

春秋以前的司法以"临事制刑"为特征，司法者享有极大的擅断权。战国时期地主阶级主张以法治国，要求司法审判以既定的法律为根据。各国相继建立的各项法规，为取消绝对擅断的制度、为司法者依法断案提供了依据并创造了条件。

第二节　秦汉时期的司法制度

秦汉时期是中国专制主义中央集权政治体制的确立时期，也是中国司法制度发展的一个重要时期。秦统一后，确立了以廷尉为最高长官的中央司法审判机构，但最高司法终审权由皇帝亲自掌握，全国重大案件及疑狱，皆由皇帝做最终裁决。汉高帝七年（公元前220年），刘邦制诏御史曰："自今以来，县道官狱疑者，各谳所属二千石官，二千石官以其罪名当报之。所不能决，皆移廷尉，廷尉亦但报之。廷尉做不能决，谨具为奏，傅所当比率领以闻。"根据这条制诏，汉代的司法制度应当是地方郡、县和中央廷尉两级司法审判制度，郡和廷尉的司法审理又须上报皇帝，对一些疑难案件和重大案件则须由皇帝亲自裁决。可见，从秦统一到两汉时期，随着封建国家机器的逐渐强化，国家的司法职能也不断完善，逐渐形成了中央和地方两级相对比较完备的司法机构。

一、秦汉时期的立法机构

秦国在简公七年（公元前408年）颁布"初租禾"的法令，确认土地私有的合法性。随后，在献公（公元前384年—前362年在位）时又颁布"止从死"的法令，禁止用奴隶殉葬。孝公时，商鞅变法，开始大规模制定法律令。昭襄王时，法令又有了进一步发展。秦王嬴政即位后，继承了秦国原有的法律令，随着经济、政治的发展，又制定了许多新的法律令。所以，在统一六国前夕，秦国法律令名目繁多，而且体例和内容已经相当完备。

秦国崇信法家理论，制定了大量法律，1975年湖北省云梦县睡虎地出土的秦墓竹简为我们了解秦朝的法律制度提供了第一手资料。云梦秦简共有1155枚，法律令文书有《秦律十八种》，包括《田律》、《厩苑律》、《仓律》、《金布律》、《关市》、《工律》、《工人程》、《均工》、《徭律》、《司空》、《军爵律》、《置吏律》、《效》、《传食律》、《行书》、《内史杂》、《尉杂》、《属邦》，此外还有《秦律杂抄》，是对《除吏律》、《游士律》、《除弟子律》、《中劳律》、《藏律》、《公车司马猎律》、《牛羊课》、《傅律》、《屯表律》、《捕盗律》、《戍律》共11种律文的摘录。此外还有《法律答问》，是以问答的形式对秦律进行的解释。《封诊式》是关于审判原则以及对案件调查、勘验、审讯和查封等方面的规定和文书程式。①

秦始皇统一中国，自号皇帝，其"命曰制，令曰诏"，皇帝的命令以"制"、"诏"的形式固定化为法律。《汉书·杜周传》亦有"前主所是著为律，后主所是疏为令"的说法，表明皇帝的意志就是国家的法律。当然，在通常情况下，也需要一定的机构，通过一定的程序来实现皇帝意志的法律化。

秦汉时期，丞相开府议政，是最高的行政长官，丞相府是最高政务机构，同时也是法定的立法机构。汉高祖刘邦进驻咸阳之初，就宣布"约法三章"："杀

① 周少元等主编：《中国法制史》，人民法院出版社，2003年，第89页。

人者死，伤人及盗抵罪，余悉除去秦法。”[①]实际上是废除了秦代除了杀人、伤人及抢劫罪之外的其他严苛法律。汉朝建立后，刘邦即着手开始法律修订工作。当时的主持人就是丞相萧何。萧何主持修定的《汉律》称《九章律》，即在《秦律》盗、贼、囚、捕、杂、具六章的基础上，新增户、兴、厩三章，主要集中在刑法和民法两方面。

刘邦又命韩信制定《军法》。汉惠帝时又命叔孙通为奉常，继续完成有关朝仪的立法，撰成《傍章律》十八篇。汉惠帝深感监御史之职权重大，曾亲谕：“察以九条。察有讼者，盗贼者，伪铸钱者,恣为奸诈论狱不直者，擅兴徭役不平者，吏不廉者，吏以苛刻故劾无罪者，敢为逾侈及弩十石以上者，非所当服者，凡九条。”[②]亲自制定并颁布《监御史九条》，是我国第一部正式颁布的专门的监察法令。说明“汉代追加、修订律与令一样，均来源于皇帝的诏书令。”

从吕后时期起汉王朝在法典的编纂修订上已经形成这样的惯例：皇帝即位后通常要将前主颁布的令进行编辑，将其中属于九章律范畴的、具有长期法律效力和普遍意义的令编辑进律典，而将其中那些虽然仍然适用于当代但无法归入九章律的有关制度方面的令按内容、官署、州郡、干支进行分类编辑，形成令典。汉武帝以前是汉代法律体系的形成时期，形成正律（九章律）、旁章（傍章十八篇、《越宫律》二十七篇、《朝律》六篇）及令甲以下三百余篇。汉武帝以后，汉代律令的篇目基本没有大的变化，法律的修改主要表现在具体条文的增删、修订上。[③]

从《汉书·刑法志》记载的汉文帝时，丞相张苍、御史大夫冯敬议定减除肉刑的立法；景帝元年，丞相刘舍、御史大夫卫绾奏请减轻笞刑；汉武帝诏令张汤、赵禹分别制定有关宫廷警卫的《卫宫律》二十七篇和有关朝见仪礼的《朝会正见律》六篇等，可见，汉代的立法程序，一般是由大臣奏请，皇帝亲自下达立法诏令，授权丞相、御史大夫共同主持议定（并不一定设专门的机构），再由皇帝批准、颁布。在君主专制体制之下，由皇帝直接掌握着最高立法权，至于具体的立法活动，可能因立法的调节范围不同，由相应的行政机构和长官具体履行，又因为立法事务在国家事务中的重要地位，一般由最高行政长官的丞相、御史大夫总体负责。汉代的立法并没有专门的机构，丞相、御史大夫二府总揽朝政，也是最主要的立法机构。专门法则由相关的行政机构兼行立法机构

① 《史记·高祖本纪》。

② 《西汉纪年》卷一引《汉仪》。

③ 杨振红著：《从〈二年律令〉的性质看汉代法典的编纂修订与律令关系》，《中国史研究》2005年第4期。

之职，张汤时任廷尉，负责宫廷守卫，故负责制定《卫宫律》；赵禹时任中大夫，“与张汤论定律令”，负责制定《朝会正见律》六篇，其他如韩信立《军法》、叔孙通（奉常）制朝仪也属同样性质。

汉武帝时期为加强中央集权，制定有许多单行刑事法规，如《沈命法》、《见知放纵之法》，有打击地方割据势力的《左官律》、《阿党附益之法》、《推思法》等。汉武帝又在《监察御史九条》的基础上，通过修改完善，颁布了历史上著名的《刺史察举六条》，由刺史肩负起地方监察的责任。

令，是皇帝颁布的诏令，《汉书·宣帝纪》注云：“天子诏所增损，不在律上者为令。”令之成为法律一般会以“具为令”或“议为令”的方式由群臣依据君主的诏令，进一步拟定法规的细节，再呈报皇帝，由皇帝“制曰可”，予以批准颁行。到后来，这种“令”日积月累，越来越多，至“盈于几阁，典者不能遍睹”，造成使用上的不便。于是，到汉宣帝时期，专门命人分类整理，编成“令甲”、“令乙”、“令丙”，以便于官吏翻检。以后各代多有整理诏令之举，如宋朝就专门设有“详定编敕所”，整理诏令。

《云梦秦简》秦律简介[①]

1975 年 12 月，湖北云梦城关睡虎地发现了大量刻有秦律的竹简，称为《云梦秦简》秦律，为我们研究秦律提供了难得的第一手资料。《云梦秦简》秦律主要内容为三部分。

（一）法律条文

《秦简》中的法律计有《田律》、《厩苑律》、《仓律》、《金布律》、《关市律》、《工律》,《工人程》、《均工律》、《徭律》、《司空》、《军爵律》、《置吏律》、《传食律》、《行书》、《内史杂》、《厨律》、《尉杂》、《属邦》、《效律》、《除吏律》、《游士律》、《除弟子律》、《中劳律》、《捕盗律》、《藏律》、《公车司马猎律》、《牛羊律》、《傅律》、《屯表律》、《戍律》等三十种。其内容涉及政治、经济、文化、军事和社会生活的各个方面，且都与犯罪有关。

（二）《法律答问》

《法律答问》是以问答形式对法律条文作出解释。有人将秦的《法律答问》、晋的《注律表》和唐的《唐律疏议》并称为中国历史上三大司法解释。《法律答问》是最早的一部。《法律答问》的内容十分丰富，共一百九十条，

① 摘自于语和编著《中国法制史》，天津大学出版社，2003 年，第 38－39 页。

几乎包括了《法经》的全部内容，其中有关盗罪的四十五条，有关贼罪约四十一条。其设问具体，回答明确，深得以案说法的要旨。如关于盗窃罪有："或盗采人桑叶，赃不盈一线，何论?赀徭三旬。"意即：偷采别人的桑叶，所值虽不满一钱，应如何处理?答曰：劳役三十天。

（三）《封诊式》

封诊式亦称治狱程式，内容主要是诉讼程序方面的规定，如关于审判的原则和制度、现场勘察的规定以及口供的记录、法律文书的呈报等。秦设廷尉，是九卿之一，主管审判工作，下属有左右正、左右监及掾史等职。"廷，平也，治狱贵平，故以为号"。

《封诊式》中有《治狱》与《讯狱》两节，其中有的内容颇值得一述。如《治狱》规定："治狱，能以书从迹其言，毋笞掠而得人情为上；笞掠为下；有恐为败。"意思是在案件审理中，能如实记录口供，认真追查，不用刑讯逼供而获得真实案情的，是高水平；通过刑讯逼供逼出真相的，是低水平；一味依靠恐吓、高压的，是审判工作的败着。《讯狱》规定："凡讯狱，必先尽听其言而书之，各展其辞。虽智（知）其，勿庸辄诘。其辞已尽书而毋解，乃以诘者诘之。诘之有（又）尽听书其解辞，有（又）视其他无解者以复诘之，诘之极而数訑，更言不服，其律当治（笞）谅（掠）者乃治谅（掠）。治（笞）谅（掠）之必书曰，爰书：以其数更言，无解辞，治（笞）讯某。"訑，通诞，此处指虚伪的供述。《讯狱》是对审判程序的具体规定：在法庭审理中，必须充分听取原告、被告的供述，如实记录。即使明知其中有诈，也不必急于追问，让他把话说完。当其不能自圆其说时，再就可疑之点进行追问，通过几次反复，当事人仍然不服的，才进行拷打。对这种情况应在法律文书中载明：因某人数次翻供，故加以笞打。

二、秦汉时期的司法制度

（一）司法机构的设置

1. 中央司法机构

皇帝是全国最高的立法者，同时也是最高的审判官，享有最高的司法审判权，全国所有的司法机关均要对皇帝负责。皇帝的最高司法审判权是通过三种途径实现的：第一，对一切重大案件，皇帝拥有最高的裁决权和最终审批决定权。第二，皇帝经常亲自审理案件，直接行使最高司法审判权。《汉书·刑法志》载秦始皇"专任刑罚，躬操文墨，昼断狱，夜理书"。第三，皇帝通过指派官员具体审判一些重大案件，以代表或协助自己行使司法审判权。

在皇帝之下，秦朝在中央设置廷尉，作为国家最高的司法机关。其长官也称廷尉，是九卿之一，负责审理由皇帝直接交办的案件，同时审理地方上报的重大、疑难案件。廷尉下设正和左右监等属官，协助其处理具体事务。此外，丞相及其副手御史大夫也是国家司法权力的执掌者。丞相是中央最高的监察长官。御史大夫贵为三公之一，位比副丞相，除行使监察职权外，还常参与审理重大政治案件。秦始皇三十五年的坑儒案，就是御史大夫察问的。

两汉时期，随着封建国家机器的逐渐强化，国家的司法职能也不断完善，逐渐形成了中央和地方两级相对比较完备的司法机构。

中央司法机构，由皇帝、丞相、廷尉和御史大夫等组成。

皇帝是全国最高行政长官，也是最大的司法审判官。凡遇有重大疑难案件，均报请皇帝"裁决"。汉高祖七年，制诏御史曰："自今以来……廷尉所不能决，谨具为奏，傅所当比律令以闻。"[①]对于犯罪的官吏，"上请"后才可以审理。有时皇帝也亲自断案，如宣帝"上常幸宣室，斋居而决事"[②]。汉朝的大赦与特赦权也属于皇帝。凡国家遇有喜庆大典，如立太子、立皇后、新君登位以及灾异祥瑞、水旱、变乱等，都经常赦免罪囚。

汉初时规定丞相有诛罚之权，如文帝时申屠嘉为丞相，宠臣邓通对他无礼，申屠嘉以不敬丞相罪召邓丞相府欲杀之，文帝派使者将其释放。[③]汉宣帝时曾明确丞相职责为"宣明教化，通达幽隐，使狱无冤刑，邑无贼盗"[④]。汉武帝以后，为限制相权而特别赋予尚书以司法审判权。东汉以后，丞相所享有的司法审判权转属尚书台，尚书台成为封建国家的中枢机关，尚书"出纳王命，敷奏万机，盖政令之所由宣，选举之所由定，罪赏之所由正"[⑤]。从此，司法审判大权由廷尉和尚书共管。

汉之廷尉，既是官名，又是机关名，作为审判机关还附设监狱，如"绛侯周勃有罪，逮至廷尉诏狱"[⑥]。汉朝廷尉的主要职责，一是负责审理皇帝直接交办的"诏狱"，二是受理并处断地方移送的重大疑难案件。廷尉之下设有正、监、左监、右监等属官，负责具体的司法工作。

---

① 《汉书·刑法志》。

② 《汉书·刑法志》。

③ 《汉书·申屠嘉传》。

④ 《汉书·黄霸传》。

⑤ 《通典》卷二十二。

⑥ 《汉书·朱博传》。

御史大夫为御史之长，下设御史中丞，主要职掌的是举劾按章。御史大夫和御史中丞享有广泛的审判大权。陈谦“拜御史中丞，执宪奉法，多所纠正，为百僚所敬”；马严拜御史中丞“举劾按章，申明旧典，奉法按举，无所回避，百僚大惮之”。①

汉时“事归台阁”，在尚书令、仆射以下分设六曹，其中二千石曹“主辞讼事”，是后世刑部的前身。从此，司法审判大权由廷尉和尚书共管。遇有重大案件，丞相、御史大夫等高级官吏也参与审判，叫做“杂治”。

2. 地方司法机构

秦朝地方司法机构依行政建制分为郡、县二级，郡守、县令都主管司法审判，有自行论罪处刑的权力，重大疑难案件报请中央廷尉审理。郡守之下，在郡府列曹编制中，设辞曹掾史和决曹掾史，县则设有辞曹掾史和狱掾，协助郡守、县令审理案件。乡里也有一定的司法权。乡设啬夫，负责本乡民事案件与轻微刑事案件的调解工作，但结果必须上报到县。里长负责本里的治安，以及一般民事案件的调解工作。

汉朝的地方司法机构基本上是郡、县两级，主要的审判官由郡守、县令兼任。郡设“决曹掾”为专职司法官。汉初由于郡县与封国并存，封国享有相对独立的审判权，但不构成独立的司法管辖机构，景帝以后，封国丞相同于郡守、县令也职掌司法。汉时地方司法机构权力很大，一般案件均可自行处理，并握有死刑的处决。

（二）诉讼审判制度

1. 起诉制度

《秦简·法律答问》中有“辞者辞廷”的规定，意思是诉讼者须到郡、县廷去起诉。《秦简·封诊式》中有“告子”、“告臣”、“甲告”、“丙告”、“自告”，就是向司法机关提起的控告或报告。简文中的“缚诣告”，是官吏或受害人把犯罪者直接扭送到司法机关。秦时，根据犯罪的性质和诉讼当事人的身份，把诉讼分为自诉和公诉、公室告和非公室告等。

（1）自诉和公诉

自诉是受害人向官府控诉。如据《秦简·封诊式》记载，一位孕妇因被殴而流产，被害人对伤害者某大女子提出控告，司法机关受理了案件，并立即派人验收和拘捕被告人。对于自诉案件，秦律允许地位高的有爵者指派他人代为诉讼。公诉是指国家官吏主动纠举犯罪。此外，秦鼓励告奸，告奸也是一种特

① 《太平御览》卷二二五。

殊的诉讼形式。

（2）公室告和非公室告

秦律出于维护封建司法机关职能的考虑，在诉讼制度上，把自诉案件的性质分为公室告与非公室告两种。公室告是指控告同自己无血缘关系的他人盗窃、杀人、伤害等行为的案件。凡公室告案件，司法机关必须受理，不得拒绝。而非公室告是指控告子女盗窃自己的财产或家长刑杀伤害子女奴妾等行为的案件，凡属非公室告案件，司法机关不予受理；如当事人坚持控告，则告者有罪。

此外，秦律对于控告他人犯罪不实，又以其他罪控告的，称为州告。对此官府不仅不受理，还要以所告不实论罪。

汉代称起诉为“告劾”，有两种形式：一种是由当事人或被害者家属直接到官府告发，称为“告”，官府记录告辞的文书或告发提交的文书称“爰书”；另一种是由监察御史和司隶校尉等官吏“察举非法”、“举劾犯罪”，以及官吏之间相互纠举。两汉时，在一般情况下，必须按司法管辖逐级告劾，但有冤狱，可以越级上书皇帝“诣阙告诉”。

汉代有些诉讼是受限制的。根据“亲亲得相首匿”的原则，除大逆、谋反外，一般不准同居卑幼告发尊长，否则按“干名犯义”论处。汉代沿用秦制，确立连坐告奸制度，强制人们互相监督并检举别人的犯罪行为，否则要连坐；同时，还对诬告行为实行反坐。

2. 调查与勘验

司法机关受理案件后，一方面通知被告人所在基层组织的里典，令其将被告人的姓名、身份、籍贯、有无前科、判过何种刑以及赦免与否等问题写成书面报告。另一方面派有关人员前往调查或勘验，然后作出笔录，称为“爰书”。需要查封的还要查封，称为“封守”。封指查封财产，守指看守家属。封守要有详细记录，如被查封的房屋、牲畜、人口、衣物等，均须写清回报到县。秦注重证据收集，认真进行现场勘察和有关检验。《秦简·封诊式》保存有《贼死》（凶杀）、《经死》（缢死）、《穴盗》（掘洞盗）、《出子》（流产）等多件现场勘察或实体检验的记录，内容极为丰富。例如《贼死》爰书中记录了发案现场的地点、方位，受害人位置、衣着、性别、年龄、肤色、身长、发式、特征，尸体刀伤部位、深度、长度、流血状况，对尸体的临时处置措施，呈送上级的物证，讯问证人的内容等。诸如此类记载在其他案例中也可看到，这都表明当时的司法鉴定工作达到了相当高的水平。

3. 审判制度

秦朝在对犯罪人的审讯方面重视口供，提倡通过对口供的分析，获得真情。

为了有效地查清犯罪，镇压反抗，秦律也重视应用各种手段收集证据，要求司法官吏必须深入调查取证，对罪行进行核实。核实有通过审问进行的，也有通过调查进行的。秦统治者已充分认识到刑讯制度的危害，尽管法律没有明令禁止刑讯，但秦律并不提倡刑讯，相反，提倡的是不刑讯而得实情的诉讼制度。秦朝把办案质量分为“上”、“下”、“败”三等，“毋笞掠得实情为上，笞掠为下，有恐为败”[①]，不刑讯能获得真情是上等，进行笞打而取得真情是下等，恐吓逼供造成冤案是失败。《封诊式·讯狱》还要求审讯犯人时“必先尽其言而书之，各展其辞”。

经过调查、勘验、审讯等一系列审理活动，便可对案件进行判决。秦代审判案件，一般以秦律的规定为主要依据，同时也用审判惯例定罪量刑。秦朝司法当局的审判惯例称为“廷行事”，同样具有法律效力。“廷行事”有如下特点；(1)“廷行事”同法律不一样，可按“廷行事”办事；(2)有些罪行在法律中无规定，就按“廷行事”执行；(3)细小的事情，无法律明文，亦按“廷行事”处理。

为了防止错判或纠正错判等现象，秦律规定，判决作出之后，当事人不服判决的，可要求再审，称为“乞鞫”。请求再审的，可以是被告本人，也可以是被告人的家属，“以乞鞫及人为乞鞫者，狱已断乃听，且未断犹听也？狱断乃听之”(《秦简·法律答问》)。乞鞫必须在审判结束后提出。在高度专制的封建社会，国家赋予当事人以乞鞫的权利，说明秦的诉讼制度已经达到相当进步的程度。

“汉世问罪谓之鞫”[②]。汉律有“鞫狱”和“断狱”，即对被告人进行审讯和判决。两汉司法机关审理案件主要按《周礼》“以五声听狱讼”的方法，审讯中被告的口供是定罪量刑的主要根据，因此进一步确立了封建的刑讯逼供制度。“捶楚之下，何求而不得”，在严酷的刑讯之下，犯人经常被迫诬服。取得口供三日以后再行审理，以视其供词是否相同。进行判决时，要向被告宣读判词，叫做“读鞫”。判决之后，如罪犯不服，则允许其请求复审，即所谓“乞鞫”。如系二岁刑以上罪，家人也可以为之乞鞫。乞鞫须在一定期限内进行，一般以三月为限。如果被告具有符合上请的特殊身份，则应依法上请，不得擅自审判。对于案件则须上报中央，得到批准后，判决才能生效。同时，对于重大疑难案件如不能决断，也应逐级上报。

---

① 《睡虎地秦墓竹简·封诊式·治狱》，文物出版社，1978年。

② 《尚书·吕刑·正义》。

第三节　魏晋南北朝时期的司法制度

魏晋南北朝是秦汉以后统一的中央集权政体瓦解时期。除了西晋的短期统一，南北分裂是这一时期中国政治的最大特征。南方政权基本保持着汉族政治传统，北方则长期处在少数民族的统治之下，因此，南北政治出现了显著的不同，表现在司法制度上，也形成了以晋和魏（包括北齐、北周）为代表的两种司法制度。

一、魏晋南北朝时期的立法机构

（一）三国（曹魏）时期的立法机构

三国初年的各国立法，基本沿用东汉旧制。蜀国在刘备称帝后，诸葛亮、法正等便着手制定科条，称为《蜀科》。《三国志·蜀书·伊籍传》记载："（伊籍）与诸葛亮、法正、刘巴、李严共造蜀科。"《蜀科》是蜀国重要的法典。除此之外，诸葛亮还先后制定了"法检"、"科令"、"军令"等若干单行法令。吴国曾制"科条"，并修定过科、令。但由于蜀、吴两国地处边远，政权又时时处于北方的威胁之下，所以立法匆忙，除针对具体情况制定一些科、令外，基本沿用汉代法律。

与蜀、吴相比，魏国的立法则卓有成效。魏明帝曹睿太和三年（229年），下诏命陈群、刘劭等人参酌汉律修订而成魏《新律》，共十八篇。魏《新律》在体例和内容上对汉律都有所发展，它改汉律的《具律》为《刑名》，列于律首；使《刑名》能够更好地发挥刑法总则的功能。魏《新律》是三国时期具有代表性的法典，并成为晋律的直接渊源。

除作《新律》（史称《魏律》）外，还制定《州郡令》、《尚书官令》、《军中令》、《邮传令》等。这些令只能是以魏王的名义下达的，而所谓《州郡令》、《尚书官令》、《军中令》、《邮传令》等名目，不过是大臣按照魏王所下达的令，编辑、整理而成，大臣也只是律令的起草（汇编）者而非立法者。

（二）两晋时期的立法机构

两晋的立法早在司马昭辅政时就已开始，《晋律》是司马昭命贾充、羊祜、杜预、裴楷等十四人参酌汉、魏之律而修撰的。除《晋律》外，西晋时颁行过令、故事、式，皆为东晋所沿用。《晋令》四十篇，是暂时性的制度，违令有罪者，依律定罪。《晋故事》三十卷，是律令之外的制书、诏诰等法律文书的汇编。

式作为法律形式在晋代已经出现，如“户调之式”。与令、故事、式相比，《晋律》（又称《泰始律》）对后世的影响最大。据《晋书·贾充传》载：“先帝愍元元之命陷于密网，亲发德音，厘正名实，车骑将军贾充，奖明圣意，咨询善道，太傅郑冲，又与司空荀颛、中书监荀勖、中军将军羊祜、中护军王业及廷尉杜友、守河南尹杜预、散骑侍郎裴楷、颍川太守周雄、齐相郭颀、骑都尉成公绥荀煇、尚书郎柳轨等，典正其事。”他们之中，贾充在曹魏时曾任大将军司马、廷尉，为职掌宫廷守卫和司法事务的官员。西晋时先后出任司空、侍中、尚书令。主持修《晋律》时为车骑将军，其他如太傅、司空，尤其是河南尹、齐国相等职也显然不是专门的司法职任。可见，贾充、羊祜、杜预、裴楷等十四人组成的修律机构，显然并不是独立的立法机构，只是依照皇命临时成立的法律编纂机构。

（三）北魏的立法机构

《北魏律》是北朝律系统的首部法典，由崔浩、高允、常景等数十位律学家奉诏编修，自北魏初期即开始制定法典，至孝文帝太和年间才最终完成，共二十篇。由于北魏君臣重视法律，又经过张斐、杜预对法律概念系统的解释，使得法律概念更加规范化、科学化，使得《北魏律》能够“综合比较、取宏用精”，冶汉魏律于一炉，开北朝诸律之先河。[①]《北魏律》总结了历代及当世通行律典的经验与不足，在刑名、罪名、刑罚原则诸方面皆有新的发展。《北魏律》的修纂指导思想是“纳礼入律”，因此综汇了中原、河西、江东诸地的儒学文化，集当时律典之大成，为隋唐律典的渊源。

（四）北齐的立法机构

《北齐律》是武成帝河清三年（564 年）由封述等人主持编纂完成的一部法典，制定时间达十四年之久，共十二篇，被认为是一部系统总结了魏晋南北朝时期立法经验的法典。参加制定《北齐律》的有擅长律学的渤海封氏及儒生崔暹、李洋、魏收等人。《北齐律》的制定完成，为中国封建立法的发展作出了突出的贡献。《北齐律》基本上确立了后世法典的体例与规模：将《晋律》之“刑名”、“法例”二篇合为“名例”，仍置于全律之首，作为“经略罪法之轻重，正加减之等差”、“较举上下纲领”的总则，完成了《法经》以后法典总则的完善过程。自此直至清朝《大清律例》都是以“名例”为首篇；《北齐律》确立了“重罪十条”制度；形成了杖、鞭、徒、流、死的刑罚制度，为隋唐时期“五刑”的完备奠定了基础，直接成为隋朝《开皇律》的蓝本。

---

① 曾宪义主编：《中国法制史》，北京大学出版社、高等教育出版社，2000 年。

二、魏晋南北朝时期的司法制度

魏晋南北朝时期国家处于长期的分裂、战乱、割据的状态，统治者从建立统一的封建帝国的目标出发，普遍采取健全与扩大中央审判机关的措施。总的说来，魏晋南北朝时期基本继承沿袭了东汉的司法制度，同时也出现了一些新的变化。

（一）司法机构的设置

魏晋南北朝时期，司法机关的设置基本沿袭汉制，中央最高审判机构中，最高司法权仍掌握在各王朝的皇帝手中，替皇帝行使审判权的仍称廷尉。不过，其中也有一些新的变化。如孙吴曾设大理，北周改称秋官大司寇，北齐则改设大理寺，并扩大了机构编制，设卿、少卿、丞各一人，并新设明法掾二十四人，槛车督二人，掾、司直和明法各十人。值得注意的是，自魏明帝时起，采纳卫觊建议，首次在廷尉中增设律博士一职，负责教授法律，培养司法人员，成为我国最早设置的专门从事法律教育的机构和官员。该项制度为西晋以后所继承，并在北齐时由一人扩编为四人，表明当时的统治者比较重视法律教育，并开始注意对司法人员进行专业培养。

中央三省制的形成，尤其是尚书台脱离少府而独立，对司法机构的发展也产生了深刻的影响。此时虽尚无刑部，但尚书台之下均设置有负责司法行政与兼理刑狱的机构。曹魏承汉制，保留三公曹、二千石曹，又增设比部郎，“以司刑狱”。晋初以三公尚书掌刑狱，武帝太康年间废三公尚书，由吏部尚书取代；南朝宋由都官尚书管理京师的违法犯罪案件，并兼理刑狱；北齐时以尚书省六尚书分别统领各曹，其中殿中尚书统三公曹，都官尚书统比部曹，都具有司法行政的职能。三公尚书、都官尚书是隋唐刑部的前身。

中央行政机构兼领司法事务，标志着审判与行政既分离而又相互牵制，表明了传统司法机构完善与强化的趋势。这一变化为隋唐司法机构和中央三省制的确立奠定了基础。

地方仍实行行政司法不分、行政机关兼理司法审判事务的体制，地方官握有较大的司法权，一般案件都可自行审结。从东汉末年起，州由原来中央划定的地方监察区域变为一级正式的地方行政机构，因此地方司法审级也相应地改为州、郡、县三级。

（二）诉讼审判制度

诉讼审判制度在三国两晋南北朝时期有较大的变化和发展，这主要体现在以皇权为首的中央政府对司法权力的控制。

1. 皇帝直接控制审判、录囚

三国两晋南北朝时期，专制君主为了加强对司法审判权的控制，皇帝直接干预或亲自参加司法审判活动的现象非常普遍，魏明帝就常说："狱者，天下之性命也。"①他不仅对立法活动极为重视，专门组织制定了曹魏一代的基本大法《新律》，而且对司法审判活动也十分关注，曾于太和三年（229 年）特意把"平望观"改为"听讼观"，将其变成凌驾于廷尉之上的临时最高法庭，"每断大狱，常幸观临听之"。②南朝宋武帝也经常在华林园、延贤堂等处"听讼"决狱，仅据永初元年（420 年）十二月至第二年十月的不完全统计，在不到一年的时间里就多达六次。③其后的宋文帝、宋孝武帝等也继承这一传统，常常在华林园、延贤堂、阅武堂等处"听讼"决狱。大明三年（459 年），孝武帝还下诏重申：今后凡重要案件，一律立即上奏，由皇帝亲自裁断，不得拖延。④北周武帝也常在正武殿"听讼"决狱，以至燃灯秉烛，夜以继日。⑤

为了加强对各级司法机关审判活动的监督检查，这一时期普遍实行录囚制度，许多皇帝亲自参与审讯录囚活动。如大明七年（463 年），宋孝武帝曾专门前往建康秣陵县、南豫州及江宁、溧阳、永世、丹阳等县"讯狱囚"。⑥不仅如此，皇帝也常派司法官员或亲近大臣前往各地审录囚徒。如梁武帝天监五年（506 年）诏定：钦差大臣前往各地牢狱录囚，遇有疑情或延滞要随时奏报。⑦

此外，南北朝时期，封建皇帝还通过案验制度，监督检查各地的司法审判工作。刘宋以前，凡是县一级作出的判决，由郡一级派督邮案验审查后，即可执行。刘宋时期，因将督邮视为"贱吏"，嫌其官轻职卑，故凡是县一级所作判决，改由郡太守复判，然后方可执行。倘若郡太守难以裁决，再移送州刺史；逐级而上，直至中央廷尉。这实际上是一套自上而下的逐级检察案验制度，通过这一制度，加强了上级对下级、中央对地方司法审判工作的监督控制。

2. 刑讯逼供的发展

三国两晋南北朝时期，随着司法审判制度的不断变化，刑讯逼供手段的发展表现在重枷、测罚、测立等的创立与使用上。北魏孝文帝时，一些司法官员为了获取口供，开始使用重枷刑讯逼供，甚至将石头缒在犯人的脖颈上，勒入

① 《三国志・魏书・明帝纪》。
② 《三国志・魏书・明帝纪》。
③ 《宋书・武帝纪》。
④ 《宋书・文帝纪》、《宋书・孝武帝纪》。
⑤ 《周书・武帝纪》。
⑥ 《宋书・孝武帝纪》。
⑦ 《梁书・武帝纪》。

其骨肉。这是典型的体罚逼供酷法。南朝梁武帝时，创立“测罚”逼供之法，凡在押犯人，不招供者，“断食三日，听家人进粥二升，女及老小，一百五十刻乃与粥，满千刻止”。[①]这是用不让受审者进食的饥饿方式进行迫害的逼供之法。陈武帝时，在“测罚”之法的基础上，又发明了更为野蛮的“测立”逼供酷法，即先对受审者分别鞭打二十下，笞捶三十下，再强迫其身负枷械刑具，站立于顶部尖圆仅容两足的一尺高小土垛上，以折磨逼供。根据具体情节，每次“测立”时间为七刻，当天上垛二次，每逢第三天、第七天反复上垛，每七天再度鞭打一次。

这些刑讯逼供手段，反映了当时司法制度的腐败与黑暗，同时，这也是三国两晋南北朝时期社会形势极其复杂所造成的。

3. 完善死刑复奏制度

三国两晋南北朝时期，为了慎重对待和处理死刑重罪，也为了使皇帝直接控制大案要案，开始逐步完善死刑复奏制度。曹魏明帝青龙四年（236 年），曾下令廷尉及各级狱官，对要求恩赦的死罪重囚，要及时奏闻朝廷；南朝宋孝武帝大明七年（463 年）规定，凡死刑重犯须上报朝廷；北魏太武帝也明确规定，各地死刑案件一律上报奏谳，由皇帝亲自过问，必须无疑问或无冤屈方可执行。这一死刑复奏制度直接影响到后世的司法审判与刑罚执行制度，隋唐时期发展为死刑三复奏与五复奏制度。这在客观上具有慎刑的作用和意义。

4. 改进上诉制度，创设“登闻鼓”直诉制度

曹魏时期，为了简化诉讼审判程序，减少狱讼麻烦，曾一度改变汉代的上诉制度，规定两年劳役刑以上的案件，家人不得再乞鞫上诉。晋代又恢复上诉制度，规定案件判决须向当事人宣判，若有不服允许罪犯或其家人上诉。《北魏律》则明确规定，对案件判决有疑问或诉说冤屈的，应重新审理复核：“狱已成及决竟，经所管，而疑有奸欺，不直于法，及诉冤枉者，得摄讯治之。”[②]

除不断改进上诉制度外，一些政权还建立了直诉制度。直诉，即不依诉讼级别管辖的限制，而直接诉于皇帝或钦差大臣，是诉讼中的特别上诉程序。据说周代已有类似直诉的路鼓、肺石之制；汉代缇萦上书文帝，以己身赎父罪，也是一种直诉，但非定制。直诉作为一种定制形成于西晋，晋武帝在朝堂外悬设登闻鼓，允许有重大枉屈者击鼓鸣冤，有司闻声录状上奏。北魏太武帝也在京城宫门外悬设登闻鼓，允许击鼓鸣冤直诉朝廷。南朝也有这项制度。直诉制

① 《隋书·刑法志》。

② 《魏书·刑罚志》。

度改变了以往不准越诉的规定，加强了上级司法机关对下级司法机关的检察监督，有利于及时发现或纠正冤假错案。同时也促进了司法制度的集权化。

第四节　隋唐时期的司法制度

隋唐时期是中国司法制度基本走向成熟的时期。隋文帝即位后，认真总结以往立法经验，制定了著名的《开皇律》。从我国成文法颁布始，自战国、秦、汉，中经三国两晋南北朝，直至隋修《开皇律》，中国古代刑律的十二篇体制被最终确定下来。其后唐、宋、元、明、清相继承袭无大更改。唐王朝继承隋代法律制度的基础上，制定了以《唐律疏议》为代表的法律制度体系。唐律在法律精神、体系、内容等方面都体现了中国专制主义中央集权时代法律的最高成就和最成熟状态，使中国古代法律制度进入了定型化与完备化的阶段。

一、隋唐时期的立法机构

隋朝统一之前，隋文帝杨坚即命裴政、苏威、郑译、杨素、常明等儒者，以“上采魏晋刑典，下至齐梁，沿革轻重，取其折衷”为指导原则，制定新的法律，并于开皇元年十月颁行。新律颁布不久，隋文帝发现“律条严密，人多陷罪，每年断狱，犹至万数”，于是在开皇三年命令苏威、牛弘等人再次修订律典，删去死罪八十一条、流罪一百五十四条、徒杖等罪一千余条，留下“惟五百条”，这次修律使得法典最终完成，这就是历史上著名的《开皇律》。[①]《开皇律》共十二篇五百条，继承了北朝修律的积极成果，为唐律的修订奠定了基础。

与汉、晋一样，隋朝的立法也由皇帝授权的临时立法机构完成，严格说来，这个机构只是参照前代律令，进行本朝律法的编修工作，实际上并不是严格意义上的立法权力机构。裴政是北周刑部下大夫、少司宪，参与修订《北周律》，隋开皇元年“转率更令，加位上仪同三司，诏与苏威等修订律令”。苏威隋朝初年任民部尚书、京兆尹、御史大夫，与高颎共掌朝政。郑译在北周时先后任内史上大夫、相府长史，隋朝初年任隆州刺史、岐州刺史等职，曾参议定乐，名曰《乐府声调》。杨素北周时任司城大夫等职，隋朝建立后，曾出任水军统帅参与灭陈的军事行动，因功被封为越国公，后任尚书左仆射，执掌朝政。牛弘北周时为内史下大夫，主持编修《起居注》，隋朝初年任散骑常侍、秘书监，后升

① 周少元等主编：《中国法制史》，人民法院出版社，2003年，第92页。

任吏部尚书，曾主持修订朝廷礼仪，深受当时儒者敬仰。这些人之中，只有裴政是司职司法的专职司法官吏，且曾参与《北周律》的修订，其余各人，则并非专职的司法官员，他们受命于隋文帝组成的是一个临时的法律编修机构，“上采魏晋刑典，下至齐梁，沿革轻重，取其折衷”，修订完成《开皇律》。

从《开皇律》的内容看，基本是继承了《北齐律》，对《北周律》也有不少吸收。

隋朝在立法上除制定有“律”之外，还制定有“令”。隋文帝时期有《开皇令》三十卷，其篇目为官品、诸省、诸寺、诸卫、东宫、行台、诸州、祠、户、学、选举、考课、衣服、关市、丧葬等，内容十分广泛。隋炀帝时期也制定有《大业令》。除此之外，隋朝还有“格”和“式”等法律形式。[①]

唐朝的正式立法机构是中书、门下两省，通过中书、门下两省的立法是一般的立法程序。通常情况下，由皇帝发布修订法律的诏令，责成丞相领衔主持修订法律，丞相组织中书、门下官员，尚书省六部尚书及大理寺官员，并特诏明习法律的其他官员参加，共同议定，由中书省起草诏敕、门下省审核，再由中书省根据皇帝的指令发布诏敕。如李渊建唐后，于武德七年（624年），诏令左仆射裴寂等承旨修订《武德律》，同年颁行天下。《武德律》：“惟正五十三条格，入于新律”，“余无所改”，基本上是因袭隋朝的《开皇律》，内容稍作调整。太宗李世民即位，旋即召集长孙无忌、房玄龄等大臣修订新法，前后耗时十一年（贞观元年—贞观十一年，即627－637年）终于修成著名的《贞观律》，诏颁天下。

唐高宗永徽年间又进行修律，完成《永徽律》，共十二篇五百条，改动不大。永徽三年，由于中央及地方司法官定罪量刑畸轻畸重，很不一致。加之科举考试中明法科也缺乏“凭准”，高宗命令长孙无忌等人对律典中律条和律注逐条逐句地进行解说，对一些疑难问题，自问自答。于永徽四年完成，共三十卷，经高宗批准颁行，当时称为《律疏》，与律文一起合称《永徽律疏》，史称《唐律疏议》。[②]

《唐六典》是系统的规定唐朝官制的政书。唐玄宗于开元十年（722年）亲自书写六条：理典、教典、礼典、政典、刑典、事典，命大臣以《周官》为指导和模式，修成唐朝政书。《唐六典》的主要内容是关于国家机构的设置、人员编制、职责以及官员的选拔、任用、考核、奖惩、俸禄、退休制度等方面的规

① 周少元等主编：《中国法制史》，人民法院出版社，2003年，第93页。

② 周少元等主编：《中国法制史》，人民法院出版社，2003年，第94页。

定，有关的历史沿革分别作注附于正文之下。

《唐六典》总结了有关的历史经验，结合唐朝的实际情况，成为记载唐朝官制的重要文献，对于此后封建王朝的行政立法有深远影响。

二、隋唐时期的司法制度

（一）司法机构的设置

1. 中央司法机构

唐朝的司法机构，中央有大理寺、刑部和御史台，由它们共同行使封建国家的审判权。

大理寺，中央最高审判机构，负责审理中央百官犯罪及京师徒刑以上的案件。大理寺以正卿和少卿为正副长官，行使中央司法审判权，审理中央百官与京师徒刑以上案件。凡属流徒案件的判决，须送刑部复核；死刑案件必须奏请皇帝批准。同时大理寺对刑部移送的死刑与疑难案件具有重审权。

刑部，中央司法行政机构，除主管司法行政事务以外，还负责大理寺流刑以下案件及地方判决徒刑以上案件的复核。唐代刑部以尚书、侍郎为正副长官，下设刑部、都官、比部和司门等四司。刑部除掌司法政令外，并复核大理寺流刑以下及州、县徒刑以上的犯罪案件。在复审中，如发现疑案、错案，凡徒刑、流刑以下的案件，驳回原审州、县重审或复判，死刑则转送大理寺重审，上报皇帝批准。刑部还有权参与重大案件的审理，并有权受理在押犯申诉案件。

御史台，以御史大夫和御史中丞为正副长官，下设台、殿、察三院。作为中央监察机构，专门负责代表皇帝自上而下地监督中央和地方各级官吏是否遵守国家法律和各项制度，是否忠实履行职责，位高权重，可称得上是皇帝的“耳目之司”。御史台有权监督大理寺、刑部的审判工作，遇有重大疑难案件，也可以参与审判，并可受理有关行政诉讼的案件。

上述三个执法机构，在一般情况下均分别工作。如遇特别重大案件，则由大理寺卿会同刑部尚书、御史中丞共同审理，这叫“三司推事”。此外，皇帝还经常根据案件的情况，命令非司法机构参加审判。例如贞观元年，唐太宗指示：“自今以后，大辟罪，皆令中书、门下四品以上及尚书九卿议之，如此，庶免冤滥。”自此之后，犯重大案件，均由刑部会同中书、门下二省集议，以表示所谓慎刑。对地方上特别重大的案件，如不便于解送中央审判的，可派监察御史、刑部员外郎和大理寺评事充当“三司使”前往审判。有时还有门下省给事中、中书省中书舍人和御史台御史，共同组成特别法庭，称为“小三司”，负责审理所谓申冤的诉讼案件。

自秦汉以来，中央司法机构由一而分为三，并使它们互相配合，又互相监督，这说明封建司法制度更加严密和完备，而中央司法机关审判权分散，也反映了皇帝对司法大权控制的加强。

2. 地方司法机构

唐时地方司法机构仍由行政机构——州县行政长官兼理，不过辅助地方行政长官、专门主管司法审判的属吏有所增多。州一级设法曹参军或司法参军，县一级设司法佐、史等。县以下乡官、里正对犯罪案件具有纠举责任，对轻微犯罪与民事案件具有调解处理的权力，结果须呈报上级。

（二）诉讼审判制度

1. 控诉

唐律对诉讼采用严格限制自诉的原则。除谋反叛逆以外，子孙不得控告祖父母、父母及期亲尊长；部曲、奴婢不得告主及主之亲属；在狱的囚犯除狱官虐待等事外不得告举他事；禁止以卑告尊。

唐朝严格了告诉的程序，规定告诉必须自下而上，由县至州，再由州至中央。对于越级告诉以及官府受理者，规定了“各笞四十”的处罚。为有效镇压“谋反逆叛”等严重犯罪，唐朝又允许人们“密告随近官司”，并严惩知情不告者。为加强皇帝对于狱讼的控制，唐律规定了直诉制度。凡案情较重，又有冤抑不能申诉者，可以不经审判机关，不通过一般审判程序，而通过邀车驾上表或赴京击打登闻鼓上表直诉皇帝。与此同时又严格限定直诉者，不得以任何理由冲撞皇帝的仪仗队，否则“杖六十”。对于“诉而不实者”，则“杖八十”。

2. 完善各项审判制度，明确规定司法官的责任

司法官在审讯中，“必先以情，审查词理，反复参验”，即首先必须弄清案情，仔细考察被讯对象的言词、表情和陈述的理由，反复进行比较、考核、验证，了解有关事实。如果事实仍然不够明确，不能判断而必须拷讯者，应立案与有关人员会同拷讯，违者杖六十。如果罪状、赃证已经明确，“理不可疑”，犯人即使不招，也可根据犯罪事实进行判决。同时还规定，司法官在审讯中必须实事求是，既不许“入人罪”，即无罪断有罪、轻罪断重罪，也不许“出人罪”，即有罪判无罪、重罪判轻罪。违者分别情节论处。

司法官必须严格依据律、令、格、式的正文断罪，对于皇帝临时就某人某事而发布的“敕”，凡是未经编入永格者，不得引用作为“后比”。如果任意引用而致断罪有出入者，事属故意，以故意出入人罪论处；事属过失，以过失出入人罪论处。

为了防止司法官专横，滥用拷讯，对此规定了若干限制。如拷囚不得过三

次，总数不得过杖二百；拷满二百仍不招认者，取保暂放。违法拷讯而致人死者，有关官吏徒二年。此外，依法应议、请、减者，以及老小废疾者，不得拷讯，“皆据众证定罪”。孕妇犯罪应拷讯者，须等产后一百日再拷，违者分别处杖、徒刑。为了防止司法官因亲属或仇嫌关系而故意出入人罪，《唐六典》规定了法官回避制度：“鞫狱官与被鞫人有亲属仇嫌者，皆听更之。”

3. 复审与死刑复核制度

（1）复审。罪犯对判决不服，可以上诉。在一般情况下，不准越级上诉。凡不服县判决的，可上诉至州；不服州判决的，可上诉至尚书省，由“左右丞为详之”，再不服可以向“三司陈诉”。接受上诉的司法机关必须认真详细进行复审，违者笞五十，如系死罪则杖一百。

（2）死刑复核制度。死刑复核是唐朝司法制度的一个重要特点。《断狱律》规定：“诸死罪囚，不得覆报下而决者，流二千里，即奏报应决者，听三日及行刑，若限未满而行刑，徒一年。即过限，违一日杖一百，二日加一等。”《疏义》中规定，凡是执行死刑的罪犯，须复奏皇帝三次，经批准后方能执行。唐太宗以后，又确定五复奏，即决前一日、二日复奏，决日又三复奏。唐朝的死刑复核制度对于避免冤狱泛滥起了一定的作用，所以不失为封建统治阶级“宽刑慎罚”的一项具体措施。但是法律规定，对那些直接侵犯封建政权的最危险的犯罪，一复奏即予执行，则充分说明了唐律司法镇压的重点。

4. 执行与录囚制度

（1）执行。对判决的执行，笞杖刑的判决在县执行。如系怀孕妇女，须待产后一百日方可执行。徒罪以上的判决，要向罪犯及其家属宣告，并由犯人亲自写服辩书，以免反复。徒刑的执行，在京师则男犯送将作监，女犯送少府监服劳役。在州县，则送当地官府服劳役。判处流刑的罪犯应立即押送配所，否则稽留一日笞三十，三日加一等。对于死刑的执行，报皇帝批准。死刑执行的时间，沿汉制应在所谓天有肃杀之气的秋分以后，如在立春至秋分万物孕育生长期间执行死刑者，徒三年。

（2）录囚制度。始于汉代，唐朝自高祖时，成为定制。录囚制度，是由皇帝亲录囚徒，凡被录之囚徒，多数被宽宥，或降刑，或免刑，兼有近代减刑、缓刑或假释的意义。

在唐代，除皇帝直接录囚以外，作为定制的还有大理寺“折狱详刑”，非定制的由监察御史巡行各州县，以录囚徒，平反冤狱。

5. 司法官的法律责任

根据唐律的规定，司法官吏在判决案件时必须依法定罪和判决，否则要承担刑事责任。如《断狱律》规定:“诸断罪皆须引律令格式正文,违者笞三十。……诸制敕断罪，临时处分不为永格者，不得引为后比，若辄引致罪有出入者，以故失论。”这是唐朝审判制度中的一个重要的封建法制原则,反映了唐朝中央集权的加强，对防止司法官吏滥用权力有一定的作用。

第五节　两宋时期的司法制度

宋代是中国君主专制主义中央集权制进一步发展的时期。宋朝的中央行政体制以二府（中书和枢密院）、三司分掌全国政、军、财大权，三者鼎足而立，而最终由皇帝辖制。在法制方面，也充分体现出专制主义中央集权不断强化的趋势。宋初主要是因袭唐、五代的律、令、格、式，而以敕作为随时损益的手段。宋神宗认为“律不足以周事情”，规定“凡律所不载者，一断于敕”，并把唐以来的律、令、格、式改为敕、令、格、式，进一步提高了敕的地位，敕已到足以破律、代律的地步，宋代的立法制度遂由从前的律、敕并重而进入了以敕代律的新时期，君主意志成为国家最高的法律形式。

一、两宋时期的立法机构

宋太祖建隆四年（963 年），在工部尚书判大理寺卿窦仪等人的奏请下，开始修订宋朝新的法典。同年七月完成，由太祖诏“付大理寺刻板摹印，颁行天下”，成为历史上第一部刊印颁行的法典。全称《宋建隆详定刑统》，简称《宋刑统》。《宋刑统》在宋初修撰成书后，未再从事重修工作，而代之以连续不断的编敕。

宋朝立法的主要特点是编敕，敕指皇帝对于特定的人或者事所作的命令，编敕则是将单行敕令整理成册上升为一般法律形式的一种立法过程。编敕具有法律效力，宋朝编敕很多，逐渐取得高于律典的地位。皇帝的诏敕成了最有效力的法律形式，所以编敕是当时最重要的立法活动。每逢皇帝即位或改元，把多年的单行敕令分类整理，删去重复和矛盾的内容，经中书省“制论”和门下省“封驳”，再颁布实行，才被赋予通行全国的“敕”的法律效力。这一立法过程，称为编敕。

详定编敕所是宋代“以删立法令”为主的一个机构，设立于仁宗天圣五年（1027 年），历经了从详定编敕所到详定敕令所的演变。它由提举、同提举、详定官、删定官和一定数量的胥吏组成。通过对“宣敕”的删、润、编，进行编敕，在宋代立法链条上，是散敕上升为一般法律的重要环节，同时也是终端环节。[①]详定编敕所的提举、同提举一般由宰相和参知政事（副相）兼任，具体编修工作则由详定官、删定官负责，详定官、删定官一般由大理少卿、刑部侍郎、秘书丞、翰林学时、知制诰等官员兼任。可见，详定编敕所虽然在宋朝的立法地位非常重要，但就其职能而言，它并不是专门的立法机构。从立法权来看，皇帝才是敕令的发布者，立法权完全掌握在皇帝手中，编敕所不过是将皇帝的零散的敕令编辑、整理的机构。

编敕之外，宋代立法还包括编例和条法事类。编例，为判例汇编，包括指挥与断例。条法事类，是以公事性质为标准，把统编的敕、令、格、式分门编纂的法规大全。先后有《淳熙条法事类》、《庆元条法事类》和《淳祐条法事类》，只有《庆元条法事类》保存至今。

宋代的一项立法活动是编例。唐代以前司法实践中适用的“比附”，宋时称做“例”。宋代的例包括三种法律规范：（1）条例，即皇帝发布的特旨；（2）断例，是审判案件的成例；（3）指挥，是中央官署对下级官署下达的命令。在宋代，例最初是针对特定事件设定的临时性规范，但是经过编纂程序，例具有了普遍效力，被广泛运用于司法实践。宋代对例的运用，为明清时期律例合编、典例合编奠定了基础。

宋朝立法中还有一个特点是编纂“条法事类”。是以事类为标准，分门编纂的法规大全，每项事类中同时收入相关的敕、令、格、式、申明等，申明即法律解释。条法事类产生于南宋孝宗淳熙年间，当时因敕、令、格、式合编为一典，内容庞杂，不便检索，于是遂将敕令分类编排。条法事类立法形式的出现，不仅有利于克服上述弊病，对敕、令、格、式的内部协调，也有一定作用。孝宗朝编有《淳熙条法事类》，以后宁宗编有《庆元条法事类》，理宗有《淳祐条法事类》。自此以后，南宋的法典以条法事类为主。

二、两宋时期的司法制度

（一）司法机构的设置

1. 中央司法机构

宋代中央司法机构仍设大理寺、刑部、御使台。

大理寺是中央审判机构，宋初，其部分审判权曾移至审刑院，元丰改制撤消审刑院后，恢复其审判权。大理寺设大理卿一人为长，大理少卿二人为辅，

① 孔学著：《宋代专门编敕机构——详定编敕所述论》，载《河南大学学报》2007 年第 1 期。

以下为大理正、推丞、断丞、司直、评事、主簿等属官。寺内审判事务分左右两部：左断刑，右治狱。“凡天下奏劾命官、将校及大辟囚以下疑请谳者隶左断刑。”[①]凡京师百官刑狱或皇帝指令审问及追究官物，由右治狱审理。

刑部系尚书省六部之一，是行政、司法混同的部门，享有比大理寺更高的审判权。宋初，刑部置详复官五人，专门复核地方上报的案牍，不直接审理案件。元丰改制后，置刑部尚书一人为长，刑部侍郎二人为辅，掌管全国刑狱政令，复核大理寺详断的全国死刑案件，以及官员犯罪除免、经赦叙用、定夺昭雪等事。元丰改制前，其死刑复核权曾划归审刑院。

宋代御使台也具有审判重大疑难案件的职能。御使台以御史中丞为长，侍御使知杂事为副职。御使台的主要官员大都参与司法审判，其司法审判职权主要有：处理命官犯罪的大案、法官受贿案、地方官府不能决断的疑难案件、地方重大案件等。

宋代为加强皇帝对司法活动的控制，曾于三大司法机构外新增设审刑院作为一级中央司法机构。审刑院又称“宫中审刑院”，是宋初的审判复核机构，为宋首创，首设于太宗淳化二年。其职责即为皇帝详议上报奏裁的案件，也有部分审判权。置知院事一人为长，详议官数人辅之。其程序大体是凡地方报请中央复审的案件，先由审刑院备案再交大理寺，大理寺裁断后报刑部评复，由刑部、大理寺长官共同署名上报皇帝，由皇帝交审刑院审议，最后由审刑院知院与详议官写出书面意见，奏请皇帝裁决。

宋代还设有闻登鼓院、登闻检院、理检院，是受理向朝廷直诉案件的三个法定机构，专门处理诣阙投诉者的上诉状。

2. 地方司法机构

宋代地方机构中路一级机构中的提点刑狱使专掌地方司法，其职权主要是监督管理所辖州府的司法审判事务，审核十日一报的州府“囚账”（即案卷），可以随时前往各州县检查刑狱，举劾在刑狱方面失职的州府官员。

州县审判机构与州县行政机构合一。州以知州为长官，通判为辅，下有司法专职属官司法参军、知理参军。法律规定知州为主审官，但实践中通判也可以独立审判。州可以判决流刑以下的案件，流刑以上的案件须提点刑狱司上报大理寺与刑部。

县以县令为长官，县丞为辅，法律规定县令为主审官，县可以判决杖刑以下案件。

---

① 《宋史》卷二十。

（二）诉讼审判制度

宋初，基本诉讼制度沿用唐制。至太宗朝，随着各项制度的逐步规范化，诉讼制度也逐渐趋于严密；同时，在回避、审判监督、诉讼时限等方面也有所创新。

1. 规定大案奏裁制

宋太祖建国之初，在把地方兵权、财权收归中央的同时，也收回了地方的死刑判决权，恢复了死刑复核制度。死刑重案如有“法重情轻，情重法轻，事有可疑，理有可悯”等情，必须向朝廷“奏谳”，由大理寺详断。凡应奏不奏，或不应奏而奏，地方官吏都要受到处分。但这绝不意味着允许地方官吏可以借此推诿责任，凡未经依法审判的案件，不得径行上奏。元丰改制后，“天下奏按必断于大理，详议于刑部，然后上之中书，决之人主”①。有时，皇帝也令翰林学士、中书舍人、同平章事、参知政事、御史、谏官等共同评议重大疑难案件，称为“杂议”，然后决断于皇上。除死刑外，宋代还规定了大量必须“奏裁”的案件。

2. 回避制度

按唐制，如司法官与被告之间有“亲属”、“仇嫌”等关系，就必须更换，以防偏袒和陷害。宋朝在此基础上有所发展，除在《刑统》中继续规定上述内容外，还实行“翻异别推”制。翻异别推制是犯人推翻原口供时应该重审的制度。凡州县死刑犯业已结案，但未经本路提刑司录问而推翻原来的口供，或其家属诉冤，则移送提刑司重新审判；如果已经本路提刑司录问而翻供、诉冤，则由提刑司审察，改换审判官重审，称为“移推”；如果死刑犯人临赴刑时翻供叫冤，由与本路无干碍之监司重审，或者移送邻路提刑司审理，称为“别推”。法律规定，申诉必须按照程序逐级进行，不得越诉；翻异一般不得超过三次，妄行翻异叫冤者，复审时加重刑罚。不仅如此，回避的范围不仅限于法官，原审官署亦须回避，甚至原羁押场所也要回避。回避制度的严密在一定程度上反映了宋朝诉讼制度注重客观性的特点，也是宋朝诉讼实践经验的总结，对于防止司法腐败和减少冤、假、错案，有一定积极意义。

3. 规定鞫谳分司制度（审理、判决分立制）

鞫谳分司即“审”与“判”分离，分别由不同的官员担任：审问案情的官员无权量刑，检法量刑之事别由他官负责。前者称“鞫司”（又称“推司”、“狱司”），后者称“谳司”（又称“法司”）。鞫谳分司是宋朝审判制度的一大特色，

---

① 《宋史·刑法志》。

从州到大理寺都实行了鞫谳分司、审判分离的制度。中央大理寺和刑部均设有详断官、详议官，分别负责审讯、检法用律，而后由长官审定断案。州设司理院，由司理参军负责审讯人犯、传集人证、调查事实等审判事务；而设司法参军就已经认定的事实，按照有关法律条文定罪量刑；在这些工作的基础上，最后由知州亲自断决。这种由专职官员分别负责审与判的制度叫做鞫谳分司制。在这种制度下，检法断刑的官员无权过问审判事务，而负责审判的官员也无权检法断刑，两司独立活动，不得互通信息、协商办案。这种审、判分离的制度有利于互相制约，减少冤案，但同时也势必造成程序复杂、滞留狱案的不利后果。

4. 诉讼时限和务限法

《宋史·刑法志》:“元祐二年，刑部、大理寺定制：凡断谳奏狱，每二十缗以上为大事，十缗以上为中事，不满十缗为小事。大事以十二日、中事九日、小事四日为限。若在京、八路，大事十日，中事五日，小事三日。台察及刑部举劾约法状并十日。三省、枢密院再送各减半。有故量展，不得过五日。凡公案日限，大事以三十五日、中事二十五日、小事十日为限。去京、八路，大事以三十日，中事半之，小事三之一。台察及刑部并三十日。每十日，断用七日，议用三日。”同时，法律还规定了对“过限”的责任：“日笞十下，三日加一等，罪止杖八十。”

宋代为保障农业生产，确立了规范民事诉讼的“务限法”，这是两宋时期诉讼制度的又一重大发展。根据务限法的规定：每年农历二月一日起至九月三十日止，为“入务”，这一段时间里不准许州县官府受理有关田宅、婚姻、债务等细微事务方面的案件，以免妨害农业生产。十月一日至次年一月三十日这一段时间，官府集中受理民事案件，在三月三十日之前必须审理完结或暂停审理。宋代务限法集中规定于《宋刑统》中的“婚田入务”与“典卖指当论竞物业”门与其他相关律条中。

第六节　元朝的司法制度

元朝是蒙古族建立起来的少数民族政权，在法律上公开宣扬各族不平等，使得元朝的法律带有鲜明的民族歧视和民族压迫色彩。

元代法律的主要特点之一即是以法律维护民族间的不平等。元初，依据不同民族将民众的社会地位划分为四等：蒙古人、色目人（西夏、回回人）、汉人、南人（原南宋统治的民众）。举凡科举任官都制定了一系列优待蒙古人、色目人而限制歧视汉人、南人的法规。在定罪量刑上也体现着民族差别。元代法律规定，宗室及蒙古人案件由中央大宗正府专门负责，汉人、南人诉案归刑部，且审判机构的正官亦由蒙古人担任。遇有蒙古人与汉人纠纷案件，多偏袒蒙古人。

一、元朝的立法制度

元初采取“断理狱讼，循用金律”的办法。金律指的是金国的《泰和律》，也就是稍加修改的唐律，并在此基础上“以国朝之成法，援庸宋之故典，参辽金之遗制”形成元朝的法律。总的来说，元法律是蒙古习惯法与汉族法的混合物，并且强调维护蒙古族的特权，体现了蒙古统治者思想的保守性及认识水平的局限性。①

元世祖忽必烈中统三年（1262 年），命大司农姚枢“讲定条格”，于至元元年（1264 年）颁行《新立条格》，内容涉及官制、官吏待遇、赋役科敛、军纪、诉讼刑狱等方面。至元八年（1271 年），忽必烈在建国号为大元的同时，“禁行金《泰和律》”，从此废止了“断理狱讼，循用金律”的做法。至元二十八年（1296 年），元世祖命中书参知政事何荣祖“以公规、治民、彻盗、理财等十事辑为一书，名曰《至元新格》，命刻版颁行，使百司遵守”。这是元朝第一部成文法典。

由于《至元新格》过于简单，无法适应司法实践的需要。自从颁行以后就不断有人建议再修一部较为完整的法典，《大元通制》就是在这种情况下修纂的。

英宗至治二年（1322 年）十一月，御史李端建议将“世祖以来所定制度”“著为今”。英宗至治三年（1323 年）正月，命枢密副使完颜纳丹等对历朝条格、诏令、断例加以整理、汇编，制定出《大元通制》，并于同年颁行。《大元通制》共 2539 条，分为三纲一目。三纲：诏制（94 条）、条格（1151 条）、断例（717 条），一目：别类（577 条）。纲目之下又分若干细日，其细目与唐宋法典的篇目体系基本一致，其条文的具体内容也承袭了唐宋法典的基本精神。元代的诏制相当于唐宋的敕令，条格相当于唐宋金以来的令、格、式，在元代一般是由皇帝亲自发布。断例相当于唐宋金以来的律。

在元朝还有一部由地力官吏编纂的法典，是元朝自元世祖以来五十余年有关政治、军事、经济、法律等各方面的圣旨条画、律令格例及司法部门所判案例的集成，全称为《大元圣政国朝典章》，简称为《元典章》，由前集和新集两集所组成。前集共六十卷，列有诏令、圣政、朝纲、台纲等十类。新集不分卷，

① 万安中主编：《中国法制史》，中山大学出版社，2002 年，第 133 页。

列有国典、朝纲、吏、户、礼、兵、刑、工八大类，其下又分有门目。这种以六部划分法规的体例，成为《明律》的模本。

二、元朝的司法制度

元朝建立后，借鉴唐宋法制，中央、地方封建官僚机构相继建立。但受历史和民族因素的影响，元朝司法机构较唐宋有了较大的变化，突出地体现了民族性色彩和多元化特征。

（一）司法机构的设置

1. 中央司法机构

元朝建立前，蒙古国的司法审判既无所谓程序，也没有固定的司法机构，建元后始仿宋制建立起中央司法监察机构。但或许传统过于强大，导致了元代在中央司法监察机构的设置上出现了职掌混乱、互不统摄的多元化局面。说互不统摄只是从机构的设置上而言，实质上元代的司法机构都是由蒙古贵族垄断的，中央司法机构中的大宗正府、刑部、御史台的长官都由蒙古人担任。从这一点上讲，元朝中央司法机构又是统一的。

大宗正府，原名宗正府，是元代中央重要的司法审判机构之一。至元二年设置，内置断事官称“札鲁忽赤”，其职责是治理清王、驸马、投下、蒙古人、色目人刑名词讼等事，而且对汉人奸盗、诈伪、蛊毒、厌魅、诱拐逃驱（奴隶）等轻重罪囚均有审理的职能。其职责后屡有变动，长官亦改为府长，以诸王为之。到致和元年（1328 年），宗正府始只管两京师（大都与上都）的蒙古人以及怯薛、军站、色目人与汉人相犯的词讼案件，而地方路府州县汉人、蒙古人、色目人的词讼案件，则划归地方官府和刑部掌管。

刑部，元代在中书省下设置刑部，是中央审判机构和最高司法行政机构。其长官为刑部尚书，正三品，侍郎为副长官，正四品，下有郎中、员外郎等，官员以蒙古人为主，汉人、南人只能担任副职。据《元史·百官志》载：刑部“掌天下刑名法律之政令。凡大辟之按复，系囚之详谳，孥收产没之籍，捕获功赏之式，冤讼疑罪之辨，狱具之制度，律令之拟议，悉以任之”。刑部所掌如此繁重，主要原因是以往大理寺的审判职权划归刑部执掌，刑部司法权有所扩大。从皇庆元年起，刑部也开始审理京都的汉人案件。

宣政院，是元朝国家最高的宗教管理机构与宗教审判机构。宣政院以佛教国师总领，其下的宣慰使也必须由僧侣担任。宣政院曾在一些地方置“行宣政院”作为派出机构。元制，凡各地涉及僧侣的奸、盗、诈伪及人命重案虽由地方审理，但必须上报宣政院。这是中国历史上首次出现宗教与世俗权力共存的特殊司法体制。由于宣政院的审判权妨碍了元朝的中央集权，所以从成宗、武宗两朝起，宣政院的审判权逐渐受到了限制。

御史台，是元代的中央监察机构。至元五年始设置，以御史大夫为首，其地位与中书令、枢密使比肩。下设殿中司、内察院、内八道肃政廉访司等机构。御史台的职权，据《元史·刑法志》载："诸台官职掌，饬官箴，稽吏课，内秩群祀，外察行人，与闻军国奏议、理达民庶冤辞，凡有司刑名、赋役、铨选、会计、调度、征收、营缮、鞫勘、审谳、勾稽，及庶官廉贪、历禁张弛、编民惸独流移、强暴兼并，悉纠举之。"由此可见，元代御史台的职掌范围极宽，大凡百官善恶、政治得失均归其纠察。宋时台、谏分立，元代不设谏院，其职权亦归御史台，御史台监察司法权得以扩大和加强。①

枢密院，是元朝的最高军事机构。在元代军政合一、兵民共管的体制下，枢密院除主管军政大事外，还兼管诉讼。枢密院长官为枢密使，由皇太子兼任。枢密院设断事官八人，"掌处决军府之狱讼"，并参与军民、军政之间诉讼案件的审判。

2. 地方司法机构

元代中央一改三省制的传统，以中书省作为中央最高行政机构。此后，为加强中央对地方的控制，强化中央集权，亦在宋、金路、府（州）、县三级地方行政区域之上设立行中书省，从而形成了行省、路、府（州）、县四级行政区域。元代地方司法机构与地方行政机构同一，在地方仍采取行政兼理司法的传统体制，各级行政长官即是理狱之官。

（1）行省与行御史台

行省的设置，是元朝地方行政机构的一个显著特点。行省是元地方最高行政机构与私法审判机构。带有中央派出机构的性质，其组织形式与中央机构类同，设行省中书、行枢密院、行御史台（简称行台）。行省、行台与行枢密院是元朝代表中央分治地方的军、政、监察三大机构。行台下设察院及各省肃政廉访司。行省设丞相，多由蒙古亲王、贵族担任，权力极大，"军国重事无不领之"；行省设有"理问所"，专治刑狱。行御史台，是御史台在地方的分设机构，对于职官犯罪，五品以上咨御史台奏闻，六品以下自行处理。元在省与路之间设有肃政廉访司，为地方监察机构，职权极重，主要职能是纠治百官善恶、政治得失，分巡、按复各路已结案件。

（2）路、府（州）、县

① 徐祥民主编：《中国法制史》，山东人民出版社，2000年，第208页。

行省之下的建制是路、府（州）、县三级。路设总管府，置达鲁花赤一人为监临官，总管一人为长官，属员有同知、治中、判官各一人，推官二人，其中推官“专治刑狱”。法律规定：“以蒙古人充各路达鲁花赤，汉人充总管，回回人充同知，永远为定制。”[①]府置达鲁花赤一人为监临官，府尹（或知府）一人为长官，属员有同知、判官、推官、知事、提控案牍各一人。州置达鲁花赤为监临官，州尹（或知州）为长官，属员与府同。县置达鲁花赤为监临官，县尹为长官，属员有丞、尉、典史等。

按规定，元时路、府（州）、县可自行决断杖罪以下案件，徒、流、死罪则奏报刑部。“诸杖罪，五十七以下，司（录事司）县断决；八十七以下，各府、州（军）断决；一百七以下，宣慰司、总客府断决。配流、死罪，依例勘结完备，申关刑部待报。”[②]

（二）诉讼审判制度

元代的诉讼审判制度大体沿袭了宋制，但又杂糅了其民族的传统，并在某些方面有所发展。

1. 根据民族、身份、宗教的不同实行特别的专门管辖

元代对蒙古人涉讼事件有专门的法律，法律对此从审判机关、审判方式及优待手段均作了规定：“诸蒙古人居官犯法，论罪既定，必择蒙古官断之，行杖亦如之……诸王驸马蒙古色目人犯奸盗诈伪，从大宗正府治之。诸正蒙古人，除犯死罪，监禁如常法，有司勿得拷掠，仍日供饮食。犯真奸盗者，解束带佩囊散收；余犯轻重者，以理对证，有司匀执拘之。”不仅是蒙古人，回回人之间的词讼也往往由“哈的”大师依本俗回回法审断：“哈的大师只管他每掌教念经者。回回人应有刑名、户婚、钱粮词讼大小公事，哈的每休问者，交有官司依体例问者。”即只有哈的大师不愿过问才移交一般司法机关。

元代实行军户制度，法律规定凡军人、军户有关“斗讼、婚田、粮赋、钱债、财产、宗从继绝，及科差不公自相告者”，由专管军官审理。

元时僧侣之间的争讼由各寺院主持本管头目归问，“奸盗、诈伪、致伤人命，但犯重刑管民官问者，其余和尚自其间不拣什么勾当有呵，本寺里主持的和尚头目结绝者”。[③]

元代法律中还专门规定有“约会”诉讼制度，《元典章·约会》规定，凡诸色户计（籍）、儒道僧官、医户、乐人、投下、畏吾儿、军民、都户府、投下

---

① 《元史·世祖本纪》。

② 徐祥民主编：《中国法制史》，山东人民出版社，2000年，第210页。

③ 《元典章·刑部》，转引自徐祥民主编《中国法制史》，山东人民出版社，2000年，第211页。

并探马赤、龟户等与不同身份的人发生纠纷，由政府将有关户计的直属上司请来共同审理。上述规定，极大地破坏了国家法律的统一性，同时也给人为地营私坏法提供了法律制度上的可能。

2. 诉讼篇的设立

法典中诉讼专篇的出现始于元朝。据《元典章》"诉讼篇"载，其内容较为丰富，分为书状、听讼、告事、问事、无告、被告、首告、诬告、越诉、代诉、折证、约会、停务、告拦和禁例等细目。《元典章》中诉讼篇的出现，是长期司法实践中对实体法和程序法的差异逐步认识并加以区别的结果，说明中国古代司法到元朝已取得了很大的进步。

3. 重视调解

元代在司法实践中重视调解，特别是民事纠纷往往通过调解来解决。《至元新格》规定："诸论诉婚姻、家财、田宅、债务，若不系违法重事，并听社长以理谕解，免使调解妨废农务，烦挠官司。"

调解的方式大致有两种，一是民间调解。元在地方基层乡里设有"社"，社长负责对邻里间的民事纠纷"以理论解"。二是司法机关调解。其调解的结果具有法律效力，当事人不得再以同样的理由和事实进行诉讼，违者治罪。《元典章》中对此有详细规定："凡告婚姻、田土、家财、债务不违法者，若已拦告，所在官司不许轻易再接词状归问，如违从廉访司照刷究治"，"今后凡告婚姻、田宅、家财、债负，如原告被论人等自愿告拦休和者，准告之后，再兴讼端，照勘得别无违错事理，不许受状"等。

4. 奖励平反冤狱

《大元通制》首创"平反"篇名，它规定平反冤狱的官吏要受到奖励。"凡职官平反重刑一起以上升等同，诸职官能平反冤狱一起之上，与减一资，诸路府曹吏能平反冤狱者于各道宣慰司部令史补用。"

第七节　明清时期的司法制度

明清时期是中国专制皇权极端发展时期，反映在司法制度上是君权对司法体系所具有的绝对控制。明清时期的立法、司法和审判制度，充分体现了强化专制主义统治的精神，皇帝是最高立法者的地位得到进一步加强。在司法方面，无论是皇帝对司法机构、司法审判权的控制，还是皇帝对重大案件与死刑的决定权，都有所强化。皇帝不但亲自审理、裁决重大案件，而且经常以自己的意志为转移，任意更改法律，实施法外用刑。此外，如明朝所实施的“厂卫司法”，不仅是明代司法制度的一个特点，也是极端专制的君主制度在法律上的反映。

一、明清时期的立法机构

（一）明朝的立法机构

明朝的立法权原则上属于皇帝所专有。重要法律的制定和颁行，皇帝都亲自行使立法权。1367 年，朱元璋自称吴王，命左丞相李善长为律令总裁官，编修法律。同年年底，律令修成，计令 145 条，律 285 条。《大明律》初定时，朱元璋就专门发布了上谕，要求议律官“日具刑名条目以上，吾亲酌议焉”。洪武六年冬，朱元璋又令刑部尚书刘惟谦等对《大明律》进行详定，至洪武七年，律文修成，朱元璋下令颁布天下，这次重修《大明律》，朱元璋诏刑部尚书，“每奏一篇，命揭两庑，亲加裁酌”。此后，经过了多次反复修订，至洪武三十年，《大明律》最终修订完成并颁布于天下。《大明律》经过三十年的修订，才正式形成最后的体例，其修订时间之长在中国古代立法史上是罕见的，这主要是受朱元璋“重典治世”思想的影响，律典最终的风格也反映了这种思想。

洪武三十年（1397 年），《大明律》修纂完毕时，朱元璋还亲自为《大明律》的颁行专门制作了《御制大明律序》，表明他对立法权的极端重视。当然，皇帝不可能亲自逐条修订法律，他必须借助于专门的编修人员，即议律官来代替皇帝行使立法权。但是，在明代议律官也不是专职机构的专职修律人员，只是皇帝临时任命某些行政长官兼职的修律人员。如在初定《大明律》和《大明令》及后来编修《明会典》时，皇帝都任命议律官编修法律，具体内容和条文由议律官议决，皇帝可以随时参与定夺，并行使批准颁行的最后决定权。《大明律》初定时，朱元璋即命左丞相李善长为律令总裁官，参知政事杨宪、傅瓛，御史中丞刘基，翰林学士陶安等二十人为议律官，编纂《大明律》和《大明令》。洪武九年，明太祖又命丞相胡惟庸、御史大夫汪广洋等详议厘正《大明律》十三条。

明《大诰》是《大明律》之外，另一部重要的法律。《大诰》是朱元璋洪武年间，在实行“重典治世”过程中颁行的特别法规。朱元璋在洪武十八、十九和二十年，将其若干年来“重典治国”的一些典型案例加工整理，加上自己的训导，编成《御制大诰》、《御制大诰续编》、《御制大诰三编》、《御制大诰武臣》等四编，颁行天下，作为惩治贪官污吏、惩治顽民的标准。至洪武三十年，朱元璋下令将《大诰》条目附载于律文，加重了犯罪的刑事处罚，以致出现了“轻重失宜”的结果，这充分说明皇帝意志在明代立法中的绝对地位。直到明朝中叶，明政府才宣布律后所附诰废而不用，《大诰》结束了其历史使命。

《大明会典》是自明英宗时期开始编纂的行政法规性质的特别法典，至明孝宗弘治十五年初编制完成，又经过明武宗正德年间的参校补正，正式颁布天下，共一百八十卷。体例仿《唐六典》，采用“官领其属”“事归于职”的体例，在六部下分司、科，标明种种条注，体例结构规范、系统，便于实际执行。这是《唐六典》后又一部比较成功的行政法典。汇集了明朝一些重要典章法令，如《皇明祖训》、《大诰》、《大明令》、《洪武礼制》、《诸司执掌》等，所以是研究明朝法令制度的重要资料。

朱元璋在颁布《大明律》以后，曾下诏严禁嗣君“变乱成法”，所以，洪武朝后的历代皇帝只能在不敢、不能修订《大明律》律文的情况下，采用“修例”的变通办法，适应社会变迁的需要。“条例”属于对《大明律》的补充性法规，但在实际生活中起着重要作用。如《问刑条例》、《真犯、杂犯死罪条例》、《充军条例》等。

（二）清朝的立法机构

清代修律在顺治时期开始创制，最后完备于乾隆时期。

满族政权刚入关时，一方面暂时援用明律，另一方面开始仿制明律制定清律。顺治三年制定完成《大清律集解附例》。这部法律基本上是明律的翻版，律法条文基本没有修改。康熙时期对《大清律集解附例》的正文进行了修订，但终康熙之世，新的法典并未颁布。雍正即位后，即对原有的大清律和顺治、康熙两朝以来的新例进行统一编定。雍正五年颁行《大清律集解》。高宗乾隆皇帝即位之初，即命三泰为律令总裁官，重修大清律例，修订者对原有律、例逐条考正，重新编辑，特别是对律文后所附定例进行详细校订，折中损益，删除原版律例后的总注，在律例中间增添小注，以补充、阐释律义。《大清律例》的修订工作基本完成，在经过高宗御览鉴定后，正式“刊布中外，永远遵行”，至此，清朝的基本法典定型。

自此《大清律例》就作为清代的基本法，也是中国历史上最后一部以刑为主、诸法合体的法典。它的篇章结构与明律相同，仍采用律、例合编的体例，即律文 436 条，分为名例、吏、户、礼、兵、刑、工七篇律文；例文为 1049 条，分别附于七篇律文之后。《大清律例》与明代的律、例相比，其主要变化在于例而不在律。

修例是清朝重要的立法活动。

清代的例一般是指针对特别事件所发布的上谕、政府颁行的单行法令以及判案成例，经过皇帝的批准，成为具有普遍适用效力的法律规范。对“例”的使用在经过了两宋、元、明后，到清代已颇具体系，主要有条例、则例、事例、成例。与固定不便的律相比，例是一种灵活的法律形式，更能适应社会生活的发展变化，统治者也往往通过修例将其意志上升为国家法律。因此，尽管在清朝的法律体系中，律、例、会典都是主要的法律形式，但例的修订则极为频繁。大清律后附有条例；会典之后附有则例或事例，由于例涉及社会生活的各个方面，以其灵活性弥补律和典的不足，社会中产生的新问题都可以通过修例及时反映到法律之中。因此，清朝条例“五年一小修，十年一大修”，对则例、事例因时修订是重要的立法活动。

清朝传世法典《大清律例》自乾隆五年定型以后，终清之世，皆无大的改动，乾隆以后的各代君臣，多将注意力集中在律文后的“附例”上。乾隆时定下制度：条例“定限三年一次编辑”，并在刑部设律例馆，定期开馆编修，后改为“五年编辑一次”。所以清朝的条例越修越多，到同治年间，已有1892条之多。从内容上看，条例是由刑部或其他行政部门就一些相似的案例先提出一项立法建议，经皇帝批准后成为一项事例，指导类似案件的审理判决。则例指某一行政部门或某项专门事务方面的单行法规汇编。它是针对政府各部门的职责、办事规程而制定的基本规则。事例指皇帝就某项事务发布的上谕或经皇帝批准的政府部门提出的建议。成例，也称定例，指经过整理编订的事例，包括条例及行政方面的单行法规。

律例馆设在刑部，是一个大致固定的专门机构，它负责修例，具有一定的立法机构性质。但是，律例的最终批准权掌握在皇帝个人手中，而其中的事例更是皇帝上谕。朝廷会定期对以往颁行的条例进行整理、删修。只有那些被时间和实践证明是成熟、可行的条例，才有可能被纳入法典之中，成为国家主体法律的一部分。

二、明清时期的司法制度

明清的司法制度是在唐宋制度的基础上发展而来。但是由于明清封建君主的高度集权，它在司法机构的设置上，诉讼与审判程序的规定上都出现了很多变化。这是统治者推行“重典治世”政策的必然结果。

（一）司法机构的设置

1. 中央司法机构

明代中央司法机构由刑部、大理寺和都察院组成，合称“三法司”，共同对皇帝负责，这与君权的强化相一致。

刑部，因宰相制度的废除而跃居中央司法机构的主审机关，其职责是“总掌天下之刑名及徒隶关禁之政令”。刑部设尚书一职为最高长官，并由元朝的正三品提为正二品，设左、右侍郎为副长官辅助尚书工作。其下设司务厅与十三清吏司，分别掌管中央和各省的司法行政事务。刑部对京城和地方上报之流刑以下案件均有权审理。但是死刑案仍须奏请皇帝批准。

大理寺，由以往的主审机关变为慎刑机构，即执掌“驳正（复核）”，一般不管审判。大理寺设卿为其长官，卿下设少卿辅助其工作。少卿下设左、右寺丞，分别掌管京师与地方各省案件的复审复核及平反冤狱之责。凡刑部所审案件均须移大理寺复核，流刑以下案件若认为判决得当，准予具奏；若认为不当，则驳令重审。死刑案件由刑部审判，经大理寺复核后报请皇帝批准。

都察院，中央监察机关，较之以往御史台，权限明显加强，时称“风宪衙门”。设左、右都御史为其长官，一般是左都御史侧重法律监督工作。都察院有权监督刑部的审判和大理寺的复核，并且凡“大狱重囚”，左都御史及其属官都可以“会鞫于外朝”，并“偕刑部、大理寺谳并之”。若地方出现重大冤假错案，皇帝可钦派左都御史等为巡按御史，许以钦差大臣的身份前往巡查，拥有“大事奏裁，小事立断”的权力。

中央三法司按主审、复核和监督的职能分工各司其职，同时又互相牵制与约束，凡遇有大狱重囚，均由三法司审理，称为“三司会审”。如此一来，三法司互相制衡，共同对皇帝负责，构建了有明一代以皇权为核心的中央司法体系。

清朝沿袭了明制，中央设刑部、大理寺和都察院，合称“三法司”。

刑部是中央最高审判机关，“掌天下刑罚之政令”[①]。刑部的职权比明朝要大，在三法司中居于主导地位。具体来说，刑部的职权主要包括：核拟全国死刑案件并上报皇帝最后批准，批结流刑案件，审理发生在京师笞刑以上的现审案件和中央官吏犯罪案件，管理地方上诉案件与秋审事宜，主持司法行政与修订律例，以及皇帝交办的“各衙门钦发事件”等。刑部所属机构主要有十七省的清吏司、追捕“逃人”的督捕司、办理秋审的秋审处、修订律例的律例馆等。

大理寺“掌平天下之刑名，凡重辟则率其属而会勘。大政事下九卿议者则与焉，与秋审、朝审”[②]。大理寺的主要职责是复核刑部拟判的死刑案件，如果发现刑部定罪量刑有误，可以驳回重审。同时，大理寺还主持热审案件。

都察院“掌司风纪，察中外百司之职，辨其治之得失与其人之邪正，率科道官而各矢其言责，以饬官常，以兼国宪……凡重辟则会刑部、大理寺以定谳，

① 《大清会典》卷三十五。

② 《大清会典》卷六十九。

与秋审、朝审”[①]。都察院号称“风宪衙门”，其主要职责是监察百官，同时也参与司法审判。都察院的主要职责是复核各省的死刑案件，同刑部、大理寺共同审理在京死刑案件，参加秋审和朝审。都察院所属十五道、六科，分掌各省刑名及中央六部之纠察，尤其是对刑名事务进行监察。其他如“官民冤枉，所司不受理，及受理不得申者，许赴院陈诉鞫实，大事奏请上裁，小事立予昭雪”[②]。

2. 地方司法机构

明代地方司法机关分省、府、州县三级，各级都没有独立的司法审判机关，依然是行政与司法合一的体制，由省、府、州县的行政长官兼理司法。省级总督以下设省布政使司、设提刑按察使司为其助手，执掌本省“刑名按劾之事”。凡徒刑案件，各省可以自行宣判执行，但流刑及以上案件则须上报刑部审理，不得擅自审理。各府设知府一人，“掌一府之政，平狱讼”，下设推官一人，具体审理杖一百以下的案件。遇有徒刑及以上的案件须报送省布政使司审理。明朝州县合并为一级，每州设知州一人，各县设县令一人，各州县长官之下，又设推官一人，具体负责审理笞刑以上、杖刑八十以下的各类案件。遇有杖九十、杖一百以上的案件，则须上报府级审理。明代还于乡一级设立申明亭，“凡民间应有词状，许耆老里长准受于本庭剖理”[③]。申明亭主要以调解的方式来解决民间争议，不决，再诉于县官。

清朝的地方司法机关分为四级：省督抚、省按察使司、府、州县。

督抚为地方最高行政与司法机关，有权批复徒刑案件；复核军流案件，如无异议则呈报刑部；复审死刑案件，然后具题，并将副本交给三法司。

督抚以下为省按察使司，负责复审由府上报的徒刑案件，以及审讯军流、死刑案件。如“审供无异”，则上报督抚；如发现疏漏，或驳回重审，或改发其他州县再审。

省按察使司以下为府，主要复审州县上报的刑事案件，以及当事人不服州县判决而上诉的案件。对于州县上报的刑事案件，府复审后提出拟罪意见，再上报到省。

州县为基层司法机关，有权审决笞、杖、徒刑案件，流刑以上案件须转呈上级决定。发生在州县内的田土、户婚、斗殴之类的事情，为州县“自理案件”，由州县全权处理；命盗之类的刑事案件，县初审后，将案卷与案犯一起解送上

① 《大清会典》卷六十九。

② 《大清会典》卷八十一。

③ 《大明律集解附例》卷二十六。

级复审。

3. 专门司法机构

明代在普通的审判机构之外，还设立了由皇帝贴身的禁卫军和亲近的宦官组成的特务机构“厂”、“卫”。“卫”指锦衣卫，是朱元璋将其亲军改建而成，赋予巡查缉捕的权力，同时兼管刑狱。主要职责是侦查所谓的“不轨妖言”，可以不经朝廷司法机关和任何法律程序而采取行动，他们直接听命于皇帝。“厂”是指“东厂”、“西厂”、“内行厂”，是由皇帝亲自建立的由宦官组成的特务审判机构。成祖时“恐外官殉情”设“东厂”，明成化年间，宪宗又设“西厂”，是指“四出刺民间阴事”[①]，至武宗时为监督东、西厂又设内行厂。厂卫组织握有实际的司法权，其职权甚至凌驾于三法司之上，是明代专制极权在司法体制上的反映，实为司法体制的畸形变种。

为适应自身的特点，清朝在司法体制方面进行了一些改革，其中最大的变化是设置了专门审理旗人犯罪和少数民族犯罪的司法机关。

旗人的法律特权同样也体现在司法制度上。清朝在中央设置了宗人府、内务府与户部现审处等机关，处理宗室与旗人案件。宗人府主要负责审理宗室的案件；内务府设慎刑司，专门审理内务府管辖的上三旗和宫廷太监的案件，有权处理笞、杖刑案件，徒刑以上案件须呈送刑部，奉旨审讯的死刑案件须会同三法司定夺；户部现审处有权审理八旗地亩等民事案件。地方上发生的旗人案件由各地驻防八旗军队中的理事厅、理事通判、理事同知受理审判，各省驻防八旗最高军官都统、将军也有对一般轻微刑事案件的终审权。

理藩院下设理刑司，专掌对少数民族地区重大案件的司法审判。但流刑以上的案件须会同刑部决定，死刑案件须由三法司定谳并报皇帝批准。由于理藩院“掌外藩之政令……正其刑罚”[②]，并审查少数民族的死刑案件，使得中央可以直接参与和审理各少数民族地区的重大案件，从而加强了司法管辖，维护了法律政令的统一。凡发生在少数民族地区的民事纠纷和轻微的刑事案件，由当地长官自行审理，如判断不公，可以呈诉至理藩院。

（二）诉讼审判制度

1. 明朝的诉讼审判制度

（1）军户与民户分治

由于明代在户籍、身份管理上严格区分了军户与民户，因此在司法管辖上

① 《正德实录》。

② 《光绪会典事例》卷六十三。

也有所不同，实行分治。军人案件由专门的军事机关受理，设五军都督府为最高军人司法机关。各省都指挥使设置都卫断事司及卫所的千户、百户专门负责处理军人案件。军人诉讼时按照百户所、千户所、卫、都指挥司顺序逐级诉讼。军官犯罪则从本官衙门开具事由，然后申呈五军都督府或兵部，奏请皇帝断决。至于普通的民户诉讼，则先由基层里甲断决，若事属奸盗人命重案，再向所在州、县陈告。地方司法机关不得受理军户诉讼，军事机构也不得受理民户诉讼，违者均处笞刑五十。

（2）禁止越诉

明律规定凡军民诉讼悉由本属自下而上陈告，严禁越诉，“违者罪之”。唯有重大而特殊的案件方可越级申诉。宣德时越诉者得实则免罪，不实则戍边。景泰时则无论虚实皆充军。

（3）禁止匿名信告人罪

明律规定：“凡投匿隐姓名文书告言人罪者，绞。见者，即便烧毁。若将送入官司者，杖八十。官司受而为理者，杖一百。被告言者，不坐。若能连文书捉获解官者，官给银十两充赏。”[①]

（4）禁止诬告

明代对诬告的惩处十分严厉，凡诬告人笞罪，加重所诬罪二等，流徒杖罪加所诬罪三等。被诬者所受损失，全部由诬告者赔偿。凡被诬告充军的，诬告者若为民户则充军，为军户则发边远边卫充军。凡被诬告者被处死，诬告者除受死刑外，还要将其一半家产交受害者家属。诬告十人以上者，凌迟处死，家属迁化外。[②]

此外，明律承袭前制，实行法官回避制度，凡与诉讼当事人有亲属、婚姻、师生关系的审判官吏皆须移文回避。另外，明律还严禁奴婢告主，卑幼子孙告父母、祖父母，此类案件不得受理，并予以控告者处以杖、徒刑。在司法管辖原则上，在交叉案件的管辖上规定：“若词讼原告被论在两处州县者，听原告就被论官司告理归结。”[③]

明代的审判制度明显地体现出皇权的加强，皇帝掌握了一切死刑和重案的最后裁决权。中央对司法审判权的控制及厂卫可直接参加审判，都反映了皇权的加强这一事实。明代在唐宋法律的基础上，形成了较为完备的一整套会审制度。主要有：

---

①《大明律・刑律・诉讼》。

② 曾宪义主编：《中国法制史》，北京大学出版社，2004年，第216页。

③《大明律・刑律》。

（1）三司会审

三司会审是在唐代“三司推事”基础上发展而来的，明律规定凡遇有重大、疑难案件，由刑部、大理寺和都察院左都御史三法司长官共同审理，最后由皇帝裁决。

（2）圆审

圆审也称九卿会审，遇有重大案件或是二次翻供不服的案件，经由皇帝诏令，由中央九个重要部门的主要长官，即大理寺卿、都察院左都御史、通政史及吏、户、礼、兵、刑、工六部尚书会同审理，但其最后决断仍须奏请皇帝审核批准。

（3）朝审

明代对于秋后处决的死刑案件，建立朝审制度加以审核，由三法司长官与公、侯、伯等爵高位重者执行。明英宗天顺三年（1459 年），“令每岁霜降后，三法司同公、伯、侯会审重囚，谓之朝审”[①]。自此后，朝审制度正式确立，且“永为实例”。朝审不仅是审核死刑，而且有宽宥之意，如《明史·职官志》所说：“霜降录重囚，会五府、九卿、科道官共录之。矜疑者戍边，有词者调所司再问，比律者监候。”清代的秋审、朝审皆渊源于此。

（4）会官审录

会官审录是指由皇帝直接任命中央各行政机构官吏审理大案重囚的制度。明太祖命五军都督府、六部、都察院、六科、通政司、詹事府，驸马都尉等，共同审理案件。死罪或冤案须上报皇帝奏准，此外一切案件依律判决。直隶京师的上报案件从刑部官员与监察御史会审，地方各省的上报案件从布政司委官与按察司官共同审决。

（5）大审

这是明代自宦官干预司法后形成的审判制度，即由皇帝委派太监会同三法司官员审录囚徒的特殊会审制度。大审五年一次，届时不仅在两京举行，而且派官员到外地会同御史录囚。

（6）热审

热审是指农历小满后十余日，由刑部奉旨会同都察院、锦衣卫等审理囚犯的制度。此制目的在于暑热之时，及时梳理牢狱，轻罪审决后执行，未能审决的，令处于听候。

此外，明代还实行廷杖制度。廷杖，就是依照皇帝的旨意，对犯颜直谏者

---

① 《明史·刑法志二》。

在朝廷之上施用体罚的制度，廷杖由司礼监监刑，锦衣卫施杖。廷杖制度在隋唐已有之，但只是偶尔为之。明代廷杖遂成定制。作为一种法外之刑，廷杖可施于任何大臣，是专制皇权登峰造极的表现。有明一代，死于廷杖之下的大臣不计其数。

2. 清朝的诉讼审判制度

（1）刑事审判制度

①逐级审转复核制度

清朝在沿袭前代诉讼审判制度的基础上，建立了严格的逐级审转复核制度，禁止越诉。凡是应拟徒刑的案件，由州县初审，经府、按察使司、督抚逐级审核，最后由督抚作出判决。凡是应拟流、充军和发遣的案件，逐级审转复核，由各省督抚审结后将案卷呈报刑部，由该省清吏司核拟，再呈刑部堂官批复后交各省执行。对地方死刑案件的审判，由州县初审，而后再逐级审转复核，最终由督抚向皇帝具题，并将题本的副本即“揭贴”呈送刑部，再交三法司核拟具奏。发生在京师的死刑案件，则由刑部直接审理，再经过三法司核拟，仍须将题本呈请皇帝批示，或立决，或监候。当然，刑事审判中的逐级审转复核程序并不排斥当事人的上诉。

②会官审录制度

清朝继承和发展了明朝的会官审录制度，尤其是在明朝朝审制度的基础上发展为较为完备的秋审制度。秋审是由中央各部院长官会同复审各省上报的绞、斩监候案件的审判制度，因在每年秋季农历八月中下旬举行而得名。秋审始于顺治十五年（1658 年），乾隆时，秋审制度得以进一步规范化，成为一种有特色的死刑缓刑复核制度。

秋审的具体程序是：每年五月以前，各省督抚先将省内所有斩、绞监候案件会同布政使、按察使进行复审，提出“情实”、“缓决”、“可矜”、“可疑”几种处理意见，将卷宗上报刑部，囚犯一般集中至省会关押。每年八月中下旬，由中央各部院长官在天安门外金水桥西会同复审，然后由刑部就审录结果报皇帝批准。

经过秋审的案件，根据具体情节对案犯分别作出“情实”（案情属实，量刑恰当，奏请执行死刑）、“缓决”（案情虽属实，但危害性较小，留待下一次秋审或朝审时再审核）、“可矜”（案情虽然属实，但情节不严重，免死）、“留养承祀”（案情虽然属实，但父母、祖父母年老无人侍奉，或为家中独子，免死，改为杖责、枷号示众，然后释放）四种处理。

朝审和秋审所审理的对象都是被处以绞、斩监候的案犯，审判参与人员、审判程序和处理结果也基本相同。不过朝审也有不同于秋审之处，朝审在时间上晚于秋审，是对京师刑部狱中的在押绞、斩监候案犯的审录，在押囚犯须押解到当场审录。另外，直到嘉庆二十年以前，朝审案件一直保持三复奏程序，以示对京师案件的谨慎，之后则改为与秋审一致，实行一复奏。

热审在清朝也有一些变化，每年小满后十日至立秋前一日，由大理寺官员会同各道御使及刑部承办司（合称为小三司）审理发生在京师的笞、杖刑案件。

（2）民事审判制度

民事案件的起诉，须由当事人向州县提起，同时须呈递符合程式要求的法律文书。州县衙门立案后，传齐被告与证人进行审理，最后由州县官在当事人的具结、保状、呈状上作出批示，即为判决。审理民事案件要依据诉状推问，不得于本状外别求他事，否则以故入人罪论。每年的农忙季节应该停止民事诉讼活动，“每年四月初一日至七月三十日，时正农忙，一切民词，除谋反、叛逆、盗贼、人命及贪赃坏法等重情，并奸牙铺户骗劫客货，查有确据者，俱照常受理外，其一应户婚、田土等细事，一概不准受理，自八月初一以后方许听断。若农忙期内受理细事者，该督抚指名题参”。清朝还沿用前朝的民事代理制度，规定生监、妇女、年老、笃疾之人，可以请人代告民事争议；官吏有争论婚姻、钱债、田土等事，可令家人告官对理。

清朝特别强调在民事案件审判中采取“调处息讼”的原则，以达到息事宁人和节约诉讼成本、提高诉讼效率的目的。调处结案主要适用于户婚、田土、钱债等民事案件和轻微的刑事案件。调处的方式分为官府调处和民间调处，尤其是各种形式的民间调处，是清代民事审判的重要补充。调处的依据不仅仅是法律，还有习惯和体现封建纲常的礼。

思考题

一、名词解释

1. 郑子产铸刑书
2. 《秦律十八种》
3. 读鞫与乞鞫
4. 纳礼入律
5. 《唐六典》
6. 鞫谳分司
7. 《元典章》
8. 厂卫司法

9. 律例馆

10. 会官审录

二、简答题

1. 夏商时期法律规范的主要表现形式有哪些？

2. 简述秦朝司法机关的划分。

3. 简述秦汉时期的主要诉讼审判制度。

4. 试论三国两晋南北朝时期法律制度的重大发展变化及对后世的影响。

5. 简述唐朝的立法机构和立法活动。

6. 唐朝中央司法机关有哪些？其各自的职能是什么？

7. 宋朝司法制度的主要变化有哪些？

8. 元朝司法机关设置的多元化是如何体现的？

9. 简述明清时期的会审制度。

10. 清朝法律的主要特征是什么？

第六章 中国古代财务行政制度

本章重点

1. 中国古代财务行政制度的演化过程。
2. 各朝各代财务行政体制的基本结构及功能。
3. 中国古代财务行政制度的基本特征。

在现代行政（公共）管理学中，财务行政包括财务管理、审计管理和会计管理。[①] 这种定义把握住了财务行政的基本内容，但是这种定义并不能明确区分财务行政与财政学、审计学、会计学等学科领域之间的差异。行政（公共）管理学中的财务行政，其重点在于行政即公共权力的运作，因此笔者将财务行政定义为公共权力在财务系统中的运作。简单地说就是在财务系统中，谁发出了何种财政指令？谁接受了这种指令？谁遵照这种指令作了什么？对于中国古代而言，公共权力就是以王权为核心的政府权力；财务系统就是由机构、各级财政官员及其职责构成的人、事系统。因此，中国古代财务行政研究的基本内容就是各级财政官员在君主权力的支配下围绕财政问题做什么、如何做等主题。中国古代的财政问题主要是社会资源的提取与配置。这些物质资源主要有粮食、金银钱财、珍稀古玩、土特产等。相应地，中国古代财务行政也是围绕上述主题展开的。

君主、财政系统、财政官员并非与人类同时产生的，而是随着社会的不断演化而产生、发展和演变的。中国财务行政的历史源远流长。总体而言，财务行政体制在地方的变化没有在中央的变化那么明显。同时，历代王朝的财务行政系统的核心也在中央。因此，本章除第一节探讨中国财务行政的起源以外，

① 竺乾威主编：《公共行政学》，复旦大学出版社，2004年9月，第234页。

其他部分是根据中国古代中央政务体制的特征与朝代相结合的原则来分节叙述的，共分为五节：秦汉时期的财务行政制度，这一时期的财务行政制度是三公九卿体制下的财务行政制度；魏晋至初唐时期的财务行政制度，即三省六部制之下的财务行政制度；中晚唐五代及两宋时期的财务行政制度，即以中书门下统领的使职为系统依托的财务行政制度；元朝一省制之下的财务行政制度；明清极权体制下的财务行政制度。

第一节　上古及先秦时期的财务行政制度

在早期人类社会中，为了更有效地保证群体的生存，产生了公共权力。之后，产生了固定担任公共职务的人，当这种职务脱离生产环节以后，这些公职担任者就必须从生产者手中获得保证生存的基本资源。获取方式可能是生产者自愿交纳的，也可能是强迫性的。这一时期的公职担任者是后代各种职能的官僚系统的原型，他们承担着后世王朝的军事、行政、财政、监察等职能，只是这些职能的分化还不明显。因此，可以说伴随着专职官员的产生，财务行政就产生了。

在传说中的三皇五帝时期，都设有一定的行政官员管理财政事务。具体的管理方式及他们获得生活物资的方式，由于史料缺乏，还不是很清楚。从夏朝开始，中国进入了封建王朝时期。所谓封建就是实行“授民授疆土”、“分封建国”。高级贵族或高级官员从周天子那里得到封地，次级贵族或官员则从高级贵族或高级官员那里得到封地，依次类推，层层分封。正如著名史家齐思和所说：“盖古者有爵必有位，有位者必有禄，有禄者必有土。故封建、命官，其实一也。”① 按照史书记载，西周时期的周天子分封的各级贵族或高官主要有侯、甸、男、卫等，统称诸侯。诸侯在自己的封地内享有绝对的自治权。他们对于分封者的义务是进贡和军事上的同盟。例如在西周时期，周天子将镐京和洛邑周围千里之地划为“王畿”，任命官员管理，这些官员都有自己的封地；在接受周王朝统治的其他地区广泛推行分封建国制度。周王朝的各级官员、诸侯及其下属官员的生活资料都依赖于自己的封地。这种制度叫做食邑制或采邑制。诸侯都要向周天子进贡，剩下的物资自己支配。

实行分封制和采邑制的原因在于：当时的社会生产力较低、物资极其缺乏、

① 转引自黄惠贤等主编《中国俸禄制度史》，武汉大学出版社，2005年5月，第13页。

交通和信息手段也不发达，统治者直接从直辖封地上获取生活资料，可以减少物资运输流通的环节[①]，从而减少物资在运输流通过程中的损失。就周天子而言，既可以通过这种方式实现对领土和民众的统治与管理，也可以尽可能多地获取资源；就各诸侯而言，虽然要向周天子进贡，但只要方式得当，也可以获得更多的生活资料。由此可见，这些制度在当时的生产力状况下是一种合理的政治、经济制度。

据《周礼》记载：在诸侯国和采邑之内，有乡大夫、遂人、载师、闾师、县师、均人、土均、司稼等官负责税赋的征收及入库工作；委人、廛人、司关、泉府等主管商品领域的税收。在周天子之下则有天官冢宰系统和地官司徒系统。冢宰系统总领国家财政收支、财货收支库藏等事务。司徒系统则负责全国土地及民众的相关经济事务。[②]

具体财务行政过程是：土地和人口赋税通过基层官员收纳后，上交诸侯，诸侯通过司徒系统向周天子缴纳一定的供赋之后，剩下的即可自己留用。商品领域的赋税，也是由基层官员收纳，上交诸侯，诸侯通过冢宰系统进贡周天子，剩下的自己留用。其实很多诸侯同时就是周天子的冢宰、司徒，上述诸环节中可能有重复之处。但为了更加具体，同时可以与后代形成明显的对比，故分而述之。西周王朝的财政支出主要有王室费用、军费和祭祀等。

综上所述，在封建制和采邑制下，王朝的财务行政如图 6-1 所示。

春秋战国时期，王室衰微，礼崩乐坏，各诸侯国基本都摆脱了周天子的控制。列国常年征战，为了适应战争的需要，各国或在西周制度的基础上进行变革，或另行创设。但由于各国经济政治文化发展不一、形势不同，各国制度也有所差异。诚如班固所言："自周衰官失而百职乱。"[③] 鲁、齐、郑、晋等国，基本以司徒系统为政务主干；宋国则沿袭周制，以冢宰系统为主，司徒系统为辅；楚国则自成体系，先后以莫敖、令尹、司马等官员系统为国家政务主干。因为财政官员基本都是这些政务主干的成员，诸侯各国的财务行政也就是通过这些政务主干系统进行的。

---

① 如果按照后代俸禄制那样，首先是收纳，然后层层上交，到达中央或高层行政区以后再统一分配，再层层下拨，最后才到官员手中；采邑制下，首先是收纳，然后是上交和留用。对比之下，后者的物资流通环节少了很多。

② 孙翊刚主编：《中国财政史》，中国社会科学出版社，2003 年 2 月，第 33 页。

③《汉书》卷十九上《百官公卿表上》。

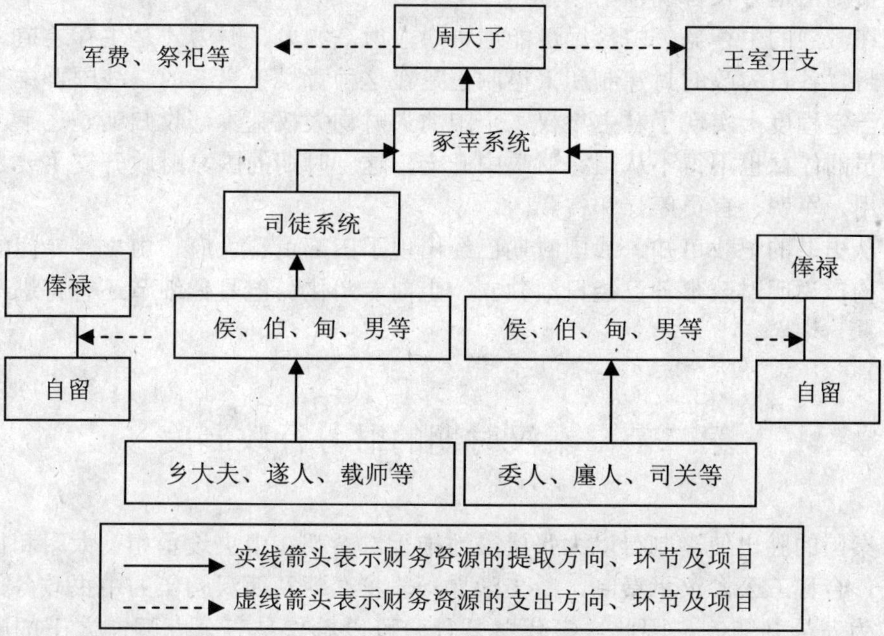

图 6-1　西周的财务行政示意图[①]

各国财政开支主要是王室费用、军事开支、赏赐和官员俸禄。其中赏赐尤为特殊。赏赐主要有两个用途：一是奖励有功之人，二是招揽能人贤士。春秋时期，战火纷飞，为了赢得战争，就要对战士采取激励措施，赏赐物资珍稀、金钱美女是常见的策略。为了富国强兵，各国都尽力打破世官制，尽力招募贤能之士。因为战争频繁，有战功者比比皆是，招募人才的竞争也颇为激烈，故赏赐之费在诸侯国的财政开支中也不是小数。官员俸禄进入国家财政开支的原因是，虽然朝廷官员的担任者多是有封地的贵族，其俸禄从其食邑获得，但春秋时期也出现了一些出身低贱的官员，尽管后来有封地，但在其领有封地之前，俸禄多由诸侯国财政支出。

进入战国以后，官分文武已是各国官制的共同特征。文官系统以相为首（楚国称令尹，其他六国或称相国、相邦，或称丞相）。在中央和地方，都设有主管国家财政事务的官员。中央的财政官员划归以丞相为首的文官系统，地方的财

① 为了突出中国古代财务行政以物质资源的提取和支出为主线这一特征，本章在绘制财务行政示意图时不再按照政令发布方向，而以物质资源的提取和支出方向为箭头指向。如果有的读者不适应，只需将实线箭头的方向旋转 180 度，就是一个按照政令发布及权力运作为主线的财务行政示意图。

政官员则由地方长官统领。

在激烈的生存竞争中，尽可能地集中人力、物力、财力才是生存之道。层层分封、各自为政的封建制和采邑制正是在这种背景下衰落的。战国群雄基本都在一定程度上实现了君主集权，全国的人财物大权基本都收归朝廷之手。各级官员的俸禄也不得不从国家财政中开支。这一时期的国家财政开支主要是王室费用、军费、官员俸禄和赏赐。

从史书的记载可知，战国时期已经出现了田部吏、大府、内史等专门的财政机构，说明财政事务已经日渐独立，走向专门化。但具体细节还有待进一步研究。

第二节　秦汉时期的财务行政制度

秦国的胜出使秦制得以大张旗鼓地推行。秦朝在中央设丞相、太尉和御史大夫，合称三公。汉承秦制，故史学界一般将秦朝及西汉初年的中央政务体制通称为三公九卿制。因此，秦代财务行政可以看作是三公九卿制之下的财务行政。

秦朝财政收入主要有谷物、田租、口赋和工商税收。而财政支出则有军费（包括国防工事和战争费用）、皇室费用（包括日常用度、宫室陵墓）、百官俸禄、公共事务开支（包括兴修水陆交通、水利工程、兴办教育、震灾救荒等）和秦始皇的巡狩封禅等。一般认为，公私财政的划分，是秦汉以后财政的基本体制，即国家财务与皇室财务相分离。

财政机构设置上：皇帝的权力是无限的，集军事、行政、财政、监察、立法、司法等大权于一身，无所不统。整个帝国的最终决策权都掌握在皇帝手中，财政权也不例外。百官以丞相为首，其下有治粟内史和少府主管财政事务。治粟内史掌管国家粮食和赋税的收入支出，属官有太仓令丞和都内令丞。前者专管粮食的收支，后者专管赋税的收支。与治粟内史并列的还有少府，主管皇室的财政收支，收入有工商、山海池泽的收入，支出则是皇帝的吃穿住用行等。少府机构之庞大，属官之众多，在秦朝九卿中名列第一。由此可见皇室财政乃是秦朝财政的主要事务。地方财政事务则由郡县长官总领，具体事务由其下属相关事曹负责。

汉代的财务行政因为中央官制、地方行政区划等原因而表现出明显的阶段性特征，大体可以分为三个阶段，一是汉初至武帝，二是武帝至东汉末年，三是东汉末年。

在第一阶段，中央财务行政基本与秦朝相同，丞相依然是百官之长，其下设治粟内史（景帝时改名为大农令）和少府。治粟内史主管国家田租和各种钱物的收支，其属官有太仓（管谷物、仓库）、都内（管国家仓库）、籍田（管理公田）、长丞（管盐税）、铁市（管铁税）等；少府主管皇室财政，负责征收山海池泽之税。西汉王朝在产盐之处设置盐官，西汉的盐官遍及 28 郡国，共 35 处；产铁之处则设有铁官，西汉铁官遍及 40 郡国，共 48 处。与之相似，有国营手工作坊处设工官、服官，有水池及渔利之处设水官。盐官铁官属大司农，工官属少府，水官属水衡都尉。国家财政开支基本与秦朝相同，主要有皇室开支、巡狩封禅、军费、百官俸禄、公共事务。与秦朝不同的是自白登山之围后，汉朝每年要向匈奴纳贡。尽管表面看起来是国家财政与皇室财政相分离，但实际上更为常见的是皇室财政侵夺国家财政。在家天下的时代，全天下的人、财、物都是皇帝的私人财产。

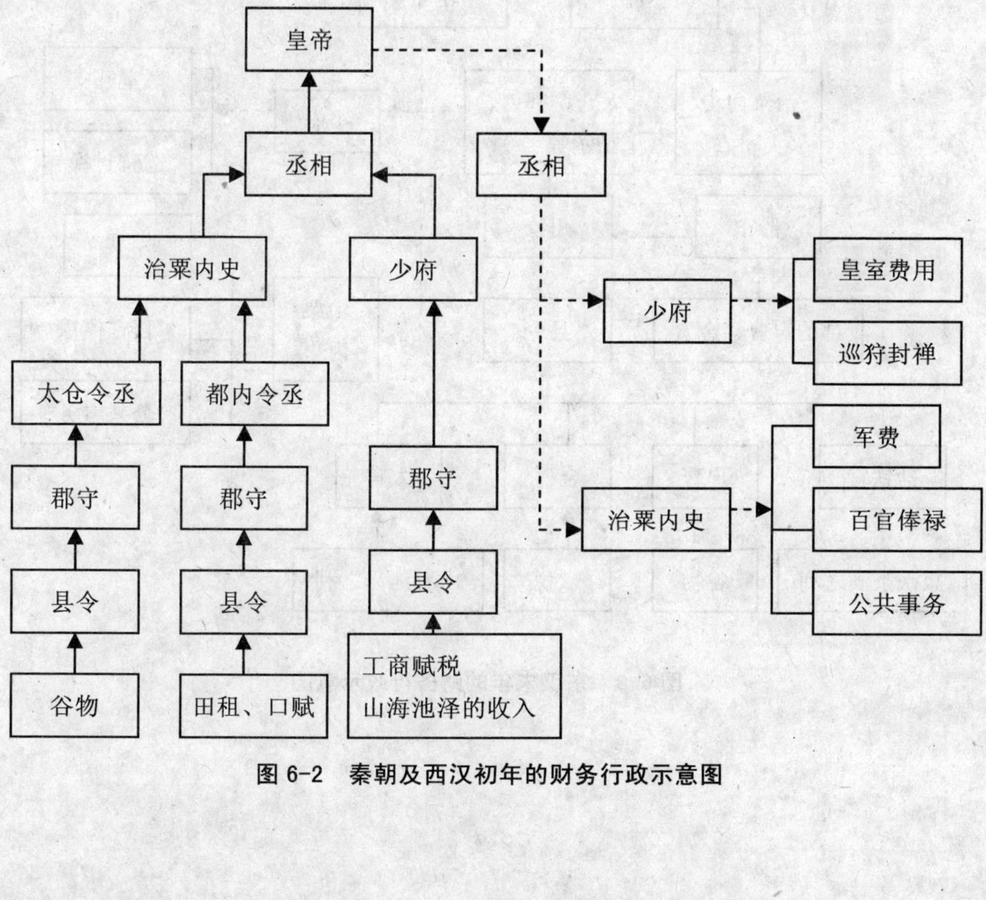

图 6-2　秦朝及西汉初年的财务行政示意图

与秦朝的区别主要体现在地方财务行政上。西汉初年，地方高层行政区郡国并行。当时的诸侯王国坐拥数郡，连城数十，郡下设县。在这些基本制度下，财务行政就体现出与秦朝不同的景象。诸侯王国有较大的自治权，财赋基本自留，不上国库。一般郡县由郡县长官负责，其下设户曹、金曹、仓曹负责具体工作。总体而言，汉初财务行政与秦朝相似。

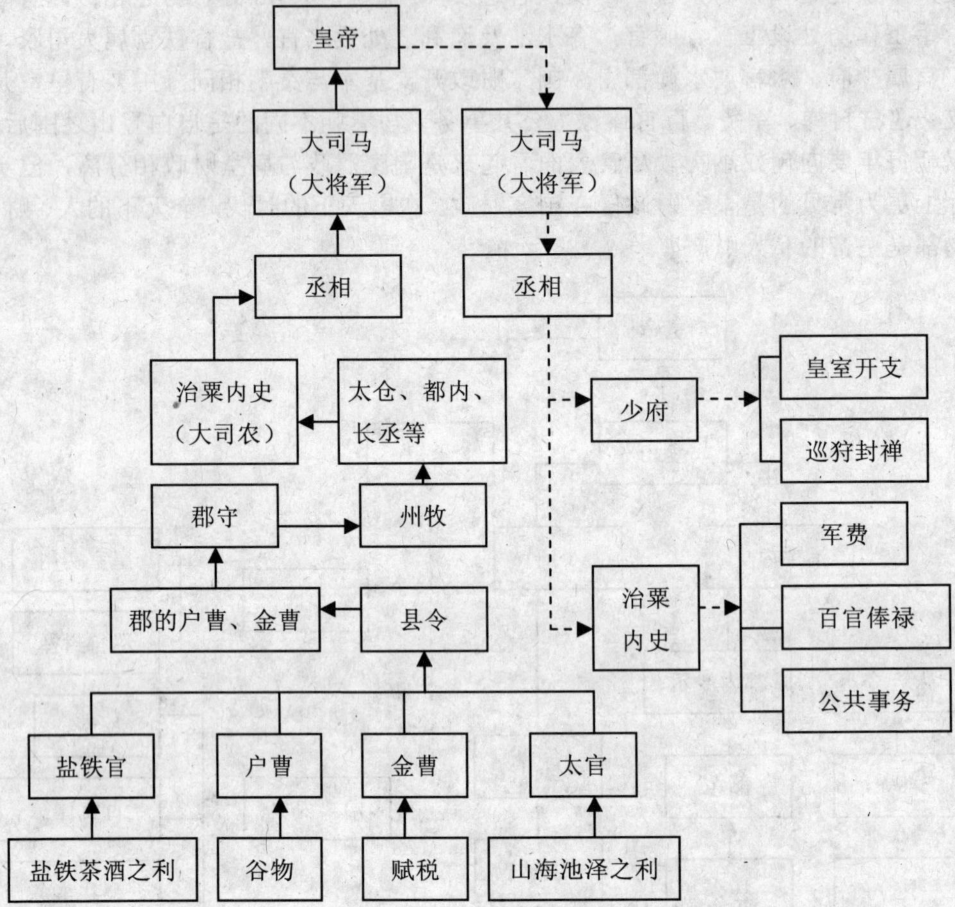

图 6-3 东汉末年的财务行政示意图

在第二阶段，汉武帝即位后，整个汉朝政治从此发生了根本性的变化。首先，在地方行政区划方面，诸侯王国的领地被大大削弱，诸侯王不得亲自处理政务，诸侯王除了每年从封国获得部分物资外，其他的收入都要上缴朝廷；在中央官制方面，中朝官受到重用，丞相系统逐渐成为负责监督实施的执行系统；在外交关系上，逐渐解除匈奴对中原的威胁，不再向匈奴进贡。汉武帝行均输、平准之法，在各地设置均输官，辗转发卖各地贡物以期营利，直属于大农令。到东汉时，盐铁官转属郡国，均输之事被罢废。就财务行政而言，在丞相之上，还要增加大司马或大将军这一层级；改大农令为大司农；设水衡都尉与少府共掌皇室财政，负责征收山海池泽之税、铜矿山林之利。

在第三阶段，财务行政主要有两个变化。一是在中央，国家所有财政大权统归大司农，少府仅管理皇室财政支出；二是在地方，东汉末年的地方财务行政在郡守之上还要通过州牧这一层级。汉武帝为监察百官，设置了州。但因为州官对于地方官员的升降用废起着关键的作用，所以地方官员多与州官互通消息，州官也多借此机会干预地方政务。黄巾军起义后，为有效镇压起义，朝廷任命州官典兵，自此州官成了上马领兵、下马治民的地方军政长官。由此也导致财务行政层级的增加。

第三节　魏晋至初唐时期的财务行政制度

自汉武帝重用中朝官以来，原为皇帝近侍人员的省台官成为中枢政务的主干。由此开创了中国历史上著名的省部制政务体制。魏、蜀、吴三国的官制，延续汉武帝以来的制度发展趋势，魏国的官制最为典型。

曹魏政权的尚书令为中枢政务长官，其下有左右仆射。尚书、仆射之下又置左民尚书（下领民曹、虞部、水部诸曹）、度支尚书（下有度支、金部、仓部、库部、工部诸曹），诸曹长官为郎中。虽有大司农和少府的设置，但原有职权已经被尚书诸曹侵夺，变成专管仓储事务的具体办事机构了。三国时期，盐铁多实行国家专卖制度。魏国置司金中郎将主管盐铁事务；蜀国置司盐校尉管盐务、司金中郎将主铁务；吴国也设司盐校尉，在盛产铜铁之地置冶令。两晋南北朝也基本沿用汉魏官制，尚书、仆射总领政务，度支尚书专管财政，下设金部、仓部、度支诸曹或有差异，又有大司农、少府的设置。其具体职掌与曹魏相同。

魏晋之时，中书、门下、尚书三省体制基本确立，作为国家政务的中枢体制已经初具规模。魏晋南北朝虽然动乱不堪，但正是在这种动荡中检验了省台官制的功能：尽管它不是当时最好的政治与行政制度，但绝对不是最坏的制度。省台官制劫后余生，至隋唐时期，进入了它的巅峰时期。

隋朝结束了长达369年的分裂与动荡，这是其最主要的历史功绩。在中央政务体制上，隋朝沿用三省制。内史省（隋炀帝时改为内书省）掌起草皇帝诏令，门下省负责顾问应对与诏书的审阅和出纳，尚书省是全国的政务中枢。隋朝的财务行政体制自然是在三省制之下运作的。在尚书省之下，设有度支曹（下属有仓部侍郎和金部侍郎等）、司农寺、太府寺等机构专管国家财政事务。具体过程是，地方长官监督下属官员和机构完成谷物财货的收纳与上交，谷物入司农寺，财货入太府寺。司农寺向仓部侍郎汇报，太府寺向金部侍郎汇报。金、仓部二侍郎向度支尚书汇报。

至初唐时期，省部制得到进一步完善。就财务行政机构设置而言，中央有尚书省下的户部，户部下设度支、金部、仓部等。此外还有司农寺和太府寺分管全国谷物、财货的收纳、库藏和支出。金部司与太府寺共掌天下库藏钱帛出纳之事。金部司掌账簿、财货出纳，财务文书要上中书门下审覆，由金部发符牒到太府寺，并出木契给领财货者，太府库验契勘合后发放。简单说就是金部司掌行政公文，太府寺掌货物库藏发放。仓部司与司农寺共掌天下仓储、租税诸事。二者关系与金部司和太府寺的关系相似，仓部司掌行政公文，司农寺掌谷物租税的库藏发放。

就财务行政官员而言，有户部尚书、户部侍郎、度支郎中、度支员外郎、金部郎中、金部员外郎、仓部郎中、仓部员外郎、司农卿、司农少卿、太府卿和太府少卿等。州府长官之下，有司仓、司户等专管财务事。县令、县丞之下，有司户佐，掌田、户、赋税徭役，为国家掠夺天下谷物财货而设。此外，设市令，专门从事市场管理，佐一人、史一人、帅二人、仓督一人。

初唐时期的政务运作主要通过政务文书来进行。就财务行政文书而言，地方财务行政文书层层上报，至户部司。户部司再上尚书省，由尚书省汇总，送交中书省。中书省评判批阅，进御前，待皇帝决策。皇帝决策后由中书省起草诏令，下门下省审阅，审阅通过，送尚书省分发各部、各府州县实施。

隋唐时期，审计工作也逐渐专业化，专管审计工作的是刑部下属的比部，负责对度支数额进行复核。

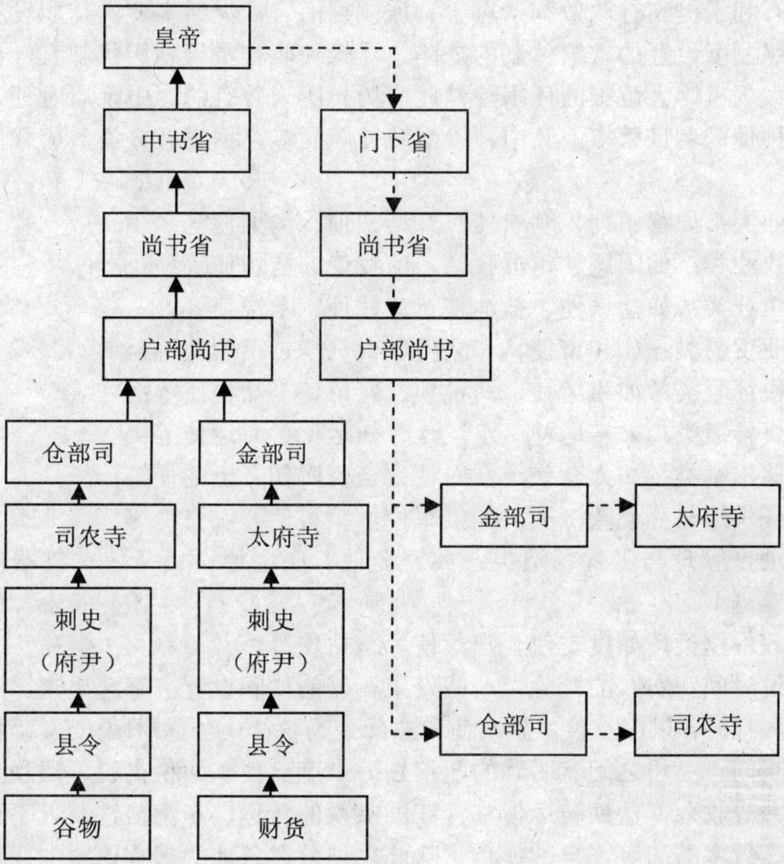

图 6-4　三省六部制之下的财务行政示意图

第四节　中晚唐至两宋时期的财务行政制度

国家政务纷繁复杂、瞬息万变，加上人事、地域、环境等诸多因素，试图在一个政务中枢的指挥下，用一种固定不变的模式来应对，其效果自然不理想。再者，一种制度实施时间一久，其弊端就会显露。差遣使成为官僚政治的正式成员就是在这种背景下产生的。对于君主而言，使职官员有利于加强皇帝对各级官员尤其是地方官员的掌控；对于国家政务而言，专使专职、专事专办的使职官员有利于提高行政效率；对于官僚制度而言，灵活多变的使职设置有利于弥补依照制度设置的官僚体制的缺陷。尽管使职官员历朝历代都有，但像中晚唐那样大规模、大范围的任用，是此前历史所未曾有的。中晚唐时期，先后设立的各种使职名目繁多。其中，以财政使职居多，据学者分类，唐代的财政使职有：①

农业类：如营田使、劝农使、开稻田使、沟渠使等；

畜牧业类：如闲厩使、群牧使、监牧使、马坊使等；

手工业类：如盐铁使、盐池使、铸钱使、木炭使等；

商业贸易类：如和市使、和籴使、市马使、市舶使等；

租税征收类：如租庸使、两税使、青苗使、盐税使等；

物资转运类：如转运使、水运使、陆运使、海运使等；

仓储出纳类：如太仓使、左库使、延资库使、出纳使等；

物资供给与社会救济类：如供军使、粮料使、衣资使等；

不动产管理与工程修造类：如宫苑使、庄宅使、山泽使、筑城使、修陵使等；

财政中枢类：如度支使、户部使、三司使等。

经过时间和实践的检验，一些效果较好的使职设置被筛选出来。中晚唐时期的财务行政，以度支使、盐铁使和户部使为核心，合称财政三司。“按照钱谷来源的不同，三司之间有明确的职权划分：度支使掌两税正税、酒税及西部盐池、盐井等收入，盐铁转运使掌管江淮赋税的转运、东南盐铁及天下山泽之利如矿冶、竹木茶漆等，户部使负责除此之外散在各地的阙官俸料、职田钱及除陌钱等。度支使在一些重要的地区设有分支机构，称为度支巡院。盐铁转运使在各地也有众多场、监、巡院官，并在扬州和江陵分别设立留后院，以盐铁转运副使主持。”②

三使之上有中书门下诸宰相，三使之下除了各种佐官（副使、判官、巡院、推官等）外，还有各类更加专业的使职机构。虽然尚书及其下属六部依然还有，但因为其具体事务多被各类使职侵夺，几乎成为清闲衙门。例如户部事务常以他官判户部事，称户部使；金部仓部之事，均为度支使侵夺。地方财务行政也是由各种使职承担，地方政府无权干涉。财政使职从中央到地方，一竿子到底，

① 转引自袁刚著《中国古代政府机构设置沿革》，北京大学出版社，2003年1月，第424－425页。

② 吴宗国主编：《中国古代官僚政治制度研究》，北京大学出版社，2004年11月，第185页。

自成体系。通过使职系统的设置和完善，皇帝把国家财政大权紧紧掌控在自己手中。后来，由宰相兼任三司使，这表明财赋分掌、各自为政的度支、户部、盐铁转运三使已初步连接为一个统一的财务行政体系。

在此体制下，皇室开支是由宦官专管，群臣无权过问。

五代十国时期，各割据政权也基本沿用唐末的使职官僚制度。国家财务行政也是通过使职系统来进行的。如后梁政权，由宰相兼任三司长官，名曰判三司。在地方上，盐铁转运使、度支使和户部使的地方巡院合并为一，统称转运司，长官称计度转运使。后晋、后汉和后周政权均沿用旧制。这些措施使得中晚唐以来的各个财政使职系统逐渐统一，散落于地方的财政大权逐渐向中央集中。但权臣专权乃至篡位登基之事，不绝于史书。这些都为宋朝的制度沿革提供了重要的启示。

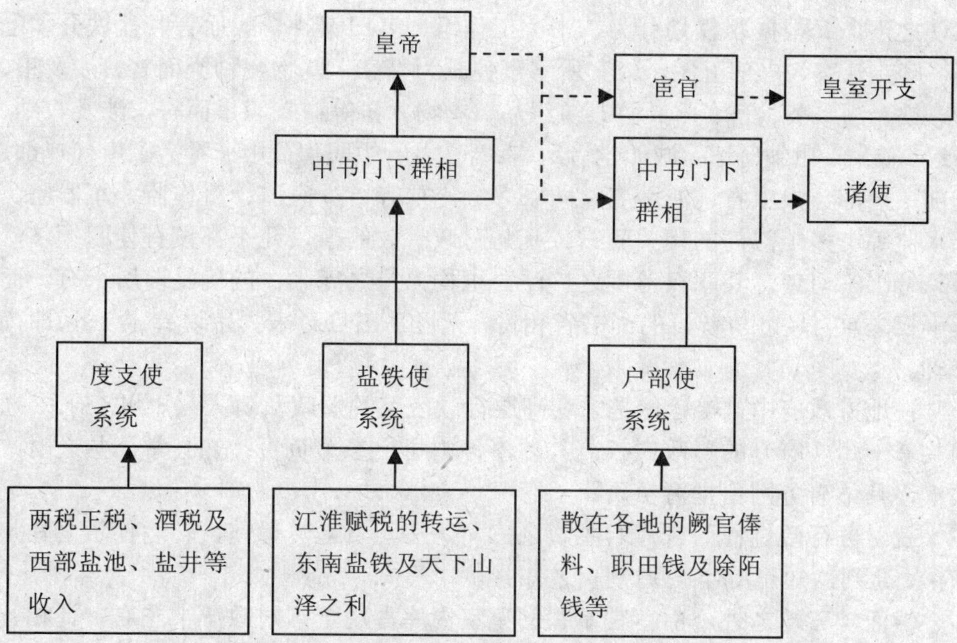

图 6-5 中晚唐及五代时期的财务行政示意图

北宋在后周的基业上统一天下。就政治制度而言，也多沿用唐末以来制度设计。但接受唐末及五代的教训，三司不再是中书门下的下属机构，而提升为与中书门下并列的机构。三司、中书门下与掌管军事的枢密院合称“二府三司”，这就是著名的宋代二府三司体制。二府三司各司其职，互不统属，都直接对皇帝负责。至此，中国古代财务行政体系已经完全从政务体系中独立出来，成为与军事、行政并列的国家大事。三司长官也被称为计相（中书门下群相被称为宰相，枢密院掌管枢密使被称为枢相）。其佐官有三司副使和判官等。

三司使之下按照职责不同分为三个部门，即盐铁、度支和户部，其具体职责如下[①]：

盐铁：掌天下山泽之货、关市、河渠、军器之事，以资邦国之用。

度支：掌天下财赋之数，每岁均其有无，制其出入，以计邦国之用。

户部：掌天下户口、赋税之籍，榷酒、工作、衣储之事，以供邦国之用。

三个部门的长官分别是盐铁使、度支使和户部使，佐官有副使和判官等。三使之下，又根据职权划分为二十个工作组，名曰案。一般而言，盐铁分掌七案，度支八案，户部五案。诸案所掌事务颇为繁杂，就物资种类而言，涉及粮、盐、铁、酒、茶、畜、木、竹、纺织品、衣物、酱等；就职事而言，涉及收纳、转运、储藏、出纳等事。诚如学者所言：“三司所领职事，几乎囊括了唐代户部、工部、刑部、殿中省、鸿胪寺、司农寺、光禄寺、少府监、将作监、军器监、都水监等十多个部门的相关职掌，凡与财政有关的事，几乎都设有使职领掌，而总辖于三司使，其职权范围之广泛，机构人员之庞大，的确是前所未有，而其事权之重，足可与昔日的尚书省相埒，无怪乎王旦对宋真宗说：“今三司即尚书省。”[②]

在地方政府中，转运使是宋朝高层行政区路的财政负责人；知州（府）、通判共掌一州（府）的财政大权，具体事务由司户参军负责；知县掌一县之财政大权，具体事务则由主簿负责。

就财务行政过程而言，君主责之三司，三司责之转运使，转运使责之知州（府）、通判，知州（府）、通判责之知县。

然而，三司之外，由宦官掌领的皇室内库占用全国财政一半左右，计相、诸使不得过问。

综上所述，北宋元丰改制以前的财务行政制度如图 6-6 所示。

① 袁刚著：《中国古代政府机构设置沿革》，北京大学出版社，2003 年 1 月，第 463 页。

② 袁刚著：《中国古代政府机构设置沿革》，北京大学出版社，2003 年 1 月，第 465 页。

北宋前期沿用中晚唐以来的使职官僚体系，加强了君主集权。赵宋政权为了追求政治稳定，尽可能不去触动既得利益群体的利益，因此在任用使职官员的同时，还按照省部制设置了大量食禄不办事的闲职。这样就造成了国家官员数目急剧增加。在这种背景下，要求改革官制的呼声一直很高，后来还出现了实际的改革运动。元丰改制就是其中之一。自宋神宗至南宋灭亡，国家政治与行政制度就是以元丰体制为蓝本。元丰体制的核心是恢复三省六部二十四司政务体制。其具体运作与隋唐的省部制同出一辙，请参看本章第三节的相关内容。

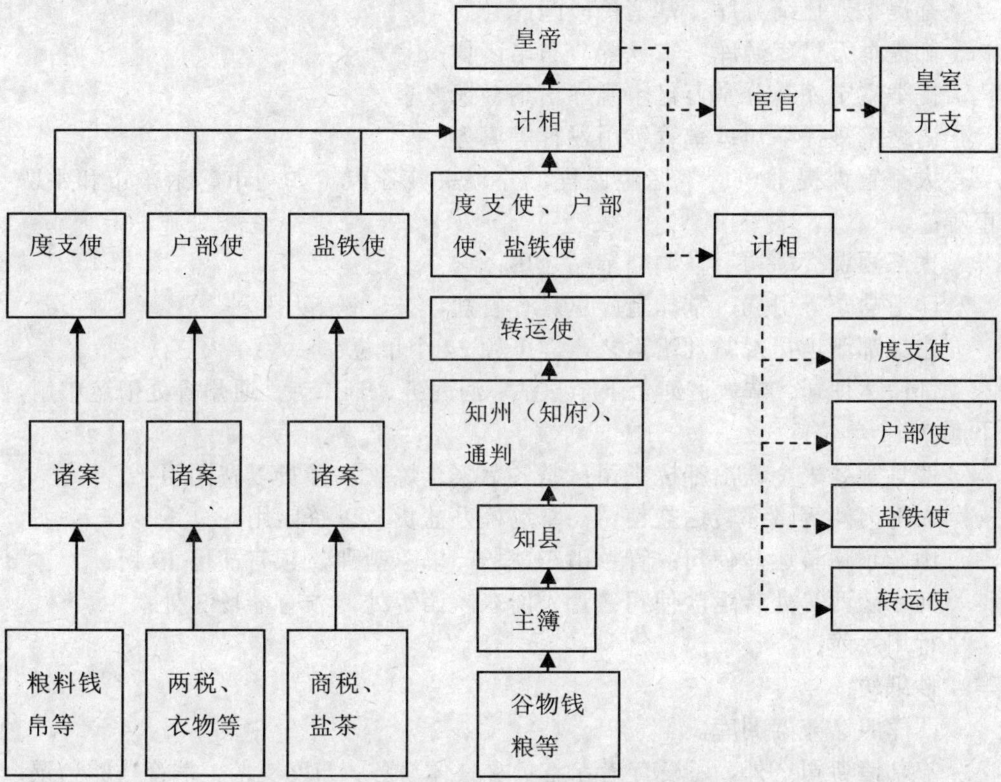

图 6-6　宋代元丰改制以前的财务行政示意图

第五节　元朝的财务行政制度

元朝中枢政务体制的特征是一省制，即以中书省统领六部诸司处理全国行政事务。国家的财政机构及财政事务也是在这个框架内进行的。就主要的财政职能而言，是中书省之下设左司，左司之下设户部。此外与中书省平行的还有大司农司主管劝课农桑、水利、学校、饥荒等事。

元朝的户部不仅包括隋唐以来的诸曹司，而且还有许多正规化了的使职，共有 18 个。具体如下：①

都提举万亿宝源库：掌宝钞、玉器；

都提举万亿广源库：掌香药、纸劄诸物；

都提举万亿绮源库：掌诸色段匹；

都提举万亿赋源库：掌丝绵、布帛诸物；

提举富宁库：分掌万亿宝源库出纳金银之事；

诸路宝钞提举司：掌管钞币发行等事务；

大都宣课提举司：掌诸色课程，并领京城各市，如马市、猪羊市和牛驴市等；

大都酒课提举司：掌酒醋榷酤之事；

印造盐茶等引局：掌印造腹里、行省盐、茶、铁等引；

京畿都漕运司：掌凡漕运之事，下领 24 个单位；

都漕运使司：掌大运河上下至直沽、河西务、李二寺、通州等处儹运粮斛，下属 75 个单位；

檀景等处采金铁冶都提举司：掌各冶采金炼铁，榷货以资国用；

大都河间等路都转运盐使司：掌场榷办盐货，以资国用；

山东东路转运盐使司：管领山东盐场，以总盐课，领有盐场 19 所；

河东陕西等处转运盐使司：管领河东陕西等处，领有盐场 3 处；

行用六库；

抄纸坊；

四库照磨兼架阁库。

户部诸曹司之外，还设有诸寺监负责具体事务。如度支监，掌管马驼刍粟；利用监，专管出纳皮衣物之事；都水监，主管治理河渠、堤防、水利、桥梁、坝堰等事。

皇室收支由内宰司、储政院（掌管太子收支等）、中政院（掌管中宫收支等）、太禧宗禋院（掌管皇家寺院收支等）、宣徽院（掌管帝室收支等）等机构分别负责，各司其职，互不统属。各自都有经济来源，独立核算。

---

① 转引自袁刚著《中国古代政府机构设置沿革》，北京大学出版社，2003 年 1 月，第 534 页。

地方财务行政则由各级行政长官统领，逐级上报，总于中书省。

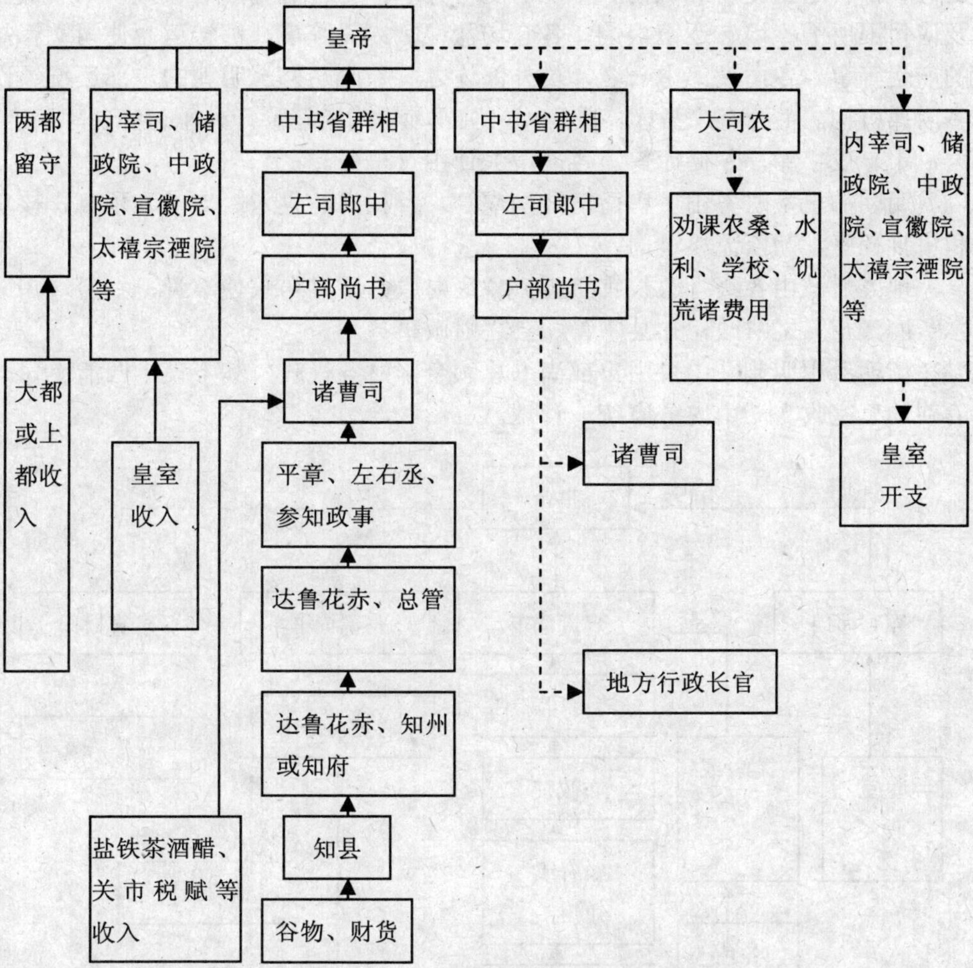

图 6-7　元朝的财务行政示意图

第六节　明清时期的财务行政制度

明朝的财政，在中央由户部掌管。户部设尚书一人，左右侍郎各一人。尚书主管全国户口、田赋方面的政令。侍郎掌管稽核版籍及赋役等事务。明初，户部尚书下属机构一直变动不定，至 1435 年才基本确定。其主要属官有十三清吏司和都转运盐使司等机构。十三清吏司分掌十三省财务，兼领直隶的贡赋以及诸司卫所的俸禄、边镇粮饷、各仓场盐课、钞关等事。都转运盐使司掌管盐的产运等事。各司设郎中一名，员外郎佐之。除此之外，明朝的户部还统领许多附属机构。主要有广盈库，广积库，脏罚库，内承运库，外承运库，甲、乙、丙、丁、戊字库，军储库等，各库设大使主管事务。

明朝的皇室财务由宦官衙门分别掌管，有独立的收入、支出、预算、核算和审批程序，朝臣无权过问。

地方财政由各级行政长官负责。省级财政由承宣布政使掌管，知府（州）掌一府（州）之财政，知县掌管一县之财政事务。

清朝沿用明制。中央由户部尚书总领全国财务行政，其下设十四清吏司。清朝的皇室收支，由内务府统一管理。

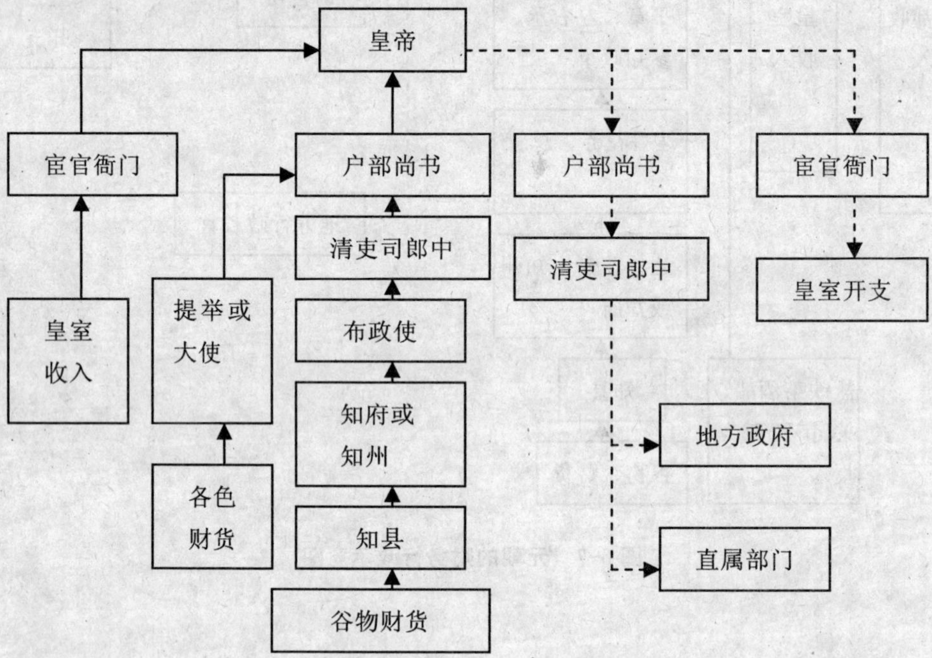

图 6-8 明清时期的财务行政示意图

朝廷筹军费

唐朝建中三年，通义郡王朱滔、恒州刺史王武俊与田承嗣的侄子田悦联合发动叛乱。太常博士韦都宾、陈京鉴于既要用兵打仗，国库又拿不出钱来，请求朝廷允许向京城富商借钱，规定每一商户只准留下一万贯钱，其余的一律交给官府，原以为只要有一二十个大户便可解决国用不足的问题。判度支杜佑对这个办法能否奏效表示怀疑说："现在各地都在用兵，每月所需军事费用约一百多万贯；即使能搞到五百万贯钱，也不过能支持三四个月而已。"后来朝廷还是下诏命京兆尹和长安万年令采用严厉的强制手段，逼迫富商们拿出钱来。长安令薛苹亲自带着人，拉着车（准备用来装钱），对不肯拿钱的人动用刑法，有的人挨打后，不堪忍受痛苦，只好上吊自杀，弄得京城鸡犬不宁，所得到的钱却仅仅只有八十万贯。少尹韦慎更加厉害，甚至逼迫商户把柜台也拿去当钱，结果也仍然只勉勉强强凑到二百万贯。

（资料来源：陈永汉编著《白话二十五史精编》(中)，山西人民出版社，1992年12月，第143页。）

案例分析：在"溥天之下，莫非王土；率土之滨，莫非王臣"的时代，王国范围内的一切人、财、物皆为帝王所有。为了君主的一姓天下，任何人的性命都是可以弃之不顾的，更不用说他们眼中的区区数百万贯了。所谓财务行政的程序、手续乃至合法性等，不过是用来约束群臣子民的。可以说一部中国古代财政史，就是一部帝王消费史。

思考题

一、名词解释

1. 食邑制
2. 俸禄制
3. 治粟内史
4. 大司农
5. 计相

二、简答题

1. 简述西周时期的财务行政制度。

2. 试分析东汉末年财务行政体系的结构及其特征。

3. 三省六部制之下的财务行政制度与中书门下的财务行政制度的比较分析。

4. 简述使职财务体制产生的原因。

5. 试分析三司财务行政体制出现的原因及其特征。

6. 简述元朝一省制之下的财务行政体制的机构及其特征。

7. 明清两代财务行政体制的比较分析。

8. 中国古代财务行政制度有什么基本特征？

9. 试总结中国古代国家财务行政与皇室财务行政的关系。

参考文献

F.古德诺著：《政治与行政》，华夏出版社，1987 年。
王沪宁、竺乾威主编：《行政学导论》，上海三联书店，1988 年。
竺乾威主编：《公共行政学》，复旦大学出版社，2004 年。
张立荣著：《中外行政制度比较》，商务印书馆，2002 年。
刘泽华著：《中国传统政治思想反思》，三联书店，1987 年。
张光直著：《中国青铜时代》，三联书店，1982 年。
杨宽著：《战国史》，上海人民出版社，1980 年。
祝总斌著：《两汉魏晋南北朝宰相制度研究》，中国社会科学出版社，1990 年。
万绳楠著：《魏晋南北朝史论稿》，安徽教育出版社，1983 年。
刘后滨著：《中国古代官僚政治制度研究》，北京大学出版社，2004 年。
严耕望著：《唐史研究丛稿》，香港新亚研究所，1969 年。
王永兴著：《唐勾检制度研究》，上海古籍出版社，1991 年。
李昌宪著：《宋代安抚使考》，齐鲁书社，1997 年。
孟森著：《明清史讲义》，中华书局，1981 年。
袁刚著：《中国古代政府机构设置沿革》，黑龙江人民出版社，2003 年。
田昌五、臧知非著：《周秦社会结构研究》，西北大学出版社，1996 年。
吉尔伯特·罗兹曼著：《中国的现代化》，江苏人民出版社，1988 年。
吴宗国主编：《中国古代官僚政治制度研究》，北京大学出版社，2004 年。
李孔怀著：《中国古代行政制度史》，复旦大学出版社，2005 年。
刘后滨著：《唐代中书门下体制研究——公文形态、政务运行与制度变迁》，齐鲁书社，2004 年。
杜文玉著：《五代十国制度研究》，人民出版社，2006 年。
李治安著：《元代政治制度研究》，人民出版社，2003 年。
艾永明著：《清朝官员制度》，商务印书馆，2003 年。
韦庆远主编：《中国政治制度史》，中国人民大学出版社，2003 年。

韦庆远、柏桦编著：《中国政治制度史》（第二版），中国人民大学出版社，2005 年。
郭宝平著：《中国传统行政制度》，中国广播电视出版社，2000 年。
夏书章主编：《行政管理学》，中山大学出版社，2003 年。
易建平：《部落联盟与酋邦——民主·专制·国家：起源问题比较研究》，社会科学文献出版社，2004 年。
周振鹤：《中国历代行政区划的变迁》，商务印书馆，1998 年。
张永桃主编：《行政管理学》，高等教育出版社，2003 年。
娄成武主编：《行政管理学》，东北大学出版社，2002 年。
张创新著：《中国政治制度史》，清华大学出版社，2005 年。
房列曙主编：《中国历史上的人才选拔制度》，人民出版社，2005 年。
郑海峰著：《中国古代官制研究》，天津人民出版社，2007 年。
杨鸿年、欧阳鑫主编：《中国政制史》，武汉大学出版社，2005 年。
沈星棣著：《中国古代官吏退休制度史》，江西教育出版社，1992 年。
黄惠贤、陈锋主编：《中国俸禄制度史》（第二版），武汉大学出版社，2005 年。
孔令纪主编：《中国历代官制》，齐鲁书社，1993 年。
孙翊刚主编：《中国财政史》，中国社会科学出版社，2003 年。
张晋藩著：《中国监察法制史稿》，商务印书馆，2007 年。
邱永明著：《中国监察制度史》，华东师范大学出版社，1982 年。
关文发、于波主编：《中国监察制度研究》，中国社会科学出版社，1998 年。
贾玉英著：《中国古代监察制度发展史》，人民出版社，2004 年。
周天著：《中国历代廉政监察制度史》，百家出版社，2007 年。
邱永明著：《中国古代监察制度史》，上海人民出版社，2006 年。
彭勃著：《中国监察制度史》，中国政法大学出版社，1989 年。
万中安主编：《中国法制史》，中山大学出版社，2002 年。
于语和编著：《中国法制史》，天津大学出版社，2003 年。
张晋藩主编：《中国法制通史》，法律出版社，1999 年。
叶孝信主编：《中国法制史》，复旦大学出版社，2002 年。
周少元等主编：《中国法制史》，人民法院出版社，2003 年。
曾宪义主编：《中国法制史》，北京大学出版社、高等教育出版社，2000 年。
徐祥民主编：《中国法制史》，山东人民出版社，2000 年。
朱勇主编：《中国法制史》，高等教育出版社，1999 年。

后 记

这部《中国古代行政制度》是南开大学周恩来政府管理学院牵头组织编写的“高等学校行政管理专业系列教材”之一。全书由山东大学威海分校法学院的几位青年教师分别编写完成。由赵沛教授担任主编，编写了写作纲要并撰写了绪论。其余章节的写作分工：第一章由牛方玉、王常勋编写，第二章、第六章由马艳朝编写，第三章由孙克编写，第四章由安丰柱、董斐编写，第五章由王正甲编写。

本教材力图从现代行政学的角度，以现代行政学的框架描述、分析中国古代行政制度的基本体制和运行机制，尤其是希望通过动态的行政动作过程的描述和分析，了解和把握中国古代行政制度的基本特征。尽管我们做了一定的努力，但由于水平所限，其中的缺点和错误一定很多，如果能得到读者的批评和指正，我们将非常愿意改正和提高。

感谢编辑同志的辛苦工作，他们对本书文稿的严格要求和严谨、负责的工作作风都使我们深受感动并受益颇多。感谢南开大学周恩来政府管理学院牵头组成的编辑委员会对本系列教材的出版所做的杰出的工作。

编 者

2008 年 6 月 23 日

于山东威海